Dieter Grunow · Hildegard Pamme · Karola Köhling
Jens Lanfer · Sandra Wißing

Vereinbarte Verbindlichkeit im
administrativen Mehrebenensystem

Dieter Grunow · Hildegard Pamme
Karola Köhling · Jens Lanfer
Sandra Wißing

Vereinbarte Verbindlichkeit im administrativen Mehrebenensystem

Kommunalisierung im Sozialsektor

VS VERLAG

Bibliografische Information der Deutschen Nationalbibliothek
Die Deutsche Nationalbibliothek verzeichnet diese Publikation in der
Deutschen Nationalbibliografie; detaillierte bibliografische Daten sind im Internet über
<http://dnb.d-nb.de> abrufbar.

1. Auflage 2011

Alle Rechte vorbehalten
© VS Verlag für Sozialwissenschaften | Springer Fachmedien Wiesbaden GmbH 2011

Lektorat: Frank Schindler / Verena Metzger

VS Verlag für Sozialwissenschaften ist eine Marke von Springer Fachmedien.
Springer Fachmedien ist Teil der Fachverlagsgruppe Springer Science+Business Media.
www.vs-verlag.de

Umschlaggestaltung: KünkelLopka Medienentwicklung, Heidelberg
Gedruckt auf säurefreiem und chlorfrei gebleichtem Papier
Printed in Germany

ISBN 978-3-531-17789-2

Inhalt

1 Kommunalisierung sozialer Hilfen in Hessen – der praktische Entstehungszusammenhang vom Modellprojekt zur flächendeckenden Umsetzung[1]

Am 14. Dezember 2004 unterschrieben die Spitzen der Organisationen, die in der landesweiten Projektsteuerungsgruppe vertreten waren – wie das Hessische Sozialministerium; der Hessische Städte- und Landkreistag, die Landesliga der Freien Wohlfahrtsverbände Hessen u.a. - , die Rahmenvereinbarung zur Kommunalisierung sozialer Hilfen. Hinter den Mitgliedern der Projektsteuerungsgruppe lag ein von Interessengegensätzen und Misstrauen gekennzeichneter Verhandlungsprozess. Vor ihnen lag die hessenweite Verlagerung der Entscheidungen über die Gestaltung der sozialen Hilfen auf die Ebene der Landkreise und kreisfreien Städte.

Die Idee der Rahmenvereinbarung war einfach: Bislang förderten Land und Kommunen ohne gemeinsamen Abstimmungsprozess die sozialen Hilfen vor Ort[2]. Künftig sollte in Städten und Kreisen entschieden werden, für welche der kommunalisierten sozialen Hilfen es den dringendsten Bedarf für eine öffentliche Förderung gab. Finanzielle Ressourcen für Hilfen wie z. B. Drogenberatung, Aidshilfe, Frauenhäuser oder Frühförderung Behinderter sollten dazu auf die Kommunen übertragen werden.

In der Praxis zeigte sich jedoch schnell die Komplexität des Vorhabens: Soziale Hilfen werden überwiegend unter dem Dach der Wohlfahrtsverbände von einer bunten Mischung unterschiedlicher Träger angeboten und zum Teil finanziert. Land und Kommune kofinanzieren die einzelnen Maßnahmen. Die Wohlfahrtsverbände beurteilen sozialpolitische Bedarfslagen im Spiegel ihrer weltanschaulichen Akzentsetzungen, Parteien wägen vor dem Hintergrund ihrer Programmatik ab und die Verwaltung prüft vor dem Hintergrund bürokratischer Rationalität. Über allem soll das Land Hessen über die „Vergleichbarkeit der Lebensverhältnisse" wachen. Aufgrund der Heterogenität der beteiligten Organisationen und ihrer unterschiedlichen Interessen war in den 26 hessischen Kommunen seit den 1970er Jahren eine Förderstruktur gewachsen, die eher einem „Wildwuchs" sozialer Hilfsangebote als einer geplanten und bedarfsgesteuerten Struktur glich. Wer wo im Einzelnen soziale Leistungen wie z. B. die Drogenberatung oder das Frauenhaus zur Verfügung stellte, wie die Leistung finanziert war und ob und wie vor Ort Fragen von Bedarfsgerechtigkeit in Willensbildungs- und Entscheidungsprozesse mit einflossen, konnte von Kreis zu Kreis und Stadt zu Stadt überaus unterschiedlich sein.

Dass eine Veränderung dieser Strukturen nur möglich war, wenn der Veränderungsprozess selbst unter allen Betroffenen abgestimmt wurde, war auch dem Hessischen Sozi-

---

[1] Verfasserin des Kapitels: Dr. Hildegard Pamme
[2] Die *finanzielle Förderung* für einzelne Dienstleistungen gingen (auf der Basis je spezifischer Förderrichtlinien) meist ohne Information der Kommunen an die Einrichtungen bzw. ihre Träger; die angeforderten Tätigkeits- oder Erfolgsberichte wurden meist ungelesen im Aktenregal archiviert. Einmal etablierte Finanzströme blieben auch unabhängig von veränderten Bedarfslagen stabil – teilweise weil sie auch (partei)politischen Interessen oder der Selbstdarstellung von Landtagsabgeordneten dienen konnten.

alministerium klar. Um erste Erfahrungen für ein solches Vorhaben zu sammeln, initiierte das Hessische Sozialministerium Anfang 2000 ein Modellprojekt zur Kommunalisierung sozialer Hilfen in zwei Kommunen (Grunow/Köhling 2003). Die Steuerung des Modellprojektes übernahm ein Gremium, in dem das hessische Sozialministerium selbst, die Gesamtheit der Kommunen durch den hessischen Städte- und Landkreistag und die Modellkommunen vertreten waren. Außerdem war noch der Landeswohlfahrtsverband, ein überörtlicher Kommunalverband, der zahlreiche sozialpolitische Aufgaben wahrnimmt, Mitglied der Steuerungsgruppe. Die hessischen Wohlfahrtsverbände, die in der Landesliga der Freien Wohlfahrtspflege Hessen zusammengeschlossen sind, wurden als *Beirat* zur Steuerungsgruppe eingebunden und regelmäßig über das Modellprojekt informiert.

Es kam, wie es kommen musste: Als deutlich wurde, dass die Modellkommunen die entstehenden Gestaltungsspielräume vor Ort jeweils in ihrem Sinne nutzten und die Wohlfahrtsverbände auf kommunaler Ebene kaum Einfluss darauf nehmen konnten, stieg die Liga der freien Wohlfahrtsverbände aus dem Beirat aus. Die Liga sah die Möglichkeit, ihre vielfältigen Erfahrungen mit der Arbeit vor Ort und ihre eigenen Bestandsinteressen in den Prozess ein zu bringen, soweit eingeschränkt, dass sie sich dem Projekt entzog und öffentlich protestierte. Bei der Initiierung eines Abstimmungsprozesses zwischen den Beteiligten war das Hessische Sozialministerium nur die halbe Strecke des Weges gegangen: Die entscheidenden Vertreter aus Politik und Verwaltung waren beteiligt, die gesellschaftlichen Säulen des Systems wurden lediglich informiert. Eine allein verwaltungs- und politikbezogene Perspektive auf zukünftige Fragen der Bedarfsgerechtigkeit und Ressourcenorientierung konnte die Liga der Freien Wohlfahrtspflege aber im Interesse der Träger und sozial Schwachen nicht mit tragen. Der öffentliche Protest der Landesliga machte die Interessengegensätze deutlich und vertiefte das Misstrauen unter den Beteiligten.

Und doch geschah das Unerwartete: Öffentlich betonten die beteiligten Akteure die Richtigkeit ihrer jeweiligen Sicht der Dinge. Intern setzten sich Politik und Verwaltung mit den Wohlfahrtsverbänden an einen Tisch, um zu beraten, wie das Modellprojekt und zukünftig das Kommunalisierungsvorhaben insgesamt zu retten seien. Nach und nach setzte sich die Erkenntnis durch, dass die soziale Infrastruktur im Land nur verändert werden konnte, wenn alle Beteiligten gleichberechtigt mit ins Boot geholt werden. Damit hatte die Liga der freien Wohlfahrtspflege ihren Platz in der landesweiten Projektsteuerungsgruppe erobert. Eine wichtige Funktion hatte dabei die vor allem von den Wohlfahrtsverbänden angemahnte wissenschaftliche Begleitung als quasi neutrale Instanz während des Erprobungsprozesses[3]. Damit waren die Interessengegensätze zwischen dem Hessischem Sozialministerium, dem Städte- und Landkreistag, dem Landeswohlfahrtsverband, den Modellkommunen und der Liga der freien Wohlfahrtspflege nicht aus der Welt geräumt. Auch das Misstrauen untereinander musste erst Schritt für Schritt abgebaut werden. Es hatte sich aber die Einsicht durchgesetzt, dass Bedarfsgerechtigkeit und die landesweite Vergleichbarkeit der Lebensverhältnisse Zielperspektiven waren, die nur erreicht werden konnten, wenn die Problemwahrnehmungen aller Beteiligten Berücksichtigung fanden (vgl. ausführlich zum Modellprojekt: Köhling 2009).

---

[3] Nachdem Professor Grunow schon Ende 2000 als ständiger Beobachter und Kommentator zu den Sitzungen der Steuerungsgruppe eingeladen worden war, wurde ab Ende 2001 die Begleitforschung unter seiner Leitung durchgeführt. Vgl. den zusammenfassenden Bericht bei Grunow/Köhling (2003).

Diese konstruktive Strategie stand jedoch vor einer weiteren Zerreißprobe. Die hessische Landesregierung unter Roland Koch (CDU) verabschiedete im Herbst 2003 mit der „Operation Sichere Zukunft" das größte Sanierungs- und Sparprogramm der hessischen Nachkriegsgeschichte, um die langjährige defizitäre Haushaltslage zu konsolidieren. Im Haushaltsjahr 2004 wurden durch die „Operation Sichere Zukunft" hessenweit rund eine Milliarde Euro, davon rund 30 Millionen im sozialen Bereich, eingespart. Die sozialen Dienste waren jedoch nicht flächendeckend von den Einsparungen betroffen. Die drastischen Einsparungen zielten z. B. Drogenberatungsstellen, Frauenhäuser, die Betreuung Nichtsesshafter oder Erziehungsberatungsstellen (vgl. Berberich 2007, 16ff.) Angesichts dieser Einschnitte ist es nicht verwunderlich, dass die hessischen Wohlfahrtsverbände und die Liga der freien Wohlfahrtspflege massiv gegen das Sanierungsprogramm protestierten.

Letztlich führte der finanzpolitische Schock der „Operation Sichere Zukunft" aber nicht dazu, dass das Kommunalisierungsprojekt ausgesetzt wurde. Nachdem der Prozess ein gutes dreiviertel Jahr stockte, nahm die Projektsteuerungsgruppe ihre Arbeit wieder auf. Die Zusammenarbeit zwischen dem Hessischen Sozialministerium, der Landesliga der freien Wohlfahrtspflege, dem Städte- und Landkreistag, dem Landeswohlfahrtsverband und den Modellkommunen hatte sich soweit etabliert, dass auch der zukünftige landesweite Umsetzungsprozess der Kommunalisierung von den Akteuren der landesweiten Projektsteuerungsgruppe konzipiert und koordiniert werden sollte. Die landesweite Umsetzung wurde 2004 durch die in der Steuerungsgruppe ausgehandelte Rahmenvereinbarung initiiert. Die Bedeutung einer organisationsübergreifenden Zusammenarbeit floss auch in diesen Prozess mit ein. Sie sieht eine bedarfs- und ressourcenorientierte Sozialplanung unter Beteiligung der Ortsliga und dem lokalen Zusammenschluss der Wohlfahrtsverbände vor (§ 5 I/II Rahmenvereinbarung). Gleichzeitig macht die Präambel der Rahmenvereinbarung deutlich, dass es nicht nur um Abstimmungsprozesse zwischen den unterschiedlichen Akteuren auf der Ebene des Landes oder der Kommune geht, sondern auch um eine Koordination des Prozesses zwischen den Kommunen und dem Land Hessen. Dabei kommt dem Land weiterhin die Aufgabe einer „Sicherung der bedarfsgerechten und fachlichen Weiterentwicklung, die Gewährleistung landesweit vergleichbarer Versorgungs- und Lebenssituationen sowie die Organisation der Aufgaben und Angebote" zu (Rahmenvereinbarung 2004, 2). Parallel dazu sollten die Kommunen durch eine eigenständige lokale Verteilung der Gelder für soziale Hilfen wirksamere, konsequentere und bedürfnisgerechte Angebote entwickeln. Neben deren Beteiligung am Umsetzungsprozess wurden in der Rahmenvereinbarung Praktiken festgelegt, mit denen das Ziel der effektiven, bedarfsgerechten Mittelverteilung erreicht werden soll.

Im Einzelnen legt die Rahmenvereinbarung folgende Praktiken fest:

- Das Land schließt alle zwei Jahre mit jeder Gebietskörperschaft eine *Zielvereinbarung* (§3, Rahmenvereinbarung 2004) über die Verwendung und die Höhe des örtlichen Budgets ab. In diesem Rahmen werden Ziele für die einzelnen sozialen Handlungsfelder der kommunalisierten Programme vereinbart.
- Im Weiteren wird durch das Land eine kommunale *Sozialberichterstattung und Sozialplanung* (§ 4 und 5 Rahmenvereinbarung 2004) in Verantwortung der Gebietskörperschaft angestrebt. Die Sozialberichterstattung soll dazu beitragen, Bedarfe und ihre Veränderungen zu erkennen. Damit bildet die Sozialberichterstattung das Fundament für die Sozialplanung.

- *Jährliche Berichte* an das Land (§ 3 II Rahmenvereinbarung 2004) sollen das Monitoring über den ressourcenorientierten Einsatz des Budgets und eine kontinuierliche Zieljustierung seitens des Landes unterstützen.
- Anhand der Zielvereinbarungen werden im Verhältnis zu den Trägern *Zuwendungsverträge* mit konkreten Leistungsvereinbarungen abgeschlossen. (§ 6 Rahmenvereinbarung 2004). (vgl. im Einzelnen Anhang)

Damit hatte die landesweite Projektsteuerungsgruppe ein Set von Planungs- und Entscheidungsprinzipien erarbeitet, mit der die Bearbeitung von Fragen der Bedarfs- und Ressourcenorientierung landesweit auf eine neue Basis gestellt werden sollte. Allerdings wurde im Ergebnis der „Operation Sichere Zukunft" der Gegenstandsbereich der Kommunalisierung deutlich eingeschränkt. Die Landesförderung wurde für eine Reihe von sozialen Hilfen gänzlich gestrichen, so dass letztlich nur ausgewählte Landesprogramme aus verschiedenen sozialen Handlungsfeldern kommunalisiert wurden. Die folgenden sozialen Handlungsfelder wurden einbezogen:
- Betreuungsvereine und -verbände,
- Schutz von Frauen, Förderung von Frauenhäusern, Mütterzentren,
- Frühförderung Behinderter und Familien entlastende Maßnahmen,
- Förderung von Projekten „Gegen Gewalt an Mädchen und Jungen",
- Förderung von Selbsthilfeprojekten,
- Vorbeugung von Sucht- und Drogenabhängigkeit und ambulante Hilfen,
- Aidsberatung und Aidsprävention,
- Integration für Kinder- und Jugendliche ausländischer MitbürgerInnen.

Damit sind die Vorgeschichte der Kommunalisierung sowie die Konzeption für die landesweite Umsetzung einleitend erläutert. Diese „Geschichte" zeigt bereits die sachliche Verbindung eines solchen Praxis-Konzeptes mit politik- und verwaltungswissenschaftlichen Forschungsthemen. Die Verbindung wird jedoch noch deutlicher, wenn man den nach der Verabschiedung der Rahmenvereinbarung in Gang gesetzten „realen" Prozess der landesweit-flächendeckenden Umsetzung (Implementation) betrachtet. Dies betrifft folgende Fragestellungen:
- eine Mehrebenenkoordination zwischen dem Bundesland Hessen und den hessischen Kommunen,
- die Koordination des Implementationsprozesses zwischen den verschiedenen Akteuren auf der lokalen Ebene,
- die Notwendigkeit von Aushandlungsprozessen zur Akzeptanzerzeugung sowohl auf der Landesebene, auf der Ebene der einzelnen Kommunen als auch zwischen den Ebenen,
- den Anspruch, die Rahmenvereinbarung in den voneinander abweichenden kommunalen Voraussetzungen gleichsinnig umzusetzen und
- das Ziel, die gewachsenen Aufgabenverteilungen zwischen Politik, Verwaltung und Wohlfahrtsverbänden zu verändern und dazu die unterschiedlichen Problemwahrnehmungen einer bedarfs- und ressourcenorientierten sozialen Infrastruktur unter den Beteiligten anzugleichen.

Damit verbindet das Praxisbeispiel „Kommunalisierung sozialer Hilfen in Hessen" Fragen zur Mehrebenenanalyse und der Analyse von Governance-Strukturen mit Aspekten zur Legitimation durch Verfahren, zur Verbindlichkeitserzeugung bei heterogenen Implementationsstrukturen und zum Organisationslernen. Das Forschungsfeld ist an der Schnittstelle dieser Forschungsdesiderate angesiedelt und damit insgesamt ein geeignetes Beispiel für eine anwendungsorientierte Grundlagenforschung. Für diese Forschungsaufgaben wurden von der Deutschen Forschungsgemeinschaft (DFG) Forschungsmittel bereitgestellt. Die daraus gewonnenen Ergebnisse stellen den Kern der Beiträge in diesem Buch dar.

Im Rahmen des DFG-Projektes „Herstellung und Sicherung kollektiv verbindlicher politisch-administrativer Entscheidungen im Rahmen eines Kommunalisierungsprozesses" wurde von Januar 2006 bis Juli 2007 der landesweite Implementationsprozess systematisch beobachtet und damit verbundene zentrale Forschungsfragen der Politik- und Verwaltungswissenschaft (vgl. dazu Kapitel 2) aus empirischer Sicht beleuchtet. Wie der Titel des Forschungsprojektes zeigt, stand die Frage der Herstellung kollektiv verbindlicher Entscheidungen im Mittelpunkt der Betrachtung. Dabei wurde der Forschungsgegenstand aus systemtheoretischer Perspektive strukturiert. Eine solche Perspektive setzt voraus, dass der beabsichtigte Änderungs-Prozess nur dann gelingen kann, wenn die unterschiedlichen zeitlichen, sachlichen und akteursbezogenen Ebenen des Prozesses erfolgreich kommunikativ miteinander verknüpft werden können. Die erfolgreichen kommunikativen Verknüpfungen setzen besondere Anstrengungen zu ihrer Herstellung und Verstetigung voraus und sind daher aus systemtheoretischer Sicht unwahrscheinlich. Im Unterschied zu vielen anderen in Wissenschaft und Praxis durchgeführten Analysen interpretiert die Systemtheorie das Zustandekommen von kommunikativem Erfolg also als etwas Überraschendes und Unerwartetes, das aus wissenschaftlicher Sicht erklärungsbedürftig ist (vgl. im Detail Kapitel 3). Daraus ergeben sich Konsequenzen für die empirische Beobachtung der Prozessentwicklung. Im Gegensatz zu eindeutigen kausalanalytischen Erklärungsmustern, bedarf der Verlauf des Geschehens einer interpretativen, empirischen Rekonstruktion. Im Rahmen des DFG-Projektes wurde die Implementation der Kommunalisierung sozialer Hilfen in sechs Kommunen beobachtet. In der folgenden Darstellung der Forschungsergebnisse geht es dementsprechend um die Beschreibung verschiedener Falltypen (N=6), die sich im Hinblick auf unterschiedliche Ausgangsbedingungen vor Ort und die weitere Entwicklung von relevanten Randbedingungen unterscheiden. Die systemtheoretischen Beobachtungsgesichtspunkte erlauben darüber hinaus, wichtige Wendepunkte und Entwicklungsschritte der Kommunalisierungsprozesse zu bestimmen und vor dem allgemeinen politik- und verwaltungswissenschaftlichen Hintergrund dieses Reformvorhabens zu erklären.

Aufgrund der Bedeutung von kommunikativem Erfolg wird dabei von der These ausgegangen, dass die Entstehung von Kommunikationsnetzwerken, in denen der Umsetzungsprozess der Kommunalisierung vor Ort bearbeitet wird, und die darin realisierten individuellen und kollektiven Lernprozesse die wichtigsten Erklärungsfaktoren für den Implementationserfolg und damit für die Verbindlichkeitserzeugung darstellen. Zugespitzt formuliert: Eine wirksame Implementation kann nur dann gelingen, wenn ein funktionierendes Netzwerk entsteht, das die kommunikative Anschlussfähigkeit für verbindliche Operationen zur kommunalen Aufgabenerledigung im Bereich sozialer Hilfen zwischen den beteiligten Akteuren sichert.

Die grundlegende Argumentationsstruktur des vorliegenden Buches wird in den einzelnen Kapiteln wie folgt aufgegriffen: Zunächst werden in Kapitel 2 die zentralen politik-

und verwaltungswissenschaftlichen Fragestellungen noch einmal detailliert erläutert, der jeweilige Forschungsbedarf skizziert und die Entscheidung für eine systemtheoretische Vorgehensweise begründet. In Kapitel 3 wird der systemtheoretische Ansatz dann sowohl generell, als auch mit dem besonderen Blick auf die Herausforderungen für die wissenschaftliche Beobachtung des Kommunalisierungsprozesses in Hessen dargestellt. Die relevanten Beobachtungskriterien von Akzeptanz, Wissen (cognitive maps), Vertrauen, issuebezogener Vernetzung, Pfadabhängigkeit und Verkopplung der Ebenen werden entwickelt. Die empirische Rekonstruktion in Kapitel 5 und 6 greift diese Beobachtungskategorien unter zwei Blickwinkeln auf. In Kapitel 5 bestimmt die Logik jedes einzelnen der sechs Fallbeispiele die Darstellung. Ziel dieses Kapitels ist eine empirische Prozessrekonstruktion bzw. -beschreibung und die Bewertung des Prozesserfolges vor dem Hintergrund der systemtheoretischen Annahmen. In Kapitel 6 werden die sechs Fallbeispiele dann in unterschiedlichen Kombinationen verwendet, um das Möglichkeitsspektrum der unterschiedlichen Kommunikations-, Verhandlungs- und Entscheidungsprozesse im Kommunalisierungsprozess anhand der einzelnen Beobachtungskategorien darzustellen. Die empirischen Phänomene werden aus der Logik der unterschiedlichen konzeptionell-theoretischen Teilfragen interpretiert. Der empirischen Ergebnisdarstellung in den Kapiteln 5 und 6 wird in Kapitel 4 die Beschreibung des Forschungsdesigns vorangestellt. Im abschließenden Kapitel 7 wird schließlich die empirische Interpretation des hessischen Kommunalisierungsprojektes im Licht der offenen Forschungsfragen, die in Kapitel 2 aufgeworfen wurden, dargestellt.

Die Gliederungsstruktur macht deutlich, dass das komplexe Untersuchungsfeld auf verschiedene Weise empirisch beschrieben und analysiert wird. Dabei kommt es bewusst auch zu Wiederholungen. Diese Form der Präsentation erlaubt unterschiedliche Wege des Lesens. Wenn das Praxisinteresse an dem Thema im Vordergrund steht, dann sollten die Kapitel 1 und 5 bei der Lektüre vorrangig sein. Auch einzelne Abschnitte von Kapitel 6 sind ggf. von Interesse, weil sie einzelne Mechanismen der Kommunalisierung detailliert analysieren. Konzeptuelle Interessen hinsichtlich der Analyse von Verbindlichkeitserzeugung im Mehrebenensystem sind am besten mit der Lektüre der Kapitel 2, 3 und 7 abzudecken. Allgemein gilt, dass alle Kapitel so weit „abgerundet" sind, dass sie separat gelesen und verstanden werden können.

Aus Gründen der Anonymisierung wird in der weiteren Darstellung auf die Namensnennung der untersuchten hessischen Kommunen verzichtet. Die Anonymisierung macht auch noch einmal klar, dass es bei der vorliegenden Analyse nicht um Implementations-„Geschichten" in konkreten Kommunen geht, sondern um eine typisierende Aufarbeitung des Kommunalisierungsprozesses. Erst die wissenschaftliche Begründung von Beobachtungskategorien, die Beobachtung dieser Kategorien im Untersuchungsfeld und schließlich die Gesamtinterpretation der Entwicklungen macht die konkreten Ereignisse vor Ort wissenschaftlich verwertbar. Die typisierende Rekonstruktion des Kommunalisierungsprozesses bezieht sich auf

- Kommune A – künftig: KommA
- Kommune B – künftig: KommB
- Kommune C – künftig: KommC
- Kommune D – künftig: KommD
- Kommune E – künftig: KommE
- Kommune F – künftig: KommF

Da der Implementationsprozess aus wissenschaftlichen Kapazitätsgründen nicht in allen hessischen Kommunen beobachtet werden konnte, lag eine erste Schwierigkeit in der Auswahl der Fälle. Vorab war nicht einzuschätzen, wie sich der Kommunalisierungsprozess in den einzelnen hessischen Kommunen entwickeln würde. Bei der Auswahl der Fälle musste und konnte also vorerst nur sicher gestellt werden, dass sich die ausgesuchten Fallbeispiele hinreichend unterschieden. Zentrales Unterscheidungskriterium war, in welchem Ausmaß funktionierende basale Netzwerkstrukturen (vgl. Kapitel 3) auf lokaler Ebene im Politikfeld Soziales bereits vorhanden waren. Während sich KommA und KommB durch eine relativ starke Vernetzungsstruktur auszeichneten, starteten die anderen Fallbeispiele mit eher schwachen Vernetzungsstrukturen in den Kommunalisierungsprozess.

An diesem Punkt knüpft die weitere inhaltliche Debatte nahtlos an. Dazu sollen aber zunächst die einzelnen Argumentationsstränge näher ausgeführt werden. Das folgende Kapitel arbeitet den Forschungsstand zur Herstellung kollektiv-verbindlicher Entscheidungen aus Sicht der Steuerungstheorie und Governanceforschung auf. Es macht deutlich, welche Fragen beide Ansätze offen lassen und skizziert in dem daran anschließenden Schritt, dass die systemtheoretische Beobachtung der Kommunalisierung sozialer Hilfen in Hessen einen Beitrag zur Beantwortung dieser Fragen leisten kann.

2 Verbindlichkeit in einer komplexen Umwelt. Die Kommunalisierung sozialer Hilfen als Gegenstand politik- und verwaltungswissenschaftlicher Forschung[4]

Die vorangehende Beschreibung der (Vor-)Geschichte des in dieser Studie behandelten Themas hat den praxisbezogenen Forschungsbedarf aufgezeigt: die wissenschaftliche Beobachtung des Kommunalisierungsprozesses kann als wichtiger Beitrag für seine zielführende Gestaltung angesehen werden. Allerdings wurden dabei grundlegende Problemstellungen sichtbar. Deren Bedeutung ist u. a. daran abzulesen, dass sich einerseits keine „auf der Hand liegende" Lösungen für die praktischen Schwierigkeiten finden lassen, und dass andererseits ein breiter wissenschaftlicher Diskurs zu diesbezüglichen Fragen existiert. Das auf den Kommunalisierungsprozess in Hessen bezogene empirische Forschungsprojekt sollte und kann sich deshalb auf drei Typen von Fragen beziehen:

a. auf die spezifischen Voraussetzungen und Folgen der Kommunalisierung sozialer Hilfen in Hessen[5];
b. auf die allgemeinen Voraussetzungen und Folgen von Kommunalisierungsprozessen für die Verlagerung von Verantwortlichkeiten im föderalen Mehrebenensystem; und
c. auf die Bedeutung der Kommunalisierung für die Gestaltung des PAS und seiner Funktionserfüllung generell bzw. seiner allgemeinen Legitimationsleistung.

Der zweite und dritte *Themenbezug* soll an dieser Stelle in knapper Form erläutert werden.

2.1 Herstellung bindender Entscheidungen im politisch-administrativen Mehrebenensystem

Auch ohne explizite Bezugnahme auf die moderne Systemtheorie (vgl. dazu Kapitel 3) hat sich bei der Funktionszuschreibung für das Politisch-Administrative-System (PAS) die Formel von der „Herstellung kollektiv bindender Entscheidungen" weitgehend durchgesetzt. Dabei werden meist zwei Aspekte unterschieden: einerseits die Sicherung von Mehrheiten (für die Wiederwahl, für einzelne Policies) als Schwerpunkt der Politikfunktionen und andererseits die praktische Durchsetzung der Entscheidungen als Schwerpunkt der Verwaltungsfunktionen[6]. Die Politikfunktion stand lange Zeit einseitig im Mittelpunkt der Analyse. Bei Scharpf beispielsweise, muss für die Anerkennung von Entscheidungen als ‚kollektiv verbindlich' „von diesen Entscheidungen erwartet werden können, dass eine

---

[4] Verfasser des Kapitels: Prof. Dr. Dieter Grunow
[5] Ein Teil der diesbezüglichen Ergebnisse wurde bereits in Praxisberichten für die untersuchten Städte und Kreise vorgelegt.
[6] Ronge/Schmieg (1973) verwenden die Begriffe Interessenberücksichtigungspotenzial und Informationsverarbeitungs-kapazität; Offe (1973) beschreibt die Sicherung von Massenloyalität und die bürokratische (Entscheidungs-) Rationalität; Grasselt/Korte (2007) unterscheiden analog zwischen Machtpolitik und Sachpolitik. Diese Formeln lassen sich zudem mit anderen Begriffen/Konzepten (wie z.B. Produktion öffentlicher Güter, Gemeinwohlorientierung etc.) verbinden.

bestimmte Gruppe von Akteuren sich an sie hält, auch wenn diese Entscheidungen ihren Interessen zuwiderlaufen, und auch wenn diese Akteure über einseitige Handlungsoptionen verfügen, mit deren Hilfe sie ihre jeweiligen Ergebnisse verbessern können" (Scharpf 2000, S. 251). Diese Festlegung impliziert die Akzeptanz auch jener Entscheidungen, die individuell nicht oder wenig geschätzt werden. Scharpf bezeichnet dies als die funktionale Seite des Legitimationsbegriffes (Scharpf 2007, S. 7 f); als normative Seite beschreibt er konkrete Institutionen und Maßnahmen der Partizipation, die die o.a. Funktion sichern können. Den empirischen Nachweis von Legitimation sieht er durch Legitimations*glauben* – was im Rahmen der hier dargestellten Studie als Akzeptanz bezeichnet wird – und durch normkonformes *Verhalten* („compliance") gegeben. Da die Anerkennung von unbeliebten Regeln i. A. am ehesten dort unterstellt wird, wo die Nichtbeachtung mit Sanktionsdrohungen verbunden ist, bleibt Scharpf zu sehr der Vorstellung von „compliance" der Normadressaten verhaftet. Für das Kommunalisierungsprojekt muss diese Begriffsfassung von Verbindlichkeit auch auf diejenigen Situationen erweitert werden, in denen keine oder nur wenige Sanktionsmöglichkeiten gegeben sind oder wo eine *ergänzende Ausgestaltung* sogar explizit erwartet wird – wie es im Rahmen des föderalen Beziehungsgeflechts in Deutschland häufig erforderlich ist. Gegenüber der Akzentsetzung von Scharpf ist zudem die Implementation von Policies bzw. von politischen Entscheidungen in den Mittelpunkt der Analyse zu rücken. Und das bedeutet, vereinfacht ausgedrückt, dass der Zusammenhang zwischen der Verbindlichkeit (Legitimation) und der *Machbarkeit* besonderer Überprüfung bedarf.

Die Beobachtungen des Prozesses der Herstellung und Durchsetzung kollektiv bindender Entscheidungen haben in den vergangenen Jahrzehnten seine Komplexität und die damit verbundenen Schwierigkeiten immer deutlicher zutage treten lassen. Das Modell der rationalen Herrschaft von Max Weber musste sowohl durch das Anwachsen öffentlicher Aufgaben (v. a. durch die Wohlfahrtsfunktionen), als auch in Folge der komplexer gestalteten PAS-Architekturen (u.a. zum Zweck der Machtbegrenzung) als Referenzrahmen weitgehend aufgegeben werden. Die Kombination von Aufteilung und Verschränkung der Machtressourcen einerseits und der Durchführung öffentlicher Aufgaben andererseits, wird derzeit vor allem unter der Überschrift Politikgestaltung und -implementation *im Mehrebenensystem* (Benz 2005) analysiert und diskutiert. Dabei stellt die Berücksichtigung der anwachsenden Regulierungstätigkeit durch die europäische Ebene gegenüber den schon lange bekannten Aspekten der Politikverflechtung(sfalle) eine Neuerung dar. Einerseits ist damit eine weitere Ebene der Mitgestaltung politisch-administrativer Prozesse im Spiel. Andererseits ist die Heterogenität von Implementationsarchitekturen in den Mitgliedsländern der EU eine Bremse für das Durchregieren bis auf die Durchführungsebene[7]. Dort aber entscheidet sich letztlich der überwiegende Teil der Bindewirkungen politisch-administrativer Entscheidungen – selbst wenn man sich zunächst nur auf die Akteure des PAS im engen Sinne (Government) bezieht. Der Vergleich zwischen den EU-Staaten macht zudem deutlich, dass die Herstellung von Verbindlichkeit unterschiedlich aufwändig und zeitraubend, insgesamt auch unterschiedlich erfolgreich ist. Dies führt u.a. zu Reform-Maßnahmen wie der Neuverteilung der Gestaltungs- und Implementationsverantwortung innerhalb der nationalstaatlichen Architekturen. Diesbezügliche Reformziele in Deutsch-

---

[7] Dies schließt nicht aus, dass auch die Rolle von EU- und UN-Institutionen im Implementationsprozess erörtert wird (Scharpf 2007; Joachim/Reinalda/Verbeek 2008). Verbindlichkeit wird dabei allerdings wiederum im Sinne von „compliance" (Einhaltung, Folgsamkeit) gefasst – eine u.E. zu enge Ausrichtung an regulativer Politik.

land betreffen die veränderte Zuständigkeitsverteilung zwischen Bund und Ländern[8] sowie den Abbau von Verwaltungsebenen – z.B. der Bezirksregierungen/RP – (Bogumil/Kottmann 2006), was i.d.R. mit der teilweisen Zentralisierung und teilweisen Dezentralisierung (meist Kommunalisierung) der öffentlichen Aufgaben verbunden ist (vgl. im Überblick: Stegarescu 2008; grundlegend Lehmbruch/Czada/Schmidt 2002).

Von einer strikten Entflechtung des Mehrebenensystems – im Sinne eines Trenn-Föderalismus – kann man dabei in Deutschland allerdings nicht sprechen, weil komplexe Finanzverflechtungen sowie rechtliche und fachliche Aufsichtsbeziehungen bestehen bleiben. Im Hinblick auf die Kommunalisierungsziele muss man daher i. d. R. von einer „unechten" Kommunalisierung sprechen. Dies gilt vor allem für alle Aufgabentypen jenseits der *freiwilligen* kommunalen Selbstverwaltungsaufgaben. Die Herstellung von Bindewirkungen für politische Gestaltungsentscheidungen über verschiedene Ebenen des PAS hinweg bleibt dementsprechend prekär, d.h. abhängig von Aushandlungs- bzw. Tauschprozessen, die Zielverschiebungen, das Scheitern oder sogar perverse Effekte nicht ausschließen. Wie am Beispiel der Diskussion der Föderalismusreform gezeigt werden kann, dominieren meist Modellanalysen und normative Konzepte. Empirische Untersuchungen über die Herstellung von Bindewirkungen im Rahmen der Policy-Implementation sind in aller Regel nur mit punktueller und praxisnaher Begleit- und Evaluationsforschung verbunden, die zudem stark von den Interessen der beteiligten Akteure (mit)bestimmt wird.[9] Unabhängige wissenschaftliche Untersuchungen sind dagegen selten.

Der gleiche Befund gilt für ein weiteres intensiv erörtertes Forschungsthema, das viele Berührungspunkte mit dem hier dargestellten Forschungsprojekt aufweist: die Untersuchung von *Policy- und Organisationslernen* (im Überblick: Bandelow 2003). Inzwischen gibt es eine Vielzahl von Typologien zu diesen Themen, aber nur wenige Beispiele, die Prozesse im Detail empirisch rekonstruieren und damit die vielfältigen Behauptungen über Verbreitung und Wirkung solcher Prozesse belegen können (Wiesenthal 1995). Für den Prozess der Herstellung von Verbindlichkeit im Mehrebenensystem spielt dabei die Tatsache eine herausragende Rolle, dass der Wechsel der Ebenen (hier von oben nach unten) jeweils eine Vervielfältigung von Akteuren beinhaltet, die de jure (z.B. durch Gestaltungsrechte) und erst recht de facto eine hohe Varietät aufweisen. Jeder Versuch – sei es durch Landesministerkonferenzen oder die offene Methode der Koordination (EU) u.ä. – eine gewisse Einheitlichkeit der (Lebens-) Verhältnisse oder Chancen sicherzustellen, ist ohne Lernprozesse „in der Fläche" nicht vorstellbar[10]. Die Art und Weise des Lernens wird aber nur selten empirisch aufgezeigt.

Damit ist auch das komplementäre Konzept – die breite Diskussion über die Pfadabhängigkeit bzw. Änderungsresistenz politisch administrativer Entscheidungsprozesse – weniger eindeutig als die Verweise auf institutionelle (meist verfassungsrechtliche) Ankerpunkte, die so genannten core-beliefs oder core technologies (so schon Thompson 1967), kollektives Handeln, Machtasymmetrien oder grundlegend Komplexität zu behaupten ver-

---

[8] Zur Föderalismusreform vgl. Benz 2005a.

[9] In dem hier beschriebenen Projekt haben einige Landkreise eine Teilnahme abgelehnt, weil wir nicht bereit waren, ihnen ein Recht auf Kontrolle und Korrektur der Ergebnisse einzuräumen.

[10] Es ist daher nachvollziehbar, dass immer mehr Instrumente zur Unterstützung solcher Lern- und Angleichungsprozesse zur Anwendung kommen: Modellerprobungen (wie im hier untersuchten Fall), Wettbewerbe, Benchmarking, Bestimmung von good practice Beispielen u. a. m.

suchen[11]. Unbestreitbar bleibt, dass es unterschiedliche Quantitäten und Qualitäten von Änderungserfordernissen im Rahmen der Herstellung bindender Entscheidungen gibt und dass die Risiken des Scheiterns nicht zuletzt mit der Zahl der politisch-administrativen Ebenen, die daran beteiligt sind, zunehmen. Abstrakt lässt sich diese Tendenz damit begründen, dass es sich hierbei um eine systemische Änderung handelt, die mit der Größe des Systems weniger durchschaubar und weniger kausal steuerbar[12] wird. Dies gilt im Übrigen für beide Kernfunktionen des PAS: die Beschaffung der Unterstützung/Mehrheit auf Seiten der Bevölkerung und ihrer Repräsentanten und die praktische Ausgestaltung und sachgerechte Umsetzung von Implementationsschritten[13].

2.2 Governance, Sachverstand und Legitimation: Output- und Throughput-Bedingungen

Ein weiterer wissenschaftlicher Themenkreis, der mit den zuvor beschriebenen Forschungsfragen Verknüpfungen aufweist, betrifft die Ausweitung der Akteurstypen, die in die Herstellung bindender Entscheidungen einbezogen sind: auf allen o.a. Ebenen spielen Akteure, die nicht dem PAS im engen Sinne zuzurechnen sind, eine wichtige Rolle. Diese quasi horizontale Ausdehnung des Akteurskreises betrifft ebenfalls beide Funktionen des PAS, also die Politikgestaltung und die Implementation. Die Auswirkungen dieser Akteurserweiterung sind ambivalent: der Sachverstand ist willkommen, die interessenbasierte Einflussnahme (Lobbyismus) aber unter Legitimationsgesichtspunkten problematisch. Dies gilt vor allem bei asymmetrischen Mustern des Zugangs zu Entscheidungsprozessen und bei der ungleichen Verteilung von Einflussmöglichkeiten[14]. Ambivalent in ihren Wirkungen sind auch die oft intransparenten Formen der Übernahme öffentlicher Aufgaben (Privatisierung, contracting out, ÖPP usw.). Viele dieser Beobachtungen werden derzeit unter dem Stichwort „Governance" (Benz 2004) zusammengefasst. Betrachtet man den Bereich der Sozial- und Gesundheitspolitik – wie in diesem Forschungsprojekt – dann kann man den Neuigkeitswert der Governance-Diskussion als äußerst gering bezeichnen[15]: schon immer haben in der Sozialpolitik Drittsektor-Organisationen und gesellschaftliche (Selbsthilfe-) Initiativen bei der Politikgestaltung und -implementation in formaler wie in informeller Form eine wichtige Rolle gespielt (vgl. Grunow 2001 ff). In der historischen Entwicklung ging es

---

[11] Es handelt sich dabei um zwei Seiten derselben Sache: vgl. dazu unten auch die Unterscheidung System/Umwelt sowie Inklusion/Exklusion (allgemein: Pierson 2004).

[12] Damit wird auch die Zurechenbarkeit von Wirkungsbewirkungen prekär; siehe dazu die Legitimationsproblematik im nächsten Abschnitt.

[13] Mit dem Begriff und Konzept des Kosmopolitischen haben Beck/Grande (2005) versucht, dies nicht nur als Beobachtung auszuweisen, sondern ihm auch eine normative Perspektive zu geben: Vielfalt ist richtig (eine Bereicherung) und notwendig (unausweichlich).

[14] Die wissenschaftliche Diskussion geht dementsprechend auf die Funktionen und Folgen unterschiedlicher Muster ein: pluralistisches vs. korporatistisches Modell oder Verstaatlichung der Gesellschaft vs. Vergesellschaftung des Staates oder gar Quangokratisierung der Welt (Hood). Konkrete Erscheinungsformen – wie zuletzt die in den Medien dargestellte Beschäftigung von Verbandsvertretern in den Bundesministerien oder die zunehmende Auslagerung öffentlicher Aufgaben auf kommunaler Ebene erzeugen zunehmend kritische öffentliche Reaktionen.

[15] Vor diesem Hintergrund ist das Konzept wohl am ehesten als „empty signifier" (vgl. Offe 2008) anzusehen. Die Signal-funktion könnte darin bestehen, dass die – z.B. aus der Sozialpolitik – altbekannten Muster nun in allen Politikfeldern beobachtbar sind und inzwischen auch systematisch normativ ausgezeichnet werden.

immer wieder um die Festlegung von Breite und Intensität der Einbindung nicht-staatlicher und nicht-kommunaler Akteure. Die dabei genutzte konzeptuelle Unterscheidung zwischen der Erich-Jantsch-Welt (Selbstorganisation) und der von Hayek-Welt (Markt,Wettbewerb) als Kontrast zur Max-Weber-Welt des öffentlichen Sektors (Böhret 2002, S.64) ist u.E. dem gegenwärtig erörterten Schema Government vs. Governance (Jann 2002, S. 294 ff) u.E. vorzuziehen, weil sie die unterschiedlichen Handlungslogiken bzw. Muster der Handlungs-koordination besser sichtbar machen. Dies zeigt sich nicht zuletzt auch im Rahmen der Kommunalisierung sozialer Hilfen, bei der die Wohlfahrtsverbände eine bedeutende Rolle spielen, aber – zumindest bei der Implementation – auch einer Konkurrenz von privatwirt-schaftlich agierenden Organisationen (Pflege-GmbH u.ä.) gegenüberstehen. Die relativen Gewichte der „drei Welten" verschieben sich und machen die Herstellung bindender Ent-scheidungen weit komplizierter, als wenn der Prozess auf den öffentlichen Sektor im engen Sinne beschränkt bliebe. Für die Implemenationsphase konzentriert sich die wissenschaftli-che Diskussion deshalb zunehmend auf das Modell des *Gewährleistungsstaates* bzw der Gewährleistungs-Verwaltung (Schuppert 2005) – was auch die Grenzziehung zwischen den o.a. drei „Welten" zum Gegenstand hat.

Diese Entwicklungstendenzen hatten und haben auch Auswirkungen auf die Binde-wirkung bzw. – allgemeiner ausgedrückt – auf die *Akzeptanz und Legitimation* der Gestal-tungs- und Umsetzungsentscheidungen im PAS (allgemein: Bredt 2006; Blühdorn 2008). Die erste Veränderung bestand in der Abkehr von der ausschließlichen Fokussierung auf die (demokratische) *Inputlegitimation* (Wahlen und parlamentarisch verantwortete Prog-ramme) und der darauf fußenden „formal rationalsten" Herrschaftsausübung durch die öffentliche Verwaltung (im Sinne von Max Weber). Viele gewollte und ungewollte Neben-einflüsse (Kandidatenaufstellung, Wahlbeteiligung, Koalitionsregierung, Rolle nicht demo-kratisch gewählter (Vor-) Entscheidungsgremien, Verlagerung politischer Programmgestal-tung auf exekutivlastige EU-Gremien, Einflussnahmen aller Art usw.) haben die Legitima-tionsleistung dieses Inputs in das PAS verringert, d.h. die Zurechenbarkeit und die Binde-wirkung der Policy-Entscheidungen beeinträchtigt. Der Verweis auf den Programm-Output in Verbindung mit dem Implementations-Outcome hat dann die *Outputlegitimation* stärker in den Blick gerückt – ein riskantes „Manöver" (Scharpf 1999). Das Prinzip „Ende gut alles gut" leidet unter der Tatsache, dass die Problemursache zur Problemlösung gemacht wer-den soll: die Qualität des Ergebnisses (Outcome) hängt in hohem Maße von der Bindewir-kung der Maßnahmen ab[16], die aber durch gute Ergebnisse erst gesichert werden soll/kann. So zeigen die immer häufiger zur Anwendung kommenden Evaluationsuntersuchungen erhebliche Mängel[17] in der Zielerreichung/Bindewirkung der Programme. Damit rückte schließlich die Throughput-Legitimation stärker in das Blickfeld[18]. Diese Akzentverlage-rung ist in dem Maße bedeutsam wie die Policies den Charakter von Zweckprogrammen haben oder gar nur Moderations-/Koordinationsfunktionen auf Seiten der Implementations-

---

[16] Das schließt nicht aus, dass der Misserfolg einer Policy auch vorteilhaft sein kann: dies gilt wahrscheinlich auch für die Tatsache, dass viele Kommunen NSM-Strategien selektiv und dosiert zur Anwendung gebracht haben (vgl. Bogumil u.a. 2007).

[17] Die Kritiken der Rechnungshöfe sind Legion. Die präventiven Gegenstrategien – z.B. Gesetzes-Folgenabschätzung – scheitern i. d. R. an der geringen Vorhersehbarkeit zukünftiger Entwicklungen bzw. konkret an der mangelnden Vorstellungskraft im Hinblick auf die in der Gesellschaft mit Blick auf neue Gesetze u.ä. wahrgenommen Opportunitätsstrukturen – alltagssprachlich meist als „Schlupflöcher" bezeichnet.

[18] Konkret kann man i.S.v. Luhmann (1969) auch von Legitimation durch Verfahren sprechen.

20

träger vorsehen – oder wenn aus verfassungsrechtlichen Gründen verteilte Zuständigkeiten (geteilte Souveränität) existieren. In diesem Fall sind – meist orts- und adressatennah – noch viele konkrete Entscheidungen zur Ausgestaltung der Policies zu treffen. (Throughput-) Legitimation kann durch die Ausgestaltung dieser Entscheidungen und durch die dabei gewährleistete Transparenz sowie die eingeräumten Partizipationschancen seitens der BürgerInnen gewonnen werden[19]. Dies bedeutet dann allerdings auch, dass es sich bei dem, was als Bindewirkung verstanden wird, meist nicht um eine 1 zu 1 Umsetzung strikter Reglementierung[20] handeln kann. In den politischen Programmen geht es vielmehr um die Festlegung von Korridoren bzw. um die Auszeichnung von Feldern, die durch Restriktionen einerseits und Opportunitäten für lokale Ausgestaltung andererseits bestimmt sind. Dieses Vorgehen trägt auch der Tatsache Rechnung, dass jede Entscheidung in nicht vollständig oder oft nicht einmal hinreichend bekannte gesellschaftliche Prozesse hineinwirkt. Eineindeutige Kausalbeziehungen sind extreme Sonderfälle. Verschiedene Ursachen können den gleichen Effekt erzeugen oder gleiche Ursachen zu unterschiedlichen Ergebnissen führen. Vor allem das zuerst genannte Muster ist hier von Interesse: es wird als funktionales Äquivalent bezeichnet. Mehrere Maßnahmen und Wege können zu einem bestimmten Ziel führen und damit die Chancen für die Erreichung beabsichtigter Wirkungen bzw. angestrebter Entwicklungstendenzen erhöhen.[21]

Zusammenfassend kann man für viele Governance-Strukturen zunächst – d.h. in dem zuvor beschriebenen Sinne – von einer Verbreiterung der *prinzipiellen* Möglichkeiten zur Herstellung bindender Entscheidungen im Implementationsprozess ausgehen. Sowohl im Hinblick auf Sachverstand (Akteure des öffentlichen, privatwirtschaftlichen und dritten Sektors sowie die Selbsthilfepotenziale der BürgerInnen) als auch im Hinblick auf Entscheidungsbeteiligung (der BürgerInnen und/oder ihrer Beauftragten) gibt es mehr Optionen als je zuvor. In einem solchen Rahmen aber auch *tatsächlich zum Ziel führende* Implementationsentscheidungen zu treffen ist dagegen schwieriger denn je; der Erfolg bleibt unwahrscheinlich und ggf. sehr kostspielig. Die (empirische) Forschung hat diesen komplexen Sachzusammenhang i.d.R. in Teilfragen aufgelöst: z.B. Entscheidungsprobleme in nicht-hierarchischen Strukturen, Transaktionskostenanalyse, Principal-Agent Probleme, Lernen in organisatorischen Settings, Partizipation und Akzeptanz, Rollenmuster von Change Agents oder Whistleblowers u.a.m.

Dies alles belegt, dass das hier beschriebene Forschungsfeld sehr breit ist und anspruchsvolle politik- und verwaltungswissenschaftliche Fragen beinhaltet. Jeder konkrete empirische Forschungsansatz kann nur begrenzte Teile dieses Gesamtzusammenhangs erfassen. Dennoch können die einbezogenen Ausschnitte in konkreten Forschungsvorhaben

---

[19] In diesem Sinne ist die Differenz zwischen NPM und NSM beachtenswert, denn letzteres hat mit der Ausdehnung von bürgerschaftlichen Mitwirkungsrechten (so allerdings bereits Frido Wagener 1969) einen Kontrapunkt zur Effizienzperspektive des NPM gesetzt. In der Praxis schließt dies gleichwohl nicht aus, dass Mitwirkungsrechte bei der Modernisierungsstrategie dem Rotstift zum Opfer fallen – so z.B. bei der Entbürokratisierungskampagne in Schleswig Holstein.

[20] Eine solche Strategie scheitert nicht nur an der für viele Poltikfelder fehlenden Wünschbarkeit sondern letztlich auch an der fehlenden Machbarkeit im Rahmen komplexer moderner Gesellschaften. Dies schließt entschiedene Anstrengungen zur strikten Durchsetzung von Regeln in Einzelbereichen (z.B. bei der Verhinderung und Ahndung von Kapitalverbrechen) nicht nur nicht aus sondern macht sie gerade erst möglich: die Macht- und Sanktionsressourcen sind nicht unbegrenzt vorhanden, müssen dementsprechend selektiv genutzt werden.

[21] Dieser Tatbestand wirft ein kritisches Licht auf die weit verbreiteten Diskussionen über „best" practices.

kleinteiliger oder größer ausfallen. Dadurch wird zugleich die begriffliche und theoretische Kohärenz des Forschungsansatzes bestimmt.

Das im folgenden Kapitel darzustellende eigene Vorgehen arbeitet mit einem eher breiten Zugriff auf das untersuchte Beispiel der Herstellung bindender Entscheidungen im Mehrebenensystem – d.h. die Kommunalisierung sozialer Hilfen in Hessen. In einer *Prozess begleitenden* Längsschnittanalyse werden verschiedene Schritte der Implementation einer Rahmenvereinbarung zur Kommunalisierung in sechs Kommunen untersucht, wobei die wichtigsten beteiligten Akteure Gegenstand der empirischen Beobachtung sind. Viele der o.a. grundlegenden Forschungsfragen dieses Themenfeldes sind in der Untersuchung zu berücksichtigen und auf einander zu beziehen. Um der Gefahr des Eklektizismus bei der Begriffs- und Konzeptwahl zu begegnen, werden die verschiedenen Fragestellungen in einen *systemtheoretischen* Analysekontext eingebunden. Er erlaubt es, die Vorschläge und Erkenntnisse verschiedener Forschungsansätze zu nutzen und systematisch miteinander zu verknüpfen. Es geht dabei also weder um den Test spezifischer systemtheoretisch ausgezeichneter Hypothesen noch um die Erörterung spezifischer Probleme der Luhmann´schen Theoriearchitektur. Im Anschluss an Baecker (2008, S.17) lässt sich vielmehr feststellen: „Eine in sich geschlossene Formulierung hat der Systembegriff auch im 20. Jahrhundert nicht erreicht. Nach wie vor steckt seine Leistung in der Ordnung von Beobachtungen und Beschreibungen, die es mit dem Problem komplexer Phänomene aufnehmen, den Beobachter mit Einheit und Vielfalt, Öffnung und Schließung, Bestimmtheit und Unbestimmtheit zugleich zu konfrontieren ... Die Errungenschaft des Systembegriffs im 20. Jahrhundert liegt darin, dass es immer besser gelingt, äußerste Konkretion, eine gleichsam bedingungslose Nähe zum Gegenstand, mit einer bemerkenswerten Abstraktion, einer Ausweitung des Vergleichshorizonts der Begriffe, zu kombinieren, ohne jemals aus dem Auge zu verlieren, dass Konkretion und Abstraktion ihrerseits riskante Beobachtungs- und Beschreibungsleistungen sind. Das 21. Jahrhundert wird diese Bemühungen fortsetzen. Und es wird immer neu versuchen, Systemleistungen sowohl auf die Einheit des Systems zu beziehen als auch in eine Begriffsarchitektur zu entfalten, die diese Leistungen im Einzelnen zu untersuchen und auf einander zu beziehen vermag.“

3 Verbindlichkeit in der wissenschaftlichen Beobachtung: ein systemtheoretischer Untersuchungsansatz[22]

In den beiden vorangegangenen Abschnitten wurde gezeigt,

- dass es sich bei dem Forschungsgegenstand (Kommunalisierung von Landesaufgaben) um einen Prozess handelt, der in modernen Ländern (der EU, OECD) häufig zu beobachten ist; er stellt eine typische Reaktion auf praktische Schwierigkeiten der Implementation öffentlicher Aufgaben im politisch-administrativen Mehrebenensystem dar;
- dass sich diese Schwierigkeiten an zwei Sachverhalten festmachen lassen: a) die Hochzonung politischer Entscheidungen (insb. auf die Ebene der EU) erschwert die Festlegung von Details in den politischen Programmen; dies wird im Rahmen von Implementationsschritten nachgeholt bzw. ergänzt; b) die im Implementationsprozess beteiligten Akteure haben formale Einflussmöglichkeiten (Vetomacht) und/oder die fachlich notwendigen Kompetenzen; sie sind daher notwendig zu beteiligen, erschweren aber häufig durch unterschiedliche strukturelle Verankerungen und Binnenorganisationen die Kooperation;
- dass diese Sachverhalte als ein komplexer Wirkungszusammenhang wahrgenommen werden; sie sind deshalb nicht nur als „technisches" Implementationsdefizit, sondern als ein generelles Problem der Legitimationsgeltung politischer Entscheidungen und damit der „Herstellung bindender Entscheidungen" im politisch-administrativen Kontext zu rekonstruieren.

Die empirische Untersuchung dieses komplexen Zusammenhanges erfordert einen hinreichend differenzierten kategorialen Rahmen. Er soll Fallvergleiche in einem „mittleren" Auflösungsgrad ermöglichen: das heißt, dass weder alle Details einzelner Fälle beschrieben werden können, noch dass eine sehr eng gefasste Hypothese getestet werden soll. Obwohl es sich bei dem Forschungsgegenstand um ein *praktisches Feldexperiment* handelt, kann das Forschungskonzept diesem Muster experimenteller Methodologie nicht folgen: weder die Auswahl der Fälle noch die praktischen Interventionen in das Feld konnten vom Forschungsprojekt beeinflusst oder gar bestimmt werden. Es geht stattdessen um die empirische Rekonstruktion verschiedener Fallbeispiele und ihres Vergleiches: wie „bearbeiten" die Kommunen den von der Landesebene angestoßenen und mit der Rahmenvereinbarung festgelegten Kommunalisierungsprozess; und mit welchen Auswirkungen ist dies verbunden? Zu erfassen sind die verschiedenen Ausgangsbedingungen und Verfahrensabläufe sowie die Ergebnisqualität. Aber welche Sachverhalte sollten im *Forschungsprozess* konkret beobachtet werden?

Zur Strukturierung des Gegenstandes und der Schwerpunkte empirischer Beobachtungen wird die Systemtheorie (insb. im Sinne von Niklas Luhmann) genutzt. Sie ist hinreichend komplex gebaut und erlaubt damit die Verknüpfung von Untersuchungskategorien, die sonst nur im Rahmen spezieller Konzepte oder Theorien untersucht und erörtert wer-

---

[22] Verfasser des Kapitels: Prof. Dr. Dieter Grunow

den[23]. Allerdings handelt es sich nicht um eine empirische „Überprüfung" der Systemtheorie oder der aus ihr abgeleiteten Hypothesen[24]; es geht um eine komplexe kategoriale Rekonstruktion der Kommunalisierungsprozesse. Das Ergebnis wird also vor allem aus der Interpretation und Erklärung ihrer unterschiedlichen Verläufe und Wirkungen bestehen. Dies schließt nicht aus, dass am Ende auch die Angemessenheit des begrifflich-analytischen Rahmens kritisch bewertet wird. Die folgende begriffliche Übersicht stellt jedoch keine Einführung in die Systemtheorie dar[25]. Es geht darum, die im weiteren Verlauf der Untersuchung verwendeten Begriffe und Konzeptbausteine zu erläutern. Dies ist auch deshalb erforderlich, weil viele systemtheoretische oder in dieser Theorie verwendete Begriffe auch in anderen wissenschaftlichen und alltäglichen Verwendungen auftreten, aber nicht den präzisen Sinn der systemtheoretischen Nutzung wiedergeben[26].

3.1 Das Grundsätzliche: soziale Systeme

Gegenstand der Untersuchung sind (vor allem) *soziale Systeme*, die sich durch die besondere Art ihrer Operationen – präziser: ihrer Kommunikationen – unterscheiden (Luhmann 2004). Dabei werden Kommunikationen jeweils als Einheit der Selektivität von Information, Mitteilung und Verstehen aufgefasst. Diese Kommunikationen – als Elemente eines Systems - sind selbstbezüglich („autopoietisch") und nur dadurch anschlussfähig. Erst diese Selbstbezüglichkeit der Kommunikationen ermöglicht die Beobachtung der Innen-Außen-Differenz. Dies geschieht über Sinn, dessen zwei Seiten das Aktualisierte (Kommunizierte) und das Mögliche beinhalten. Durch die Wahl der aktualisierten Kommunikation werden die Alternativen nicht eliminiert, sondern nur aktuell nicht realisiert. Eine solche Auswahl ist zwingend, um Kommunikation als System überhaupt möglich zu machen, d.h. um die Komplexität der Welt auf ein kommunikativ bearbeitbares Maß zu reduzieren. Das bedeutet zugleich, dass die Umwelt eines sozialen Systems immer eine vom System selbst (durch Innen-Außen-Beobachtungen) konstituierte Umwelt ist. Soziale Systeme sind insofern offen und geschlossen zugleich: geschlossen im Hinblick auf ihre laufenden Operationen; offen für die Beobachtung der Umwelt. Diese Beobachtungen können zu „Irritationen" des Systems, d.h. zur Veränderung der internen Kommunikation führen. Allerdings sind es immer an den internen Kommunikationsprozess angepasste Veränderungen (Resonanz) und kein „Durchgriff" von außen[27]. An dieser Stelle wird bereits der Bezug zu den Forschungsfragen des Projektes deutlich: die wechselseitigen Einwirkungen von sozialen Systemen aufeinander sind i. d. R. komplizierter als übliche Steuerungs- oder Management-Konzepte zur Kommunalisierung dies nahe legen.

Menschen *als Gesamtheit* sind keine Elemente von sozialen Systemen. Innerhalb der sozialen Systeme stellen sie Adressen/Adressaten für Kommunikation dar. Dies gilt für den

---

[23] Dies schließt nicht aus, dass begriffliche Differenzierungen aus anderen Konzepten in die systemtheoretische Perspektive eingebunden werden.

[24] Allenfalls indirekt liefert die Wahl des kategorialen Rahmens Ansatzpunkte zur Hypothesenbildung, da er die Bedeutung einzelner Einflussfaktoren hervorhebt.

[25] Dafür liegt neben der umfangreichen Primärliteratur (besonders gut lesbar Luhmann 2004) ein breites Spektrum sekundärer Darstellungen vor (Krause 1999; Dammann/Grunow/Japp 1986; Berghaus 2003; Fuhse 2005).

[26] Im Anhang wird deshalb eine Übersicht über wichtige Begriffe gegeben.

[27] „Durchgriffe" sind nur als Zerstörung des Systems zu rekonstruieren.

einzelnen Menschen nicht nur im Hinblick auf *ein* soziales System (z.B. Arbeitsorganisation), sondern ggf. auch für viele andere (Familie, Sportverein, politische Partei). Eine wichtige Forschungsfrage besteht daher in der Bedeutung dieser (ggf. vorhandenen) Mehrfachverankerung von Personen (im Sinne von Kommunikationsadressen) in den hier untersuchten sozialen Systemen.

In ihrer *biologisch/physischen und ihrer psychischen/kognitiven Beschaffenheit* stellen Menschen aber eine *unabdingbare* Umwelt der sozialen Systeme dar; deshalb wird diese Verbindung auch nicht als Irritation oder Resonanz, sondern als *strukturelle Koppelung* oder als Interpenetration bezeichnet. Unabdingbar ist sie, weil ohne sie (die Physis, das Bewusstsein) keine Kommunikation erfolgen kann; Umwelt bleiben sie, weil sie sich nicht direkt sondern nur über Kommunikation erschließen lassen.[28] Die strukturelle Koppelung von psychischen Systemen und sozialen (Kommunikations-) Systemen erfolgt über Themen, die gleichzeitig der Strukturierung der Kommunikation dienen. Zudem liefern die psychischen Systeme Gedächtnisleistungen, d.h. die „Wiederholung der das System konstituierenden Differenz" im Rahmen der laufenden Operationen (Kommunikationen). (Baecker 1992, S. 357).

Der Bezug zu den Forschungsfragen des Projektes ergibt sich aus der zu untersuchenden Schnittstelle zwischen den psychischen Systemen der beteiligten Personen und den Kommunikationen (hier: über die Kommunalisierung). Dabei werden auch weitere Begriffe verwendet, die eine Anknüpfung an andere Diskurse und empirische Untersuchungen ermöglichen. Anstelle des Begriffes Gedächtnis werden deshalb die Begriffe „cognitive map" und „cognitive frame" verwendet (Einzelheiten dazu s.u.).

Die Grenzziehung der sozialen Systeme kann unterschiedliche Größenordnungen betreffen. Dabei wird die Entscheidung über die Innen-Außen-Differenz an unterschiedlichen Kriterien ausgerichtet. Folgende Systemtypen werden unterschieden:

- *Einfache Sozialsysteme*, die durch inhaltliche Fokussierung und Kommunikation unter *Anwesenden* konstituiert werden. Im Kontext der Kommunalisierung sind dies meist die neu geschaffenen Kooperationsnetzwerke: die Besonderheit liegt in der Betonung von Anwesenheit, was in den „üblichen" Netzwerkkonzepten zu wenig Beachtung findet (zusammenfassend Grunow 2000).
- *Organisierte Sozialsysteme* sind durch *Mitgliedschaftsrollen* und spezifische *Entscheidungsprogramme* bestimmt; Kommunikationen in Organisationen haben die Form von Entscheidungen. Im Kontext der Kommunalisierung sind verschiedene Organisationen wie das hessische Sozialministerium, die örtliche Verwaltung oder die örtlichen Wohlfahrtsverbände beteiligt.
- *Das Gesellschaftssystem (*zunehmend auch als Weltgesellschaft definiert*)* weist zwei charakteristische Merkmale auf: zum einen ist es die absolute Grenze, die durch kommunikative Erreichbarkeit gesetzt ist; zum anderen ist es das Ensemble von *gesellschaftlichen Funktionssystemen,* die sich im Rahmen der gesellschaftlichen Evolution herausgebildet haben. Diese gesellschaftlichen Subsysteme stehen nicht in einem grundsätzlich hierarchischen Verhältnis zueinander – wie die früher dominierenden

---

[28] Die Aussage von Stanislaw Lem ist instruktiv, der in einem Zeitungsinterview (sinngemäß) beklagte, dass er seit Jahrzehnten das Kopfkissen mit seiner Frau teilt, aber trotzdem noch immer nicht sagen könne, was in ihrem Kopf vorgeht. Das psychische System ist ebenfalls ein autopoietisches. Zu einer systematischen Analyse des Wechselspiels von psychischen und sozialen Systemen, die hier nicht geleistet werden kann, vgl. Pfeiffer (1998, S.33ff).

hierarchischen Differenzierungsmuster bzw. die alten Staatsleitbilder noch zum Ausdruck gebracht hatten –, sondern sie stehen im Wechselverhältnis zueinander[29]. Sie sind nicht nur durch spezifische *Funktionen* sondern auch durch *Codes, Medien, Programme und Kontingenzformeln* bestimmt. Die Funktionssysteme sind auf ihre Aufgaben hin spezialisiert, die sie in der Regel im Rahmen organisierter Sozialsysteme exklusiv für die Gesellschaft, d.h. für die anderen Funktionssysteme erbringen. Sie sind deshalb darauf ausgerichtet, nicht nur je spezifische Aufgaben (Funktionen) zu bearbeiten, sondern müssen zugleich ganz allgemein ihre Kommunikationsfähigkeit (Anschlussfähigkeit, Entscheidungsfähigkeit) erhalten. Variabel sind dabei vor allem die Programme und konkreten Entscheidungsprozesse: erreichen unterschiedliche Operationssequenzen gleiche Ergebnisse (Funktionserfüllung) so kann man von *funktional äquivalenten Lösungen (Programmen; Operationen; Effekten)* sprechen.

3.2 Der Kontext: das politisch-administrative System

Der Kommunalisierung liegt mit der Rahmenvereinbarung ein politisch administratives *Programm* zu Grunde, das im Wesentlichen im politisch administrativen (Funktions-)System (PAS) ausgeführt (implementiert) wird. Dieses Funktionssystem hat die Aufgabe, *bindende Entscheidungen* innerhalb des „eigenen" Systems, aber auch im Hinblick auf andere Funktionssysteme herzustellen (allgemein: Luhmann 2000a). In der Binnendifferenzierung des PAS lassen sich ein politischer Akzent (Mehrheitsbeschaffung) und ein administrativer Akzent (Bindewirkungen der politischen Entscheidungen im „Vollzug") unterscheiden[30]. Zur Funktionserfüllung werden die *Medien Macht (Politik) und Recht (Verwaltung)* genutzt, deren zweiseitige *Codes* als *Macht (Mehrheiten) haben vs. keine Macht haben (in der Minderheit sein) sowie Recht vs. Unrecht haben* beschrieben werden. Die *Kontingenzformel (Problemformel) ist die Legitimation.* Man könnte analog zur Wirtschaft hier von Legitimation als von einem knappen Gut sprechen. Außerdem ist schwer auszurechnen, ob und wann Legitimation für politische und/oder administrative Entscheidungen zu gewinnen ist. Dies führt unmittelbar zu Forschungsfragen des Projektes, weil die Bedingungen, Begleitumstände und Ergebnisse der Kommunalisierung in verschiedenen sozialen Systemen Legitimation (Akzeptanz) dergestalt erfordern, dass das Programm sinngemäß in Kommunikationen und Entscheidungen umgesetzt wird. Hervorzuheben ist, dass die Funktionssysteme nicht durch eine abschließende Liste organisierter Sozialsysteme gekennzeichnet sind. Organisationen sind Umwelt der Funktionssysteme (Kneer 2001); sie können daher auch als Koppelung zwischen Funktionssystemen dienen.

3.3 Der Analysezusammenhang: Kommunalisierung sozialer Hilfen

---

[29] Dies schließt eine zeitweilige Dominanz des einen oder anderen Funktionssystems nicht aus; gegenwärtig wird dies für das Wirtschaftssystem diskutiert (vgl. z.B. Paul 2004).
[30] Umgangssprachlich wird dies durch die Kennzeichnung „mehrheitsfähig" (Politik) und „machbar" (öffentliche Verwaltung) ausgedrückt.

Die o. a. allgemeinen Analysekategorien müssen mit Blick auf den Forschungsgegenstand weiter ergänzt und konkretisiert werden. Dies erfolgt zunächst mit Blick auf die konkreten Gegebenheiten des Untersuchungsgegenstandes. Die Untersuchung findet im Politikfeld Sozialpolitik (Schwerpunkt soziale Dienste) statt, das als ein Subsystem des PAS bezeichnet werden kann. Dieses Politikfeld weist einige Besonderheiten auf, die für die empirische Analyse von Bedeutung sind:

a. Die politische *Legitimationsgrundlage* für Leistungen (hier gemäß dem Fürsorgeprinzip) ist ungewiss; sie bedarf daher häufig der Begründungsformel, dass Leistungen nur für die „wirklich Bedürftigen" bereitgestellt werden; bei der Gestaltung der Leistung spielt deshalb die Bedürfnis- und Bedarfsorientierung eine wichtige Rolle.

b. Die Problembezüge sind oft unklar, so dass eine präzise, d.h. zielorientierte Programmierung schwierig ist; es kommen daher meist *Zweckprogramme* zur Anwendung, die Entscheidungen im Implementationsprozess von fachlicher Kommunikation und von örtlichen Gegebenheiten abhängig machen[31]. Im Hinblick auf das konkret untersuchte Programm (hier: die Rahmenvereinbarung zur Kommunalisierung) finden sich neben den inhaltlichen Zielen wie z.B. die Frühförderung benachteiligter Personengruppen oder den Schutz von potenziellen Gewaltopfern auch formale Ziele: es wird nach *bedarfsgerechten Lösungen* sowie nach *effizienten Lösungen* gesucht. Das formale Ziel besteht u.a. in der Installation von Prozeduren und Praktiken (z.B. Planungsverfahren), die die angestrebten Effekte zu erreichen helfen.

c. In das Politikfeld sind vielfältige, strukturell heterogen organisierte Sozialsysteme eingebunden, z.B. Behörden, Wohlfahrtsverbände, Selbsthilfegruppen. Diese Organisationen sind i. d. R. mit Bezug auf ihre politisch-administrativen Entscheidungskompetenzen nach dem Prinzip von Zentrum und Peripherie gruppiert.

Der Mehrebeneneffekt dieses Organisationsensembles entsteht dadurch, dass die Landesebene (hier das Hessische Sozialministerium) auch in den lokalen Implementationsprozess als organisiertes Sozialsystem involviert bleibt. Damit wird ein die kommunale Ebene übergreifendes Ziel eingebunden: die annähernde *Gleichheit bzw. Vergleichbarkeit der Lebensverhältnisse* in den Kommunen. *Es handelt sich somit um eine Implementation in einem Mehrebenensystem,* zu dem die Landesebene, die kommunale Steuerungsebene und die Durchführungsebene, d.h. Dienstleistungen durch verschiedene Typen von Anbietern, zu rechnen sind[32]. Der zu beobachtende Schritt der Kommunalisierung betrifft vor allem die landesweite Diffusion des Zweckprogramms und seine Implementation in der Fläche. Die Tatsache, dass hier die Selbstverwaltungsgarantie des Art. 28 (GG) den Kommunen die Mitwirkung an dem Kommunalisierungsprojekt grundsätzlich freistellt, macht die flächendeckende Beteiligung zu einer prinzipiellen Herausforderung. Inhaltlich sind es die unterschiedlichen Ausgangslagen der Kommunen, ihre unterschiedlichen Ressourcen und ihre mehr oder weniger erprobten Steuerungsmittel, die eine Angleichung erschweren. Dabei führt die *lokale Verantwortlichkeit für die Gestaltung der inhaltlichen Aufgaben* zu einer insgesamt geringen wechselseitigen Kenntnis und Transparenz dieser Ausgangslagen unter

---

[31] Man kann davon sprechen, dass Zweckprogramme Implementationsentscheidungen dezentralisieren, während der Kontrasttyp – Konditionalprogramm – die Entscheidungen zentralisiert.

[32] Einzelne Organisationen, die zwischen diesen Ebenen platziert sind, finden in der Untersuchung keine Berücksichtigung, weil sie keine beachtenswerte Bedeutung für den untersuchten Prozess haben.

den Kommunen[33]. Die vorhandenen förmlichen Informationskanäle und Koordinations-
strukturen über die kommunalen Spitzenverbände (z.B. Amtsleiterkonferenzen) haben an
diesem Stand der Dinge wenig geändert[34]. Dies ist nicht zuletzt eine Folge der im Föderalismus
typischen Dominanz so genannter negativer Koordination, die sich darauf konzentriert,
sich wechselseitig nicht zu „irritieren", und auf explizite Abstimmung untereinander
verzichtet.

Die Kommunalisierung basiert auf einem Zweckprogramm („Rahmenvereinbarung"
zwischen Landesebene und allen Kommunen des Landes Hessen), das in mehreren Schritten
umgesetzt, d.h. konkretisiert werden muss. Die erste – und besonders intensiv empirisch
beobachtete – Stufe konkretisierter Entscheidungsprozesse bezieht sich auf *Praktiken* (z.B.
Zielvereinbarung, Sozialplanung, Sozialberichterstattung, Vertragsgestaltung), die im nächsten
Schritt die *konkrete Prioritätensetzung, Auswahl und Ausgestaltung* von sozialer Infrastruktur,
Dienstleistungen und Transferzahlungen steuern sollen. Erst im darauf folgenden
dritten Schritt sind die Leistungen und ihre Wirkungen (für die Betroffenen, Klienten)
zu beobachten. *Die empirischen Untersuchungen beziehen sich überwiegend auf die beiden
ersten Schritte.*[35]

Neben diesen gegenstandsbezogenen Akzenten werden durch die systemtheoretische
Analyseperspektive bestimmte Problemstellungen bzw. Forschungsfragen vorgegeben. Im
Sinne der Systemtheorie gelten alle dauerhaften kommunikativen *Verknüpfungen* – sei es
innerhalb von sozialen Systemen oder in der wechselseitigen Irritation – als eher „unwahrscheinlich"[36].
Sie bedürfen deshalb i.d.R. besonderer Anstrengungen zu ihrer Strukturierung,
Anschlussfähigkeit und Verstetigung. Diese grundlegende Kennzeichnung des „stabilen"
Kommunikationsprozesses als unwahrscheinlich ist gewissermaßen eine Begründung
für die Notwendigkeit von Forschungsarbeiten, die gerade die Bedingungen für das Zustandekommen
dieses eigentlich „Unwahrscheinlichen" zu erklären versuchen. Im Unterschied
zur Systemtheorie werden in vielen anderen wissenschaftlichen und praxisbezogenen Analysen
gerade diese *Beobachtungen von mangelnder Anschlussfähigkeit* als etwas Überraschendes,
Unerwartetes dargestellt. Zur Erläuterung dieser Beobachtungen werden dann –
je nach Abstraktionsgrad – die Begriffe Staatsversagen, Principle-Agent-Problematik, Vetospiele,
Politikverflechtungsfalle, Implementationslücke, Zielverschiebung, Wirksamkeitsmängel
u.a. verwendet.[37] Es wird nun nach den Ursachen für diese „Missstände" gesucht.
Eine wichtige Begründung wird dann darin gesehen, dass bestimmte Muster der
hierarchischen Festlegung von Entscheidungsprämissen („regulative Steuerung") nicht
(mehr) greifen. Systemtheoretisch betrachtet sind diese Strukturmuster grundsätzlich eher
Sonderfälle – z.B. in einer unitarischen Staatsarchitektur mit dominant hierarchischen Differenzierungsmustern
oder in sehr eng begrenzten Systemzusammenhängen – z.B. inner-

---

[33] Der Versuch durch eine Befragung (seitens des Landkreistages) die Ausgangslage in allen hessischen Kommunen
präzise zu erfassen scheiterte an methodischen Mängeln der Erhebungsstrategie.

[34] Dafür ist auch charakteristisch, dass sich bei besonderen Reformvorhaben nicht selten besondere „Netzwerke
von Reformkommunen" bilden.

[35] Die Gutachter der DFG haben leider die Besonderheiten der Erforschung eines realen Reformprozesses zu
wenig beachtet und definitiv festgelegt, dass das Projekt nach zwei Jahren abgeschlossen sein muss.

[36] Im Kern verbirgt sich dahinter die doppelte Kontingenz der Kommunikation: die beteiligten psychischen Systeme
können jeweils *so oder auch anders* wahrnehmen, erleben und handeln (kommunikativ anknüpfen).

[37] Die verwendeten Begriffe zeigen an, dass sie damit nicht nur empirische Fakten zusammenfassen, sondern
zugleich ein Baustein eines Analyse- oder Interpretationskonzeptes beinhalten.

halb einer auf Zwangsmechanismen spezialisierten Organisation. Die Systemtheorie fragt also – aus der gegensätzlichen Richtung: Wieso kommt es überhaupt zu den aufeinander bezogenen verdichteten Kommunikationsprozessen (sozialen Systemen). Besonders der hier betrachtete Fall eines föderalen Kooperationszusammenhanges zwecks gleichsinniger Implementation und Schaffung von gleichartigen Lösungen/Ergebnissen kann somit *von Anfang an als ein mit erheblichen Risiken verbundener Prozess der Systembildung* angesehen werden. Der Blick richtet sich also auf die Frage, wie das im Prinzip eher Unwahrscheinliche – also konkret die Herstellung von Bindewirkungen (hier) im Sinne der Umsetzung der Rahmenvereinbarung – wahrscheinlich gemacht bzw. realisiert werden kann.

Die abstrakte systemtheoretisch formulierte *Kontingenzformel Legitimation* wird also im empirischen Untersuchungszusammenhang mit der prekären *Erzeugung von Verbindlichkeit* durch und für das konkrete Zweckprogramm inhaltlich gefüllt. Ein erster, in der hier dargestellten Studie nur am Rande bearbeiteter Schritt, bestand in der Entwicklung und sorgfältigen Ausformulierung dieses *Zweckprogramms*[38]. Hierzu ist eine Steuerungsgruppe unter Beteiligung der verschiedenen Stakeholders gegründet worden, die man wegen ihrer Zielsetzung als „Policy-Netzwerk" bezeichnen kann. Die Tatsache, dass dieses Netzwerk für die Erfüllung seines Zweckes mehrere Jahre benötigt hat, mehrfach am Rande des Scheiterns stand und mit zwei Modellprojekten sowohl die Sachdimension als auch die Legitimationsdimension zu stützen versuchte, belegt die in der Praxis unterstellte Schwierigkeit (systemtheoretisch: Unwahrscheinlichkeit), landesweite Bindewirkungen zu erzielen.

Ebenfalls nur am Rande betrachtet werden die *Akzeptanz* dieses Zweckprogramms „Rahmenvereinbarung" und die *Entscheidung* zur Beteiligung an seiner Implementation durch alle Kommunen bzw. durch ihre jeweilige kommunalpolitischen Leitungsebenen. Die Programmentwicklung zur „Rahmenvereinbarung" hat offenbar nicht in hinreichendem Maße (Throughput-) Legitimation erzeugt, um eine durchgängige Akzeptanz des Ergebnisses seitens der Kommunen zur Folge zu haben. Nur durch Druck (Androhung weiterer Mittelkürzungen) und Nebengeschäfte („Side-Payments") seitens des Ministeriums und mit erheblicher Zeitverzögerung konnte schließlich die erste Hürde der landesweiten Implemenation genommen werden: Alle Kommunen haben die Rahmenvereinbarung akzeptiert. Dabei wurde sichtbar, dass die Kommunalisierungsstrategie die Komplexität und Kontextgebundenheit des untersuchten Prozesses teilweise unterschätzt hat, weil die Entwicklung des Programms zu wenig in Verbindung mit vorausgehenden und vor allem mit parallel laufenden Policies gesehen wurde. Ähnlich wie das „Gesetz des Wiedersehens" in der Politikgestaltung gibt es in der Implementation sekundäre Verflechtungen – d.h. Kooperation/Konflikte in anderen, ggf. parallel laufenden Implementationsprozessen –, die Auswirkungen auf das Programm haben, das im Mittelpunkt der empirischen Beobachtung steht[39].

Die *Akzeptanz* bleibt für den gesamten folgenden Entwicklungsprozess, d.h. die weiteren Umsetzungsschritte der Kommunalisierung ein zentraler empirischer Untersuchungsgegenstand. An ihr macht sich u.a. *der Grad der erzeugten Bindewirkungen* in den einzelnen Kommunalisierungsschritten fest. Dabei wird *Akzeptanz* als ein Zustand *psychischer Syste-*

---

[38] Details der *Entwicklung und Erprobung* dieses Zweckprogramms werden von Köhling (2009) dargestellt; vgl. auch Grunow/Köhling (2003).
[39] Konkret geht es um fortgesetzte Sparmaßnahmen – wie z.B. das Projekt sichere Zukunft –, die zum Misstrauen der Kommunen hinsichtlich der angestrebten Vereinbarungen führten.

me betrachtet, der sich im Rahmen von Kommunikation beobachten lässt. Es geht um die Anerkennung der Geltungskraft der im Zweckprogramm festgelegten Modalitäten der Implementation sowie im weiteren Verlauf um die Anerkennung der inhaltlichen Ausgestaltung dieser Modalitäten. Das *Zweckprogramm* legt unter anderem drei Modalitäten fest: zum einen bestimmte Ziele/Ergebnisse bzw. Verfahren zu ihrer konkreten Bestimmung („Bedarfsorientierung"); zum anderen sind es Operationsmodi („Praktiken" wie Sozialplanung, Zielvereinbarungen), die verbindliche Schritte zur Zielerreichung darstellen (sollen) und schließlich die Beteiligung verschiedener Akteursgruppen (Personen) bei der konkreten Gestaltung der Praktiken und der operativen Ziele.

Ein weiteres Element der Herstellung von Bindewirkungen sind die auf den Kommunalisierungsprozess bezogenen Entscheidungen. Die *Entscheidung* ist eine Operation organisierter Sozialsysteme (Ministerium, Rat, Kommunalverwaltung). Sie stellt eine verbindliche Selektion aus vergangenen Operationen dar, die die folgenden Operationen (Entscheidungen) beeinflussen. Zur Erzeugung der Bindewirkungen werden Entscheidungsprämissen (z.B. Strukturierung-, Anordnungs- und Kontrollkompetenzen) genutzt, die für organisierte Sozialsysteme konstitutiv sind.

Die abschließende Form, in der sich Bindewirkungen bzw. Verbindlichkeiten empirisch erfassen lassen, ist die *Gleichsinnigkeit der Operationen der Dienstleistungssysteme.* Da die Dienstleistungen im Rahmen des empirischen Projektes allenfalls am Rande erfasst wurden, konzentrieren sich die weiteren Ausführungen auf die Formen Akzeptanz und Entscheidung. Die Erzeugung von Verbindlichkeit im Rahmen der *lokalen* Implementation des Zweckprogramms hat – wie oben schon allgemein erläutert – zwei Herausforderungen zu bewältigen: Akzeptanz und Entscheidungen sowohl innerhalb der jeweiligen lokalen Akteurskonstellation zu harmonisieren, als auch zwischen den Kommunen in Hessen in einer Weise anzupassen, dass trotz unterschiedlicher Start- und Randbedingungen die inhaltlichen Kernerfordernisse (Einführung bestimmter Praktiken) überall erfüllt werden.

Das Zweckprogramm „Rahmenvereinbarung" erlaubt nicht nur sondern empfiehlt *Kommunikationsprozesse,* die den erforderlichen *Entscheidungen* im Implementationsprozess vorausgehen. Dies wird sowohl mit sachlichen Erfordernissen (neue Praktiken kennen lernen) als auch mit Akzeptanzüberlegungen (weitere Akteure einbinden) begründet. Derartige Kommunikationsprozesse werden in der empirischen Untersuchung als *Issue-Netzwerke* bezeichnet, wobei „issue" für den Inhalt, hier also die Kommunalisierung steht. Sie sind also durch die *inhaltlichen* Aufgaben bestimmt und lassen sich daher von generalisierten Basis-Netzwerken unterscheiden, die grundlegende multilaterale Kommunikationsverflechtungen beinhalten. Der Netzwerkbegriff steht für eine *verdichtete Kommunikation unter Anwesenden*[40]. Dabei werden zunächst die in der wissenschaftlichen Literatur üblichen Kennzeichnungen für Netzwerke mitgeführt: Informell, nicht hierarchisch, offen. Eine Präzisierung wird später mit Blick auf die empirischen Befunde erfolgen.

Der Besonderheit der Implementation im (föderalen) Mehrebenensystem, Akzeptanz auch bei den Personen finden zu müssen, die die Landesebene vertreten, so dass dann auch entsprechende *Entscheidungen* im Ministerium getroffen werden (können), wird durch gesonderte Kommunikationsprozesse im Zweckprogramm definiert. Diese Kommunikationssysteme werden als „Fachkonferenzen" bezeichnet und sind vor allem *nach* der Phase der Implementation des Zweckprogramms vorgesehen. Analoge Muster gibt es allerdings

---

[40] Man könnte es deshalb auch als ein großes einfaches Sozialsystem bezeichnen.

auch in Form von *landesweiten Arbeitsgruppen*, die sich *während* der Implementationsphase mit einzelnen Praktiken und ihrer (gleichartigen) Ausgestaltung befassen. Die größte Herausforderung für die Sicherung von Verbindlichkeit besteht gleichwohl auf der kommunalen Ebene, weil hier sowohl die Positionen des Landes als auch die Einheitlichkeit *aller* Kommunen zum Gegenstand *lokaler* Kommunikation und Entscheidung gemacht werden (müssen). Die Anstöße der landesweiten Arbeitsgruppen sind nur in dem Maße wirksam, wie sie in die lokalen Kommunikationsprozesse transportiert werden (können).

Die neuen Kommunikationssysteme (z.B. Issue-Netzwerke) erzeugen i.d.R. keine Entscheidungen. Dadurch ergeben sich für die Herstellung von Verbindlichkeit wichtige Schnittstellen zu den beteiligten organisierten Sozialsystemen, den Entscheidungssystemen. Kann in der Kommunikation zwischen Personen erzeugte Akzeptanz in Entscheidungen transformiert werden, um damit weitere Prämissen für die Erzeugung von Akzeptanz zu setzen?

Die vorangegangenen Erläuterungen zeigen, dass es sich bei der Problemstellung nicht um ein theoretisch erzeugtes, sondern um *ein mit theoretischen Begriffen rekonstruiertes praktisches Gestaltungsproblem* handelt. Dementsprechend folgt die Beobachtung dem konkreten Prozessverlauf[41]. Dies ist eine Entlastung für die Gestaltung des Forschungsdesigns; dennoch bleibt das Erfordernis der begründeten Schwerpunktsetzung bestehen: was soll wie beobachtet[42] werden?

Im Mittelpunkt steht zunächst die Beobachtung der zu erklärenden Sachverhalte: die Etappen des Implementationsprozesses im Sinne der Herstellung bindender Festlegungen. Durch den Längsschnittcharakter der Studie ist die Erfassung von Veränderungen möglich, die dann der Gegenstand von Erklärungen sein werden. Die Veränderungen betreffen die beteiligten organisierten Sozialsysteme wie die lokalen Verwaltungsbehörden, Ortsliga der Wohlfahrtsverbände oder Einrichtungsträger mit Blick auf die Festlegung neuer Entscheidungsprämissen und der Ausgestaltung von Praktiken. Die Veränderungen betreffen die u.U. geschaffenen neuen Formen kommunikativer Verdichtungen zwischen diesen organisierten Sozialsystemen – z.B. im Sinne eines einfachen Sozialsystems (Issue-Netzwerk o.ä.). Vor allem im Kontext der einfachen Sozialsysteme spielen die Veränderungen der psychischen Systeme der beteiligten Personen – im Sinne von Wissen (cognitive map) und Bewertungen (Akzeptanz) hinsichtlich der Implementationsvorgänge –eine wichtige Rolle. Wissen stellt die kognitiv verankerten Dispositionen eines Akteurs zum Handeln dar (Fried 2003, S.117). Wissensbestände, die Verhalten regulieren, sind in Form von Routinen, Rollen, Institutionen etc. vorhanden. Diese Schematisierungen, für die viele Autoren die Begriffe „cognitive maps" oder „frames" verwenden (vgl. Axelrod 1976, Klimecki u.a. 1994,1995,1999, Scheufele 2003), stellen interne Bedingungen der Informationsverarbeitung dar und regulieren das Wahrnehmen und Handeln. Werden sie durch Abweichungen in den Kommunikationsprozessen irritiert, können dadurch Lernprozesse angestoßen werden (vgl. Hiller 2005, S.14f).

Die zu untersuchenden Veränderungen werden hier unter der Kategorie des *individuellen und organisationalen Lernens* weiter spezifiziert. „Lernen beschreibt dabei den Vor-

---

[41] Damit sind natürlich auch Schwierigkeiten in der Zeitplanung verbunden, weil die Beobachtung sich nicht den eigenen Planungen sondern den realen Abläufen anpassen muss.
[42] Der Begriff Beobachtung wird hier im systemtheoretischen Sinne verwendet und ist nicht mit dem methodischen Instrument gleichzusetzen; im letzteren Fall wird von *empirischer* Beobachtung gesprochen.

gang der Weiterentwicklung dieser Wissensbestände. (...) Im erfolgreichsten Fall führt Lernen dazu, dass die Wirklichkeitskonstruktionen eines Systems regelmäßig ein stimmiges Bild seiner Umwelt liefern und die Systementwicklung dadurch mit der Umweltveränderung Schritt hält" (Klimecki/Lassleben/Thomae 1999, S.6)

*Nicht*lernen steht dabei für die Beibehaltung von Kommunikationsmustern, die als Pfadgebundenheit („so haben wir das hier immer gemacht") bezeichnet werden. Diese Pfadgebundenheit kann auch als Prozess der Machtdurchsetzung oder der Machterhaltung interpretiert werden[43]. Im föderalen Mehrebenensystem sind dies nur zwei Seiten des gleichen Sachverhaltes: es fehlt die Macht, um die Bindung Dritter an neue Erwartungsmuster oder Entscheidungsprämissen durchzusetzen, weil diese sich unerwünschten Veränderungen verweigern können (Vetopotenzial). Die Beibehaltung alter Muster (Pfadgebundenheit) ist aber zugleich die Folge komplexer Balancen – wie in diesem Fall die Verteilung der Ressourcen (Fördermittel des Landes) –, die in einem mit vielen Vetospielern besetzten Entscheidungssystem erreicht werden. Die Chancen der Neujustierung werden daher u.U. prohibitiv aufwändig und risikoreich bewertet. Als Ansatz zur Veränderung bietet sich ein kollektiver Lernprozess an, der an der sachlichen Problemstellung ausgerichtet ist und die Machtfragen in den Hintergrund drängt. Die dadurch nahe gelegte Fokussierung auf Lernprozesse in der Kommunalisierung ergibt sich allerdings nicht nur wegen der Grenzen der Machtstrategien im föderalen Mehrebenensystem, sondern auch wegen des sachlich/fachlichen Spezifikationsbedarfs für die Praktiken während des Implementationsprozesses, der zudem den örtlichen Besonderheiten gerecht werden muss[44].

Die besondere Anforderung an diesen Prozess lässt sich nun als Annäherung, Abstimmung, Konvergenz im Hinblick auf die durch Lernprozesse zu verändernden Sachverhalte beschreiben. Das Ziel ist eine abgestimmte, gleichartige und akzeptierte Form der Durchführung bestimmter Prozesse der Entscheidung über die Bereitstellung von sozialen Hilfen in den hessischen Kommunen. Zu beobachten ist also, ob sich Lernprozesse zeigen und ob sie im Prinzip (oder auch im Detail) konvergie ren.

Der materielle Inhalt der potenziellen Lernprozesse sind die Praktiken: Sozialplanung, Sozialberichterstattung, Zuwendungsverträge usw. Mit Blick auf diese Inhalte werden – in einer gegenüber der vorhandenen wissenschaftlichen Literatur etwas vereinfachten Fassung – von *begrifflichem Wissen einerseits, und von Zusammenhangswissen (auch Handlungswissen)* andererseits gesprochen. Derartige Wissensbestände können in den cognitive maps der beteiligten Personen verankert sein und/oder in den Entscheidungsprämissen der beteiligten organisierten Sozialsysteme[45].

In der Unterscheidung von Lerntypen folgen wir der gut begründeten Dreiteilung in *Verbesserungslernen, komplexes Lernen (Lernen mit Zielveränderung) reflexives Lernen (Lernen lernen)* (vgl. Bandelow 2003, S. 300ff), wobei die beiden ersten Formen im Mittelpunkt stehen.

---

[43] So schon Deutsch (1969, S.147): Macht bedeutet, nicht lernen zu müssen. Bei Luhmann: Erleben von ego führt unmittelbar zum Erleben von alter.

[44] Nullmeier (1997, S. 110f) spricht zu Recht von einer kognitiven Wende hinsichtlich der Wandelbarkeit von Politikgestaltung und Implementation.

[45] Wir folgen der allgemeinen Auffassung, dass die Summe des individuellen Wissens von Organisationsmitgliedern nicht mit dem „geronnenen Wissen der Organisation" identisch ist. Allerdings sind die Wissensbestände und ihre Veränderung je nach Organisationskontext (Wirtschaft, Verwaltung, Politik, Wissenschaft) unterschiedlich. (Wilkesmann 1999, S. 81ff; Heinelt/Weck 1998, S. 202ff).

Die systemtheoretische Beobachtungsperspektive legt es nahe, vor allem die Möglichkeiten und Restriktionen *grenzüberschreitender* Prozesse zur Erklärung des Implementationserfolges (Akzeptanz, einheitliche Praktiken, Zielerreichung) heranzuziehen. Nur wenn eine Veränderung bzw. Angleichung der *cognitive maps* zwischen Personen und eine Einführung von *einheitlichen Praktiken* über die Grenzen organisierter Sozialsysteme hinweg (!) stattfindet, kann von Erfolg versprechender Implementation gesprochen werden. Durch diese prozessbegleitende Beobachtung und Analyse ist es möglich, Zwischenresultate zu dokumentieren und zu kommentieren (erklären)[46]. Dies lässt die Formulierung von Erklärungszusammenhängen zu, die sich auf einzelne Prozessabschnitte beziehen. Die empirische Untersuchung wird demnach durch die Vermutung (Hypothese) geleitet, dass die Entstehung von Issue-Netzwerken sowie die darin realisierten individuellen und kollektiven Lernprozesse die wichtigsten Erklärungsfaktoren für den Implementationserfolg – zunächst im Sinne der abgestimmten (einheitlichen) Praktiken – darstellen. Im Gegensatz zu einer (eineindeutigen) kausalanalytischen Behauptung hält die systemtheoretische Analyse aber den Blick für funktionale Äquivalente offen. Das heißt vor allem, dass das Ziel ggf. auch durch andere Formen von Implementationsprozessen erreicht werden kann. Es werden also die Fallbeispiele auch dann kontinuierlich weiter beobachtet, wenn kein Issue-Netzwerk entsteht.

Die empirische Beobachtung ist gleichwohl vor allem auf die Entwicklung, Ausgestaltung und Operationsweise der Issue-Netzwerke zu konzentrieren, um den Erfolg oder Misserfolg der Implementation zu erklären[47]. Dabei stehen die Schnittstellen dieses Kommunikationssystems (einfaches Sozialsystem) zu den cognitive maps (psychische Systeme) der beteiligten Personen und zu den örtlichen Behörden und sonstigen Organisationen (organisierte Sozialsysteme) im Mittelpunkt.

Issue-Netzwerke bilden häufig einen kommunikativen Zusammenhang zwischen Personen, die aus verschiedenen Typen organisierter Sozialsysteme kommen. Die Besonderheiten der *Issue-Netzwerke* haben sachliche, soziale und zeitliche Gestaltungsdimensionen bzw. Bestandsvoraussetzungen. Die Fachliteratur betont i.d.R. die folgenden Merkmale: nicht hierarchisch, d.h. dass alle Beteiligten Veto/Exit-Potenziale haben, die von allen anderen beachtet werden müssen. Sie lassen die Kommunikation aller Beteiligten gleichberechtigt zu, sind offen für sachliche Kommunikationsinhalte aller Art (Wissensdimension) sowie für die Kommunikation von Bewertungen (Gewinn-Verlust-Rechnungen) durch alle Beteiligten. Sie zielen im Ergebnis auf einen Konsens (Akzeptanz) über Lösungen (verbindliche Operationen), die den verschiedenen Sachverhalten bzw. Bewertungen möglichst weitgehend gerecht werden. Die diesbezüglichen Kalküle gehen dabei über die in spieltheo-

---

[46] Dies ist forschungsstrategisch bedeutsam, weil der *abschließende* Test auf die Zielerreichung – bedarfs-/bedürfnisorientierte Steuerung der sozialen Hilfen unter Anwendung der Praktiken – im Untersuchungszeitraum des Projektes nicht möglich war und auch sehr viel umfangreichere Beobachtungen der Adressaten sozialer Hilfen erfordert hätte.

[47] „Politiknetzwerke können definiert werden als Konfigurationen von Akteuren, die in einer interdependenten Beziehung zueinander stehen und nicht an formale System- oder Organisationsgrenzen gebunden sind. Netzwerke konstituieren sich durch dauerhafte Interaktionen, wobei keiner der Akteure in Besitz der alleinigen Kontrolle über Tauschrelationen oder Entscheidungsprozesse ist, da alle Beteiligten in irgendeiner Form aufeinander angewiesen sind." (Döhler 1994, S. 45).

retischen Konzeptionen (z.B. Scharpf) genutzten Pareto- und Kaldor-Kriterien[48] hinaus, weil die Zielsetzung der Landesebene auch eine Umverteilung der Ressourcen zwischen den Kommunen einschließt.[49] Ob die Landesebene hierbei als „Schatten der Hierarchie" fungiert ist eine offene (ggf. empirisch zu klärende) Frage. Dies schließt zunächst die Frage nach der Funktion des „Schattens" ein: i.d.R. wird er als ein Instrument zur Reduktion von Komplexität und Kontingenz in der netzwerkinternen Kommunikation gesehen. Nur so lasse sich eine Dauerkommunikation ohne erkennbare Zielverfolgung oder gar -erreichung vermeiden[50]. Diese Beschreibungsmerkmale der Issue-Netzwerke lassen empirisch beobachtbare Variationen zu: von dem Nicht-Zustandekommen eines verdichteten Kommunikationszusammenhangs - alle reden aneinander vorbei - bis zu einer Verfestigung in Form eines organisierten Sozialsystems sind verschiedene Muster oder temporäre Zustände denkbar. Dies führt zur Frage nach den Mechanismen, die eine Entwicklung und konkrete Ausgestaltung von Issue-Netzwerken beeinflussen.

Die Systemtheorie führt hier den Begriff des *Vertrauens* (Luhmann 2000) ein. Betont man für das Issue-Netzwerk den Charakter der *Kommunikation unter Anwesenden*, so ist die Bildung von Vertrauen ein wichtiges Mittel zur Herausbildung von (wechselseitigen) *Erwartungen*, die die Operationen im Netzwerk strukturieren können. Im Issue-Netzwerk wird Vertrauen i.d.R. als *Personenvertrauen* konstituiert, das sich auf die Stabilisierung der Differenz von Selbst- und Fremdwahrnehmung stützt. Die Stabilisierung wird durch *Deckungsgarantien der Kommunikation* der anwesenden Personen erreicht. Im Hinblick auf das Issue-Netzwerk geht es um Interessen schonende Kommunikation (ggf. auch Entscheidungen), um gleichberechtigte Kommunikationsbeteiligung und Anerkennung von Wissens- und Erfahrungspotenzialen der Kommunikationspartner. Im Einzelnen kann Vertrauen auch bei Erwartungsenttäuschungen zeitweilig erhalten bleiben. Mit Vertrauen wird also die tragbare Unsicherheit in der Kommunikation erhöht. Zu klären ist ggf. auch die Frage, ob Vertrauen im Issue-Netzwerk auch Systemvertrauen erzeugen bzw. ob dieses aus dem Personenvertrauen abgeleitet werden kann[51]. *Systemvertrauen* benötigt Deckungsgarantien im Hinblick auf die Medien der Kommunikation. Für den Untersuchungsgegenstand bzw. das hier relevante Funktionssystem sind dies Macht und Recht. Systemvertrauen bedeutet also die Erwartung, dass Recht eingehalten und Macht nicht missbraucht wird.

Durch die praktische Entwicklung von Issue-Netzwerken lassen sich die Art und die Anzahl der zu beobachtenden Intersystem-Schnittstellen bestimmen. *Zu beobachten sind einerseits die Wechselbeziehungen zwischen psychischen Systemen (hier in ihren kognitiven und bewertenden Dimensionen) und dem Issue-Netzwerk (als Kommunikationszusammenhang). Die Systemtheorie spricht hierbei von struktureller Koppelung, weil Kommunikationen nur unter der Beteiligung von psychischen Systemen zustande kommen können. Dabei*

---

[48] Das Pareto-Optimum bezeichnet eine Verteilungssituation, in der kein Beteiligter etwas zusätzlich gewinnen kann – ohne dass ein anderer etwas verliert. Das Kaldorkriterium schließt ergänzend die Möglichkeit ein, dass Ausgleichszahlungen zwischen den besser und den schlechter gestellten Beteiligten stattfinden.

[49] Es handelt sich auf kommunaler Ebene also nicht um ein Nullsummenspiel.

[50] Diese Auffassung kann u. U. dazu veranlassen, ein Issue-Netzwerk wie eine hierarchisch gesteuerte Verwaltungsbehörde zu organisieren; allerdings sind in diesem Fall die Begriffe Netzwerk oder einfaches Sozialsystem nicht mehr sinnvoll anzuwenden.

[51] Es gibt eine Vielzahl konkreter Beispiele, die zumindest eine Parallelität beider Formen zeigen (z.B. der Wunsch der BürgerInnen nach mündlich-persönlichem Kontakt mit dem Verwaltungspersonal; oder die Bedeutung persönlicher Treffen von Spitzenpolitikern etc.).

ist zu beobachten, welche Kommunikationen stattfinden und welche Auswirkungen sie auf die Veränderung (ggf. auch Angleichung) der kognitiven maps bzw. cognitive frames[52] der beteiligten Personen im Netzwerk haben. Die meisten Beobachtungen dürften die Feststellung von wechselseitigen Irritationen beinhalten, die jedoch Veränderungen hinsichtlich der cognitive maps sowie bei der Kommunikation im einfachen Sozialsystem „Issue-Netzwerk" anstoßen können.

Die Kernhypothese der Untersuchung betrifft einen zweiten Typus der grenzüberschreitenden Prozesse: die Rückwirkung der Kommunikation im Issue-Netzwerk auf die organisierten Sozialsysteme, aus denen die am Issue-Netzwerk beteiligten Personen stammen. Gelingt es, die sogenannten Backoffice–Organisationen der Netzwerkbeteiligten – z.B. Stadtrat, Ratsausschüsse, Kommunalbehörden, Ortsligen der Wohlfahrtsverbände, Trägerorganisationen für Dienstleistungseinrichtungen – in einer Weise zu irritieren, dass sie sich mit ihren Operationen auf die Ergebnisse des Issue-Netzwerkes beziehen? Zunächst stehen die organisierten Sozialsysteme selbstbezüglich nebeneinander und können wegen der Vetomöglichkeiten im Rahmen des Kommunalisierungsprojektes nur begrenzt wechselseitige Irritationen erzeugen. Mit üblichen organisationssoziologischen Begriffen kann man von schwach entwickelten Interorganisationsbeziehungen sprechen. Dies schließt aber in anderen inhaltlichen Kommunikationszusammenhängen keinesfalls strukturelle Koppelungen zwischen den beteiligten Organisationen aus. Diese fallen in den konkreten Untersuchungsfällen aber keineswegs immer einheitlich aus.

Um also neue wechselseitige Irritationen bzw. auch strukturelle Koppelungen zu entwickeln ist offenbar ein Kommunikationsprozess eine wichtige Option, der sich als einfaches Sozialsystem entwickelt und über Lernprozesse Irritationen der beteiligten Organisationen bewirken kann; eine Interorganisationsbeziehung löst sich somit in die Schnittstellen a. Organisation/Organisationsmitglied und b. Organisationsmitglied/Mitglied im Issue-Netzwerk auf – und zwar in beide Richtungen kommunikativer Anschlussversuche. Nach Knoepfel/Kissling-Näf (1998, S.239 ff) finden Lernprozesse vor allem dann in Netzwerken statt, wenn deren Mitglieder nicht nur interne Kontakte zu Akteuren mit gleicher Überzeugung, sondern auch externe Kontakte zu Akteuren mit einem anders gelagerten „belief system" aufweisen. Entscheidend für Lernprozesse im Netzwerk ist, dass diese „von den Mitgliedern des Netzwerkes evaluiert, geteilt und in den geltenden Konsensbereich des Netzwerkes, das heißt in die im Netzwerk geteilten normativen und kognitiven Überzeugungen integriert werden" (Malek/Hilkermeier 2003, S. 90). Sodann ist zu prüfen, ob die Backoffice-Organisationen ihre Entscheidungspämissen und ihre konkreten Entscheidungen an Vereinbarungen und Empfehlungen ausrichten, die im Issue-Netzwerk zustande gekommen sind. Dies hängt vor allem davon ab, in welcher Rolle die jeweiligen Netzwerkbeteiligten in ihrer Backoffice-Organisation in Entscheidungsprozesse eingebunden sind. Dies betrifft aber auch den jeweiligen Modus der Entscheidungsfindung in diesen organisierten Sozialsystemen (z.B. Mehrheitsbeschlüsse im Rat bzw. Kreistag oder hierarchische Entscheidungen in einer Verwaltungsbehörde) und die kommunikativen Anschlüsse an die

---

[52] Der Begriff cognitive map steht hier für einen strukturierten Bestand an Wissen, der u.a. Sachverhalts- bzw. Faktenwissen, Erklärungs- bzw. Zusammenhangswissen sowie Erfahrungs- bzw. Handlungswissen enthalten kann. Cognitive frames kennzeichnen dagegen bestimmte Sichtweisen und darauf bezogene Kommunikationsweisen. Empirisch untersuchen lassen sich diese Sachverhalte sowohl durch die empirische Beobachtung von Kommunikationsprozessen als auch durch die Befragung der beteiligten Personen.

Arbeit des Issue-Netzwerkes. Die Gültigkeit und Reichweite von Vereinbarungen im Hinblick auf die Implementationsschritte - Akzeptanz und einheitliche Gestaltung der Praktiken - hängt von organisationsinternen Entscheidungen ab.

Ein besonders hervorzuhebender Typ von Interdependenzen zwischen den organisierten Sozialsystemen bezieht sich auf die Einbindung des Landesministeriums (HSM), das i.d.R. keine Personen in die örtlichen Issue-Netzwerke entsendet – also auch nicht im o.b. Sinne lernen kann. Allerdings fungiert das *Policynetzwerk*, das das Kommunalisierungsprogramm „Rahmenvereinbarung" ausgearbeitet hat, auch weiterhin als eine Koordinationsinstanz. Es wurden zudem Arbeitsgruppen unter Beteiligung des Ministeriums ausdifferenziert, in denen u. a. Personen aus einzelnen örtlichen Netzwerken oder Organisationen mitarbeiten. Sie können eine Verbindung zu den Kommunikationsprozessen vor Ort herstellen. Dies gilt im Übrigen auch für andere Netzwerke, die ebenenübergreifend etabliert sind: z.B. Sozialamtsleiter-Konferenzen im Kontext des Hessischen Städte- und/oder Landkreistages. Da es sich bei den zuletzt genannten Netzwerken sowohl hinsichtlich der beteiligten Personen als auch hinsichtlich des thematischen Bezugs zur Kommunalisierung nur um Einzelfälle handelt, spielen sie für die empirische Beobachtung keine Bedeutung.

3.4 Die Beobachtungsstrategie: Fallrekonstruktion, Fallvergleich, und funktionale Äquivalente

Das systemtheoretisch ausgerichtete Analyseraster dient zunächst der Rekonstruktion einzelner Fälle. Dies geschieht in zweifacher Hinsicht: zum einen geht es um die Darstellung verschiedener Falltypen (vor allem im Hinblick auf unterschiedliche Randbedingungen und Ausgangslagen); zum anderen geht es um die Darstellung von Veränderungen im Zeitverlauf. Daher bildet das Analyseraster zunächst nur das Spektrum derjenigen Beobachtungskategorien ab, für die in den untersuchten Fällen Differenzen möglich sind. Es handelt sich also um *Variablen* im empirischen Untersuchungszusammenhang, die sich in abhängige und unabhängige gruppieren lassen. Dies wird durch den longitudinalen Charakter der Studie erleichtert. Im Mittelpunkt steht die Hypothese, dass die wirksame Implementation des Zweckprogramms „Rahmenvereinbarung" von der durchlässigen Gestaltung der Schnittstellen zwischen psychischen und sozialen Systemen verschiedener Ausprägungen abhängt.

Zugespitzt wird vorausgesagt, dass eine wirksame Implementation nur dann gelingt, wenn ein funktionierendes Kommunikationsnetzwerk im Sinne des oben beschriebenen Issue-Netzwerkes entsteht, das die kommunikative Anschlussfähigkeit für verbindliche Operationen kommunaler Aufgabenerledigung (hier soziale Hilfen) sichert. Wie schon mehrfach betont bezieht diese These zwei Aspekte mit ein: die Sachgerechtigkeit der Ausgestaltung der Praktiken und die Akzeptanz durch die beteiligen Personen sowie die diesbezüglichen Entscheidungen in den Organisationen. Analog kann die These auch dahin gehend formuliert werden, dass hierarchische (administrative) Entscheidungen kein Äquivalent mit Blick auf die Zielerreichung darstellen.

Um diese Aussage zu prüfen, reicht eine einzelne Fallrekonstruktion nicht aus. Die optimale Beobachtungsstrategie – die Berücksichtigung aller Fälle, die auf der Basis des Zweckprogramms operieren – ist aus forschungsorganisatorischen und aus Kapazitätsgründen nicht möglich. Die Schwierigkeit der Beobachtungsstrategie liegt daher in der Auswahl der Fälle. Sie müsste dem Prinzip der „most similar cases" folgen, für deren Festlegung aber keine zuverlässigen Daten verfügbar sind. Dies gilt erst recht für die wichtigste erklärende Variable in dem Untersuchungsansatz – dem Vorhandensein eines Issue-Netzwerkes –, denn dieses entsteht erst im Rahmen des beobachteten Implementationsprozesses[53] und kann also nicht zur vorangehenden Fallauswahl genutzt werden. Die Auswahlentscheidung erfolgt daher auf der Basis einer ergänzenden Hypothese: die Schaffung eines Issue-Netzwerkes ist umso wahrscheinlicher, je mehr *Netzwerkstrukturen genereller Art* auf kommunaler Ebene – also basale Netzwerke im Politikfeld Sozialpolitik – bereits bestehen. *Die Auswahl der Fälle hat also nur sicher zu stellen, dass im Hinblick auf diese intervenierende Variable hinreichende Unterschiede zwischen den untersuchten Fällen bestehen, dass also Fälle einbezogen werden, die im untersuchten Politikfeld Sozialpolitik entweder über solche basale Netzstrukturen verfügen oder nicht* .

Diese Restriktionen bei der Fallauswahl haben für eine systemtheoretisch ausgerichtete Analyse weniger gravierende Konsequenzen als für den Ansatz des logischen Positivismus. Für die Systemtheorie ist der Nachweis von eineindeutigen Kausalbeziehungen ein höchst unwahrscheinlicher Grenzfall, den man allenfalls im Labor erzeugen kann. In der beobachteten gesellschaftlichen Realität haben wir es mit nicht kontrollierbarer Komplexität und Kontingenz zu tun. Dies führt u. a. zu der Situation, dass unterschiedliche Ursachen (unabhängige Variable) gleiche Effekte (abhängige Variable) haben (können) und umgekehrt. Die systemtheoretische Analyse reagiert darauf nicht mit komplexen Rechenoperationen, sondern mit dem Versuch, funktionale Äquivalente aufzuzeigen. Dies ist deshalb sachlich angemessen, weil es dem zu beobachtenden Realprozess entspricht: da es in der Realität keine vollständig gleichen, vielleicht nicht einmal annähernd ähnliche Fälle gibt, schließt der *reale Implementationsprozess* die Suche nach äquivalenten Alternativen ein: verschiedene Wege, die ggf. zum gleichen Ziel führen. Angesichts der zeitlichen Ausdehnung sowie der räumlichen/institutionellen Parallelität der Implementation bezieht sich diese Suche nach funktionalen Äquivalenten i. d. R. bereits auf einzelne Zwischen-Schritte der Implementation.

Die empirische Beobachtung des Implementationsverlaufes hat also nicht nur die kommunikativen Operationen, sondern auch die schrittweise erreichten Effekte (Funktionen) zu erfassen. Damit lässt sich im Vergleich zeigen, ob die Entwicklung von Akzeptanz und einheitlichen Praktiken nicht nur fallspezifisch vorankommt, sondern ob auch fallübergreifend eine Angleichung erfolgt – wie sie in der Zielsetzung der Rahmenvereinbarung vorgesehen ist. Damit kann zwar noch kein Beleg für das abschließende Gesamtergebnis – das das Ensemble aller Kommunen umfassen müsste – geliefert werden; es kann jedoch geprüft werden, ob zumindest die untersuchten Fallbeispiele Entwicklungen in diese Richtung zeigen. Dies ist aber nur dann zu erwarten – so lautet die hier zu ergänzende Hypothese –, wenn es in dem realen Implementationsverlauf gelingt, für einzelne Entwicklungsetappen funktionale Äquivalente (Operationen, Entscheidungen, Entscheidungsprämissen) zu suchen, zuzulassen oder zu schaffen, die trotz unterschiedlicher Ausgangspunkte und unterschiedlicher Entwicklungspfade zu (hinreichend) einheitlichen und gleichsinnigen Ergebnissen (Praktiken, bedarfsgerechte Versorgung) führen.

---

[53] Zudem ist jede Forschung von der freiwilligen Mitarbeit der betreffenden Personen und Organisationen abhängig. Einzelheiten zum methodischen Vorgehen werden im folgenden Kapitel beschrieben.

Dies legt es nahe, in der Darstellung der Ergebnisse verschiedene Typen von Untersuchungsfragen in verschiedenen Formaten zu bearbeiten und zu beantworten[54]: a) die Untersuchung einzelner Fälle im Gesamtablauf, um die (nachhaltige) Bedeutung einzelner Faktoren – insbesondere der Existenz und Ausgestaltung eines Issue-Netzwerkes – für die Änderung von psychischen und sozialen Systemen aufzuzeigen (vgl. Kapitel 5.2), b) der Fallvergleich im Überblick, um die grundlegenden Unterschiede im Implementionsverlauf und den (zwischenzeitlich) erzielten Wirkungen zu belegen (vgl. Kapitel 5.3 und 5.4), c) die Untersuchung einzelner Sachzusammenhänge – wie die einzelnen Implementationsschritte und die dabei zu beachtenden grenzüberschreitenden Prozesse –, bei denen Beobachtungen aus einem oder mehreren Fallbeispiel(en) herangezogen werden (vgl. Kapitel 6); und eine Abschätzung des (flächendeckenden) Gesamt-Ergebnisses vorzunehmen (vgl. Kapitel 7). Zuvor wird jedoch – in Kapitel 4 – das praktische methodische Vorgehen bei der Beobachtung der Kommunalisierungsprozesse in den sechs Beispielfällen beschrieben.

---

[54] Einzelheiten dazu in der Einleitung zu Kap.5.

4 Das Forschungsdesign[55]

In Kapitel 3 wurde unter Nutzung eines systemtheoretischen Bezugsrahmens herausgearbeitet, welche Beobachtungskategorien für eine komplexe kategoriale Rekonstruktion der Kommunalisierungsprozesse vor Ort notwendig sind. Ziel des folgenden Kapitels ist es aufzuzeigen, welche Konsequenzen die Forschungsfragen und ihre theoretische Zuspitzung für die empirische Vorgehensweise im Projekt haben. Dies geschieht unter zwei Blickwinkeln. Erstens ist darzustellen, in welcher Beziehung die inhaltlichen Aspekte unserer Argumentation zu unserer empirischen Vorgehensweise stehen. Dieser Aspekt wird in Kapitel 4.1 als inhaltlich-methodischer Argumentationszusammenhang erörtert. Zweitens ist aufzuzeigen, wie wir im Einzelnen bei Fallauswahl, Datenerhebung und Datenauswertung methodisch vorgehen. Dieser Aspekt wird in Kapitel 4.2. aufgegriffen.

4.1 Inhaltlich-methodischer Argumentationszusammenhang

Trotz einiger bereits in Kapitel 3 aufgezeigten theoretisch begründeten Vermutungen (Hypothesen) ist die methodische Vorgehensweise insgesamt eher induktiv und interpretativ. Die folgenden Ausführungen zeigen, dass die in Kapitel 3 beschriebenen Kategorien und ihre Zusammenhänge in erster Linie der Strukturierung der Beobachtung dienen. In einem ersten Schritt ist zu klären, ob sich die ausgewählten Fälle hinreichend im Hinblick auf ihre basalen Netzwerkstrukturen im Bereich der lokalen Sozialpolitik voneinander unterscheiden. Diese Netzwerkstrukturen sind unter zwei Aspekten interessant:

- Unter dem Begriff *Interorganisationsbeziehungen* werden die Strukturen und die (kommunikativen) Austauschprozesse zwischen Kommunalpolitik, Kommunalverwaltung und Wohlfahrtsverbänden/Trägern vor Ort verstanden. Diese können stark ausgeprägt sein und sich über gesetzlich vorgeschriebene Kooperationen hinausgehend auf freiwillige Formen der Zusammenarbeit beziehen und insgesamt durch produktive Kooperation gekennzeichnet sein. Andererseits können auch lediglich formale Anforderungen an Kooperation erfüllt werden, die als unliebsame Pflichterfüllung umgesetzt werden.
- Unter dem Begriff *Intraorganisationsbeziehungen* werden organisationsinterne Willensbildungs- und Entscheidungsprozesse zusammengefasst. Sie unterscheiden sich darin, ob sie eher durch kommunikativ-vernetzte oder einseitig-hierarchische Arbeitsbeziehungen gekennzeichnet sind.

Zur Beobachtung dieser Sachverhalte ist eine Rekonstruktion der basalen Netzstrukturen zu Beginn des Beobachtungszeitraumes notwendig. Dieser Zeitpunkt wird im Folgenden als „Ausgangslage" bezeichnet. Empirisch soll gezeigt werden, dass die Ausgangslagen so

---

[55] Verfasserin des Kapitels: Dr. Hildegard Pamme

weitgehend variieren, dass ihre Bedeutung für den Kommunalisierungsprozess vergleichend nachgewiesen werden kann.

Darüber hinaus werden – wie in Kapitel 3 ausführlich dargelegt – folgende Wirkungszusammenhänge angenommen: Die landesweite Implementation der Kommunalisierung ist wahrscheinlicher, wenn (in möglichst allen Kommunen) ein funktionierendes Issue-Netzwerk entsteht, das die kommunikative Anschlussfähigkeit für verbindliche Operationen kommunaler Aufgabenerledigung herstellt. Die durchlässige Gestaltung der Schnittstellen zwischen psychischen und sozialen Systemen – so unsere Annahmen weiter – dürfte umso eher gelingen, wenn kommunikative Anschlussfähigkeiten zwischen den Personen und Organisationen innerhalb des Netzwerkes hinsichtlich ihres Wissens und ihrer Akzeptanz bestehen. Gleichzeitig müssen ausreichende Kapazitäten vorhanden sein, um die Kommunikation untereinander und zwischen den verschiedenen Schnittstellen zu koordinieren. Darüber hinaus ist zu klären, welchen Einfluss eine unterschiedliche Einbettung oder Verflechtung zwischen einzelnen Kommunen und der Landesebene auf die Ausgestaltung des Issue-Netzwerkes hat. Auch mit Blick auf diese Aspekte ist also eine Rekonstruktion der Fallbeispiele in der Ausgangslage vor zu nehmen.

Um Veränderungen oder Nicht-Veränderungen aufzeigen zu können, sind die bisher genannten inhaltlichen Aspekte auch in ihrem Verlauf, also während des gesamten Beobachtungszeitraums zu beobachten. Schließlich muss es möglich sein, Effekte oder Nicht-Effekte des Kommunalisierungsprozesses am Ende des Beobachtungszeitraumes einzufangen. Vor diesem Hintergrund wurde zur komplexen Rekonstruktion der Fallbeispiele folgende Vorgehensweise gewählt:

1. Die Ausgangssituation in den Fallbeispielen und der Beginn der landesweiten Umsetzung der Kommunalisierung wird mit Hilfe von leitfadengestützten Experteninterviews (t_0) unter den lokalen Akteuren erhoben, die vor Ort mit dem Implementationsprozess befasst sind.
2. Eine zweite Welle leitfadengestützter Experteninterviews (t_1) erfolgt ein Jahr später, um beobachten zu können, ob sich die Einstellungen und Bewertungen dieser Akteure verändert haben.
3. Die Treffen der Issue-Netzwerke – so weit sie tatsächlich entstehen – werden kontinuierlich beobachtet. Diese Vorgehensweise ermöglicht, die Entwicklungen und Operationsweisen der Kooperation vor Ort nachzuzeichnen. Parallel dazu werden auch die Treffen der landesweiten Steuerungsgruppe beobachtet. Die Sitzungsverläufe werden mit Hilfe von Beobachtungsleitfäden und Verlaufsprotokollen festgehalten.
4. Ergänzend zu den leitfadengestützten Experteninterviews und der teilnehmenden Beobachtung werden einschlägige Dokumente recherchiert, gesichtet und ausgewertet.

Die folgende Tabelle fasst noch einmal zusammen, für welche inhaltlichen Fragestellungen welche empirischen Erhebungsinstrumente herangezogen werden und auf welches Auswertungsziel sich die einzelnen Erhebungen richten.

Abbildung 1: Übersicht zur grundlegenden Erhebungs- und Auswertungsstrategie

Inhaltlicher Aspekte	Erhebungsmethode	Auswertungsstrategie
→ Analyse der Ausgangsbedingungen in den Fallbeispielen hinsichtlich: • inter- und intraorganisationaler Organisationsbeziehungen • Akzeptanz der Kommunalisierung und der einzelnen Praktiken • Wissen über die Logik und Anwendung der Praktiken • Einbettung der Kommune in landesweite Zusammenhänge • Kapazitäten zur Koordination des Kommunalisierungsprozesses	→ Experteninterviews der Phase t_0	→ Codieren des Textmaterials und Rekonstruktion des Materials mit Hilfe zusammenfassender Fallübersichten
→ Analyse des Prozessverlaufs in den Fallbeispielen • Funktionsweise des Issue-Netzwerkes • Veränderung der inter- und intraorganisationalen Organisationsbeziehungen • Veränderung der Akzeptanz der Kommunalisierung und der einzelnen Praktiken • Veränderung des Wissens über die Logik der Anwendung der Praktiken • Veränderung der Verkopplung des Fallbeispiels in landesweite Zusammenhänge • Veränderung der Kapazitäten zur Koordination des Kommunalisierungsprozesses	→ Beobachtungsleitfäden und Verlaufsprotokolle der Sitzungen des Issue-Netzwerkes	→ Rekonstruktion des Prozessverlaufs entlang zentraler Bezugspunkte des Kommunalisierungsprozesses
→ Analyse der Implementationsergebnisse in den Fallbeispielen • Stand der Umsetzung der Praktiken zum Ende des Beobachtungszeitraums	→ Experteninterviews der Phase t_1 → Beobachtungsleitfäden und Verlaufsprotokolle der Sitzungen des Issue-Netzwerks	→ Rekonstruktion der Umsetzung der Praktiken zum Ende des Beobachtungszeitraums

Damit folgt die grundlegende Erhebungs- und Auswertungsstrategie konsequent der Chronologie des Implementationsprozesses. Für die *Bewertung* der Ausgangslagen und Prozessverläufe im Einzelnen ist darüber hinaus aber auch ein Vergleich der Fallbeispiele untereinander vonnöten. Die Ergebnisse dieses Vergleiches werden im vorliegenden Sammelband an zwei unterschiedlichen Stellen mit jeweils unterschiedlichen Akzentsetzungen präsentiert.

In Kapitel 5 erfolgt eine systematische Gesamtinterpretation. Ziel dieses Kapitels ist es aufzuzeigen, wie die Unterschiede in der Ausgangslage, bei der Entwicklung der Randbedingungen und der Implementationsstrategien die Ergebnisse des Implementationsprozesses bis zum Ende unseres Beobachtungszeitraumes beeinflusst haben. Dieses Kapitel ermöglicht ein Gesamtverständnis des Implementationsprozesses.

In Kapitel 6 werden die sechs Fallbeispiele dann als Steinbrüche verwendet, um das Möglichkeitsspektrum unterschiedlicher Kommunikations-, Verhandlungs- und Entscheidungsprozesse empirisch dazustellen. Hier steht nicht so sehr der systematische Vergleich im Vordergrund. Vielmehr sollen besonders deutliche Unterschiede zwischen den Fallbeispielen kontrastiert werden. Dazu werden die folgenden unterschiedlichen Teilfragen benutzt:

- Wie werden die Interessen des Landes in die Kommunikations-, Verhandlungs- und Entscheidungsprozesse integriert? (Kapitel 6.1)
- Wie wirken sie die unterschiedlichen Ausgangsbedingungen der Fallbeispiele auf die Implementationsergebnisse der Fallbeispiele aus? (Pfadabhängigkeit) (Kapitel 6.2)
- Welchen Einfluss hat die Funktionsfähigkeit bzw. Nicht-Funktionsfähigkeit des Issue-Netzwerkes für die Vereinbarung von Verbindlichkeit? (vgl. Kapitel 6.3)
- Wie beeinflusst die Vertrauensbildung im Netzwerk die Kommunikations- und Entscheidungsfähigkeit des Netzwerkes und damit letztlich die Verbindlichkeit der Netzwerkbeschlüsse? (vgl. Kapitel 6.4)
- In welchem Ausmaß verändern sich die cognitive maps der beteiligten Netzwerkmitglieder in Abhängigkeit vom Kommunikationsmodus des Netzwerkes? (vgl. Kapitel 6.5.)

Zur Beantwortung dieser Teilfragen wird ausgewählt auf die erhobenen Daten Bezug genommen. Die folgende Tabelle fasst noch einmal zusammen, auf welche Erhebungsmethoden für die jeweilige Teilfrage zurückgegriffen wird und kennzeichnet die Auswertungsstrategie der einzelnen Kapitel.

Abbildung 2: Übersicht zur Erhebungs- und Auswertungsstrategie hinsichtlich der Teilfragen

Inhaltliche Aspekte	Erhebungsmethode	Auswertungsstrategie
Verkoppelung der Ebenen (vgl. Kap. 6.1)	→ Experteninterviews der Interviewphasen t_0 und t_1 → Dokumentenanalyse	→ Rekonstruktion der Mehrebenenkommunikation und -kooperation der Kommunalisierung
Pfadabhängigkeit (vgl. Kap. 6.2)	→ Experteninterviews der Interviewphasen t_0 und t_1 → Beobachtungsleitfäden und Verlaufsprotokolle der teilnehmenden Beobachtung der Sitzung des Issue-Netzwerkes	→ Rekonstruktion • Der basalen Netzwerke, • des Wissens über die Praktiken in der Ausgangslage, • der für den Kommunalisierungsprozess zur Verfügung stehenden Ressourcen, • des Vergleichs mit den Implementationsergebnissen am Ende des Beobachtungszeitraums • der Akzeptanz
Issuebezogene Vernetzung (vgl. Kap. 6.3)	→ Experteninterviews der Interviewphasen t_0 und t_1 → Beobachtungsleitfäden und Verlaufsprotokolle der teilnehmenden Beobachtung der Sitzung des Issue-Netzwerkes	→ Rekonstruktion von Struktur- und Prozessmerkmalen des Issue-Netzwerkes und Vergleich mit den Implementationsergebnissen
Persönliche Vertrauensbildung (vgl. Kap. 6.4)	→ Experteninterviews der Interviewphasen t_0 und t_1 der Fallbeispiele KommC und KommD → Beobachtungsleitfäden und Verlaufsprotokolle der teilnehmenden Beobachtung der Sitzung des Issue-Netzwerkes der Fallbeispiele KommC und KommD	→ Rekonstruktion von dynamischen Erwartungen hinsichtlich • Vertrautheit des basalen Netzwerkes • Erwartungshaltungen an die Kommunalisierung • Organisationserwartungen der Mitglieder des Issue-Netzwerkes • Erwartungshaltung zwischen Back-Office-Organisation und Netzwerk
Kommunikation und cognitive maps (vgl. Kap. 6.5)	→ Experteninterviews der Interviewphasen t_0 und t_1 der Fallbeispiele KommC und KommF → Beobachtungsleitfäden und Verlaufsprotokolle der teilnehmenden Beobachtung der Sitzung des Issue-Netzwerkes der Fallbeispiele KommD und KommF	→ Vergleich der Interviewäußerungen aller Befragten im Hinblick auf • Bedarfs- bzw. ressourcenorientierte Zielperspektiven ▪ Kenntnisse über den Umsetzungsstand ▪ Einschätzung über den Kommunalisierungsprozess insgesamt

Nachdem der inhaltlich-methodische Argumentationszusammenhang des Forschungsprojektes nachgezeichnet ist, wird im Folgenden vorgestellt, wie wir bei der Datenerhebung und Datenauswertung der einzelnen empirischen Instrumente vorgegangen sind. Abschließend bleibt zu erläutern, wie diese die Rekonstruktion des Zeitverlaufes und für den Fallvergleich aufbereitet worden sind. Dieser Darstellung schicken wir voran, wie wir die Fälle ausgewählt haben.

4.2 Datenerhebung und Datenauswertung

4.2.1 Fallauswahl

Um Kommunen für eine Teilnahme an dem Forschungsprojekt zu gewinnen, mussten sie überzeugt werden. Dies konnte erst beginnen, nachdem sich die Mehrzahl von ihnen im Herbst 2005 mit ihrer Unterschrift unter die Rahmenvereinbarung zu einer landesweiten Umsetzung des Kommunalisierungsprozesses bereit erklärt hatten. Mit Unterstützung der landesweiten Projektsteuerungsgruppe ist das Forschungsteam schriftlich an alle hessischen Kommunen herangetreten, um auf das Projekt aufmerksam zu machen. Potentiell teilnehmenden Kommunen wurden fallspezifische Ergebnisberichte in Aussicht gestellt. Nach dieser schriftlichen Ankündigung wurde telefonisch nachgefragt, ob die einzelnen Kommunen zu einer Teilnahme bereit wären. Einige Kommunen sagten bereits bei der ersten Kontaktaufnahme ab. In anderen Kommunen schloss sich an die Anfrage ein verwaltungsinterner Entscheidungsprozess an. Nach etwa sechs Wochen sagten schließlich sechs hessische Kommunen ihre Teilnahme am Forschungsprojekt zu.

Die ausgewählten Fallbeispiele boten 2003 eine ausreichende Variationsbreite im Hinblick auf ausgewählte Strukturdaten wie z. B.

- die Einwohnerzahl: Die beteiligten Kommunen hatten zwischen knapp 140.000 und über 300.000 Einwohnern.
- die Arbeitslosenquote: In den beteiligten Kommunen lebten zwischen knapp 7% bis knapp über 9% Arbeitslose.
- der Anteil der Sozialhilfeempfänger an der Gesamtbevölkerung: In den beteiligten Kommunen lebten zwischen knapp über 2% bis knapp unter 5% Sozialhilfeempfänger.
- der Ausländeranteil an der Gesamtbevölkerung: In den beteiligten Kommunen lebten 4,4% und 14, 9% Ausländer.
- der Anteil der über 65jährigen an der Gesamtbevölkerung: In den beteiligten Kommunen lebten zwischen knapp 16% und knapp 19% Senioren.
- die Pro-Kopf-Verschuldung: Die beteiligten Kommunen waren zwischen ca. 860€ und 2225€ pro Einwohner verschuldet.

Im Vergleich zum hessischen Durchschnitt zeigen die ausgewählten Strukturdaten ein heterogenes Bild. Kapitel 5 und 6 werden jedoch zeigen, dass weder die politischen Rahmendaten noch die allgemeinen Strukturdaten eine Erklärung für den Verlauf der Implementationsprozesse bieten und die Bewertung dieser Strukturdaten in den einzelnen Fallbeispielen überaus unterschiedlich ist.

Bei einer ersten Typisierung der für die weitere Argumentation wichtigen Frage nach den inter- und intraorganisationalen Organisationsbeziehungen in der Ausgangslage (s.o.) zeigt sich folgendes Bild:

- KommA verfügt über ausgereifte basale Netzwerkbeziehungen zwischen Wohlfahrtsorganisationen, Kommunalverwaltung und Kommunalpolitik sowohl auf der Steuerungs- als auch auf der Arbeitsebene. Auch innerhalb der Kommunalverwaltung ist die Zusammenarbeit von Vernetzung geprägt.

- Die KommB verfügt über ausgereifte basale Netzwerkbeziehungen zwischen Wohlfahrtsorganisationen und Kommunalverwaltung auf der Arbeitsebene. Die Beziehung zur Kommunalpolitik ist weniger ausgeprägt. In einzelnen sozialen Handlungsfeldern haben sich verwaltungsintern vernetzte Arbeitsstrukturen herausgebildet. Darüber hinaus wird die verwaltungsinterne Zusammenarbeit als bürokratische Arbeitsteilung charakterisiert.

- KommC, KommD, KommE und KommF verfügen demgegenüber über kaum entwickelte basale Netzwerkbeziehungen zwischen Wohlfahrtsorganisationen, Kommunalverwaltung und Kommunalpolitik. Die Zusammenarbeit innerhalb der Kommunalverwaltung ist eher durch Muster bürokratischer Arbeitsteilung als durch vernetzte Zusammenarbeit gekennzeichnet.

Damit verfügen die Fallbeispiele also auch im Hinblick auf die Netzwerkbeziehungen über eine ausreichende Variationsbreite. Entsprechend den oben formulierten Hypothesen müsste also die KommA und mit Einschränkungen auch die KommB die Kommunalisierung leichter umsetzen als die anderen Fallbeispiele.

4.2.2 Leitfadengestützte Experteninterviews

Die beiden Interviewwellen sind von Januar bis März 2006 (t_0) und im Februar/März 2007 (t_1) erfolgt. Während in der ersten Interviewphase persönliche Interviews geführt wurden, konnte auf Grund der persönlichen Bekanntheit der Interviewpartner beim zweiten Durchgang auf Telefoninterviews zurückgegriffen werden. Dabei wurden Tonbandmitschnitte durchgeführt. Insgesamt erwies es sich in der Praxis als schwierig, diejenigen als Interviewpartner auszusuchen, die vor Ort überhaupt oder besonders intensiv mit dem Implementationsprozess befasst waren. Als wichtigster Indikator für die Involviertheit einzelner Akteure war in der ersten Phase ihre Mitgliedschaft im Issue-Netzwerk angesehen worden. Doch die Ausgangslagen in den Fallbeispielen waren zu unterschiedlich: Es gab Fallbeispiele, in denen das Issue-Netzwerk schon arbeitete, in anderen war noch nicht genau klar, wer Mitglied werden sollte und in wieder anderen Fallbeispielen schien nicht einmal sicher zu sein, ob überhaupt ein derartiges Koordinationsgremium gegründet werden würde. Da die Rahmenvereinbarung in § 5 (1) vorgibt, dass in den (zukünftigen) Koordinationsgremien eine kontinuierliche Sozialplanung unter Beteiligung der Ortsligen stattfinden soll, wurden in den Fallbeispielen, in denen die Schaffung oder Besetzung des Issue-Netzwerkes noch unklar war, auch alle Ortsliga-Vertreter in die erste Interviewphase einbezogen.

Während der zweiten Interviewphase ließen sich die Interviewpartner gezielter auswählen. Teilweise hatte sich gezeigt, dass Verwaltungsmitarbeiter aus rein verwaltungstechnischen Gründen Mitglied im Issue-Netzwerk waren, ohne mit Ziel und Zweck der Kommunalisierung vertraut zu sein. Andererseits waren längst nicht alle vom Kommunalisierungsprozess betroffenen Ortsliga-Vertreter auch für soziale Handlungsfelder zuständig. Insofern wurde der Kreis der Befragten teilweise verändert. Insgesamt haben wir in beiden Interviewphasen 131 Interviews geführt. Die folgende Tabelle gibt eine Übersicht, wie sich die Interviews auf die Fallbeispiele, die Akteure und die Interviewphasen verteilen.

Abbildung 3: Übersicht über die Anzahl der geführten leitfadengestützten Experteninterviews in Interviewphase 1 (t_0) und Interviewphase 2 (t_1)

	Kommunal-verwaltung		Ortsliga		Kommunal-politik		Insgesamt		Mitglieder im Netz-werk	
Interviewphase	t_0	t_1	T_0	t_1	t_0	t_1	t_0	t_1	t_0	t_1
KommA	9	7	2	2	5	4	18	13	18	13
KommB	9	5	4	4	2	1	15	10	9	5
KommC	3	4	4	4	1	0	8	8	7	8
KommD	4	3	5	3	1	1	10	7	9	7
KommE	6	5	4	3	2	2	12	10	11	9
KommF[56]	5	3	5	5	1	1	11	8	5	0
Insgesamt	36	27	24	21	12	9	74	57	59	42

Beide Interviewleitfäden befinden sich im Anhang (Kapite 11).[57]

Alle Interviews wurden aufgenommen und transkribiert. Die insgesamt etwa 2000 transkribierten Interviewseiten sind anhand einer qualitativ-orientierten Text- und Inhaltsanalyse mit Hilfe der Standardsoftware MaxQDA ausgewertet worden. Für eine solche Auswertungsstrategie stehen verschiedene Vorgehensweisen zur Verfügung.[58] Mit Blick auf unsere in Kapitel 3 ausführlich erläuterte Forschungsfrage hatten wir folgende Anforderungen an die Auswertungsstrategie zu stellen.

■ Ähnlich wie die Beobachtung selbst war auch die Auswertungsstrategie an unseren Hypothesen auszurichten, musste aber gleichzeitig offen sein, damit auch neue Erklärungsfaktoren aus den Interviews generiert werden konnten.

■ Unter Berücksichtigung der nachträglichen Überprüfung der durch die Fallauswahl tatsächlich erreichten Variationen konnten alle Fälle in die Auswertung einbezogen bzw. materialbezogen rekonstruiert werden. Die Auswertungsstrategie musste also hinreichend Möglichkeiten bieten, die Interviewinhalte auf einem für die Fallkennzeichnung und den Fallvergleich angemessenen Abstraktionsniveau zu bündeln.

■ Bei der empirischen Rekonstruktion waren nicht nur einzelne Personen, sondern auch Organisationen zu berücksichtigen. Dabei war davon auszugehen, dass einzelne Orga-

---

[56] In KommF sah es in der ersten Interviewphase noch so aus, als ob lediglich ein verwaltungsinternes Issue-Netzwerk entsteht. Im weiteren Verlauf gab es ein Treffen zwischen den betroffenen Wohlfahrtsverbänden und der Kommunalverwaltung. Im Laufe des Beobachtungszeitraumes zeigte sich jedoch, dass die Kommunalisierung ohne jegliche weitere kommunikative Verknüpfung allein vom Koordinator umgesetzt wurde.

[57] Die Interviewleitfäden wurden in Teilen jeweils an die konkreten Organisationen und im Einzelfall an fallspezifische Besonderheiten angepasst. Im Anhang sind die Leitfäden der Kreis- und Kommunalverwaltung abgedruckt, die in den meisten Fallbeispielen zur Anwendung kamen.

[58] Vgl. zur Übersicht: Gläser/Laudel 2004; Kuckartz 2005, S. 74 ff.; Meuser 1991, S. 441-471.

nisationsmitglieder Wissen, Interessen und Akzeptanz „ihrer" Organisation unterschiedlich schildern würden.

Für die empirische Rekonstruktion der sechs Fälle wurden in Anlehnung an Gläser/Laudel (2004), Hopf/Schmidt (1993) und Mayering (2000) die Interviewtexte thematisch codiert und die Codes qualitativ ausgewertet. Dies beinhaltet folgende Schritte:

A. Entwickeln von Auswertungskategorien

Auf Basis der theoretisch geleiteten Beobachtungsindikatoren, die ihren Niederschlag in der Konzeption der Interviewleitfäden gefunden haben, und der praktischen Interviewerfahrung des Forschungsteams sind in intensivem Austausch im Team thematische Kategorien entwickelt worden. Gleichzeitig wurde an verschiedenen Stellen die Kategorie „sonstiges" eingeführt, um auch während der Auswertungsphase die Möglichkeit zu haben, Auffälligkeiten zu markieren und zum Gegenstand der Analyse zu machen. Die einzelnen Kategorien repräsentieren bestimmte Themenkomplexe, die im Zuge des Auswertungsprozesses in verschiedene Merkmalsausprägungen differenziert werden mussten. Das entwickelte Kategorienschema hatte folgende Hauptüberschriften:

- Intraorganisationsstruktur bzw. -kommunikation der beteiligten Organisationen;
- Interorganisationsbeziehungen bzw. -kommunikation sowohl auf lokaler als auch auf überregionaler Ebene;
- Aufgabenerledigung im Rahmen der Kommunalisierung insgesamt und hinsichtlich der einzelnen Praktiken, ihrer Akzeptanz und dem vorhandenen Wissen vor Implementationsbeginn;
- Bewertung von Veränderungen für die beteiligten Organisationen.
-

B. Codieren des Textmaterials

Die transkribierten Interviews wurden in MaxQDA (vgl. http://www.maxqda.de/) eingelesen und entlang der einzelnen Fallbeispiele einzelnen Textgruppen zugeordnet. Ziel des Codierens war es, in jedem Interview Textpassagen heraus zu filtern, die explizit oder implizit Ausführungen zu den einzelnen Kategorien enthalten und diese den jeweiligen Kategorien bzw. Unterkategorien zuzuordnen. Die Software bietet die Möglichkeit, alle Ausführungen zu einer bestimmten Kategorie (Codings) gebündelt zusammen zu stellen. Basis dieses Auswertungsschrittes ist das ursprüngliche Interviewmaterial. Die Interviews wurden gemeinsam im Team codiert. Bei einer arbeitsteiligen Vorgehensweise kann nicht garantiert werden, dass die Teammitglieder jede Textpassage gleich codieren. Um die Zuordnungsprozesse der Einzelnen grundsätzlich anzugleichen, wurden drei Interviews von allen Teammitgliedern codiert. Die unterschiedlich ausgefallenen Zuordnungen wurden im Team besprochen. Aus der Diskussion wurden Codierregeln abgeleitet, die in einem Codierleitfaden dokumentiert wurden. Während des Codierens wurde der Codierleitfaden regelmäßig überarbeitet, um die in der Codierpraxis gemachten Erfahrungen sowohl in das Kategorienschema als auch in den Codierleitfaden einzuarbeiten.

C. Aufbereitung des Materials mit Hilfe zusammenfassender Fallübersichten

In diesem Auswertungsschritt wurden die originalen Interviewauszüge, die unter den einzelnen Kategorien zusammengestellt waren, zusammengefasst. Die Art und Weise der

Zusammenfassung der Codings war abhängig von der jeweiligen Kategorie und vom Auswertungsinteresse. Ziel dieser Auswertungsphase war es einerseits, die qualitative Materialfülle erheblich zu reduzieren, ohne dass wesentliche Inhalte verloren gehen. Die ursprünglichen Interviewtexte wurden reduziert, indem zum Beispiel doppelte Ausführungen eines Interviewpartners zusammengefasst oder gleiche oder weitgehend ähnliche Äußerungen verschiedener Interviewpartner zu bestimmten Phänomenen gebündelt wurden. Auf eine Paraphrase der Interviewtexte wurde verzichtet, da die Rekonstruktion des Falles insgesamt sowie die Organisationszugehörigkeit der einzelnen im Vordergrund des Untersuchungsfokus von Kapitel 5 standen. In dieser Weise wurden für alle sechs Fallbeispiele in der ersten und zweiten Interviewphase zusammenfassende Fallübersichten erstellt. Die Interviews einzelner Personen sind für Kapitel 6 wichtig.

4.2.3 Beobachtungen in den Sitzungen des Issue-Netzwerkes

Um die Beobachtungen in den Sitzungen des Issue-Netzwerkes für eine empirische Auswertung zugänglich zu machen, wurden zwei Strategien entwickelt. Zum einen wurde von jeder beobachteten Sitzung ein Verlaufsprotokoll angefertigt. Zum anderen wurden die Beobachtungen mit Hilfe eines Beobachtungsleitfadens zusammengefasst. Anhand übergeordneter Beobachtungsindikatoren, die häufig – aber nicht immer – mit den Tagesordnungspunkten der Sitzungen zusammenfielen, wurde der Verlauf und das Ergebnis der Sitzungen dokumentiert.

Neben der punktuellen Abfrage (per Interview) von Veränderungen/Nicht-Veränderungen bzw. Effekten/Nicht-Effekten des Kommunalisierungsprozesses in der zweiten Interviewphase, konnten durch Beobachtung die konkreten Entwicklungen und Operationsweisen im Verlauf des Implementierungsprozesses in den Blick genommen werden. Insgesamt waren es zwischen Januar 2006 und Juli 2007 39 Sitzungen, die beobachtet wurden. Die folgende Übersicht zeigt, wie sich die Sitzungen auf die einzelnen Fallbeispiele verteilen:

Abbildung 4:   Übersicht über die beobachteten Sitzungen der Issue-Netzwerke

	KommA	KommB	KommC	KommD	KommE	KommF[59]
Anzahl der Sitzungen	7	8	12	9	3	0

Da die Prozessdynamik in den einzelnen Fallbeispielen überaus unterschiedlich war, musste die Prozessauswertung einerseits offen genug sein, um diese Unterschiedlichkeiten abbilden zu können und andererseits strukturiert genug sein, um die Vergleichbarkeit der Fälle zu gewährleisten. Am Ende des Beobachtungszeitraumes im Juli 2007 wurden daher die Entwicklungen zunächst sachorientiert im zeitlichen Ablauf zusammengestellt. Bezugs-

---

[59] In KommF sah es in der ersten Interviewphase noch so aus, als ob lediglich ein verwaltungsinternes Issue-Netzwerk entsteht. Im weiteren Verlauf gab es ein Treffen zwischen den betroffenen Wohlfahrtsverbänden und der Kommunalverwaltung. Im Laufe des Beobachtungszeitraumes zeigte sich jedoch, dass die Kommunalisierung ohne jegliche weitere kommunikative Verknüpfung allein vom Koordinator umgesetzt wurde.

punke waren dabei einerseits die Organisation des Kommunalisierungsprozesses und anderseits der Kommunikations- und Entscheidungsprozess hinsichtlich der Verankerung von Praktiken vor Ort: Was war mit Blick auf die Rahmenvereinbarung selbst, die Zielvereinbarung, die Zuwendungsverträge, das Berichtswesen, die Sozialberichterstattung, die Sozialplanung, die Verteilung der Restmittel, Mittelvergabe 2005, 2006, 2007 im Issue-Netzwerk kommuniziert und entschieden worden? Dazu wurden die jeweiligen Mitschriften aus den Beobachtungsleitfäden und Verlaufsprotokollen zusammengestellt.

Schließlich wurden noch sonstige falltypische und markante Themen des Kommunalisierungsprozesses zusammengestellt.

Die Prozessrekonstruktionen waren auf diesem Abstraktionsniveau also zunächst Erzählungen über die Prozessverläufe, die auf Basis der Beobachtungsleitfäden und der Verlaufsprotokolle erstellt wurden.

Neben der Beobachtung der Sitzungen auf der kommunalen Ebene wurden auch die Sitzungen der landesweiten Projektsteuerungsgruppe weiterhin durch Teammitglieder besucht. Im Beobachtungszeitraum von Januar 2006 bis Juli 2007 fanden auf Landesebene sieben Sitzungen statt. Zur Dokumentation vom Verlauf und Ergebnissen dieser Sitzungen wurden Verlaufsprotokolle angefertigt.

4.2.4 Dokumentenanalyse

Die Dokumentenanalyse hat die Funktion, die durch die Interviews und Prozessbeobachtungen gewonnenen Informationen zu kontrollieren und zu ergänzen. In allen Fallbeispielen sind die offiziellen Protokolle der Issue-Netzwerke zusätzlich zu den Beobachtungsleitfäden bzw. Verlaufsprotokollen für die Prozessrekonstruktion herangezogen worden. Soweit möglich betraf dies auch Protokolle, die außerhalb des Beobachtungszeitraumes lagen. Außerdem wurden Bestands- oder Planungsberichte, Statistiken, Sozialatlanten oder sonstige Dokumente berücksichtig, auf deren Basis sich das Vorwissen der Fallbeispiele hinsichtlich der einzelnen Praktiken rekonstruieren ließ. Ratsbeschlüsse, die wichtige Stationen des Implementationsprozesses markieren, wurden ebenfalls systematisch mit in die Auswertung einbezogen. Während der Prozessbeobachtung generierten die Issue-Netzwerke zahlreiche Dokumente, um soziale Handlungsfelder zu vergleichen und die Mitglieder des Netzwerkes über Entwicklungen in sozialen Handlungsfeldern zu informieren oder schriftliche Diskussionsgrundlagen zu liefern. Auch diese „Arbeitspapiere" gingen systematisch mit in die Prozessrekonstruktion ein.

Da die landesweite Umsetzung der Kommunalisierung ein Implementationsprozess im Mehrebenensystem ist, mussten auch Dokumente der Landesebene gesichtet werden. Dazu zählen z. B.

- die offiziellen Protokolle der landesweiten Projektsteuerungsgruppe,
- die von der landesweiten Projektsteuerungsgruppe erarbeiteten Musterzielvereinbarungen und Musterzuwendungsverträge,
- die einzelnen Berichtsvorlagen, die Untergruppen der landesweiten Projektsteuerungsgruppe für die kommunalisierten sozialen Handlungsfelder erarbeitet hatten (Suchtprävention und Suchthilfe, Frühförderung, HIV/AIDS, offene Hilfen, Betreuungswesen, Schutz vor häusliche oder sexualisierte Gewalt, Kinderbetreuung und Mütterzentren, Selbsthilfekontaktstellen) sowie

- Anschreiben bzw. Emails des Hessischen Sozialministeriums, des Kreis- oder Städtetages, der Landesliga der freien Wohlfahrtspflege oder sonstiger Akteure, die die Implementation beeinflussten.

Für die Dokumente gab es keine übergeordnete Auswertungsstrategie. In den meisten Fällen wurden sie unterstützend zur Kontrolle oder Ergänzung anderer Informationen zu Rate gezogen. Daher tauchen sie in den Übersichten weiter oben nicht auf. Sollten für einzelne Fragen in den folgenden Kapiteln Dokumente systematisch ausgewertet worden sein, wird darauf in den einzelnen Kapiteln hingewiesen.

4.2.5 Zusammenführung der ausgewerteten Daten

Nach der Auswertung der Daten lagen
- für jedes Fallbeispiel eine Zusammenfassung der Experteninterviews aus beiden Interviewphasen,
- eine Erzählung über den Prozessverlauf in jedem Fallbeispiel unter Einbeziehung der jeweils falltypischen Dokumente und
- die Auswertung der skalierten Interviewfragen vor.

Diese Produkte der Datenauswertung weisen allerdings immer noch einen Auflösungsgrad auf, der für eine Vielzahl von Forschungsfragen und Hypothesen noch zu detailreich und beschreibend ist. Gleichzeitig bilden sie jedoch – wie auch aus den Übersichten der Abb. 1 und Abb. 2 hervorgeht – die zentrale Abstraktionsstufe, auf der die Analysen in Kapitel 5, 6 und 7 basieren. Für einzelne Fragestellungen sind einige der beschreibenden Ausführungen weiter verdichtet und kategorisiert worden, um zu einem Vergleich der Fälle und einer Darstellung des Zeitverlaufes zu kommen. Dabei handelt es sich um eine Kombination von bekannten Typologien aus der wissenschaftlichen Literatur mit induktiv gewonnenen und systematisierten Beobachtungsindikatoren.

Die Ergebnisse dieser Diskussionen werden wir in den beiden folgenden Kapiteln vorstellen. Dabei geht es in Kapitel 5 darum, den Implementationsprozess in den sechs Fallbeispielen insgesamt zu rekonstruieren und die einzelnen Fälle in ihrer Gesamtheit zu interpretieren. Kapitel 6 beschäftigt sich dann damit, die Entwicklung relevanter Randbedingungen und Effekte unter Stichworten wie cognitive maps, Vertrauen, issue-bezogene Vernetzung, Pfadabhängigkeit und Verkoppelung zwischen der Ebene der Kommunen und des Landes aufzuzeigen

5 Die lokalen Kommunalisierungsprozesse im Vergleich: zwischen Pfadabhängigkeit, Lernfähigkeit und Routine[60]

Das folgende Kapitel zielt auf eine zusammenfassende fallbezogene Interpretation (im folgenden Fallinterpretation) für jede der untersuchten Kommunen: Wie haben die unterschiedlichen Ausgangsbedingungen und die unterschiedliche Entwicklung der Randbedingungen sowie die heterogenen Implementationsstrategien den Verlauf des Implementationsprozesses in den sechs beobachteten Fallbeispielen beeinflusst? Wie „bearbeiten" die beobachteten Kommunen den von der Landesebene angestoßenen Kommunalisierungsprozess und mit welchen Auswirkungen ist dies verbunden?

Abstrakt ausgedrückt geht es bei den Fallinterpretationen um den Prozess der Herstellung von Verbindlichkeit. In einem ersten Schritt ist dabei die lokale Akzeptanz der landesweit vereinbarten Rahmenvereinbarung durch die Kommunen bzw. ihre jeweilige Leitungsebene sicher zu stellen. Das geschieht zunächst durch die Unterzeichung der Rahmenvereinbarung und der weiter konkretisierenden Zielvereinbarung (vgl. Kapitel 5.1). Darüber hinaus geht es darum, inwiefern die Kernerfordernisse der Rahmenvereinbarung trotz unterschiedlicher Randbedingungen erfüllt werden. Unterschiedliche Umsetzungsstrategien sind also dahingehend zu hinterfragen, ob und inwiefern sie geeignet sind, die Zielsetzung der Rahmenvereinbarung verbindlich zu erfüllen („Viele Wege führen nach Rom.") oder ob die Intention des Zweckprogramms nur unzureichend umgesetzt wird. Dieser Aspekt wird unter dem Aspekt der Gleichsinnigkeit der Anwendung ausführlich in Kapitel 5.2 erörtert. Schließlich ist zu untersuchen, ob die rekonstruierten Implementationsverläufe und -ergebnisse mit Fragen der Akzeptanz in Zusammenhang zu bringen sind. Die Geltungskraft der Kommunalisierung als Ganze und die Geltungskraft der Praktiken im Einzelnen müssen auch inhaltlich akzeptiert sein – so unsere Ausgangsvermutung – damit die Rahmenvereinbarung sinn- und zweckentsprechend, bzw. letztlich wirksam im Interesse der Hilfe-Adressaten umgesetzt wird (vgl. dazu Kapitel 5.3).

Im Sinne der zentralen Annahmen aus Kapitel 3 ist schließlich zu erörtern, welche Folgen die unterschiedliche Ausgestaltung/Nicht-Ausgestaltung des Issue-Netzwerkes für die Verbindlichkeit/Nicht-Verbindlichkeit einzelner Umsetzungsschritte hat. Dabei ist der Aspekt der grenzüberschreitenden Kommunikationen zwischen Person – Netzwerk und Netzwerk – Backoffice-Organisation besonders zu berücksichtigen.

Den empirischen Maßstab für die verbindlichen Inhalte des Reformvorhabens bilden *die Bewertungen durch die Akteure* – einerseits hinsichtlich der Kommunalisierung insgesamt und andererseits hinsichtlich der einzelnen Praktiken. Die Gleichsinnigkeit der Anwendung setzt eine empirische Rekonstruktion der einzelnen Fallbeispiele auf Basis der in Kapitel 3 entwickelten Beobachtungskategorien voraus. Da die nachhaltige Akzeptanz der Praktiken aber erst vor dem Hintergrund der Umsetzungsstrategien und Implementationsergebnisse und nicht nur auf der Basis von frühzeitigen Kommentaren bewertet werden kann, wird für die Darstellung folgende Reihenfolge gewählt:

---

[60] Verfasserin des Kapitels: Dr. Hildegard Pamme

- Verbindlichkeit im Hinblick auf Rahmen- und Zielvereinbarung
- Gleichsinnigkeit der Anwendung
- Akzeptanz der Praktiken als gültige Prinzipien

5.1 Verbindliche Rahmen- und Zielvereinbarung

Rahmenvereinbarung und Zielvereinbarung sind die ersten notwendigen Schritte in der Durchführung der Kommunalisierung vor Ort. Mit ihrer Unterschrift unter die Rahmenvereinbarung willigen die Kommunen grundsätzlich ein, sich an der landesweiten Kommunalisierung unter den in der Rahmenvereinbarung formulierten Modalitäten zu beteiligen und in Zukunft konkrete Implementationsschritte folgen zu lassen. Die Unterschriften unter die Rahmenvereinbarungen sind daher nur der erste Schritt auf dem Weg zur verbindlichen Umsetzung der Kommunalisierung.

Mit der Unterschrift unter die Zielvereinbarung erkennen die Kommunen an, dass die übergeordneten Zielsetzungen und die einzelnen in der Rahmenvereinbarung festgelegten Praktiken auf die konkreten lokalen Gegebenheiten übertragen werden (müssen). Die Zielvereinbarungen geben ergänzend und präzisierend Auskunft über die bestehende soziale Infrastruktur, über zukünftige Qualitätsziele sowie über die finanzielle Ausstattung der jeweiligen sozialen Handlungsfelder. Der Steuerungsanspruch der Zielvereinbarung richtet sich darauf

- den Bestand der lokalen sozialen Infrastruktur zu erheben,
- aus dieser Bestandsaufnahme konkrete sozialpolitische Zielsetzungen für die Zukunft zu entwickeln,
- alle zwei Jahre die Veränderungen im Bestand der lokalen Infrastruktur auf Basis aktueller Entwicklungen fort zu schreiben,
- um schließlich wieder neue Zielsetzungen zu entwickeln.

Um diesem Steuerungsanspruch wenigstens annähend gerecht zu werden, bedarf es einer Verknüpfung der Praktiken untereinander. Unter „Integration der Praktiken" verstehen wir daher im Weiteren folgenden Zusammenhang: Die Praktiken, Zielvereinbarungen, Zuwendungsverträge, Berichtswesen, Sozialberichterstattung und Sozialplanung sind konzeptionell als ein aufeinander abgestimmtes Steuerungspaket gedacht: In den Zielvereinbarungen können Rahmenvorgaben für die soziale Infrastruktur auf der Basis von Bestands- und Bedarfsanalysen abgesteckt werden. Diese für die Kommunen insgesamt geltenden Rahmenvorgaben können im Verhältnis zu den Trägern durch Zuwendungsverträge konkretisiert werden. Im Rahmen des Berichtswesens werden statistische Bestandsanalysen zur Angebots- und Versorgungsstruktur sowie zur Nachfrage erstellt und es findet ein Monitoring über den wirtschaftlichen Einsatz des Budgets statt. Die Praktik der Sozialberichterstattung soll auf soziale Entwicklungen bei Problem- und Bedarfslagen hinweisen und die Wirksamkeit der eingesetzten sozialen Hilfen analysieren. Damit unterstützt sie die Praktik der Sozialplanung, die den konkreten Bestand an sozialer Infrastruktur einer Kommune mit dem lokalen Bedarf abstimmen soll.

Mit der Unterschrift unter die Zielvereinbarung müssen sich die Kommunen aber noch nicht an konkreten „Taten" messen lassen. Zunächst geht es nur um den Start durch Unterschrift. Bis auf KommE haben alle Fallbeispiele die Rahmenvereinbarung im Zeitraum von

Dezember 2004 bis März 2005 unterzeichnet. In KommE gab es auf Seiten von Politik und Verwaltung massive Bedenken gegenüber der Rahmenvereinbarung. Im Vergleich zu anderen Landkreisen ähnlicher Größenordnung sah man das Kommunalisierungsbudget von KommE als deutlich zu gering an. Erst als das Land bereit war, das Budget in KommE aufzustocken, hat auch die KommE im September 2005 die Rahmenvereinbarung unterschrieben. Die Unterschriften wurden in der Regel verwaltungsintern vorbereitet und dann kommunalpolitisch entschieden. Hessenweit gab es erhebliche Zeitverzögerungen bei der Sicherstellung dieser Unterschriften. Einige andere Kommunen haben noch weitaus stärker gegen die Unterschrift opponiert. Erst der Druck, dass das für die Kommunalisierung bereitgestellte Budget völlig von der lokalen Ebene abgezogen würde, in Verbindung mit ähnlichen Side-payments wie in KommE, konnten diese Kommunen von der Unterschrift „überzeugen"[61]. Bis auf KommE ist unter den sechs Fallbeispielen aber keine weitere Kommune, die mit Blick auf die Unterschrift unter die Rahmenvereinbarung dem Lager der Kommunalisierungsgegner zuzurechnen ist.

Für den Abschluss der Zielvereinbarungen hatte das Land eine Musterzielvereinbarung entwickelt. Wie ein Vergleich der von den sechs Fallbeispielen ausgefüllten Zielvereinbarungen zeigt, haben bis auf KommB alle anderen Kommunen die Zielvereinbarung entlang der vom Land vorgegebenen Logik (Muster) ausgefüllt. Mit Ausnahme von KommB haben die Fallbeispiele bis auf einige Änderungen im Detail die Zielvereinbarungen im Zeitraum von Januar bis März 2006 unterschrieben. Auch in KommB wurzelte die Skepsis nicht in Grundsatzfragen. Dort zögerte man mit der Unterschrift, da es in einzelnen Bereichen finanzielle Abgrenzungsschwierigkeiten mit einem Nachbarkreis gab. Bis September 2006 konnten diese Fragen unter Beteiligung des Landes Hessens ausgeräumt werden. In KommC und in KommA ist die Unterschrift unter die Zielvereinbarung in einem verwaltungsinternen Vorgang vorbereitet worden, im Issue-Netzwerk mit der Ortsliga abgestimmt und dann kommunalpolitisch entschieden. In KommB, KommE, KommF und KommD wurde die Ortsliga bei der Unterschrift unter die Zielvereinbarung nicht beteiligt.

Mit den Unterschriften unter die Rahmen- und Zielvereinbarung konnte die konkrete Phase des Umsetzungsprozesses der Kommunalisierung beginnen. Damit konnte die Vorarbeit für die Entwicklung der durch die Vereinbarungen festgelegten weitergehenden Praktiken beginnen. Gerade die Zielvereinbarung setzt jedoch eigentlich bereits eine planerische Übersicht über die sozialen Handlungsfelder voraus wie sie durch Berichte, eine geeignete Form von Sozialberichterstattung und Sozialplanung erst geschaffen wird. In den Kommunen, in denen es eher wenige Erfahrungen mit den Praktiken gegeben hat (KommC, KommD, KommE, KommF) sind die Zielvereinbarungen daher eher bürokratisch mit dem verfügbaren Datenmaterial ausgefüllt worden. Ihre Steuerungswirkung wird dort erst sukzessive in dem Ausmaß entwickelt wie Berichte, Sozialberichterstattung und die Sozialplanung (innerhalb der Kommunen und landesweit) implementiert werden.

Der Beginn des wissenschaftlichen Beobachtungszeitraums im Januar 2006 fällt in etwa mit dem Beginn der konkreten Umsetzungsphase der Kommunalisierung zusammen, so dass von diesem Zeitpunkt an alle wichtigen Entwicklungsschritte erfasst werden konnten.

---

[61] Der ausgeübte Druck ist also nicht einseitig. Die hessischen Kommunen wussten sehr wohl, dass für das Land bzw. das HSM das Projekt gescheitert wäre, wenn nicht ALLE mitwirken würden: es geht um die flächendeckende Implementation des Zweckprogramms und nicht um ein Aufruf an einige Interessierte wie z.B. bei den vorangegangenen Modellbeispielen.

Bevor die Implementationsprozesse in den einzelnen Fallbeispielen vorgestellt werden, wird die Frage nach der Verbindlichkeit als Gleichsinnigkeit der Anwendung mit einem fallvergleichenden Überblick eingeleitet.

5.2 Verbindlichkeit als Gleichsinnigkeit der Anwendung von Kommunalisierungsprinzipien

Um einschätzen zu können, inwiefern die von uns untersuchten Fallbeispiele die Kommunalisierung gleichsinnig durchführen, werden die sechs Kommunen auf Basis der in Kapitel 3 entwickelten Beobachtungskategorien zunächst in zwei Hinsichten empirisch untersucht und dargestellt:

1. Die konkreten Ausgangsbedingungen zu Beginn des wissenschaftlichen Beobachtungszeitraums im Januar 2006.
2. Die im Laufe des Implementationsprozesses gewählten Umsetzungsstrategien bis zum Ende der wissenschaftlichen Beobachtung im Juli 2007.

Zentrale Inhalte der empirischen Rekonstruktion der Ausgangsbedingungen und des Implementationsprozesses sind das basale und das Issue-Netzwerk sowie die in der Rahmenvereinbarung niedergelegten Modalitäten. Zu den Modalitäten des Zweckprogramms gehören grundlegende Ziele wie die Bedarfs- und Ressourcenorientierung und die einzelnen Praktiken (Zuwendungsverträge, Berichtswesen, Sozialberichterstattung und Sozialplanung). Damit sind für den Startpunkt der Beobachtung und den weiteren Verlauf des Implementationsprozesses folgende Sachverhalte zu rekonsturieren:

1. Im Hinblick auf das basale und Issue-Netzwerk:
a. Inwiefern war bereits zu Beginn des Beobachtungszeitraums eine Zusammenarbeit zwischen Kommunalverwaltung, Wohlfahrtsverbänden und Kommunalpolitik etabliert/nicht etabliert und wie hat sich diese Kommunikationsstruktur im Verlauf des Beobachtungszeitraums verändert/nicht verändert? (Beobachtungskategorien: Wissen und Organisationslernen)
b. Über welche Kapazitäten verfügen die organisierten Sozialsysteme insbesondere der Ortsliga/Wohlfahrtsverbände und der Kommunalverwaltung zu Beginn des Beobachtungszeitraums, um aktiv eine Verknüpfung der vorhandenen Kommunikationsstrukturen voran zu treiben, und wie haben sich diese Kapazitäten im Verlauf des Implementationsprozesses verändert/nicht verändert? (Beobachtungs-kategorie: grenzüberschreitende Kommunikation)
c. Welche Rolle hat die Dynamik/Nicht-Dynamik des Issue-Netzwerkes für die Entwicklung/Nichtentwicklung des Implementationsprozesses?

2. Modalitäten der Rahmenvereinbarungen (Bedarfs- und Ressourcenorientierung; Praktiken):
a. Inwiefern sind bereits zu Beginn des Beobachtungszeitraums Aspekte einer Bedarfs- und Ressourcenorientierung sowie einzelne Praktiken etabliert/nicht etabliert? (Beobachtungskategorien: Wissen und Organisationslernen)

b. Welche Strategien zur Umsetzung einer generellen Bedarfs- und Ressourcenorientierung sowie der einzelnen Praktiken sind im Verlauf des Implementationsprozesses ergriffen/nicht ergriffen worden? (Beobachtungskategorie: grenzüberschreitende Kommunikation)

Die Fallbeispiele werden im Folgenden entlang der in Kapitel 3 und 4 erläuterten Typisierung dargestellt: Auf Basis unserer systemtheoretischen Annahmen haben wir in Kapitel 3 vorausgesagt, dass eine wirksame Implementation nur dann gelingen kann, wenn ein funktionierendes Issue-Netzwerk entsteht, das die kommunikative Anschlussfähigkeit für verbindliche Operationen kommunaler Aufgabenerledigung im Bereich sozialer Hilfen sichert. Dabei haben wir weiter angenommen, dass die Etablierung eines solchen Issue-Netzwerkes umso eher gelingt, je mehr (basale) Netzwerkstrukturen im Politikfeld Soziales bereits zu Beginn des Beobachtungszeitraums bestanden haben. (Basale) Netzwerkstrukturen sind über das Vorhandensein/Nichtvorhandensein von inter- und intraorganisationalen Kommunikationsbeziehungen im Politikfeld Soziales operationalisiert worden. Diese unabhängige Variable dient im Folgenden als Grundlage für die Typisierung der Fallbeispiele:

Abbildung 5: Typisierung der Fallbeispiele nach dem Grad der Inter- und Intraorganisationsbeziehungen im Politikfeld Soziales in t_0

Fallbeispiel	Grad der Inter- und Intraorganisationsbeziehungen in t_0
KommA	→ Ausgereifte Netzwerkbeziehungen zwischen Wohlfahrtsverbänden, Kommunalverwaltung und Kommunalpolitik auf der Steuerungs- und Arbeitsebene → Ausgereifte verwaltungsinterne Kooperation
KommB	→ Ausgereifte Netzwerkbeziehungen zwischen Wohlfahrtsverbänden und Kommunalverwaltung auf der Arbeitsebene → Weniger ausgeprägte Kooperation zur Kommunalpolitik → Ausgereifte verwaltungsinterne Kooperation
KommC, KommD, KommE, KommF	→ Wenig ausgereifte Netzwerkbeziehungen zwischen Wohlfahrtsorganisation, Kommunalverwaltung und Kommunalpolitik → Verwaltungsinterne Zusammenarbeit ist durch das Muster bürokratischer Arbeitsteilung geprägt

Um es vorweg zu nehmen: Nicht allein das Vorhandensein von Netzwerkstrukturen in der Ausgangslage, sondern auch die Art und Qualität dieser Strukturen im Verlauf des Umsetzungsprozesses scheint in der Tat eine entscheidende Randbedingung für die Entwicklung eines Issue-Netzwerkes im Rahmen des Kommunalisierungsprozesses zu sein (vgl. auch Kapitel 6.3). Neben den Struktur- und Prozessmerkmalen des basalen Netzes und der damit vorhandenen Grundlage für die rasche Gestaltung eines Issue-Netzwerkes, entscheiden aber noch andere Randbedingungen über die jeweilige Implementationsstrategie vor Ort. Um die unterschiedlichen Ausgangslagen in den untersuchten Fallbeispielen und die vielfältigen Aspekte, die für einen systematischen Blick auf den Implementationsprozess notwendig sind, berücksichtigen zu können, werden

- mit Blick auf die Ausgangsbedingungen zu Beginn der Beobachtung im Januar 2006 folgende Aspekte beschrieben:
  a) Zusammenarbeit zwischen Wohlfahrtsverbänden, Verwaltung und Politik
  b) Kapazitäten der Kommunalverwaltung
  c) Wissen über die Praktiken der Rahmenvereinbarung
- mit Blick auf die im Laufe des Implementationsprozesses gewählten Umsetzungsstrategien bis zum Ende der wissenschaftlichen Beobachtung im Juli 2007 folgende Aspekte beschrieben:
  a) Umsetzungsstrategien hinsichtlich der einzelnen Praktiken
  b) Dynamik/Nicht-Dynamik im Issue-Netzwerk
  c) Implementationsergebnis

Angesichts der Detailfülle, die die empirische Rekonstruktion der einzelnen Fallbeispiele an Hand dieser sechs Gesichtspunkte mit sich bringt, werden die Fälle zunächst grob typisiert. Dabei wird einerseits das Akteursspektrum, das an der Umsetzung der Kommunalisierung beteiligt war, berücksichtigt – wobei danach unterschieden wird, ob die Ortsliga an der Umsetzung der Kommunalisierung beteiligt ist (Akteursspektrum ist beteiligungsorientiert) oder nicht (Akteursspektrum ist verwaltungsorientiert). Als Beobachtungsergebnis lässt sich feststellen: Während in KommF und KommB rein verwaltungsinterne Issue-Netzwerke gegründet werden, verbleibt die Beteiligung der Ortsliga in KommE auf der Ebene des Informationsaustausches. Das Akteursspektrum in diesen drei Fallbeispielen ist im Gegensatz zu den in KommA, in KommC und in KommD eher verwaltungsorientiert.

Andererseits wird unter dem Aspekt der Implementationsstrategie grob konturiert, ob es den einzelnen Fallbeispielen gelungen ist, eine lokale Bedarfs- und Ressourcenorientierung in den Kommunalisierungsprozess systematisch zu integrieren oder nicht. Hierzu ist folgendes Ergebnis festzuhalten: KommD, KommE und KommF setzen die Kommunalisierung durch eine Orientierung an den Mustervorgaben des Landes um, ohne systematische Diskussionen über eigene Perspektiven zur Bedarfs- und Ressourcenorientierung in konkrete Entscheidungen umsetzen zu können. Dem KommA, KommB und KommC gelingt es demgegenüber, eigene Perspektiven entscheidungsrelevant in den Umsetzungsprozess zu integrieren. Die folgende Abbildung fasst diese stark typisierte Darstellung der Prozessverläufe noch einmal zusammen.

Abbildung 6: Typisierte Prozessverläufe in den beobachteten Fallbeispielen

		Implementationsstrategie	
Akteursspektrum		eher systematische Integration einer lokalen Perspektive zur Bedarfs- und Ressourcenorientierung	eher geringe Integration einer lokalen Perspektive zur Bedarfs- und Ressourcenorientierung
	beteiligungsorientiert	KommA, KommC	KommD
	verwaltungsorientiert	KommB	KommE, KommF

Bis auf KommC, setzen damit alle Fallbeispiele, die mit wenig ausgereiften Netzwerkbe-ziehungen zwischen Wohlfahrtsorganisation, Kommunalverwaltung und Kommunalpolitik in den Implementationsprozess gestartet sind, die Kommunalisierung um, ohne eine lokale Perspektive zur Bedarfs- und Ressourcenorientierung integrieren zu können. Fallbeispiele mit ausgereiften Netzwerkbeziehungen konnten eher eine lokale Perspektive der Bedarfs- und Ressourcenorientierung in die Implementation integrieren. Was diese grobe Skizze der Prozessverläufe im Hinblick auf die Verbindlichkeit bedeutet, wird abschließend diskutiert. Zunächst soll aufgezeigt werden, dass sich auch hinter dieser groben Beschreibung noch eine Bandbreite von unterschiedlichen Implementationsentwicklungen verbirgt. Die detail-lierte Darstellung der einzelnen Implementationsverläufe erfolgt in folgender Reihenfolge:

- *Viel nutzt viel*: Etablierung einer professionellen partizipativen Sozialplanung in KommA
- *Viel, aber allein*: Verwaltungsinterne Steuerung auf hohem fachlichen Niveau in KommB
- *Aus wenig, mach viel*: Kooperatives Lernen in KommC
- *Ohne was, geht wenig*: Fruchtbare Ansätze verlaufen in KommD im Sande
- *Zusammen, aber doch getrennt*: Sozialplanung und Kommunalisierung als getrennte Projekte in KommE
- Große Pläne verpuffen in KommF

5.2.1 Viel nutzt viel: Etablierung einer professionellen partizipativen Sozialplanung in KommA

5.2.1.1 Ausgangslage

Zusammenarbeit zwischen Wohlfahrtsverbände, Verwaltung und Politik: Vor Beginn der Kommunalisierung existiert bereits eine (mehr als basale!) partizipative Sozialplanungs-struktur, die seit Ende 2003 aufgebaut worden ist, und zu einer engen Vernetzung zwischen öffentlicher und freier Wohlfahrtspflege geführt hat. Deshalb kann der Kommunalisie-rungsprozess auf einer bereits etablierte Zusammenarbeit zwischen Verwaltung, Verbänden und Kommunalpolitik aufbauen. Der Zusammenschluss der Wohlfahrtsverbände auf Kreisebene – die Kreisliga – hat sich 2002 gegründet. Sie trifft sich regelmäßig zur gegenseitigen Information, Koordination und Abstimmung der Interessen gegenüber der Kreisverwaltung.

Im Rahmen der partizipativen Sozialplanung ist sehr rasch ein Issue-Netzwerk gegründet worden, in dem sich bereits früh allgemein akzeptierte Verfahren der Willensbildungs- und Entscheidungsfindung etabliert haben. In diesem Gremium wird die Umsetzung der Kommunalisierung als Teilaspekt einer partizipativen Sozialplanung koordiniert. Beteiligt ist ein breites Spektrum aus Vertretern der Kommunalpolitik, der verschiedenen Hierarchiestufen der Verwaltung, der Ortsliga, der einwohnerstärksten Gemeinde sowie aus Vertretern sonstiger für den Bereich der lokalen Sozialpolitik relevanten Organisationen. Entscheidungen des Issue-Netzwerkes werden verwaltungsintern und -extern breit kommuniziert. Darüber hinaus gibt es bereits zu Beginn des wissenschaftlichen Beobachtungszeitraums Untergruppen des Issue-Netzwerkes, in denen intensiv mit den Trägern der freien Wohlfahrtspflege zusammengearbeitet wird, um Teilprojekte der partizipativen Sozialplanung kooperativ zu entwickeln und durchzuführen.

Diese kooperativen Problemlösungsmuster stoßen unter den Beteiligten auf hohe Akzeptanz. Die Mehrzahl der Mitglieder des Issue-Netzwerkes stuft die Zusammenarbeit als eng, intensiv, vertrauensvoll und überaus sinnvoll ein. Die Kooperation erscheint damit schon zu Beginn des Beobachtungszeitraums in der Wahrnehmung der Akteure als geeigneter Rahmen, um gegensätzliche Zielsetzungen und Interessen ergebnisorientiert verhandeln und konsensual entscheiden zu können.

Kapazitäten der Kommunalverwaltung: Es existiert eine Sozialplanungsstelle als Stabsstelle, bei der die verwaltungsinterne und -externe Kommunikation zusammenläuft. Des Weiteren gibt es in der Kreisverwaltung zahlreiche Stellen, die eine intensive fachbereichsinterne und auch -übergreifende Kooperation ermöglichen.

Wissen über die Praktiken der Rahmenvereinbarung: Die KommA verfügt bereits zu Beginn des Beobachtungszeitraums über Handlungswissen zur Bedarfs- und Ressourcenorientierung und zu den Praktiken der Rahmenvereinbarung. Bedarfs- und ressourcenorientierte Planungsprozesse sind bereits in verschiedenen Aufgabenfeldern durchgeführt worden und funktionieren von der Logik her ähnlich wie der Kommunalisierungsprozess selbst. In einer kooperativen Arbeitsstruktur wird zwischen Kommunalverwaltung und Trägern eine Rahmenvereinbarung abgeschlossen, die in den Leistungsbeschreibungen der Zuwendungsverträge konkretisiert und zukünftig im Berichtswesen überprüft werden soll. Auch eine Bestandserhebung im Sinne einer handlungsfeldbezogenen Sozialberichterstattung ist bereits durchgeführt. Diese Prozesse sind aus der wissenschaftlichen Beobachtungsperspektive deshalb so bedeutsam, weil sie zum kommunikativ geteilten Wissen der überwiegenden Mehrheit der Mitglieder des Issue-Netzwerkes gehören. Damit einhergehend werden Sozialplanungsprozesse organisationsübergreifend als sehr gut bewertet.

Darüber hinaus haben die beteiligten Akteure bereits zu Beginn des Umsetzungsprozesses Erfahrungen mit den Praktiken der Rahmenvereinbarung aus einzelnen Handlungsfeldern:

- Im Bereich der Sucht- und Drogenberatung wird seit langem mit Leistungsverträgen gearbeitet.
- In einem Fachbereich ist ein Sozialcontrolling aufgebaut worden, das von der Funktionslogik mit dem in der Kommunalisierung umzusetzenden Berichtswesen vergleichbar ist.

- Durch die Veröffentlichung von Sozialatlanten existiert Handlungswissen im Bereich der Sozialberichterstattung.
- Bei der überwiegenden Anzahl der Akteure besteht ein profundes begriffliches Wissen zu Aspekten von Zuwendungsverträgen, dem Berichtswesen, der Sozialberichterstattung sowie der Sozialplanung.

5.2.1.2 Umsetzungsstrategien und Implementationsergebnis

Umsetzung der Praktiken: Während des Beobachtungszeitraums sind die Praktiken der Rahmenvereinbarung wie folgt umgesetzt worden:
- Der Abschluss der Zuwendungsverträge mit den Trägern bzw. Dienstleistern hat etwa ein Jahr in Anspruch genommen. Parallel dazu sind in Kooperation mit Trägern aus unterschiedlichen Bereichen Qualitäts- und Leistungsvereinbarungen auf Basis von Bestandsanalysen erarbeitet worden. In anderen Handlungsfeldern hat man sich stärker an die Mustervorlage des Landes gehalten.
- Die Musterberichte des Landes werden im vorgegebenen Zeitrahmen umgesetzt. Das ursprüngliche Ziel, in den Vorgaben auch Informationsbedürfnisse des Kreises unter zu bringen, wird zunächst nur für ein Handlungsfeld umgesetzt.
- Im Issue-Netzwerk wird bereits frühzeitig kontrovers über eine Sozialberichterstattung diskutiert. Unumstritten ist, dass die Sozialberichterstattung nicht nur die Aufgabenfelder der kommunalisierten Hilfen umfassen kann. Gegen Ende des Beobachtungszeitraums wird ein Kreistagsbeschluss zum Aufbau einer kontinuierlichen Sozialberichterstattung gefasst, der vorsieht, auf Basis von periodischen Berichten ein möglichst umfassendes Bild in zahlreichen sozialpolitischen Handlungsfeldern zu zeichnen. Zur Bearbeitung wird eine Unterarbeitsgruppe Sozialberichterstattung gegründet.
- Die partizipative Sozialplanung in KommA ist handlungsfeldbezogen. Die Auswahl der Handlungsfelder orientiert sich nicht an den Themenbereichen der 13 kommunalisierten Landesprogramme, sondern an lokalen Handlungsnotwendigkeiten. Im Beobachtungszeitraum werden zwei soziale Handlungsfelder systematisch in den Untergruppen des Issue-Netzwerkes bearbeitet (Altenhilfe, geschlechtergerechte Jugendarbeit). Dazu werden Sozialplanungsberichte erstellt, in die sowohl aktuelle lokale Bestandserhebungen als auch politische Handlungsempfehlungen für die lokale Sozialpolitik eingehen.

Der Sozialplanungsprozess ist das gemeinsame Dach für den Umsetzungsprozess der Kommunalisierung und für lokalpolitische Schwerpunktsetzungen. Er wird organisationsübergreifend von allen Befragten als sehr gut beurteilt.
Dynamik/Nicht-Dynamik im Issue-Netzwerk: Insgesamt bildet die bereits zu Beginn der Kommunalisierung etablierte Zusammenarbeit zwischen Verwaltung, Wohlfahrtsverbänden und Politik im Issue-Netzwerk die Grundlage für die hohe Dynamik des Sozialplanungs- und damit des Kommunalisierungsprozesses in KommA. Das Issue-Netzwerk tagt regelmäßig unter breiter Beteiligung der jeweiligen Vertreter; es wird sachlich, vertrauensvoll und konstruktiv diskutiert. Auch bei unterschiedlichen Interessenlagen oder kontroversen Diskussionen können gemeinsame Lösungen gefunden werden. Im Prozessverlauf stabilisiert sich die hohe Akzeptanz dieses kooperativen Problemlösungsmusters. Die überwiegende Mehrzahl findet die Zusammenarbeit in der Steuerungsgruppe sehr gut oder

gut, der Umgang miteinander sei respektvoll und fachlich anspruchsvoll. Die personellen Kapazitäten der Kreis- und Stadtverwaltung werden im gesamten Beobachtungszeitraum überaus produktiv genutzt. Die Kommunikations-, Verhandlungs- und Entscheidungsprozesse zwischen dem Issue-Netzwerk, den Unterarbeitsgruppen, der Ortsliga und den Trägern, der verwaltungsinternen Hierarchie, den ehrenamtlichen Kommunalpolitikern und den zuständigen Schnittstellen auf Landesebene wird aktiv hergestellt. Auch auf Landesebene ist die KommA in einer landesweiten Arbeitsgemeinschaft vertreten.

Implementationsergebnis: Insgesamt werden in KommA Aspekte einer Bedarfs- und Ressourcenorientierung im Rahmen der Implementation der Praktiken an verschiedenen Stellen entscheidungsrelevant berücksichtigt und auf fachlich hohen Niveau umgesetzt. Auch die Integration der Praktiken findet zwar nicht systematisch, wohl aber in verschiedenen Handlungsfeldern (z. B. Altenhilfe, geschlechtergerechte Jugendarbeit, allgemeine Sozialberatung) Berücksichtigung. Sie geht einher mit einer arbeitsteilig organisierten, umfassenden partizipativen Kooperationsstruktur. Die Verankerung des Issue-Netzwerkes im lokalen politisch-administrativen System im Politikfeld Soziales produziert – bei kontroversen Einschätzungen im Detail – eine breite Akzeptanz für praktizierte partizipative Sozialplanung. Der Kommunalisierungsprozess als solcher geht in diesem übergreifenden Planungsprozess auf. Er stößt aber im Grunde keinen neuartigen Lernprozess an, da die KommA bereits über viel begriffliches Wissen und Zusammenhangswissen verfügt, welche für die Kommunalisierung relevant sind. Dieses Wissen wird von einer breiten Allianz der beteiligten Akteure dazu genutzt, um den bereits frühzeitig eingeschlagenen Weg der partizipativen Sozialplanung zu vertiefen, zu festigen und systematisch zu verstetigen. Komplexe Lernprozesse finden bereits vor dem Beobachtungszeitraum statt, als eine partizipative Sozialplanung implementiert wird, die eine Reaktion auf die „Operation Sichere Zukunft" darstellt. Im Beobachtungszeitraum findet eher Verbesserungslernen statt – wenn auch auf einem Niveau, das von keinem anderen Fallbeispiel erreicht wird.

5.2.2 *Viel, aber allein: Verwaltungsinterne Steuerung auf hohem fachlichen Niveau in KommB*

5.2.2.1 Ausgangslage

Zusammenarbeit zwischen Wohlfahrtsverbände, Verwaltung und Politik: Vor Beginn der Kommunalisierung arbeiten Kommunalverwaltung, Wohlfahrtsverbände und Kommunalpolitik in KommB bereits erfolgreich in vielen sozialen Handlungsfeldern zusammen. Der Grad der Vernetzung in der lokalen Sozialpolitik variiert zwischen der Steuerung gesamter Handlungsfelder und der Optimierung einzelner sozialer Hilfen auf der Arbeitsebene. Über gesetzliche Kooperationen hinaus gibt es zahlreiche freiwillige Vernetzungen zwischen Verwaltung und Maßnahmeträgern. In einer informellen Arbeitsgemeinschaft zwischen Wohlfahrtsverbänden und Verwaltung gibt es darüber hinaus einen institutionalisierten und regelmäßigen Austausch über aktuelle Projekte. Die AG kann als Informationsgremium bezeichnet werden, da die Hauptfunktionen in der gegenseitigen Unterrichtung eigener Planungs- und Projektvorhaben und der Erörterung sozialpolitisch relevanter Themen liegen. Eine weitergehende Kooperation im Sinne der Planung und Durchführung gemeinsamer Aktivitäten findet in diesem Gremium nicht statt.

Die Zusammenarbeit der Wohlfahrtsverbände untereinander in KommB blickt auf eine längere Tradition zurück. Zu Beginn des Beobachtungszeitraums hat das Thema Kommunalisierung bei den Liga-Sitzungen kaum eine Rolle gespielt.

Bereits Ende 2004 und damit vor Beginn der wissenschaftlichen Beobachtung hat sich ein verwaltungsinternes, dezernatsübergreifendes Issue-Netzwerk mit politikvorbereitendem Charakter gegründet. Es setzt sich aus insgesamt zwölf Verwaltungsmitarbeitern unterschiedlicher Fachrichtungen, Hierarchiestufen und Dezernaten zusammen und legt seinen inhaltlichen Arbeitsschwerpunkt gezielt auf die Umsetzung der Kommunalisierung.

Das Verhältnis zwischen Kommunalverwaltung und Kommunalpolitik orientiert sich an dem für diese Beziehung typischen Muster: Die Verwaltung bereitet Entscheidungen vor, der Stadtrat entscheidet.

In den Interviews zu Beginn der Untersuchung wird deutlich, dass die Mehrheit der beteiligten Akteure „eine partnerschaftliche und vertrauensvolle Kooperation" als die ausschlaggebende Rahmenbedingung zur erfolgreichen Umsetzung der Kommunalisierung betrachtet. Die Etablierung kooperativer Problemlösungsstrategien trifft bei allen beteiligten Verwaltungsmitarbeitern auf ein hohes Maß an Akzeptanz. Die Bedeutung der regelmäßigen Treffen zwischen Ortsliga und Verwaltung, die unter wechselndem Vorsitz und unter Teilnahme von Vertretern der Stadt stattfinden, wird von Seiten der Ortsliga geschätzt, weniger jedoch die geringe Anzahl der Treffen. Die Vertreter der Wohlfahrtsverbände sprechen in Bezug auf ihre Zusammenarbeit von einem vertrauensvollen Miteinander, obwohl sie sich erkennbar in einer Konkurrenzsituation befinden.

Kapazitäten der Kommunalverwaltung: In KommB existieren innerhalb der Kommunalverwaltung zahlreiche Stellen, deren Aufgabe es ist, eine intensive fachbereichsinterne sowie -übergreifende Zusammenarbeit zu ermöglichen. Die Sozial- und Jugendhilfeplanung liegt „in einer Hand" und ist als Stabstelle im Sozialamt angesiedelt. Die Koordination der Kommunalisierung ist auf Abteilungsleiterebene angesiedelt.

Wissen über die Praktiken der Rahmenvereinbarung: Im Vergleich zu anderen Fallbeispielen startet KommB mit einem hohen Maß an Wissen und Akzeptanz zur Etablierung einer funktionierenden Kooperationsstruktur in den Kommunalisierungsprozess, ohne aber bereits zu Beginn des Kommunalisierungsprozesses eine übergreifende kooperative Arbeitsstruktur entwickelt zu haben.

Durch die gemeinsame Koordination einer Freiwilligen-Agentur und punktueller Zusammenarbeit in einzelnen Handlungsfeldern verfügt die Ortsliga bereits über Handlungswissen im Bereich des kooperativen Problemlösens.

In KommB verfügt man im Bereich der Praktiken der Rahmenvereinbarung über folgende Erfahrungen:

- Zuwendungsverträge werden auf Seiten der Verwaltung in verschiedenen sozialen Handlungsfeldern bereits angewendet, allerdings ohne dass sie konkrete Leistungsbeschreibungen beinhalten. Auf Seiten der Ortsliga sind kaum Erfahrungen mit Zuwendungsverträgen vorhanden.

- Die Erfahrungen und Kenntnisse zum Berichtswesen sind zu Beginn des Beobachtungszeitraums sehr heterogen. Es gibt kein einheitliches, systematisches Berichtswesen für alle freien Träger. Mehrheitlich wird die Berichtspflicht routinemäßig mittels Sachberichten zu den Verwendungsnachweisen geregelt. In einigen Handlungsfeldern ist das Berichtswesen bereits standardisiert, in anderen gibt es Vorüberlegungen zu einer solchen Standardisierung.

- Die Sozialberichterstattung hat in der KommB eine lange Tradition. Es liegen für verschiedene Handlungsfelder Sozialberichte vor, die je nach Bedarf unter Beteiligung der Wohlfahrtsverbände fortgeführt werden. Die Verwaltung hat allerdings nicht nur Wissen im Sinne von konkreten Erfahrungen in einzelnen sozialen Handlungsfeldern, sie verfügt auch über umfassende konzeptionelle Überlegungen zu einer umfassenden lokalen Sozialberichterstattung. Begriffliches Wissen, u.a. zur Integration von Bedarfs- und Ressourcenorientierung in die Sozialberichterstattung, ist vorhanden. Dieses Wissen bezieht sich allein auf die Verwaltung. Zwischen Verwaltung und Ortsliga existiert kein gemeinsam geteiltes konzeptionelles Verständnis über Sozialberichterstattung.
- Sozialplanung ist in KommB ebenfalls etabliert. Es gibt neben Einzelplanungsmaßnahmen eine voll etablierte Jugend- und Altenhilfeplanung sowie Planungsmaßnahmen im Rahmen der Sozialen Stadt. Im Gegensatz dazu liegen bei der Ortsliga kaum Kenntnisse über die örtlichen Sozialplanungsprozesse vor.

5.2.2.2   Umsetzungsstrategien und Implementationsergebnis

Umsetzungsprozess der Praktiken: Während des Beobachtungszeitraums sind die beschriebenen Praktiken wie folgt umgesetzt worden:
- Die Umsetzung der Zuwendungsverträge ist im *verwaltungs*internen Issue-Netzwerk intensiv verfolgt worden. Die Verträge basieren auf dem vom Land vorgeschlagenen Mustervertrag und sind von Seiten der Kommune nur um einige Aspekte erweitert worden. Eine stärkere und systematischere Integration einer lokalen Perspektive zur Bedarfs- und Ressourcenorientierung ist auf der Tagesordnung. Dazu sind bereits Leistungsvereinbarungen für Träger erarbeitet worden. Mittelfristig besteht das Ziel, die Leistungsbeschreibungen auf Vergleichbarkeit hin zu prüfen und damit für einen Sozialplanungsprozess nutzbar zu machen. Welche sozialen Leistungen einzelne Träger dann anbieten, soll von einer Bestandsanalyse im jeweiligen Handlungsfeld abhängig gemacht werden. Die ursprünglich geplante Integration kommunaler Mittel, die außerhalb des kommunalisierten Landesbugets liegen, in die Vertragsgestaltung ist nicht umgesetzt worden. Ende 2006 ist von Seiten betroffener Verbände eine juristische Prüfung der im Rahmen der Kommunalisierung abzuschließenden Verträge eingeleitet   worden. Dieses Vorgehen stößt bei der Verwaltung auf Unverständnis, da die Musterzuwendungsverträge verwaltungsintern bereits juristisch geprüft worden sind. Im Februar 2007 berichtet die Verwaltung den Trägern/Ortsliga, dass die Zuwendungsverträge überwiegend abgeschlossen sind.
- Die KommB ist durch einen Vertreter in der Unterarbeitsgruppe der Steuerungsgruppe auf Landesebene an der Entwicklung der Muster für die Berichterstattung beteiligt. Diese Musterberichte werden im Issue-Netzwerk um eigene Aspekte weiterentwickelt, da die abgefragten Daten einer kommunalen Sozialberichterstattung dienlich sein sollen. Mittelfristig sollen sich deshalb auch jene Träger am Berichtswesen beteiligen, die keine kommunalisierten Mittel erhalten. Auf einer Informationsveranstaltung im Februar 2007 werden die modifizierten Berichtsvorlagen der Kommune den Trägern/Ortsliga vorgestellt und inhaltlich diskutiert. Ansonsten sind weder Träger noch Ortsliga an der Erarbeitung der Berichte beteiligt. Die Berichte werden im vorgesehenen Zeitrahmen an das Hessische Sozialministerium übersandt.

- Sozialberichterstattung ist bei den beobachteten Treffen des Issue-Netzwerkes kein zentrales Thema. Die Praktik wird in Anlehnung an die landesweite Diskussion erörtert, ohne dass eine konzeptbezogene Entscheidung gefällt wird. Zum Ende des Beobachtungszeitraums wird geplant, die um lokal handlungsrelevante Aspekte erweiterten Musterberichte als Datengrundlage für die Umsetzung der Sozialberichterstattung zu nutzen und die Träger/Ortsliga einzubeziehen. Im Laufe des Beobachtungszeitraums werden die Vertreter der Ortsliga allerdings nicht über Planungen zu diesem Thema informiert. Insgesamt fällt der Zuspruch zur Sozialberichterstattung gegen Ende des Beobachtungszeitraums organisationsübergreifend deutlich kritischer aus als zu Beginn.
- Im Vordergrund der bisherigen Sozialplanungsaktivitäten steht die Verteilung der im Rahmen der Kommunalisierung zu verteilenden Restmittel. Auch hier sind die Wohlfahrtsverbände nicht systematisch beteiligt. Im verwaltungsinternen Issue-Netzwerk wird über die Planung und Durchführung einzelner Projektvorschläge aus unterschiedlichen Zielbereichen diskutiert. Projektideen orientierten sich größtenteils an Bedarfsanalysen. Dennoch scheitern die ursprünglich angedachten Vorhaben aus verschiedenen Gründen. Da die Mittelvergabe weiterhin planvoll erfolgen und auf ad hoc Lösungen verzichtet werden soll, sind die Mittel in künftige Haushaltsjahre transferiert. Im April 2007 wird ein Konzeptwettbewerb für die Verteilung der Restmittel ausgerufen, zu dem bis zum Ende des Beobachtungszeitraums noch keine Entscheidung zur Mittelvergabe gefallen ist. Wie die zuvor zwischen Verwaltung und Ortsliga informell beschlossene Beteiligung der Wohlfahrtsverbände an der Vergabe der Restmittel organisiert wird, entzieht sich der Beobachtung.

Dynamik/Nicht-Dynamik im Issue-Netzwerk: Die Umsetzung der Kommunalisierung in KommB beruht im Wesentlichen auf der Aktivität des verwaltungsinternen Issue-Netzwerkes. Vor Beginn des Beobachtungszeitraums hat das Issue-Netzwerk bereits viermal getagt und während des Beobachtungszeitraums finden die Sitzungen in regelmäßigen Abständen unter kontinuierlicher Beteiligung statt. Leichte Verschiebungen unter den Mitgliedern des Issue-Netzwerkes bleiben ohne Auswirkung auf die Informationsverarbeitungs- und Kooperationskapazität. Die zentralen Themen sind die Abwicklung der Zuwendungsverträge, die Verteilung der Restmittel und die Etablierung eines Berichtswesens. Die Sitzungen laufen sowohl strukturiert als auch routiniert ab und werden von dem Koordinator der Kommunalisierung entlang einer Tagesordnung sachlich, fachlich und inhaltlich in Richtung einer Entscheidungsfindung moderiert. Der Modus der Entscheidungsfindung ist vornehmlich konsensual. Die beobachtete Arbeitsatmosphäre kann zusammenfassend als konstruktiv und ergebnisorientiert bewertet werden. Die Arbeit im Issue-Netzwerk zeichnet sich im Vergleich zu anderen Fallbeispielen dadurch aus, dass auch der landesweite Kommunikationsprozess in der Diskussion abgebildet wird. Durch die Beteilung an der Projektsteuerungsgruppe auf Landesebene sowie an der Arbeitsgruppe zur Entwicklung des Berichtswesens werden immer wieder Sachstandsinformationen und strittige Fragen des landesweiten Umsetzungsprozesses in den lokalen Diskussionsprozess integriert. Umgekehrt bringt die KommB auch ihre eigenen Interessen in den überörtlichen Kommunikationsprozess ein.

Verwaltungsexterne Akteure wie die Ortsliga, einzelne Träger oder die Kommunalpolitik werden nicht systematisch an der Umsetzung der Kommunalisierung beteiligt. Die

Ortsliga wird im informellen Kooperationsgremium zwischen Verwaltung und Ortsliga nur über die Umsetzung der Kommunalisierung informiert. Die Träger sozialer Dienstleistungen werden 2006 und 2007 zu Informationsveranstaltungen eingeladen, die von Seiten des Issue-Netzwerkes initiiert werden. Auf diese Weise werden sie in die Prozessgestaltung eingebunden. 2007 kommen Verwaltung und Ortsliga überein, gemeinsam über die Restmittel zu entscheiden. Ob und wie diese „neue" Beteiligung im Weiteren organisiert wird, entzieht sich der wissenschaftlichen Beobachtung.

Im Verhältnis zwischen Verwaltung und Politik spielt das Thema Kommunalisierung im Prozessverlauf keine nennenswerte Rolle. Der Informationsfluss an die Dezernenten erfolgt sporadisch und nur zu einzelnen Aspekten der jeweiligen Praktiken. Aus der Beobachterperspektive stellt die Kommunalisierung politisch kein großes Thema dar.

Implementationsergebnis: Insgesamt werden in KommB Aspekte einer Bedarfs- und Ressourcenorientierung bei der Implementation der Praktiken an verschiedenen Stellen entscheidungsrelevant berücksichtigt. Berichtswesen, Sozialberichterstattung und Sozialplanung werden auf fachlich hohem Niveau diskutiert. Fachdebatten zu unterschiedlichen Konzeptionen der Praktiken finden innerhalb der Verwaltung und an der Schnittstelle mit dem Land statt. Auch die Integration der Praktiken untereinander wird in ausgewählten Handlungsfeldern umgesetzt. Der Kommunalisierungsprozess in KommB verbleibt aber verwaltungsintern. Zur Ortsliga gibt es lediglich Informationsbeziehungen. In diesem Punkt wird die Kommunalisierung nicht verbindlich umgesetzt. Zwar werden verwaltungsintern Kapazitäten und Wissen mit Blick auf einen komplexen Lernprozess gebündelt. Der anvisierte komplexe Lernprozess gerät jedoch an einigen Stellen ins Stocken, weil das zentrale Erfordernis grenzüberschreitender Kommunikation in KommB zu wenig beachtet wird. Insofern verbleibt die Wissensgenerierung innerhalb der Verwaltung.

5.2.3 Aus wenig, mach viel: Kooperatives Lernen in KommC

5.2.3.1 Ausgangslage

Zusammenarbeit zwischen Wohlfahrtsverbände, Verwaltung und Politik: Vor Beginn der Kommunalisierung arbeiten Kreisverwaltung und einzelne Maßnahmeträger bereits in gesetzlich verankerten Gremien und sporadisch auch in freiwilligen Kooperationen zusammen. In der Ortsliga hat sich eine interne Kooperation etabliert, die durch eine wechselseitige Herstellung von Transparenz bezüglich der Fördermittel und eine abgestimmte Aufgabenübernahme charakterisiert ist. Zwischen Verwaltung und Ortsliga besteht die Übereinkunft, dass sich die Aufgabenvergabe zwischen Verwaltung und Wohlfahrtsverbänden an Ortsligabeschlüssen orientiert und nicht bilateral mit einzelnen Verbänden ausgehandelt werden soll.

Das Issue-Netzwerk zur Umsetzung der Kommunalisierung in KommC besteht bereits seit Mitte 2005 und hat zu Beginn der Beobachtung schon viermal getagt. In den ersten Monaten der Untersuchung beschäftigen sich die Beteiligten noch viel mit Fragen der eigenen Selbstorganisation. Ein übergeordneter Arbeitsauftrag hat sich noch nicht herauskristallisiert. Das Kooperationsgremium wird aus Gründen der Arbeitseffizienz möglichst klein gehalten. Deshalb sind nur die Geschäftsführer der Wohlfahrtsverbände, Sozialamtsleiter und Sozialplaner sowie der Jugendamtsleiter der einwohnerstärksten Stadt des Kreises Mitglieder des Gremiums. Auf die Beteiligung politischer Vertreter wird verzichtet, um die

Diskussionen auf einer fachlichen Ebene zu halten. Bei fachspezifischen Fragen soll die Arbeit des Issue-Netzes durch Experten aus der Verwaltung oder den Trägereinrichtungen unterstützt werden.

Das Verhältnis zwischen Kreisverwaltung und Kommunalpolitik wird von der Mehrheit der Befragten in KommC als arbeitsteilig charakterisiert. Es orientiert sich an dem für diese Beziehung typischen Muster. Die Verwaltung bereitet Entscheidungen vor, der Kreistag entscheidet. Durch die kommunalpolitischen Machtverhältnisse in KommC – absolute Mehrheitsfraktion – kommt dabei der Verwaltung eine besondere Vorrangstellung zu.

Die Zusammenarbeit sowohl zwischen den Behörden der Kommunalverwaltung und den Wohlfahrtsverbänden als auch innerhalb der Verbände kann als vertrauensvoll bezeichnet werden. Kooperative Problemlösungsmuster zwischen den Organisationen werden in KommC unterschiedlich bewertet. Sowohl auf Seiten der Verwaltung als auch auf Seiten der Ortsliga gibt es positive und negative Einschätzungen. Die Kooperation auf persönlicher Ebene wird als eher gut bewertet.

Kapazitäten der Kommunalverwaltung: Personell muss die Umsetzung der Kommunalisierung innerhalb der bestehenden administrativen Arbeitsteilung erledigt werden. Zuständig für die Koordination des Umsetzungsprozesses sind der Sozialplaner und der Leiter des Amtes für Arbeit und Soziales. Infolge von Umstrukturierung und Neubesetzung der Amtleitungsebene wird die Situation in der Kreisverwaltung von den Verwaltungsmitarbeitern als „Sozialplanungsvakuum" beschrieben. Dieses kann durch den Sozialplaner nicht ausgefüllt werden, da die Sozialplanungsstelle weitere Sachbearbeitungsaufgaben umfasst.

Wissen über die Praktiken der Rahmenvereinbarung: Zu Beginn des Beobachtungszeitraums gibt es nur wenig Erfahrungen mit den Praktiken der Rahmenvereinbarung:

- Mit Zuwendungsverträgen hat der Landkreis bisher keine Erfahrungen gemacht.
- In KommC gibt es kein einheitliches, systematisches Berichtswesen für alle Träger. Es besteht zwar ein grundsätzliches begriffliches Wissen zu Berichten als Praktik der Kommunalisierung, im Konkreten verwechseln jedoch einige Befragte das Berichtswesen mit der Sozialberichterstattung.
- In KommC gibt es bisher keine Ansätze einer Sozialberichterstattung. Die meisten befragten Vertreter der Ortsliga und Verwaltung sehen in der Sozialberichterstattung eine Grundlage für die Sozialplanung. Bezüglich der Praktik gibt es bei den meisten Befragten ein grundsätzliches begriffliches Wissen, wobei jedoch einige Befragte die Sozialberichterstattung mit dem Berichtswesen verwechseln.
- Hinsichtlich der Sozialplanung kann bei den Vertretern von Kreisverwaltung und Ortsliga ein grundsätzliches begriffliches Wissen beobachtet werden. In einzelnen sozialen Handlungsfeldern existieren unverbundene Sozialplanungsansätze.
- Das Wissen über mögliche Umsetzungsstrategien zu Sozialplanung und Sozialberichterstattung ist gering. Kommunalverwaltung und Ortsliga verfolgen hinsichtlich der konkreten Ausgestaltung dieser Praktiken unterschiedliche Interessen. Die Vertreter der Ortsliga haben ein übereinstimmendes Interesse an einer umfassenden Datenerhebung aller sozialen Leistungen und Einrichtungen im Kreis. Auf Basis dieser Bestandserhebung sollen dann Bedarfe zwischen Verwaltung und Ortsliga abgestimmt werden. Die Verwaltungsmitarbeiter möchten sich dagegen auf die kommunal unterstützten Angebote konzentrieren. Der Überblick über die kommunale Infrastruktur hat in ihren Augen den Zweck, ressourcenorientiert zu entscheiden, ob finanzielle Um-

steuerungen oder Umverteilungen möglich sind und ob ggf. sogar Einsparungen zu erreichen sind.

5.2.3.2 Umsetzungsstrategien und Implementationsergebnis

Umsetzung der Praktiken: Während des Beobachtungszeitraums werden die Praktiken der Rahmenvereinbarung wie folgt umgesetzt:

- Zuwendungsverträge orientieren sich am Musterzuwendungsvertrag des Landes und sind nur marginal verändert worden. Der Abschluss der Verträge hat nur wenig Zeit in Anspruch genommen.
- Die Berichtsvorlagen des Landes werden an die Trägereinrichtungen weitergegeben. Die Kreisverwaltung will die erhobenen Daten zukünftig mit eigenen weiteren Daten ergänzen.
- Sozialberichterstattung und Sozialplanung werden in KommC als pragmatische, planungsorientierte Sozialdatenerhebung umgesetzt. Diese Strategie ist erstens an die relativ geringen personellen Kapazitäten der Sozialverwaltung angepasst, zweitens ist es ein Kompromiss zwischen den unterschiedlichen Interessen der Verwaltung und der Ortsliga und die Strategie beinhaltet drittens, die übergeordneten Ziele der Rahmenvereinbarung, Bedarfs- und Ressourcenorientierung zu erfüllen.

Dynamik/Nicht-Dynamik im Issue-Netzwerk: Diese angepasste Umsetzungsstrategie geht wesentlich auf den produktiven Arbeitsprozess im Issue-Netzwerk zurück. Mit insgesamt zwölf Sitzungen hat das Issue-Netzwerk in KommC häufiger getagt als alle anderen Issue-Netzwerke. Zu Beginn des Beobachtungszeitraums steht das Interesse der Kreisverwaltung an einer finanziellen Umverteilung oder gar Einsparung diametral dem Interesse an einer bedarfsgerechten sozialen Infrastruktur der Ortsliga gegenüber. Trotz des grundsätzlich vertrauensvollen Verhältnisses dominiert dieser Interessengegensatz die Arbeit im Issue-Netzwerk. Das führt z.B. dazu, dass Protokolle der Sitzungen ausführlich diskutiert und von der Ortsliga kontrolliert werden; letztlich findet aber eine Einigung statt. Ähnlich kontrovers verlaufen auch Debatten über den Arbeitsauftrag des Issue-Netzwerkes und die Verteilung der Restmittel der Kommunalisierung. Trotz der starken Interessengegensätze kann sich der Vorschlag eines leitenden Verwaltungsmitarbeiters nach Transparenz und einer Orientierung am Bestand und Bedarf nach und nach durchsetzen.

Zur Umsetzung der Kommunalisierung muss zunächst Wissen über den Bestand an Dienstleistungen in den einzelnen sozialen Handlungsfeldern generiert werden. Dies wird durch den Strukturierungsvorschlag eines Vertreters der Verbände unterstützt, der die gesamte Bandbreite sozialer Handlungsfelder repräsentiert. Dieser breit ansetzende Vorschlag wird grundsätzlich akzeptiert, aber es wird noch viel und intensiv über den Umfang der Dienstleistungen diskutiert, die in den einzelnen Handlungsfeldern aufgenommen werden sollen. Erst danach setzt sich die Ortsliga mit ihren umfassenden Datenerhebungsabsichten durch. Damit ist eine gemeinsame Basis zur Verteilung der Restmittel geschaffen, die sich im weiteren Verlauf der Sitzungen des Issue-Netzwerkes zu einer pragmatischen, planungsorientierten Sozialdatenerhebung weiter entwickelt. Dazu werden die finanziellen Aufwendungen aller Beteiligten für einzelne soziale Hilfen eines Handlungsfeldes zusammengestellt. Die Bedarfsanalyse erfolgt dann je nach sozialem Handlungsfeld anhand unterschiedlicher Referenzgrößen, die von den Mitgliedern der AG ausgehandelt werden.

Durch diesen Verhandlungsprozess wird die notwendige Transparenz geschaffen, um die Restmittel im Einvernehmen mit der Ortsliga zu verteilen. Gleichzeitig werden handlungs-feldbezogene Übersichten erstellt, die zukünftig als Grundlage für Verteilungsplanungen herangezogen werden können.

Die relativ geringen personellen Kapazitäten der Kreisverwaltung werden so durch die Arbeit des Issue-Netzwerkes teilweise aufgefangen. Das Issue-Netzwerk hat sich als Steue-rungs- und Arbeitsgremium etabliert und kompensiert so zum Teil die fehlenden Sozialpla-nungskapazitäten bzw. Kapazitäten für die Erstellung einer Sozialberichterstattung.

Implementationsergebnis: In KommC gibt es einige Ansätze sowie Aspekte der Be-darfs- und Ressourcenorientierung, die beim Umsetzungsprozess der Kommunalisierung zu berücksichtigen sind. Dabei bleibt das fachliche Niveau deutlich hinter dem von KommA und KommB zurück. Auf Basis des vorhandenen Wissens wird aber eine pragmatische, planungsorientierte Sozialdatenerhebung in einem partizipativen Prozess entwickelt und etabliert. Dabei konzentriert sich die Partizipation auf die Ebene der Ortsliga. Zum gesam-ten Trägernetz gibt es lediglich sporadische Informationsbeziehungen. Die Zuwendungsver-träge und das Berichtswesen werden entlang der Mustervorgaben des Landes eher bürokra-tisch zur Anwendung gebracht. Eine Integration mit der pragmatischen, planungsorientier-ten Sozialdatenerhebung fand bis zum Ende des Beobachtungszeitraums nicht statt. Gleichwohl bildet das Issue-Netzwerk den Motor für den komplexen Lernvorgang dieser pragmatischen Vorgehensweise. In KommC gelingt es, ausgehend von einem eher einge-schränkten fachlichen Niveau, neues, handlungsrelevantes Wissen zu generieren und einen von allen Beteiligten akzeptierten Innovationsprozess zu starten.

5.2.4   *Ohne was geht wenig: Fruchtbare Ansätze verlaufen in KommD im Sande*

5.2.4.1   Ausgangslage

Zusammenarbeit zwischen Wohlfahrtsverbände, Verwaltung und Politik: Vor Beginn der Kommunalisierung hat es in KommD schon einmal eine institutionalisierte Zusammenar-beit zwischen Kreisverwaltung und Ortsliga gegeben, die aber zum Erliegen gekommen ist. Gleiches gilt für den Zusammenschluss der Wohlfahrtsverbände in der Ortsliga, der sich ebenfalls nicht dauerhaft gehalten hat. Eine Neugründung der Ortsliga erfolgt auf Initiative der Kreisverwaltung im Jahr 2004. Des Weiteren existieren vor der Kommunalisierung bilaterale Kontakte zwischen einzelnen Wohlfahrtsverbänden und der Kreisverwaltung.

Zu Beginn der Kommunalisierung wird die Zusammenarbeit zwischen Ortsliga und Kreis in KommD neu initiiert. Insbesondere ein Wohlfahrtsverband treibt im Kontakt mit der Kreisverwaltung die Gründung eines Issue-Netzwerkes voran, in dem Ortsliga und Kreisverwaltung zusammenarbeiten. In dem Kooperationsgremium wird, neben anderen Aufgaben, das Kommunalisierungsprojekt bearbeitet. Mitglieder des Issue-Netzwerkes sind zunächst Vertreter von fünf, später dann von allen sechs Wohlfahrtsverbänden. Auf Seiten der Kreisverwaltung sind der Fachbereichsleiter und drei weitere Verwaltungsmitarbeiter beteiligt, die u.a. auch Planungsaufgaben wahrnehmen.

Die Zusammenarbeit zwischen Verwaltung und Politik orientiert sich an dem für diese Beziehung typischen Muster: die Verwaltung bereitet Entscheidungen vor, der Kreistag entscheidet.

Das Verhältnis der Wohlfahrtsverbände untereinander ist durch Konkurrenz geprägt, so dass sich die Zusammenarbeit schwierig gestaltet. Auch traditionell gibt es keine enge und vertrauensvolle Zusammenarbeit zwischen den Wohlfahrtsverbänden.

Kapazitäten der Kommunalverwaltung: Neben dem Fachbereichsleiter Soziales sind drei weitere (Teilzeit-)Mitarbeiter mit der Umsetzung der Kommunalisierungsaufgaben betraut. Wissensressourcen wie z. B. eine Stelle, die mit einem ausgebildeten Sozialplaner besetzt ist, fehlen. Die neuen Aufgaben müssen von den Verwaltungsmitarbeitern des Issue-Netzwerkes zusätzlich zu ihren anderen Aufgaben erledigt werden. Dabei weist die Verwaltung immer wieder darauf hin, dass ihr für das Management eines Kooperationsgremiums keine freien Kapazitäten zur Verfügung stehen.

Wissen über die Praktiken der Rahmenvereinbarung: Zu Beginn des Beobachtungszeitraums gibt es nur wenig Erfahrungen mit den Praktiken der Rahmenvereinbarung.

- Sowohl auf Seiten der Ortsliga als auch auf Seiten der Verwaltung gibt es begriffliches Wissen über die Zuwendungsverträge. In der Kreisverwaltung wird in einzelnen sozialen Handlungsfeldern bereits mit Verträgen gearbeitet.
- Berichte sind allen Befragten ein Begriff, auch wenn es in KommD kein einheitliches, standardisiertes Berichtswesen gibt. Im Jugendhilfebereich ist das Berichtswesen am weitesten standardisiert, während es in den anderen Handlungsfeldern allenfalls kurze Sachberichte im Zusammenhang mit den Verwendungsnachweisen gibt.
- Ähnliches gilt für die Sozialberichterstattung oder andere Praktiken der Bestands- und Bedarfserhebung. Auch hier gibt es ein Begriffsverständnis, aber eher wenig Handlungswissen. Einige Vertreter der Ortsliga haben in der Vergangenheit an der Erstellung eines Sozialatlas auf Ebene der Gemeinden mitgewirkt.
- In KommD gibt es handlungsfeldbezogene Sozialplanung. Sie ist aber nicht unter einem gemeinsamen Sozialplanungsdach integriert. Das begriffliche Wissen über Sozialplanung ist innerhalb der Ortsliga und auch innerhalb der Verwaltung ungleich verteilt.

5.2.4.2 Umsetzungsstrategien und Implementationsergebnis

Umsetzung der Praktiken: Während des Beobachtungszeitraums werden die Praktiken der Rahmenvereinbarung wie folgt umgesetzt:

- Die Musterzuwendungsverträge des Landes werden den Trägern zugeschickt und unterschrieben zurückgesandt.
- Hinsichtlich der Berichte wird auf Drängen der Verwaltung im Issue-Netzwerk festgelegt, dass die Berichtsvorlagen des Landes an alle Träger versendet werden, die in den jeweiligen Handlungsfeldern tätig sind, unabhängig davon, ob sie finanzielle Mittel aus der Kommunalisierung erhalten oder nicht.
- Bezüglich der Sozialberichterstattung gibt es in KommD noch keine konkreten Umsetzungsschritte. Auf Initiative eines überaus aktiven Wohlfahrtsverbandes wird ein Ortsliga-Treffen organisiert, bei dem ein Vertreter der Landesliga über das Thema Sozialberichterstattung informiert. Im Issue-Netzwerk gibt es immer wieder Diskussionen über eine Sozialberichterstattung im Zusammenhang mit Diskussionen zur Sozialplanung. Dabei gehen die Interessen von Ortsliga und Verwaltung auseinander: Die Ortsliga – und hier insbesondere der Vertreter des aktiven Wohlfahrtsverbandes – hat eine umfassende Vorstellung von Sozialberichterstattung und Sozialplanung, die auf

einer Bedarfsorientierung beruht und auch soziale Hilfen außerhalb der Kommunalisierung einbeziehen will. Die Verwaltung verweist auf mangelnde Kapazitäten für einen solchen Prozess und zieht es vor, sich allein auf die kommunalisierten Mittel zu konzentrieren. Hierzu wird auf mehreren Sitzungen eine   Erhebung von vorhandenen Diensten und Leistungen anhand einer Excel-Tabelle diskutiert, die auf einer Initiative der Verbände beruht und auch von einem Verband durchgeführt werden soll. Die Daten sollen dann an die Verwaltung weitergereicht werden. Mangels eigener personeller Kapazitäten stimmt die Verwaltung der Vorgehensweise zu. Die Datensammlung soll einen ersten Zugang zur Sozialberichterstattung und Sozialplanung bilden. Inwiefern sie zur Grundlage für weitere Entscheidungen wird, kann bis zum Ende des Beobachtungszeitraums noch nicht festgestellt werden.

- Systematische sozialplanerische Aktivitäten gibt es bis zum Ende des Beobachtungszeitraums in KommD nicht. Sozialplanung heißt in KommD in erster Linie die Restmittel der Kommunalisierung zu verteilen. Nach kontroverser Diskussion wird ein neues Angebot durch Restmittel unterstützt, was sich im Nachhinein als Problem erweist, da damit die Grenzen der Zielvereinbarung überschritten werden. Das Land fordert das Geld deshalb zurück. Über die Verteilung der weiteren Restmittel wird im Issue-Netzwerk mehrfach diskutiert, es wird aber während des Beobachtungszeitraums keine Einigung erzielt. Entscheidungen werden deshalb zunächst vertagt und die Mittel ins nächste Haushaltsjahr verschoben.

Dynamik/Nicht-Dynamik im Issue-Netzwerk: Eine Besonderheit der Arbeit des Issue-Netzwerks in KommD stellt die Tatsache dar, dass vom Vertreter eines Wohlfahrtsverbandes zu den Sitzungen eingeladen wird. Das Netzwerk tagt regelmäßig und im Vergleich zu den anderen Fallbeispielen relativ häufig. Trotzdem gibt es Schwierigkeiten, die die Arbeit des Netzwerks behindern. Dazu gehören die geringen personellen Kapazitäten der Verwaltung. Grundsätzlich besteht bei den Verwaltungsmitarbeitern zwar die Bereitschaft, sich den Anforderungen des Kommunalisierungsprozesses zu stellen, was sich z.B. daran ablesen lässt, dass die Sitzungen des Issue-Netzwerks verwaltungsintern vorbereitet werden, um mit einer abgestimmten Position in die Sitzungen des Issue-Netzwerkes zu gehen. Andererseits wird aber auch immer wieder nach dem Verhältnis zwischen Arbeitsaufwand und Ertrag einer neuen Maßnahme gefragt.

Weitere Probleme, die die Arbeit des Issue-Netzwerks behindern, gehen von den Verbänden aus. Eine ligainterne Absprache über gemeinsame Standpunkte vor den Sitzungen des Issue-Netzwerkes kann nicht beobachtet werden. Deshalb können die starke Konkurrenz und dadurch bestehendes Misstrauen der Verbände untereinander ebenso die Arbeit behindern wie die Tatsache, dass die Vertreter einzelner Verbände nur sporadisch an den Sitzungen teilnehmen und bereits abgeschlossene Diskussionen deshalb wieder neu aufgerollt werden müssen. Beide Faktoren behindern z.T. die Einigung in Fragen, die jeweils zur Abstimmung stehen. Die Verwaltung hält sich bei Problemen dieser Art zurück und fordert zunächst die interne Einigung der Verbände.

Trotz dieser Hindernisse bemüht sich der Vertreter eines Wohlfahrtsverbandes intensiv darum, die Bearbeitung der jeweils anstehenden Umsetzungsschritte der einzelnen Praktiken für die Sitzungen des Issue-Netzwerks vorzubereiten und bestehende Probleme anzusprechen. Konflikte werden offen diskutiert, ohne dass immer eine Lösung gefunden wird, z.T. werden nicht einigungsfähige Fragen vertagt. Damit gerät die Verwaltung unter Druck, mangels konsensualer Problemlösungen notwendige Umsetzungsschritte der Kommunalisierung einseitig hierarchisch durchzusetzen und diese vom Issue-Netzwerk allenfalls ratifizieren zu lassen. Insgesamt gelingt es in KommD nicht, die mangelnden Kapazitäten der Kreisverwaltung durch die Kapazität des Issue-Netzwerkes auszugleichen.

Implementationsergebnis: Trotz einiger fruchtbarer Ansätze gelingt damit die Berücksichtigung von Aspekten einer Bedarfs- und Ressourcenorientierung in Entscheidungen zur Umsetzung der Kommunalisierung nicht. Die Zuwendungsverträge und das Berichtswesen werden auf bürokratischem Weg installiert. Die personellen und fachlichen Kapazitäten der Verwaltung reichen nicht aus, um im Verlauf des Beobachtungszeitraums handlungsrelevante Entscheidungen im Bereich Sozialberichterstattung und Sozialplanung zu generieren. Damit fehlen die Voraussetzungen für eine Integration der Praktiken. Die Ortsliga wird bei der Umsetzung der Kommunalisierung systematisch beteiligt. Aufgrund mangelnder Kapazitäten der Ortsliga zur Selbstorganisation und zum Interessenausgleich, fühlt sich die Verwaltung aber gezwungen, anstehende Entscheidungen hierarchisch zu fällen und lediglich ratifizieren zu lassen. Grundsätzlich gibt es in KommD zwar die Bereitschaft, sich auf einen komplexen Lernprozess einzulassen. Mangelnde Kapazitäten auf Seiten der Kommunalverwaltung, widerstreitende Interessen und ein im Vergleich zu KommA und KommB geringes fachliches Niveau, lassen die verschiedenen Ansätze zur Integration einer lokalen Perspektive zur Bedarfs- und Ressourcenorientierung im Sande verlaufen.

5.2.5 Zusammen, aber doch getrennt: Sozialplanung und Kommunalisierung in KommE

5.2.5.1 Ausgangslage

Zusammenarbeit zwischen Wohlfahrtsverbände, Verwaltung und Politik: Vor Beginn der Kommunalisierung arbeiten Wohlfahrtsverbände, Kreisverwaltung und Politik in KommE nur in wenigen Gremien zusammen. Es zeigt sich ein Bild, nach dem es in manchen sozialen Handlungsfeldern einzelne Kontakte gibt, in anderen dagegen regelmäßige Arbeitszusammenhänge zwischen Verwaltung und einzelnen Verbänden. Die Wohlfahrtsverbände haben 2003 eine kontinuierliche, gemeinsame Zusammenarbeit im Rahmen der Ortsliga aufgenommen. Kommunalverwaltung und Ortsliga kooperieren zu Beginn des Beobachtungszeitraums in Sachen Kommunalisierung noch nicht.

Das Verhältnis zwischen Kommunalverwaltung und Kommunalpolitik orientiert sich an dem für diese Beziehung typischen Muster: Die Verwaltung bereitet Entscheidungen vor, der Kreistag entscheidet.

Die Vertreter der Verbände sehen eine wesentliche Aufgabe darin, die Leistungsangebote in den sozialen Handlungsfeldern untereinander abzustimmen und die Umsetzung der Kommunalisierung fachlich mitzugestalten.

Kapazitäten der Kommunalverwaltung: Die KommE verfügt über drei Planungsstellen, die jeweils primär in ihren eigenen sozialen Handlungsfeldern verwurzelt sind. Mit der Koordination der Kommunalisierung wird der Verwaltungsleiter des Gesundheitsamtes betraut.

Wissen über die Praktiken der Rahmenvereinbarung: Mit Blick auf die Umsetzung der Praktiken der Rahmenvereinbarung hat die KommE durchaus Erfahrungen gemacht.
- Sowohl bei den Zuwendungsverträgen als auch bei den Berichten gibt es organisationsübergreifend in unterschiedlichen sozialen Handlungsfelder konkrete Erfahrungen.

Jeder der Beteiligten hat aber Erfahrungen in anderen Bereichen und es gibt keinen gemeinsam geteilten Umgang mit diesen Praktiken. Ein einheitliches, systematisches Berichtswesen für alle Träger gibt es in KommE nicht. Zu Beginn des Beobachtungszeitraums wird von Seiten der Ortsliga von Verwendungsnachweisen berichtet. Aus Verwaltungssicht gibt es allerdings Ansätze eines Berichtswesens für ihre sozialen Handlungsfelder.

- Auffallend ist, dass das begriffliche Wissen über Sozialberichterstattung besonders differenziert bei der Ortsliga vorhanden ist. Dies liegt daran, dass die Ortsliga bereits vor Beginn des Kommunalisierungsprozesses eine Bestandsaufnahme der sozialen Angebote der Wohlfahrtsverbände erstellt hat. Auf Seiten der Verwaltung wird die Sozialberichterstattung z.T. mit dem Berichtswesen verwechselt. Dabei liegen in einigen sozialen Handlungsfeldern durchaus Entwicklungspläne vor. Hervorzuheben sind insbesondere die Entwicklungspläne der drei Planungsstellen.
- Aus Perspektive der Planer selbst werden die genannten Entwicklungspläne im Bereich der Altenhilfe, der Jugendhilfe und der Psychiatrieentwicklungsplanung als konkrete Sozialplanungsprozesse betrachtet, während die Leitungsebene die Pläne eher dem Bereich Sozialberichterstattung zuordnet. Eine Integration der handlungsfeldbezogenen Einzelplanungen fehlt bisher völlig. Sowohl Ortsliga als auch Verwaltung halten Sozialplanungsprozesse für wichtig und positiv.

5.2.5.2 Umsetzungsstrategien und Implementationsergebnis

Umsetzung der Praktiken: Während des Beobachtungszeitraums werden die Praktiken der Rahmenvereinbarung wie folgt umgesetzt:

- Die Zuwendungswendungsverträge werden vom Koordinator der Kommunalisierung an die Träger versandt und unterschrieben zurück geschickt.
- Auch die Berichtsvorlagen des Landes werden zeitnah an die Träger versandt, ohne dass sie im Issue-Netzwerk thematisiert werden. Wie dieser Prozess von der Verwaltung koordiniert wird und wann die ausgefüllten Berichte an das Land übermittelt wurden, hat sich dem Beobachtungsprozess entzogen.
- Im Beobachtungszeitraum werden keine konkreten Schritte hinsichtlich einer integrierten Sozialberichterstattung unternommen, auch wenn der Aspekt der Sozialberichterstattung in den Grundsatzdiskussionen zur Sozialplanung immer mitschwingt. Insbesondere die Bestandserhebung der Ortsliga zu den sozialen Angeboten der Wohlfahrtsverbände im Kreis wird nicht weiter aufgegriffen.
- Zentrales Thema des Umsetzungsprozesses in KommE sind Grundsatzdiskussionen zur Sozialplanung zwischen Ortsliga und Verwaltung. Nach   Abschluss der wissenschaftlichen Beobachtung stellt einer der Planer die anvisierte Struktur einer zukünftigen Sozialplanung in KommE vor. Darin ist vorgesehen, zu vier sozialen Handlungsfeldern Facharbeitsgruppen mit Vertretern der Ortsliga und aus der Region zu bilden. Die Koordination dieses Prozesses soll auf einen der Planer übertragen werden.

Dynamik/Nicht-Dynamik im Issue-Netzwerk: In KommE wird die Umsetzung der Kommunalisierung zunächst als ein Projekt betrachtet, das unabhängig von Sozialplanung stattfindet. „Kommunalisierung" heißt hier, die Verpflichtungen, die mit der Rahmenvereinbarung eingegangen worden sind, möglichst pragmatisch umzusetzen. „Sozialplanung" ist dagegen zu Beginn des Beobachtungszeitraums ein visionäres Projekt, mit dem sich eine verwaltungsinterne Arbeitsgemeinschaft beschäftigt. Erst durch die Gründung des Issue-Netzwerkes werden Sozialplanungsfragen im engeren Sinne nun dort bearbeitet und näher an Fragen der sozialen Infrastruktur gebunden. Dabei geht das Issue-Netzwerk genau aus dieser verwaltungsinternen Arbeitsgemeinschaft hervor. Es wird im Mai 2006 unter Beteiligung von Vertretern der Verwaltung, der zuständigen Dezernenten sowie von vier Ortsliga-Vertretern ohne Beteiligung der Kommunalpolitik gegründet.

Das Issue-Netzwerk hat im Beobachtungszeitraum nur dreimal getagt. Die ersten beiden Sitzungen wurden im Wesentlichen dazu genutzt, Zielsetzung und Aufgabenschwerpunkte zwischen Ortsliga und den Vertretern der Kommune auszuhandeln. Die erste Sitzung des Issue-Netzwerkes soll aus der Perspektive der Verwaltung allein dazu dienen, die kommunalisierten Restmittel zu verteilen. Die Ortsliga-Vertreter insistieren jedoch darauf, die Zielsetzung des Gremiums im Sinne einer partizipativen Sozialplanung zu erweitern. Diese Grundsatzentscheidung wird jedoch durch die langen Zeitabstände zwischen den nur drei Sitzungen des Issue-Netzwerkes wieder in Frage gestellt und letztlich nicht eingelöst. Diese Diskrepanz führt dazu, dass die Beteiligung der Ortsliga an der Sozialplanung in KommE immer wieder neu diskutiert wird. Durch diese Grundsatzdiskussion verpasst es das Gremium, sich einen konkreteren gemeinsamen Arbeitsauftrag zu geben und zu einem kooperativen Arbeits- und Steuerungsprozess zu gelangen. In der dritten beobachteten Sitzung tauschen Verwaltung und Ortsliga Informationen zu Aspekten der sozialen Infrastruktur aus. Insgesamt werden in KommE die Praktiken der Rahmenvereinbarung anhand der Mustervorlagen des Landes ohne Beteiligung der Ortsliga umgesetzt. Das pragmatische Vorgehen, das erst gegen Ende des Beobachtungszeitraums etwas abgemildert werden kann, ist auch auf mangelnde personelle Kapazitäten der Verwaltung zurück zu führen. Am Ende des Beobachtungszeitraums steht die im Wesentlichen verwaltungsseitig koordinierte Konzeption einer zukünftigen partizipativen Sozialplanungsstruktur.

Implementationsergebnis: Die Umsetzung des Kommunalisierungsprozesses in KommE kommt gar nicht soweit, Aspekte einer bedarfs- und ressourcenorientierten Sozialplanung zu berücksichtigen, weil die Diskussionen im Issue-Netzwerk lediglich grundsätzlichen Charakter haben. Die jeweiligen Fachplaner bringen im Issue-Netzwerk ihr Knowhow ein. Da der Koordinator der Kommunalisierung in diesem Bereich jedoch weitgehend fachfremd ist, bleibt die eigentliche Umsetzung der Zuwendungsverträge und des Berichtswesens rein bürokratisch. Eine Integration der Praktiken kann mit Blick auf die relevanten Randbedingungen in KommE gar nicht geleistet werden. Die Ortsliga ist zwar am Issue-Netzwerk beteiligt, durch die seltenen Treffen und den Charakter der Diskussionen in ihrer Funktion aber auf eine reine Informationsaufnahme begrenzt. Der Kommunalisierungsprozess wird weitgehend vorgabeorientiert angegangen, ohne dass ein umfassender Lernprozess initiiert wird.

5.2.6   Große Pläne verpuffen in KommF

5.2.6.1   Ausgangslage

Zusammenarbeit zwischen Wohlfahrtsverbände, Verwaltung und Politik: Vor Beginn der Kommunalisierung arbeiten Wohlfahrtsverbände, Kreisverwaltung und Politik in KommF nur in wenigen Gremien zusammen. Kontakte zwischen Verwaltung und Maßnahmenträgern sind überwiegend bilateral organisiert. In verschiedenen sozialen Handlungsfeldern gibt es regelmäßige trägerübergreifende Arbeitszusammenhänge. Dagegen haben sich Ortsliga und Verwaltung zu Beginn des Beobachtungszeitraums seit eineinhalb Jahren nicht mehr getroffen.

Die Ortsliga in KommF blickt auf eine lange Tradition zurück. Sie trifft sich regelmäßig unter rotierendem Vorsitz. Alle Vertreter sehen wesentliche Aufgaben darin, sozialpolitische Themen untereinander abzustimmen, sich gegenseitig zu informieren und verbandspolitische Schwerpunktsetzungen abzusprechen. In einzelnen Arbeitsfeldern gibt es Zusammenarbeit zwischen den Wohlfahrtsverbänden, die über die Ortsliga-Arbeit hinausgeht.

Im März 2006 werden alle von der Kommunalisierung betroffenen Träger zu einem Informationsgespräch eingeladen und über die anstehende Kommunalisierung informiert. Eine Kooperation zwischen Ortsliga und Verwaltung in Sachen der Kommunalisierung gibt es zu Beginn des Beobachtungszeitraums jedoch nicht. Es ist aber die Einrichtung einer neuen, partizipativ ausgerichteten Kooperationsstruktur zwischen Ortsliga und Verwaltung im Gespräch. Bestandteil dieses Issue-Netzwerkes sollen verschiedene regionale und handlungsfeldbezogene Arbeitsgruppen werden.

Das Verhältnis zwischen Kommunalverwaltung und Kommunalpolitik orientiert sich an dem für diese Beziehung typischen Muster. Die Verwaltung bereitet Entscheidungen vor, der Kreistag entscheidet. Die Bewertungen der Zusammenarbeit sind ähnlich. Sowohl Ortsliga als auch Verwaltung bewerten die Zusammenarbeit im Rahmen von Beratungszentren und anderer bilateraler Kontakte als positiv. Eine weitergehende Zusammenarbeit mit der Verwaltung wird von den meisten Ortsligavertretern als nicht existent kritisiert, von Seiten der Verwaltung wird dies ebenfalls selbstkritisch angemerkt. Bezüglich der Kommunalisierung haben die Vertreter der Wohlfahrtsverbände gegenüber der Verwaltung eine abwartende Haltung, sehen sich aber hinsichtlich einer inhaltlichen Ausrichtung der Kommunalisierung, insbesondere der Entwicklung der sozialen Infrastruktur, mitverantwortlich.

Kapazitäten der Kommunalverwaltung: Auf Seiten der Kreisverwaltung ist die Grundsatzabteilung des Sozialamtes mit der Koordination der Kommunalisierung betraut. Zu Beginn des Beobachtungszeitraums wird ein verwaltungsinternes Issue-Netzwerk gegründet. Unter Beteiligung verschiedener Fachabteilungen soll es den Umsetzungsprozess unterstützen. Ein Großteil der Arbeitskapazitäten der Verwaltung ist allerdings während des gesamten Beobachtungszeitraums durch die gleichzeitig stattfindende Zusammenlegung von Arbeits- und Sozialamt gebunden.

Wissen über die Praktiken der Rahmenvereinbarung: Zu Beginn der Beobachtungen liegen bei den Beteiligten unterschiedliche Erfahrungen mit den einzelnen Praktiken vor.
- Zu den Zuwendungsverträgen gibt es organisationsübergreifend ein begriffliches Verständnis. Konkrete Erfahrungen mit Zuwendungsverträgen hat aber nur die Ortsliga.
- Erfahrungen und Kenntnisse über das Berichtswesen sind zu Beginn des Beobachtungszeitraums sehr heterogen. Im Rahmen des trägerübergreifenden Angebotes im Bereich „Beratungsdienstleistungen" wird gemeinsam mit Trägern und Verwaltung ein trägerübergreifendes, einheitliches Berichtssystem entwickelt. Das Berichtswesen ist in ein konzeptionelles Verständnis über systematische Controlling- und Steuerungsprozesse eingebunden. Zusätzlich wird im Bereich der Beratungsdienstleistungen auf bundesweit einheitliche Berichtsvorgaben zurückgegriffen. Andere Erfahrungen beschränken sich auf Verwendungsnachweise sowie Sach- und Jahresberichte, da das Berichtswesen in den meisten Handlungsfeldern nicht standardisiert ist.

- KommF hat 2001 einen Sozialstrukturatlas vorgelegt. Ansonsten sind die Kenntnisse über Verfahren und Konzeption von Sozialberichterstattung sehr heterogen. Erforderliche Inhalte der Bestands- und Bedarfsanalyse der sozialen Infrastruktur werden unterschiedlich eingeschätzt. Die Sozialberichterstattung ist aber von allen Beteiligten akzeptiert.
- Ähnlich heterogen sind Erfahrungen und Kenntnisse über die örtliche Sozialplanung. Die KommF möchte sich von politischer Seite zukünftig im Bereich der sozialen Hilfen zunehmend auf die Rolle des Gewährleistungsträgers zurückziehen. Analog zu den Beratungszentren möchte der Kreis in einzelnen Hilfefeldern prioritäre, von der Kommune zu finanzierende Leistungen festlegen. Die Finanzierung weitergehender Leistungen soll durch die Träger selbstständig gesichert werden. Da die Ortsliga seit einigen Jahren nicht an Planungsprozessen beteiligt ist, liegen nur bei den an den Beratungszentren beteiligten Akteuren Kenntnisse über die sozialplanerische Ausrichtung des Landkreises vor. Auch innerhalb der Verwaltung ist die sozialplanerische Zielsetzung des Landkreises nicht allen bekannt. Grundsätzlich stößt die Sozialplanung aber organisationsübergreifend auf eine hohe Akzeptanz.

5.2.6.2 Umsetzungsstrategien und Implementationsergebnis

Umsetzung der Praktiken: Während des Beobachtungszeitraums werden die Praktiken der Rahmenvereinbarung wie folgt umgesetzt:
- Die KommF hat sich bei der Umsetzung der Zuwendungsverträge an den Musterverträgen des Landes orientiert. Mit den betreffenden Trägern wurden Verträge und Leistungsbeschreibungen bilateral verhandelt. Es kommt mit einigen Trägern zu Differenzen über Inhalt und Umfang der Leistungsbeschreibungen, die die Träger ausschließlich über die Mittel vereinbaren wollen, die kommunalisiert worden sind. Die ursprüngliche Idee, die Verträge auch über die kommunalen Mittel zu erstellen, wird nicht umgesetzt. Aus den Beobachtungen geht nicht hervor, woran das Vorhaben scheitert. Zum Ende des Beobachtungszeitraums sind in KommF noch nicht alle Verträge abgeschlossen.
- Auch bei der Ausgestaltung des Berichtswesens orientiert sich die KommF an den Mustervorlagen des Landes. Diese werden an die Träger weitergeleitet. Die Integration eigener Datenerhebungen ist vorläufig nicht geplant. Eine erste Auswertung und Vorstellung der Daten ist für ein Treffen mit den Trägern im Frühjahr 2007 angedacht. Ob das Treffen zustande gekommen ist, entzieht sich der Beobachtung.
- An einer Sozialberichterstattung wird im Beobachtungszeitraum nicht gearbeitet. Es ist angedacht, den Sozialstrukturatlas von 2001 fortzuschreiben. Eine handlungsfeldbezogene Sozialberichterstattung ist bisher nicht geplant.
- Im Bereich der Sozialplanung werden die Entscheidungen über die Verteilung der Restmittel vom Sozialdezernenten unter Rücksprache mit dem Koordinator getroffen. Inwiefern die Daten aus dem Berichtswesen in einen örtlichen Planungsprozess integriert werden sollen, geht aus der Beobachterperspektive nicht hervor. Ein strukturierter partizipativer Sozialplanungsprozess findet im Beobachtungszeitraum nicht statt.
- In KommF setzt der Koordinator die Kommunalisierung überwiegend allein nach Rücksprache mit dem Sozialdezernenten um. Zur Abwicklung einzelner Arbeitsaufträge werden die entsprechenden Fachabteilungen herangezogen. Das verwaltungsin-

terne Issue-Netzwerk hat nur einmal getagt. Der allein auf den Koordinator der Kommunalisierung konzentrierte Umsetzungsprozess, ist aus der wissenschaftlichen Beobachtungsperspektive in direktem Zusammenhang mit der gescheiterten Etablierung des breit aufgestellten Issue-Netzwerkes zu sehen.

Dynamik/Nicht-Dynamik im Issue-Netzwerk: In KommF ist geplant, Mitte 2006 eine umfassende Kooperationsstruktur für ein gesetzlich ausgelaufenes Gremium zwischen Kommunalverwaltung, Wohlfahrtsverbänden und Politik zu etablieren. Die geplante Struktur trifft auf die Zustimmung aller Beteiligten. Als Aufgaben dieser Kooperationsstruktur werden die Arbeit an der kommunalen Sozialplanung sowie die Beteiligung an der Umsetzung der Kommunalisierung festgelegt. Im Laufe des Jahres zeigt sich allerdings, dass die Struktur aufgrund mangelnder Zustimmung von Seiten der Politik nicht etabliert werden kann.

Auch in der Folge werden keine anderen Kooperationsstrukturen zwischen Verwaltung und Ortsliga etabliert, um den Kommunalisierungsprozess beteiligungsorientiert umsetzen zu können. Die mangelnde Kooperation des verwaltungsinternen Issue-Netzwerkes, das im Beobachtungszeitraum nur einmal getagt hat, führt auch verwaltungsintern zu einem deutlichen Informationsgefälle. Nur der Koordinator der Kommunalisierung hat einen Überblick über die inhaltlichen Erfordernisse und den Umsetzungsstand der Kommunalisierung. Alle anderen beteiligten Mitarbeiter sind lediglich über den Ausschnitt der Kommunalisierung informiert, zu dem sie mit ihrem Know-how einen Beitrag geleistet haben. Trotzdem nimmt die fachdienstübergreifende Erledigung des Umsetzungsprozesses aus Sicht der Beteiligten relativ viel Zeit und Arbeit in Anspruch. Durch diese Situation bröckelt die Akzeptanz der Kommunalisierung auf Seiten der Mitarbeiter der Verwaltung. Aufgrund der fehlenden Beteiligung der Ortsliga bleiben deren Kapazitäten und Know-how ungenutzt. Es gibt allerdings von Seiten der Ortsliga weiterhin eine hohe Bereitschaft, sich an zukünftigen Planungsprozessen zu beteiligen und Mitgestaltungsmöglichkeiten zu nutzen. Die mangelnde Kommunikation über die Kommunalisierung scheint eine der wesentlichen Ursachen für das asymmetrisch verteilte Wissen, sowohl innerhalb der Verwaltung als auch zwischen Verwaltung und Ortsliga zu sein.

Implementationsergebnis: Die Umsetzung der Kommunalisierung in KommF konzentriert sich aus der Beobachterperspektive auf die bürokratische Umsetzung der Zuwendungsverträge und des Berichtswesens. Systematische Umsetzungsprozesse zur Sozialberichterstattung und zur Sozialplanung finden nicht statt. Insofern finden Aspekte einer bedarfs- und ressourcenorientierten Sozialplanung keine Berücksichtigung. Auch eine Integration der Praktiken ist unter diesen Umständen nicht möglich. Die Kommunalisierung wird ohne die Beteiligung der Ortsliga umgesetzt. Insgesamt ist die stark vorgabenorientierte Umsetzung der Kommunalisierung in KommF eine „One-Man-Show" des Koordinators. Kooperative Lernprozesse gehen von diesem Implementationsstil nicht aus.

5.2.7 Empirische Rekonstruktion der Fallbeispiele – Zwischenfazit

Die empirische Rekonstruktion der Fallbeispiele zeigt, dass die Praktiken manchmal in ähnlichen, überwiegend aber in unterschiedlichen Arbeits- und Entscheidungsschritten umgesetzt werden. Bereits in der Einleitung zu Abschnitt 5.2 (vgl. Abbildung 6) wurde darauf hingewiesen, dass sich die Implementationsprozesse in den Fallbeispielen danach unterscheiden

- in welchem Ausmaß sie Aspekte einer lokalen Perspektive zur Bedarfs- und Ressourcenorientierung berücksichtigen und
- wie breit das Akteursspektrum ist, das an der Umsetzung der Kommunalisierung beteiligt wird.

Zur Erinnerung:

1. *Aspekte einer bedarfs- und ressourcenorientierten Planung:* Während in KommA, in KommB und in KommC Aspekte von Bedarfs- und Ressourcenorientierung ein zentraler Bezugspunkt des Umsetzungsprozesses sind, gelingt die entscheidungsbezogene Integration dieser Aspekte in KommD und in KommE nicht. In KommF finden gar keine Diskussionen dazu statt.

2. Darüber hinaus setzen die Fallbeispiele die in der Rahmenvereinbarung geforderte *Beteiligung der Ortsliga* unterschiedlich um. In KommB und KommF werden verwaltungsinterne Issue-Netzwerke gegründet. KommB nimmt zur Umsetzung der Kommunalisierung lediglich Informationsbeziehungen zur Ortsliga auf. In KommF versiegt auch das verwaltungsinterne Netzwerk. Die Ortsliga wird im Prozess nicht beteiligt. In KommA, KommC, in KommD und KommE werden Issue-Netzwerke unter Beteiligung der Ortsliga gegründet. Ihre Arbeitsweise unterscheidet sich jedoch beträchtlich: In KommA, in KommC und in KommD kommt der Ortsliga eine mitgestaltende Funktion zu. Dabei nimmt das Ausmaß der mitgestaltenden Funktionen von KommA über KommC zu KommD deutlich ab. In KommE werden trotz der Integration der Ortsliga in das Issue-Netzwerk im Verlauf des Beobachtungszeitraums lediglich Informationsbeziehungen etabliert. Das Netzwerk tagt selten und der faktische Umsetzungsprozess der Kommunalisierung ist stark verwaltungsorientiert. Damit kann insgesamt – trotz der Beteiligung der Ortsliga im Issue-Netzwerk – nicht mehr von einer beteiligungsorientierten Umsetzung der Kommunalisierung gesprochen werden. (vgl. dazu Abbildung 6)

Die Rekonstruktion der Fallbeispiele im Detail hat darüber hinaus gezeigt, dass sich die Implementationsprozesse auch mit Blick auf
- den Grad der Fachlichkeit,
- die Verknüpfung der Praktiken untereinander,
- und den Lernimpuls, der durch die Kommunalisierung ausgelöst wird,
unterscheiden.

Dazu im Einzelnen:

1. *Bestehende Fachdebatten* zu Konzeptionen des Berichtswesens, der Sozialberichterstattung und der Sozialplanung finden unterschiedlich stark Eingang in den Umsetzungsprozess. In KommA und in KommB ist das Begriffs- und Handlungswissen zu den einzelnen Praktiken hoch. Hier wird bewusst zwischen verschiedenen Ansätzen von Sozialberichterstattung (Ranking; quantitative oder qualitative Datenermittlung, Sozialraumbezug, Nutzung von Indizes usw.) und Sozialplanung unterschieden. Demgegenüber findet die Integration der Praktiken in KommC ohne einen ausgeprägten fachlichen Hintergrund statt. In KommD und in KommE gibt es Bemühungen, Wissen zu Fragen der Sozialberichterstattung und der Sozialplanung „einzukaufen", in den

konkreten Implementationsentscheidungen finden diese aber bis zum Ende des Beobachtungszeitraums noch keinen Eingang.

2. Auch die *Ansätze zur Verknüpfung der Praktiken untereinander* ist in den von uns untersuchten Fallbeispielen unterschiedlich stark ausgeprägt. Dieser Vergleichsmaßstab drückt aus, dass die Praktiken als ein abgestimmtes Steuerungspaket zu verstehen sind (vgl. Kapitel 5.1). Die gegenseitige Bezugnahme der einzelnen Praktiken wird in KommA und in KommB nicht systematisch, aber in ausgewählten sozialen Handlungsfeldern umgesetzt. In allen anderen Fallbeispielen nehmen die Umsetzung der Zuwendungsverträge und des Berichtswesens keinen Bezug auf Fragen der Sozialberichterstattung und der Sozialplanung. Die Mustervorlagen des Landes werden hier rein bürokratisch, d.h. in einem hierarchischen Entscheidungsprozess durchgesetzt.

3. Unter dem *Aspekt des Lernens* fällt der Vergleich wieder anders aus. Zu prüfen ist hier, wie das in der Ausgangslage vorhandene Begriffs- und Zusammenhangswissen (vgl. Kapitel 3.1.) im Verlauf des Implementationsprozesses dazu genutzt wird, durch die Umsetzung der Rahmenvereinbarung einen Lernimpuls auszulösen. Im Sinne von Kapitel 3.1. ist zu fragen, ob der Implementationsprozess als Ganzes eher als Verbesserungslernen oder als komplexes Lernen zu bezeichnen ist (vgl. ebenfalls Kapitel 3.1). In KommA wird die bestehende Struktur der partizipativen Sozialplanung für den Kommunalisierungsprozess lediglich im Sinne eines Verbesserungslernens weiter geführt. Komplexe Lernprozesse liegen in der Vergangenheit (vgl. Köhling/Pamme/Wissing 2007). In KommC wird mit geringen Kapazitäten eine neuartige, pragmatische planungsorientierte Sozialdatenerhebung durch den Arbeitsprozess im Issue-Netzwerk zur Entscheidungsreife gebracht und in Ansätzen etabliert. Hier löst die Umsetzung der Kommunalisierung einen komplexen Lernprozess aus. Welcher entscheidende Schritt damit gelungen ist, zeigt der Vergleich mit der KommD und KommE. Trotz der Ähnlichkeit der drei Fallbeispiele in der Ausgangslage, gelingt es in KommD trotz zahlreicher Treffen des Issue-Netzwerkes nicht, eine entscheidungsfähige Kooperationsstruktur mit der Ortsliga aufzubauen. Komplexe Lernprozesse sind anvisiert, scheitern aber. In KommE kann aufgrund der wenigen Treffen des Issue-Netzwerkes nicht mal der Versuch gemacht werden, die Selbstorganisationsphase des Issue-Netzwerkes zu überwinden. Ein umfassender Lernprozess wird durch die Kommunalisierung nicht ausgelöst. Vielmehr verfolgt die Kommunalverwaltung unter dem Label der „Sozialplanung" umfassende Veränderungen. Das Issue-Netzwerk bleibt von diesem verwaltungsinternen Lernprozess weitgehend unberührt. Ähnlich liegt der Fall in KommB: Lernprozesse bleiben auf die Verwaltung beschränkt. Mit Blick auf letztlich anstehende Umverteilungsentscheidungen unter den Träger ist aber ein hohes Maß an Vertrauen und eine Angleichung von Problemsichten und damit eine aktive Festigung grenzüberschreitender Kommunikation erforderlich. In KommF dreht sich die Implementation schließlich nur um den Koordinator der Kommunalisierung. Übergreifende Lernprozese werden hier nicht ausgelöst.

In Kapitel 5.4. werden diese Unterschiede insgesamt hinsichtlich der Frage der Verbindlichkeit interpretiert. Vorher ist zu untersuchen, inwiefern die Praktiken als Bestandteile des Kommunalisierungsprozesses Anerkennung finden. Dabei stellt sich die Frage, ob die unterschiedlichen Implementationsstile auch mit der grundsätzlichen Akzeptanz der Instrumente erklärt werden können.

5.3 Die Herstellung von Verbindlichkeit durch die Anerkennung spezifischer Implementations-Prinzipien

Grundsätzlich könnte man davon ausgehen, dass die Kommunalisierung insgesamt und die Praktiken im Einzelnen eher dort im Sinne der Rahmenvereinbarung umgesetzt werden, wo Akteure vom Sinn und Zweck inhaltlich *überzeugt* sind. Es müsste sich also ein Zusammenhang zwischen der Akzeptanz der Ziele und Vorgehensweise der Kommunalisierung und Reichweite und Tiefe der jeweiligen Implementationsstrategie bzw. dem Implementationsergebnis herstellen lassen. Dabei ist ein doppelter Wirkungszusammenhang möglich: gute Ausgangsbedingungen erleichtern die Akzeptanz, die dann ihrerseits dazu beiträgt, die konkreten Umsetzungsschritte in einem verbindlichen Rahmen abzuarbeiten.

Für die empirische Rekonstruktion von Verbindlichkeit als Anerkennung gültiger Prinzipien stehen zwei Datenquellen zur Verfügung:

- Aspekte der inhaltlichen Akzeptanz der Kommunalisierung insgesamt werden auf Basis der Aussagesequenzen in den qualitativen Interviews rekonstruiert. Dazu hatten wir die Fragen „Was halten Sie von der Kommunalisierung? Was finden Sie positiv? Was finden Sie negativ?" formuliert. Über einfache Typisierungen und Häufigkeitsauszählungen kommt man hier zu bestimmten Bewertungsprofilen, die sich zwischen den einzelnen Fallbeispielen vergleichen lassen. Diese Gesamteinschätzungen liegen allerdings nur für die erste Interviewphase vor. (vgl. Kapitel 5.3.1)
- Für die Einschätzung zu den einzelnen Praktiken greifen wir auf skalierte Antworten zurück. Dazu hatten wir in den qualitativen Interviewleitfäden die Frage aufgenommen, wie sinnvoll die Befragten einzelne Praktiken finden. Auf einer Skala von 1 (gar nicht sinnvoll) bis 5 (sehr sinnvoll) sollten die ausgeführten Bewertungen pointiert zusammengefasst werden. Diese differenzierten Einschätzungen liegen für beide Interviewphasen vor. (vgl. 5.3.2).

5.3.1 Inhaltliche Akzeptanz der Kommunalisierung insgesamt

Bei der Frage „Was halten Sie von der Kommunalisierung? Was finden Sie positiv? Was finden Sie negativ?" wurden die zahlreichen Einzeläußerungen unter jeweils typischen Gesamtaussagen zusammengefasst und die Häufigkeit ihrer Nennung ausgewertet. Die folgenden Tabellen zeigen zunächst das positive Bewertungsprofil *aller* untersuchten Fallbeispiele und in einem zweiten Schritt das jeweilige Bewertungsprofil der einzelnen Fallbeispiele.

Abbildung 7: Die Kommunalisierung ist insgesamt positiv zu bewerten, weil... (Angaben in Prozent) (Mehrfachnennungen möglich, N= 155 Nennungen)

Aussage	Anzahl der Aussage in allen Fallbeispielen
die Grundidee, Gelder dort zu verteilen, wo Bedarfe entstehen, gut ist.	39,4%
es dadurch insgesamt zu einer besseren Vernetzung und Zusammenarbeit vor Ort kommt.	21,3%
die Kommunen einen größeren Handlungsspielraum bei der Steuerung der sozialen Infrastruktur erhalten.	19,3%
die Möglichkeit besteht, finanzielle Ressourcen umzuverteilen.	12,9%
weil vor Ort Praktiken eingeführt werden, die es möglich machen, die soziale Infrastruktur zu gestalten.	7,1%
Gesamt	100%

Insgesamt zeigt sich, dass die Grundidee der Kommunalisierung auf eine hohe generelle Akzeptanz stößt. Außerdem werden die Wirkungen auf die Vernetzung vor Ort und der größere lokale Handlungsspielraum positiv eingeschätzt.

Wie erwartet, weichen die Bewertungen in den einzelnen Fallbeispielen an einigen Punkten voneinander ab.

Abbildung 8: Die Kommunalisierung ist insgesamt positiv zu bewerten, weil... (nach Fallbeispielen) (Angaben in Prozent) (Mehrfachnennungen möglich, N= 155 Nennungen)

Aussage	KommA	KommB	KommC	KommD	KommE	KommF	Gesamt
die Grundidee, Gelder dort zu verteilen, wo Bedarfe entstehen, gut ist.	**43,8%**	36,7%	23,2%	**68,7%**	30,4%	**41,7%**	39,4%
es dadurch insgesamt zu einer besseren Vernetzung und Zusammenarbeit vor Ort kommt.	**33,3%**	16,6%	19,2%	12,5%	17,5%	8,3%	21,3%
die Kommunen einen größeren Handlungsspiel-raum bei der Steuerung der sozialen Infrastruktur erhalten.	2,1%	26,7	26,9%	12,5%	30,4%	41,7%	19,3%
die Möglichkeit besteht, finanzielle Ressourcen umzuverteilen.	10,4%	**20%**	**19,2%**	6,3%	**13,0%**	0%	12,9%

Aussage	KommA	KommB	KommC	KommD	KommE	KommF	**Gesamt**
weil vor Ort Praktiken ein-geführt werden, die es möglich machen, die soziale Infrastruktur zu gestalten.	**10,4%**	0%	**11,5%**	0%	**8,7%**	**8,3%**	7,1%
Gesamt	100%	100%	100%	100%	100%	100%	100%

Die fett gedruckten Prozentangaben bedeuten überdurchschnittlich positive Kommentare (überproportionale Akzeptanz) hinsichtlich des Kommunalisierungsprojektes in den einzelnen Fallbeispielen. Zunächst fällt auf, dass es keinen Fall gibt, der keine überproportionale Positiv-Reaktion aufweist. Andererseits sieht man aber auch deutlich, dass sich solche überproportional positiven, auf Akzeptanz hindeutenden Reaktionen bei KommA, KommC, KommE und KommF häufen.

Dieses Ergebnis entspricht nicht der generellen Erwartung, dass die Akzeptanz dort am größten ist, wo gute Ausgangsbedingungen – vergleichbare Zielsetzungen, Netzwerke und Praktiken z.T. schon vorhanden – bestehen. Um dies nachzuvollziehen ist noch mal ein Blick auf die in Kapitel 5.2 in Abbildung 5 getroffene Typisierung in der Ausgangslage zu werfen. Zwar finden sich für der KommA und KommB mit eher positiven Ausgangsbedingungen auch eine Reihe positiver Bewertungen, die auf eine überproportionale Akzeptanz schließen lassen. Dies gilt aber genauso für die KommC und die KommD, KommE und KommF.

Dies gilt aber eindeutig nicht für KommF und KommE. Hier ist eine „Akzeptanz auf Vorschuss" denkbar, denn es handelt sich hierbei ja um Ergebnisse der t0-Befragung. Wie ein Blick in die Experteninterviews zeigt, erhält KommF „Vorschusslorbeeren" für seinen Plan, eine umfassende Kooperationsstruktur zwischen Sozialverwaltung und Wohlfahrtsverbänden in absehbarer Zeit zu etablieren. In KommE weisen die qualitativen Interviews darauf hin, dass insbesondere die Vertreter der Ortsliga für den Kreis einen ähnlich positiven Effekt erwarten wie er im Rahmen des Modellprojektes der Kommunalisierung in der Stadt KommE stattgefunden hat.

Betrachtet man nun die eher kritischen Kommentare, die für eine Einschränkung der Akzeptanz sprechen, dann wird eine erste Erklärung für die zuvor beschriebene Beobachtung gegeben: die Frage nach der Akzeptanz liefert auch negative Kommentare und damit insgesamt eher Mischungen von wahrgenommenen Vor- und Nachteilen. Die Frage der Akzeptanz spaltet dementsprechend auch die Fallbeispiele nicht strikt zwischen Befürwortern und Ablehnern der Kommunalisierung.

Dies zeigt eine Zusammenfassung der negativen Bewertungen der Kommunalisierung, wie sie die folgende Übersicht zeigt:

Abbildung 9: Die Kommunalisierung ist insgesamt negativ zu bewerten, weil…
(Angaben in Prozent), (Mehrfachnennung möglich, N = 124)

Aussage	Aussage in allen Fallbeispielen
sich das Land Hessen so seiner sozialpolitischen Ver-antwortung entzieht.	**22,6%**
der Aufwand des Kommunalisierungsprozesses in kei-nem Verhältnis zu den Mitteln steht, die kommunalisiert worden sind.	**21,8%**
sie so eng mit der „Operation Sichere Zukunft" verknüpft ist und daher zu wenig Gelder auf die kommunale Ebene übertragen worden sind.	**20,2%**
Einzelaspekte der Kommunalisierung und der neu ver-teilten Zuständigkeiten kritikwürdig sind.	**19,4%**
eine zentrale Steuerung durch das Land eher gewähr-leisten kann, dass Standards vor Ort auch eingehalten werden.	**12,1%**
Umverteilungen kaum realisierbar sind.	**4,0%**
Gesamte Nennungen	**100,0%**

Generelle Kritik richtet sich besonders darauf, dass sich das Land mit der Kommunalisie-rung seiner sozialpolitischen Verantwortung entziehen könnte (Rang 1) und der gesamte Prozess insgesamt zu stark mit der „Operation Sichere Zukunft" verknüpft worden ist (Rang 3). Konkrete Befürchtungen richten sich darauf, dass der Aufwand des Kommuna-lisierungsprozesses in keinem Verhältnis zu den Mitteln steht, die kommunalisiert worden sind.

Auch bei der Differenzierung der negativen Äußerungen entlang der einzelnen Fall-beispiele weichen die Fallbeispiele, wie zu erwarten war, voneinander ab.

Abbildung 10: Die Kommunalisierung ist insgesamt negativ zu bewerten, weil …
(Angaben in Prozent), (Mehrfachnennung möglich, N = 124 Nennungen)

Aussage	Kom-mA	Komm B	Komm C	Komm D	Kom-mE	Komm F	Ge-samt
sich das Land Hessen so seiner sozialpolitischen Verantwortung entzieht.	44,9%	**18,5%**	28,5%	25%	**8,7%**	**5%**	22,6%
der Aufwand des Kommuna-lisierungsprozesses in keinem Verhältnis zu den Mittel steht, die kommunali-siert worden sind.	**17,3%**	**18,5%**	**0%**	25%	**21,7%**	45%	21,8%
sie so eng mit der „Operati-on Sichere Zukunft" ver-knüpft ist und damit zu wenig Gelder auf die Kom-munale Ebene übertragen worden sind.	24,1%	**18,5%**	28,6%	**0%**	26,1%	**15%**	20,2%

Aussage	KommA	Komm B	Komm C	Komm D	KommE	Komm F	Ge-samt
Einzelaspekte der Kommu-nalisierung und die neu verteilten Zuständigkeiten kritikwürdig sind.	**13,8%**	22,2%	**14,3%**	25%	26,1%	**15%**	19,4%
eine zentrale Steuerung durch das Land eher ge-währleisten kann, dass Standards vor Ort auch eingehalten werden.	**0%**	22,2%	21,5%	25%	**8,7%**	**5%**	12,1%
Umverteilungen kaum reali-sierbar sind.	**0%**	**0%**	7,1%	**0%**	8,7%	10%	4,0%
Gesamte Nennungen	100%	100%	100%	100%	100%	100%	100%

Auch hier zeigt eine Interpretation der Akzeptanzbewertungen mit Blick auf die in Kapitel 5.2 in Abbildun 5 getroffene Typisierung allerdings keine eindeutigen Zusammenhänge: Betont man in diesem Fall die Aspekte, die am wenigsten kritisch sind (fett gedruckt), fällt auf, dass auch diese Kommentare über alle Fallbeispiele streuen. Auch hier ist es keines-falls so, dass die besonders „gut disponierten" Fälle *unterproportional* häufig Kritik üben (fettgedruckte Zahlen). Auch KommE und KommF zeigen sich bei einigen Argumenten weniger kritisch als der Durchschnitt.

Positive und negative Reaktionen sind also praktisch in allen Fällen gemischt. Dabei zeigen sich unterschiedliche Argumentationsprofile, die mit der Zusammensetzung der Befragtengruppen und ihren spezifischen Erfahrungen zusammenhängen. Betrachtet man dazu den Fall KommA, der relativ „gut disponiert ist", so zeigt sich, dass man dort in den eher umsetzungsbezogenen Fragen durchweg *unterproportional* kritisch ist – was zu erwar-ten war. Dies schließt aber eine *überproportionale* Kritik in den allgemeinen Bewertungen (Landesverantwortung, Verlässlichkeit der Vereinbarungen) offenbar nicht aus. Die erfolg-reiche Kommunalisierung ist also selbst in diesen Fällen keine Selbstverständlichkeit, weil sie mit ambivalenter Ausgangs-Akzeptanz rechnen muss[62]. Im Kontrastbeispiel KommF ist es dagegen so, dass das Vorhaben zunächst diffus positiv bewertet wird, konkrete Entwick-lungsmöglichkeiten wahrgenommen werden, aber der Aufwand als unverhältnismäßig hoch eingeschätzt wird. Alles in allem eine durchaus erwartbare Akzeptanz-„Lage" mit Blick auf das Kommunalisierungsprojekt insgesamt.

Im Hinblick auf die Akzeptanz einzelner Bausteine der Umsetzung – also der Prakti-ken – kann man konkretere Einschätzungen und ggf. auch deutliche Veränderungen (Ver-besserungen?) im Zeitverlauf erwarten. Dies ist im folgenden Abschnitt anhand der Befra-gungsergebnisse zu überprüfen.

---

[62] Vgl. dazu folgende Übersicht:

Verhältnis positiver/negativer Äußerungen ca. 60: 40	KommA, KommC, KommD
Verhältnis positiver/negativer Äußerungen ca. 50:50	KommB, KommE
Verhältnis positiver/negativer Äußerungen ca. 40:60	KommF

5.3.2 Inhaltliche Akzeptanz der Praktiken im Einzelnen

Insgesamt werden die Rahmenvereinbarung und die einzelnen Elemente ihrer Umsetzung (Praktiken) in der Ausgangslage mittelmäßig bis positiv bewertet. Die folgende Tabelle zeigt, wie alle Befragten in allen Fallbeispielen auf die Frage, wie sinnvoll die einzelne Praktik für eine effektive Umsetzung der Kommunalisierung ist, geantwortet haben:

Abbildung 11: Übersicht über die durchschnittliche Bewertung der Praktiken in den Fallbeispielen in der Ausgangslage t_0 (1: nicht sinnvoll/5: sehr sinnvoll) (N=73 Befragte)

Praktik	Durchschnittliche Bewertung in Zahlen
Zielvereinbarung	3,73
Berichtswesen	3,70
Zuwendungsverträge	3,89
Sozialberichterstattung	4,21
Sozialplanung	4,68

Das Ergebnis dieser in standardisierter Form erfassten Bewertungen (Akzeptanz) bestätigt im Hinblick auf die Rahmenvereinbarungen die zuvor berichteten inhaltlichen Kommentare: die Ambivalenz drückt sich nicht nur in dem vergleichsweise schlechtesten, sondern auch in dem *mittelmäßigen* Resultat aus. Die Summe der Teile wird hier offenbar schlechter bewertet als die Einzelteile. Obwohl alle Praktiken Bestandteile des Kommunalisierungsprojektes sind, befördern offenbar die sehr positiven Bewertungen der Sozialplanung und Sozialberichterstattung (als lokale und landesweitere Steuerungsstruktur) nicht die Akzeptanz des Gesamtprojektes.

Ein detaillierter Blick auf die Bewertung der einzelnen Praktiken in den einzelnen Fallbeispielen zeigt folgende Übersicht:

Abbildung 12: Durchschnittliche Bewertung der Praktiken nach Fallbeispielen (t_0; N= 73 Befragte) (durch „+" hervorgehoben sind überdurchschnittliche Bewertungen innerhalb der einzelnen Praktiken (Spalte))

Fallbeispiel	Ziel-vereinbarung	Zuwendungs-verträge	Berichtswesen	Sozialbericht-erstattung	Sozial-Planung	Durchschnittsnote der Fallbeispiel
KommA	4,18+	3,76	4,35+	4,53+	4,53	4,10
KommB	3,79+	4,46+	4,07+	4,60+	4,91+	4,14
KommC	3,14	4,29+	3,14	2,71	4,57	3,45
KommD	3,60	4,10+	3,40	4,11	4,50	3,83
KommE	3,20	3,20	3,44	4,00	4,60	3,51
KommF	4,14+	3,56	3,78+	4,55+	4,56	3,97
Gesamt	**3,73**	**3,89**	**3,70**	**4,21**	**4,68**	**3,83**
Spannweite	**1.04**	**1.36**	**1.21**	**1.89**	**.41**	**.69**
Keine Angabe	8	7	7	11	10	

Betrachtet man zunächst die einzelnen Praktiken, so lassen sich folgende Ergebnisse hervorheben:

- Neben der Rahmenvereinbarung – die hier nicht weiter zu berücksichtigen ist – zeigt nur die sehr positiv bewertete Sozialplanung relativ homogene Einschätzungen.
- Alle übrigen Praktiken zeigen deutliche[63] Unterschiede in der Bewertung – was durch die Spannweite ausgedrückt wird; das Extrembeispiel (Sozialberichterstattung) ist allerdings durch den negativen „Ausreißer" (KommC) in der sonst recht positiven Antworttendenz zu erklären.
- Die Bewertungen über alle Praktiken hinweg sind bei den Fallbeispielen unterschiedlich, aber mit einer Spannweite von 0.69 nicht so ausgeprägt wie für einzelne Praktiken mit Ausnahme der Sozialplanung. KommA (4,10) und KommB (4,14) bewerten insgesamt alle Praktiken am Besten. In diesen Fällen tritt das erwartete ein: Eher positive Ausgangsbedingungen führen zu einer eher positiven Gesamteinschätzung der Kommunalisierung. Im Mittelfeld liegen mit KommD (3,83) und KommF (3,97) zwei Fallbeispielen mit eher ungünstigen Ausgangsbedingungen. KommC (3,45) und KommE (3,51) sind zwei Beispiele mit ähnlichen Ausgangsbedingungen, bewerten die Kommunalisierung insgesamt aber deutlich skeptischer.

Ein Vergleich der beteiligten Akteure – Kommunalverwaltung, Kommunalpolitik und Ortsliga – zeigt keine signifikanten Unterschiede in der Bewertung der einzelnen Praktiken. Auch eine Analyse der qualitativen Interviews im Hinblick auf Akzeptanzfragen bestätigt diese Zusammenhänge.

Über die Akzeptanzbestimmung zu Beginn des Beobachtungszeitraums hinaus, ist auch zu berücksichtigen, wie sich die Akzeptanz im Verlaufe des Implementationsprozesses verändert hat. Die nachfolgenden Tabellen zeigen, wie sich die Bewertung der einzelnen Praktiken vom ersten (t_0) bis zum zweiten Erhebungszeitraum (t_1) und damit von Anfang 2006 bis Anfang/Mitte 2007 verändert haben. Die daraus zu ziehenden Schlussfolgerungen werden im Anschluss erörtert.

Abbildung 13: Akzeptanz der Zielvereinbarung – Vergleich t_0 und t_1 (1: nicht sinnvoll/5: sehr sinnvoll)

Fallbeispiel	T0 n=65	T1 n= 53	Differenz
KommA	4,18	3,70	-0,48
KommB	3,79	4,50	0,71
KommC	3,14	3,63	0,49
KommD	3,60	4,14	0,54
KommE	3,20	3,43	0,23
KommF	4,14	4,00	-0,14
Gesamt **Spannweite**	**3,73** **1.04**	**3,75** **1.07**	**0,02** **1.02**
Keine Angabe	8	3	

---

[63] Bemerkenswert sind die Unterschiede insofern als sie ja ihrerseits bereits Durchschnittwerte der jeweiligen Befragten in den einzelnen Fallbeispielen darstellen.

Abbildung 14: Akzeptanz der Zuwendungsverträge – Vergleich t_0 und t_1 (1: nicht sinnvoll/5: sehr sinnvoll)

Fallbeispiel	T0 N=66	T1 n=54	Differenz
KommA	3,76	4,62	0,86
KommB	4,46	4,50	0,04
KommC	4,29	4,38	0,09
KommD	4,10	4,33	0,23
KommE	3,20	3,89	0,69
KommF	3,56	3,50	-0,06
Gesamt	**3,89**	**4,24**	**0,35**
Spannweite	**.9**	**1.12**	**.92**
Keine Angabe	7	2	

Abbildung 15: Akzeptanz des Berichtswesens – Vergleich t_0 und t_1 (1: nicht sinnvoll/5: sehr sinnvoll)

Fallbeispiel	T0 N=66	T1 n=51	Differenz
KommA	4,35	4,15	-0,20
KommB	4,07	4,20	0,13
KommC	3,14	4,33	1,19
KommD	3,40	3,85	0,45
KommE	3,44	4,25	0,81
KommF	3,78	4,57	0,79
Gesamt	**3,76**	**4,21**	**0,45**
Spannweite	**1.21**	**.63**	**1.39**
Keine Angabe	7	5	

Betrachtet man zunächst die drei Praktiken, die zum Zeitpunkt t_0 eher mittelmäßig bis positiv bewertet wurden (Zielvereinbarungen, Zuwendungsverträge, Berichtswesen, s.o.), so lässt sich bei den Zielvereinbarungen insgesamt keine Veränderung feststellen. Dies ist nachvollziehbar, weil der Zielvereinbarung im Beobachtungszeitraum kaum mehr praktische Bedeutung zu kommt, ihre Umsetzung von den Beteiligten also nicht aktiv verfolgt wird. Die Entwicklungen in den Fallbeispielen sind dabei unterschiedlich: die besonders positiven Einschätzungen zum Zeitpunkt t_0 (KommA, KommF) verringern sich, während die Akzeptanz in den anderen Fällen leicht zunimmt. Da die Spannweite sich nicht verändert, kann man hierbei von einem relativ stabilen (mittelmäßigen) Akzeptanzniveau sprechen.

Die beiden anderen Praktiken (Zuwendungsverträge, Berichtswesen) zeigen dagegen insgesamt einen Trend zur zunehmenden Akzeptanz (guten Bewertung), wobei dies mit jeweils einer Ausnahme auch für alle Fallbeispiele zutrifft. Der wichtigste – aber nicht sehr ausgeprägte – Unterschied besteht darin, dass bei den Zuwendungsverträgen die Spannweite der Einschätzungen sich leicht vergrößert, während beim Berichtswesen die Akzeptanz zwischen den Fallbeispielen ähnlicher bzw. homogener wird. Dies kann mit der koordinierten Vorgehensweise des Landes über Mustervorlagen erklärt werden und ist ein Hinweis auf die Akzeptanz einer landesweit koordinierten Vorgehensweise.

Abbildung 16: Akzeptanz der Sozialberichterstattung – Vergleich t_0 und t_1 (1: nicht sinnvoll/5: sehr sinnvoll)

Fallbeispiel	T0 n= 62	T1 n= 50	Differenz
KommA	4,53	4,38	-0,15
KommB	4,60	3,87	-0,73
KommC	2,71	3,75	1,04
KommD	4,11	4,43	0,32
KommE	4,00	3,71	-0,29
KommF	4,55	4,71	0,16
Gesamt Spannweite	**4,21 1.89**	**4,16 1.0**	**-0,05 1.81**
Keine Angabe	**11**	**6**	

Abbildung 17: Akzeptanz der Sozialplanung – Vergleich t_0 und t_1 (1: nicht sinnvoll/5: sehr sinnvoll)

Fallbeispiel	T0 n=63	T1 n=56	Differenz
KommA	4,53	4,59	0,06
KommB	4,91	4,60	-0,31
KommC	4,57	4,38	-0,19
KommD	4,50	4,85	0,35
KommE	4,60	4,20	-0,40
KommF	4,56	4,75	0,19
Gesamt Spannweite	**4,68 .41**	**4,57 .65**	**-0,11 .66**
Keine Angabe	10	0	

Im Hinblick auf die beiden besonders breit akzeptierten Praktiken (Sozialberichterstattung und Sozialplanung) lassen sich kaum Änderungen feststellen; dass es eher eine geringfügige Verschlechterung ist, lässt sich durch die vergleichsweise hohen Ausgangswerte erklären. Bei beiden Praktiken finden wir sowohl verbesserte als auch verschlechterte Bewertungen. Das heißt, dass selbst bei einem hochgradig akzeptierten Element der Kommunalisierung kein einheitlicher Entwicklungstrend – z. B. im Sinne verbesserter Bewertungen – zu beobachten ist. Dabei ist die Veränderung in KommC besonders bemerkenswert, weil dort mit einer sehr kritischen Einstellung zur Sozialberichterstattung begonnen wurde (t_0). Die deutlichste Differenz zwischen den beiden Praktiken zeigt sich bei der Spannweite. Sie ist und bleibt – nicht zuletzt wegen des „Ausreißers" KommC – für die Sozialberichterstattung relativ groß, während die Sozialplanung kontinuierlich, auf hohem Niveau und homogen im Rahmen der untersuchten Fälle durch Akzeptanz gekennzeichnet ist.

Zusammenfassend kann man feststellen, dass sich die Bewertungen in der zweiten Erhebungsphase nicht erheblich von der in der ersten Phase unterscheiden. Am deutlichsten fällt die Veränderung im Bereich des Berichtswesens aus, gefolgt von Zuwendungsverträgen. Damit können die Praktiken, deren Umsetzung im Beobachtungszeitraum vom Land initiiert und mit Hilfe von Mustervorgaben konkret gesteuert wurde, offensichtlich zu Beginn bestehende Bedenken in geringem Umfang ausräumen. Im Fall der Zuwendungsverträge wird diese positive Entwicklung im Wesentlichen von einer deutlichen Bewertungssteigerung in KommA und in KommE getragen. Beim Berichtswesen fällt auf, dass weder die KommA noch KommB dem grundsätzlichen Gewinn an positiver Bewertung folgen.

Diese Befunde führen zurück zur Ausgangsfrage: ist die verbal geäußerte Akzeptanz einzelner Elemente der Kommunalisierung auf Seiten der verantwortlichen Akteure ein Indikator für Fortschritte bei der verbindlich-einheitlichen Umsetzung des Projektes vor Ort – oder kann es sogar als ein zentraler Erklärungsfaktor für den Implementationserfolg angesehen werden? Die Datenlage liefert hierzu keine strikten Antworten.

5.3.3 Zwischenfazit: Verbindlichkeit als Anerkennung gültiger Prinzipien?

Sowohl die Kommunalisierung als Ganzes, als auch die Praktiken im Einzelnen stoßen insgesamt bei allen Fallbeispielen auf eine durchaus hohe Akzeptanz. Dabei lassen sich einzelne Charakteristika der Implemenationsverläufe und -ergebnisse mit den Einschätzungen der Beteiligten in Verbindung bringen, ohne dass eindeutige Kausalbeziehungen hergestellt werden können. Aus der wissenschaftlichen Beobachterperspektive hätte man erwarten können, dass sich Fallbeispiele mit hoher Entwicklungsdynamik – KommA, KommB, KommC und KommD – gegenüber den Fallbeispielen mit eher geringer Entwicklungsdynamik – KommE und KommF – auch vor dem Hintergrund der Akzeptanz der Kommunalisierung deutlicher voneinander abgrenzen lassen. Dies ist nicht der Fall. Immerhin lassen sich folgende Zusammenhänge für die Entwicklung der einzelnen Fallbeispiele erkennen.

- In *KommA* wird die Kommunalisierung als Ganzes überaus positiv gesehen. Nur in KommB werden die Praktiken insgesamt etwas positiver eingeschätzt. Insgesamt zeigt der aus der wissenschaftlichen Beobachtungsperspektive deutlich positiv beurteilte Umsetzungsprozess der Kommunalisierung aber keine deutliche Wechselbeziehung zur Dynamik bei der Bewertung der Praktiken in der zweiten Erhebungsphase. Damit wird der Implementationsprozess in KommA von einer durchweg hohen Akzeptanz getragen, ohne dass die im Vergleich zu den anderen Fallbeispielen beispielhafte Umsetzung in die Bewertung der Akteure vor Ort Eingang findet.

- *KommB* startet mit einer eher ambivalenten Grundhaltung zur Kommunalisierung. Die einzelnen Praktiken werden dagegen überdurchschnittlich gut bewertet. Die durch Akzeptanzgewinne und -verluste gekennzeichnete Bewertungsdynamik zwischen Erhebungsphase t_0 und t_1 spiegelt die fallspezifische besondere Auseinandersetzung mit der Zielvereinbarung, der Sozialberichterstattung und der Sozialplanung wider. Die hohe verwaltungsinterne Dynamik des Prozesses bildet sich kaum als Akzeptanzgewinn ab.

- *KommC* startet mit einer positiven Grundhaltung zur Kommunalisierung. Ähnlich wie in KommE werden die Praktiken im Vergleich zu den anderen Fallbeispielen insgesamt am schlechtesten bewertet. Die Veränderungen der Bewertungen sind in keinem anderen Fallbeispiel so groß. Dies bezieht sich insbesondere auf das Berichtswesen und die Sozialberichterstattung. Der kooperative Lernprozess dieses Fallbeispiels im Bereich der pragmatischen planungsorientierten Sozialdatenerhebung spiegelt sich deutlich in der Akzeptanzentwicklung des Fallbeispiels wider.

- In *KommD* wird die Kommunalisierung als Ganzes ähnlich positiv wie in KommA und in KommC gesehen. Die Bewertung der Praktiken startet von einer im Vergleich zu den anderen Fallbeispielen mittleren Position und entwickelt sich generell moderat positiv. Die aus Sicht der empirischen Rekonstruktion festgestellten Umsetzungsschwierigkeiten des Kommunalisierungsprozess müssen also eher mit geringen Kapazitäten und den widerstreitenden Interessen vor Ort als mit einer zu geringen Akzeptanz der Kommunalisierung erklärt werden.

- *KommE* startet mit einer eher ambivalenten Grundhaltung zur Kommunalisierung. Ähnlich wie in KommC werden die Praktiken im Vergleich zu den anderen Fallbeispielen insgesamt am schlechtesten bewertet. Die Bewertungsdynamik fällt mit der Entwicklungsdynamik im Fallbeispiel zusammen: Die konkreten Umsetzungsprozesse im Rahmen der Kommunalisierung (Zuwendungsverträge/Berichtswesen) profitieren. Übergreifende Praktiken wie Sozialberichterstattung und Sozialplanung verlieren in der Akzeptanz.

- *KommF* startet mit der schlechtesten Bewertung der Kommunalisierung insgesamt. Die Bewertung der Praktiken startet von einer im Vergleich zu den anderen Fallbeispielen mittleren Position. Der verwaltungsintern angesiedelte und allein auf den Koordinator zugeschnittene Umsetzungsprozess ohne sonstige Entwicklungsdynamik findet seine Entsprechung in der vergleichsweise geringsten Bewertungsdynamik. Mit Blick auf Fragen der Vernetzung oder übergreifender Sozialplanungsstrategien entwickelt sich in KommF nach dem politischen Aus einer ambitionierten Sozialplanung nicht mehr viel. Ob die Akzeptanzentwicklung hier Ursache oder Folge war, lässt sich nicht festmachen.

Was bedeuten diese unterschiedlichen Entwicklungen/Nichtentwicklungen im Bereich der Akzeptanz und die unterschiedlichen Verlaufsformen der Implementationsprozesse nun mit Blick auf die Verbindlichkeit der Umsetzung?

5.4 Kommunalisierung von sozialen Hilfen und Verbindlichkeit: Gesamtinterpretation

Aus Kapitel 5.1. geht hervor, dass sich zunächst alle von uns untersuchten Fallbeispiele mit einer Unterschrift unter die Rahmenvereinbarung und die Zielvereinbarung verbindlich auf den Weg zur Kommunalisierung machen. Inwieweit sich dabei die Akzeptanz der Kommunalisierung und der einzelnen Praktiken als gültige Prinzipien auf Reichweite, Stoßkraft und Dynamik auswirken oder nicht, ist detailliert analysiert worden. Ein eindeutiger Zusammenhang zwischen der Verbindlichkeit als gleichsinniger Anwendung und der Akzeptanz als gültige Prinzipien kann dabei nicht festgestellt werden. Damit muss für eine abschließende Einschätzung der Verbindlichkeit im Wesentlichen auf die Ergebnisse der empirischen Rekonstruktionen und damit die Gleichsinnigkeit der Umsetzung – z.B. im Sinne von diesbezüglichen *Entscheidungen* – zurückgegriffen werden.

Die in der Rahmenvereinbarung festgelegten zeitlich vorrangigen Praktiken sind in den von uns untersuchten Fallbeispielen – bis auf die nicht institutionalisierte Beteiligung der Ortsliga in KommB und KommF – formal verbindlich auf örtlicher Ebene umgesetzt worden. Die Praktiken, die aufwändige Vorbereitungen erfordern, wie die Sozialberichterstattung und die integrierte, partizipative Sozialplanung sind in unterschiedlicher Intensität in die Diskussion und die Umsetzung gelangt. Generell bleibt dabei fraglich, inwiefern die unterschiedlichen Implementationsabläufe in gleicher Art und Weise bestimmte Funktionen erfüllen. Die detaillierten empirischen Rekonstruktionen in diesem Kapitel haben gezeigt, dass je nach dem wie die einzelnen Schritte der Kommunalisierung angegangen werden, völlig unterschiedliche Implementationsergebnisse erreicht werden können. Mit Blick auf den Verbindlichkeitsmaßstab „Gleichsinnigkeit der Anwendung" sind diese wie folgt zu bewerten:

- In KommA wird ein breites kooperatives Netzwerk aus Kommunalverwaltung, Kommunalpolitik, Ortsliga, Trägern und anderen betroffenen Organisationen aufgebaut, das die Kommunalisierung in einen fachlich anspruchsvollen Sozialplanungsprozess integriert. KommB kann aus fachlicher Sicht durchaus mithalten, vermag die verwaltungsinternen Entscheidungen aber nicht partizipativ abzusichern. In KommC wiederum werden die Kapazitäten für Abstimmungsprozesse mit der Ortsliga genutzt, fachlich kann die pragmatisch orientierte Sozialdatenerhebung aber nicht mit der KommA oder KommB mithalten. Gleichwohl sind zentrale Anforderungen der Rahmenvereinbarung – auf fachlich vergleichsweise niedrigem Niveau – erfüllt: In KommC ist ein gemeinsamer Lernprozess angestoßen worden, es hat ein Vertrauensbildungsprozess stattgefunden (vgl. Kapitel 6.4) und grenzüberschreitende Kommunikationen werden verfestigt. Der Umsetzungsprozess in KommC kann damit als gelungenes Beispiel für Kommunen angesehen werden, die mit wenig Wissen und eingeschränkten Kapazitäten in den Kommunalisierungsprozess gestartet sind. Diese Feststellung darf allerdings nicht darüber hinwegtäuschen, dass es aus der Sicht der praktischen Politikberatung geboten erscheint, die Fachlichkeit des Umsetzungsprozesses zu erhöhen. In KommD und in KommE wird der Bezug zu Fragen der Bedarfs- und Ressourcenorientierung zwar nicht entscheidungsrelevant, er wird aber eingehend zwischen Kommunalverwaltung und Ortsliga diskutiert. Damit ist kommunikative Anschlussfähigkeit zumindest für zukünftige grenzüberschreitende Kommunikationen und Entscheidungsprozesse im Verhältnis Ortsliga und Verwaltung geschaffen worden.
- KommA und KommB *integrieren in Ansätzen die Praktiken untereinander.* Dabei beteiligt KommA Kommunalpolitik, Ortsliga und Träger im gesamten Willensbildungs- und Entscheidungsprozess. In KommB wird die Integration der Praktiken verwaltungsbezogen umgesetzt. Es ist davon auszugehen, dass auch in KommA die Integration der Praktiken letztlich in der Implementationskompetenz der Verwaltung liegt. Inwiefern in dieser Phase einzelne Schritte partizipativ abgestimmt werden, liegt hier im Ermessen der Beteiligten vor Ort. Die rein verwaltungsinterne Kommunikationsstrategie in KommB bleibt mit Blick auf grenzüberschreitende Kommunikationen allerdings problematisch. KommC, KommD, KommE und KommF setzen die Zuwendungsverträge und das Berichtswesen bürokratisch um, wobei mit dieser Umsetzung der Mustervorlagen die Intention der Rahmenvereinbarung nur unzureichend umgesetzt wird.
- *Beteiligung/Nicht-Beteiligung der Träger:* KommA beteiligt die Ortsliga und die Träger in einer Steuerungsgruppe mit handlungsfeldbezogenen Unterarbeitsgruppen. KommC und KommD etablieren ein Arbeitsgremium unter Beteiligung der Ortsliga. Mit Blick auf die Beteiligung der Ortsliga sind beide Strategien im Sinne der Rahmenvereinbarung. Eine breite Partizipation verbreitert das Ausmaß grenzüberschreitender

Kommunikation und schließt potentiell mehr Beteiligte in Vertrauensbildungs- und Lernprozesse ein. Auf der anderen Seite wird die Anzahl von potentiellen Vetospielern erhöht und es bedarf hoher personeller und fachlicher Kapazitäten, die komplexe Arbeitsstruktur zu koordinieren.

- *Grad der Fachlichkeit:* Fachlich auf hohem Niveau stattfindende Sozialplanungsprozesse werden in KommA unter breiter Beteiligung der Kommunalpolitik, der Ortsliga und der Träger durchgeführt. In KommB orientiert sie sich an dem Muster, dass die Verwaltung Entscheidungen vorbereitet und der Stadtrat entscheidet. Hier gibt es lediglich einen Informationsaustausch mit der Ortsliga. Während in KommA die Entscheidungen des Issue-Netzwerkes von allen Beteiligten akzeptiert werden, gibt es in KommB im Umsetzungsprozess deutliche Reibungsverluste: Durch die Nicht-Beteiligung der Ortsliga bleiben die unterschiedlichen Problemsichten und Wissensbestände der Akteure nebeneinander stehen. Für eine bedarfs- und ressourcenorientierte Neu- und Umverteilung des Budgets sind aber eine vertrauensvolle Basis und ein gemeinsamer Lernprozess unumgänglich. Trotz der hohen Fachlichkeit ist eine allein verwaltungsinterne Umsetzung der Kommunalisierung also auch mit Blick auf eine gleichsinnige Anwendung nicht als verbindlich zu bezeichnen.

Insgesamt kann die Kommunalisierung nur gleichsinnig angewendet werden, wenn die Ortsliga institutionell beteiligt wird und ihr eine entscheidungsrelevante Mitgestaltungsfunktion zukommt. Dies zeigt insbesondere die Berücksichtigung bedarfs- und ressourcenorientierter Aspekte im Umsetzungsprozess. Legt die Verwaltung diese allein fest, wird sie bei Neu- und Umverteilungsentscheidungen auf Widerstand stoßen und verfällt möglicherweise in eine einseitig hierarchische Steuerung. Inwiefern mit Blick auf die Partizipation unterhalb der Ortsliga auch die Träger systematisch beteiligt werden, ist vor dem Hintergrund der vorhandenen personellen Kapazitäten und der Interessen- und Machtstruktur zwischen Kommunalverwaltung, Ortsliga und Träger zu entscheiden. Letztlich ist ein hohes fachliches Niveau der Kommunalisierung anzustreben. Für Kommunen mit geringen personellen Kapazitäten und Wissensressourcen ist das Vorgehen in KommC jedoch durchaus beispielhaft.

Was bedeuten diese Einschätzungen mit Blick auf die in Kapitel 3.1. entwickelte Kernhypothese? Die Beobachtung der sechs Fallbeispiele war von der Vermutung geleitet (vgl. Kapitel 3.1), dass *die Entstehung von Issue-Netzwerken sowie die darin realisierten individuellen und kollektiven Lernprozesse die wichtigsten Erklärungsfaktoren für den Implementationserfolg im Sinne abgestimmter, einheitlicher Praktiken sind.* Zugespitzt bedeutet dies, dass immer dann, wenn in den entstandenen Issue-Netzwerken gelernt worden ist, der Implementationserfolg am Größten ist. Die empirische Rekonstruktion hat gezeigt, dass diese Vermutung in ihrer Ausschließlichkeit zu weit geht. Der Lernerfolg in den Fallbeispielen hängt nicht nur von der Funktionsfähigkeit des Issue-Netzwerkes ab, sondern im erheblichen Maße auch von den Ausgangsbedingungen des Fallbeispiels. Entscheidende Größen sind hier die Erfahrungen mit kooperativen Problemlösungsmustern, die Kapazitäten zur Koordination des Kommunalisierungsprozesses und das Wissen über die im Zuge der Rahmenvereinbarung umzusetzenden Praktiken.

Wenig verwunderlich ist es demnach, dass in KommA, dem Fallbeispiel das am positivsten zu beurteilen ist, der Implementationserfolg am Größten ist. Verwunderlich ist es auch nicht, dass der Implementationserfolg in KommF, das kein Issue-Netzwerk gründet, am Geringsten ist. Der Umsetzungsprozess in KommB ist aber bis auf die mangelnde Beteiligung der Ortsliga unter fachlichen und integrativen Gesichtspunkten auch erfolgreich verlaufen. Offensichtlich hat man den Implementationsprozess in KommB im Wesentlichen als Steuerungsprozess begriffen und in der Logik der Vernetzungsstruktur von KommB daher eher verwaltungszentriert umgesetzt. Entscheidender als die Funktionsfähigkeit des verwaltungsinternen Netzwerkes ist hier das profunde Wissen über die Praktiken der Rahmenvereinbarung. Darüber hinaus lässt sich die vorgabenorientierte Umsetzungsstrategie in KommC, KommD und der KommE eher mit mangelnden personellen Kapazitäten als mit den in den Fallbeispielen völlig unterschiedlich verlaufenden Kommunikationsprozessen im Netzwerk erklären. Allein KommC zeigt, dass mit Hilfe von Lernprozessen im Issue-Netzwerk in gewissem Maße die Ausgangsbedingungen überwunden werden können. „In gewissem Maße", denn trotz des kreativen Problemlösens, kann die Strategie aus fachlicher Sicht nicht überzeugen. Als Gesamtstrategie kann KommC im Vergleich zu KommA nur als funktionales Äquivalent mit Verweis auf die geringen personellen Kapazitäten dienen. Was das Fallbeispiel geleistet hat, wird mit Blick auf die KommD und KommE deutlich. Die Funktionsfähigkeit des Issue-Netzwerkes kann angesichts knapper personeller Kapazitäten sowohl durch unüberwindbare Interessengegensätze (KommD) als auch durch eine zu geringe Tagungsfrequenz (KommE) beeinträchtigt werden.

6 Mechanismen zur Herstellung von Verbindlichkeit in der empirischen Einzelbetrachtung

Die Darstellung von empirischen Befunden aus dem komplexen Implementationsverlauf in sechs Fallbeispielen ist für sich genommen hoch komplex und schwierig, weil die „systems in action" nicht in ihrer Dynamik dargestellt werden können. Übliche Vergleichsanalysen beschränken sich deshalb meist entweder auf fallbezogene qualitative Verlaufsbeschreibungen oder quantitative Querschnittanalysen. In Kap.5 wurden diese beiden Vorgehensweisen kombiniert. In beiden Formen sind die Erklärungsmöglichkeiten für bestimmte Kommunalisierungsverläufe und –ergebnisse aber beschränkt, da die Zahl der Beobachtungsgesichtspunkte (Variablen) bei weitem die Zahl der Fälle überschreitet.

Aus diesem Grund wird in diesem Kapitel eine weitere Zugangsweise zu dem komplexen Untersuchungsfeld benutzt: eine *Detailbetrachtung spezifischer Wirkungsmechanismen*, die in den Beschreibungen schon erwähnt wurden, nun aber herausgehoben und ggf. auch nur an einer begrenzten Zahl von Fällen – also z.B. an Kontrastfällen – analysiert werden. Sie dienen dem Zweck, die Bedeutung (Erklärungspotenziale) der im theoretischen Rahmen (Kap.3) ausgewiesenen Beobachtungsgesichtspunkte zu belegen. Die einzelnen Unterkapitel stehen dabei weitgehend für sich und weisen deshalb vielfältige deskriptive Wiederholungen auf. Dies hat allerdings den Vorteil, dass die einzelnen Abschnitte auch je für sich stehen und separat gelesen und verstanden werden können. Dabei erleichtern die Redundanzen das Hineindenken in die komplexen Untersuchungsfälle.

Folgende Themen werden in den spezifischen Analysen behandelt: Zunächst wird die Einbindung der Landesinteressen in die Implementation des Zweckprogramms vor Ort in den Mittelpunkt gerückt (6.1); dem Land reicht es nicht aus, das Zweckprogramm mit zu gestalten, sondern ist auch an einer möglichst großen Einheitlichkeit der Umsetzung und seiner dauerhaften Effekte interessiert. Mit welchen kommunikativen Mitteln kann dies wirksam geschehen? Der zweite Abschnitt (6.2) untersucht die Mechanismen, die dazu beitragen, dass Kommunen ihre bisherigen Routinen aufgeben und sich damit von ihrer Pfadbezogenheit lösen. In Abschnitt 6.3 wird der Kern der Forschungsfrage noch einmal aufgegriffen, in dem die Bedeutung der Art und Funktionsweise der Issue-Netzwerke für die Bindungswirkungen im Implementationsprozess untersucht werden. Daran schließen sich zwei Vertiefungen hinsichtlich der Kommunikation im Issue-Netzwerk und ihre Anschlußfähigkeit in den Herkunftsorganisationen der Netzmitglieder an: in Abschnitt 6.4 geht es um die Entwicklung und die Funktion von personalem Vertrauen in diesem Zusammenhang. Der abschließende Abschnitt (6.5) untersucht die Veränderungen (ggf. Angleichungen), die durch die Kommunikationsprozesse in den cognitve maps der beteiligten Personen ausgelöst werden. Damit soll letztlich die These noch einmal zur Diskussion stehen, dass gleichsinnige Bewertungen, Umsetzungen und Wirkungen des Zweckprogramms „Rahmenvereinbarung" unwahrscheinlich sind, da zumindest *alle* beobachteten und analysierten Mechanismen ihre Wirkungen entfaltet haben müssen, um sich auf dem Pfad der Zielerreichung zu bewegen – vor allem wenn wie in den meisten Fallbeispielen die optimalen Startbedingungen für den Kommunalisierungsprozess nicht vorhanden sind.

6.1 Verkoppelung der Ebenen: Integration von Landesinteressen in lokale Kommunikations- und Entscheidungsprozesse[64]

Bei der Kommunalisierung sozialer Hilfen als einem von der Landesebene initiierten Zweckprogramm müssen Strategien und Praktiken entwickelt werden, um hessenweit die betroffenen sozialpolitischen Strukturen und Prozesse an die Anforderungen dieses Projektes anpassen zu können. Eine zentrale Herausforderung besteht darin, eine möglichst homogene Ausgestaltung der Praktiken sowie ihre Einbindung in die heterogenen Strukturen der Kommunen zu ermöglichen, um insbesondere die Akzeptanz auf kommunaler Ebene und damit die verbindliche Anerkennung der Elemente des Kommunalisierungsprozesses zu fördern. Dazu ist eine Policy-Gestaltung vonnöten, die die Interessen aller beteiligten Organisationen integriert, d.h. eine Verkoppelung der Interessen von Landesebene und kommunaler Ebene durchführt. Dass das ein höchst voraussetzungsvoller Prozess mit einer hohen Komplexität ist wird deutlich, wenn man die unterschiedlichen politikfeldspezifischen Erwartungen der involvierten Organisationen betrachtet. Die Verbindlichkeitserzeugung im Mehrebenensystem ist in diesem Bereich schon deshalb kompliziert, weil *auf jeder Ebene* Verwaltung und Verbände aufeinander angewiesen sind. So sind die kommunalen Verwaltungsorganisationen durch das Subsidiaritätsprinzip auf die Wohlfahrtsverbände und freien Träger sozialer Dienstleistungen und Einrichtungen angewiesen. Auf der Landesebene besteht durch die korporatistische Politikverflechtung zwischen der Liga der Wohlfahrtsverbände, dem Verbandsgremium der sechs großen Wohlfahrtsverbände und den politischen Parteien sowie der Ministerialverwaltung ein Arrangement, das wichtige Funktionen beim Agenda-Setting, der Politikformulierung und Entscheidungsfindung einnimmt. Bezogen auf den Prozess der Kommunalisierung sind deshalb zum ersten die Interessen von Politik und Verwaltung auf der Landesebene, als auch auf kommunaler Ebene zu berücksichtigen, zum zweiten die Integration der Interessen der Wohlfahrtsverbände, ebenfalls auf beiden Ebenen.

Da die Initiierung des Zweckprogramms, das eine Verlagerung von Implementations- und Allokationsentscheidungen auf Basis eines Budgets von der Landesebene auf die Kommunen vorsieht, auf einer Initiative des Landes beruht, ist ein zentraler Punkt der nachfolgenden Erörterung, auf welche Weise das Land seine nach wie vor bestehenden Interessen und Verpflichtungen wahrt, obwohl Kompetenzen und Verantwortung auf die kommunale Ebene delegiert werden. Die Steuerungsmöglichkeiten auf des Basis des Kommunalisierungsprogramms sind prekär, da durch die Delegation kein „Durchregieren" von der Landesebene auf die kommunale Ebene (mehr) möglich ist, gleichwohl kann und will sich die Landesebene ihrer nach wie vor bestehenden Verantwortung nicht entziehen[65]. Die Funktionen des Landes bestehen zukünftig insbesondere darin, in gewährleistender Hinsicht Verantwortung zu übernehmen. So bleibt zum einen die Förderung des – nach wie vor bestehenden – normativen Verfassungsziels der Herstellung vergleichbarer Lebensverhältnisse originäre Aufgabe des Landes, ebenso wie die Verantwortung für die rechtmäßige Verwendung der Landesmittel. Zu den Interessen des Landes gehört es aber auch, durch die

---

[64] Verfasserin des Kapitels: Dipl.-Soz.-Wiss. Karola Köhling
[65] Um es noch einmal sehr deutlich auszudrücken: das Land könnte ebenso gut die Aufgaben (und das Geld) an die Kommunen übergeben, ohne selbst noch in den örtlichen Entscheidungsprozess hineinzuwirken – wenn man von den üblichen Formen der Rechts- und Fachaufsicht absieht.

Kommunalisierung eine Neustrukturierung sozialer Hilfen zu fördern, die sich an den örtlichen Gegebenheiten orientiert.

Wie lassen sich nun in diesem Kommunalisierungsprozess die weiterhin bestehenden Landesinteressen wahren und mit den Interessen der kommunalen Ebene sowie der Verbände vereinbaren? Um dieser Frage nachzugehen, sollen vier Phasen des Kommunalisierungsprozesses betrachtet werden: der Modellversuch zur Kommunalisierung sozialer Hilfen, das Landesprogramm „Operation Sichere Zukunft", die Vorbereitung der landesweiten Kommunalisierung sozialer Hilfen und die Implementation der Praktiken als Bestandteile des Kommunalisierungsprojektes. Die Erprobungsphase des Modellprozesses wird herangezogen, da hier bereits die Interessen, Ziele und Strategien der beteiligten Organisationen deutlich werden, die auch bei der landesweiten Kommunalisierung von Belang sind, inklusive der Probleme, die mit einer vernetzten Aufgabenerledigung im Mehrebenensystem verbunden sind. Deshalb sollen neben Fragen der Vernetzung und Sicherung von Interessen insbesondere Verfahren zur Konfliktbearbeitung sowie damit verbundene Aspekte des Lernens und der Akzeptanz in den Mittelpunkt gerückt werden. Die Bedeutung des Landesprogramms „Operation Sichere Zukunft", des umfangreichsten Sparprogramms der hessischen Geschichte, liegt darin, dass es nach Beendigung des Modellversuchs und in der Vorbereitungsphase für die landesweite Kommunalisierung implementiert wird. Im Rahmen dieses Programms werden die Landesmittel für viele der bislang geförderten sozialen Hilfen ersatzlos gestrichen, so dass sich die Anzahl der für die Kommunalisierung vorgesehenen Programme erheblich reduziert. Es wird zu zeigen sein, dass die „Operation Sichere Zukunft" für den Prozess der landesweiten Kommunalisierung verschiedene Probleme induziert. Dazu gehören Fragen der Akzeptanz ebenso wie Aspekte der Interessensicherung und Konfliktbearbeitung. Die Untersuchung dieser Faktoren soll zur Klärung der Frage beitragen, ob die Verkoppelung der Ebenen in diesem Prozess gelingen kann.

6.1.1 Modellprozess zur Kommunalisierung sozialer Hilfen

Die Vorüberlegungen zur Kommunalisierung sozialer Hilfen reichen bis in die Mitte der 1990er Jahre zurück. Zunächst wird für 1996-1999 unter der damaligen SPD-geführten Landesregierung ein Sozialbudget festgelegt, das die Landesmittel festlegt und damit keine pauschalen Kürzungen zulässt. Des Weiteren berät die Landesregierung in Zusammenarbeit mit den kommunalen Spitzenverbänden über einen Transfer von Landesmitteln für soziale Hilfen auf die kommunale Ebene. Ziel soll es sein, die Mittel dort vergeben zu können, wo die Probleme sichtbar und wo soziale Hilfen angeboten werden, d.h. in den Kommunen. Im Jahr 2000 startet dann, inzwischen unter einer CDU-geführten Regierung, ein dreijähriger Modellversuch, in dem die Kommunalisierung sozialer Hilfen in einer Stadt und in einem Landkreis erprobt wird. Die Modellkommunen sollen die Fördermittel, die bis dahin vom Land ohne Beteiligung der Kommunalverwaltung an die Träger sozialer Hilfen in den Kommunen vergeben werden, auf Basis eines von der Landesebene zugeteilten Budgets selbstständig verteilen. Gleichzeitig soll auf Basis einer vernetzten Zusammenarbeit von Kommunalverwaltung, den örtlichen Trägern sowie von Vertretern des Landes in sog. Fachkonferenzen über eine Neustrukturierung der regionalen Angebote beraten werden. In der Vereinbarung zum Modellversuch heißt es: „Auf der Grundlage dieser Vereinbarung soll es künftig möglich sein, die sozialen Hilfen[66] ... ohne Beschränkung durch spezialisierte Richtlinien orientiert an den jeweiligen Lebenslagen der Menschen zu gestalten. Die Dienste sollen flexibel auch auf neue Problemlagen reagieren können. Gleichzeitig wird eine effektivere Steuerung des Einsatzes der vorhandenen Mittel angestrebt. Die kommunale Planungs- und Handlungsfähigkeit soll durch die Konzentration der Förderung auf die kommunale Ebene gestärkt und es sollen mit diesem Modell die Grundlagen für eine zukunftsichernde Infrastruktur geschaffen werden" (Grunow/Köhling 2003, S. 4).

Das zugrunde liegende Konzept des Landes ist ein Strategiewechsel von der Einzelförderung bei den sozialen Leistungen hin zur Steuerung über Ziele unter Einsatz verschiedener Praktiken. Damit erfolgt eine Veränderung des Steuerungsmodus auf Kontextsteuerung und Moderation. Die Einzelförderung hat eine historisch gewachsene, fragmentierte Förderstruktur hervorgebracht, die durch ihre Zersplitterung wenig effektiv ist und Effizienz- und Effektivitätsdefizite verursacht. Für das Land bringt die Kommunalisierung über die Vergabe eines Budgets eine Entlastung durch Verlagerung der operativen Arbeit und Verantwortung auf die Kommunen, ohne dass es jedoch ganz aus der Verantwortung entlassen wird, da es auch weiterhin Verantwortung für die in der hessischen Verfassung geforderten vergleichbaren Lebensverhältnisse behält. Die Steuerung durch den „goldenen Zügel" bei der Einzelförderung wird durch eine Art Steuerung am „langen Zügel" abgelöst, die nicht mehr in herkömmlicher Weise mit einem direkten Einfluss auf die Gestaltung der sozialen Infrastruktur in den Kommunen verbunden ist. Wohlfahrt (2000) beschreibt die Funktionen von Politik und Verwaltung in Prozessen der Aufgabenverlagerung dahingehend, dass sie zunehmend als Akteure unter anderen anzusehen sind, nicht mehr „regelgesteuert-hierarchisch" (ebd., S 83) arbeiten können und deshalb mit Überzeugung, Anreizen und ggf. Sanktionen arbeiten müssen. Hierarchische Steuerung wird dabei vermehrt durch Verfahrenssteuerung ersetzt. Als Funktionen der Verwaltung können die Organisation des Prozesses der Leistungserstellung sowie das Management und die kooperative Gestaltung von unterschiedlichen Akteurskonstellationen gesehen werden (ebd., S. 83-84). Dass diese analytischen Annahmen auch im Prozess der Kommunalisierung zu finden sind, wird im Weiteren deutlich werden.

Die im Modellversuch zur Kommunalisierung eingesetzte Strategie im Governance-Modus kann als „Aushandlungs- und Erprobungsstrategie" (vgl. Grunow/Köhling 2003, S.5) beschrieben werden und unterscheidet sich damit gravierend von herkömmlichen Verfahrensweisen im Government-Modus, d.h. einer mit Hilfe von rechtlichen Regelungen unterstützten hierarchischen Anordnung und Durchsetzung von Interessen. Die bis dato üblichen Politikformulierungs- und Entscheidungsverfahren des Landes im Politikfeld Soziales integrieren durch das Subsidiaritätsprinzip und korporatistische Vorgehensweisen zwar die Interessen von Wohlfahrtsverbänden und Politik auf Landesebene, die Interessen der kommunalen Ebene werden auf Seiten des Landes i.d.R. aber nicht berücksichtigt, d.h. eine Verkoppelung besteht fast ausschließlich zwischen den Organisationen auf Landesebene. Da die vor dem Modellversuch geltenden verbindlichen Förder-Richtlinien – und damit auch gewohnte Verfahrensweisen – außer Kraft gesetzt werden, entsteht eine Lücke, die durch alternative Strategien und Praktiken unter Mitwirkung aller ‚stakeholder' ersetzt

---

[66] Die Vereinbarung bezieht sich auf verschiedene Angebote der Familien- und Jugendhilfe, der Hilfen für Migranten, alte und pflegebedürftige Menschen, sozial Benachteiligte, Menschen mit Behinderungen, Hilfeangebote im Gesundheitswesen sowie Unterstützung von Selbsthilfe und Zuschüsse für Schuldnerberatungsstellen.

werden muss. Deshalb wird vom Land zur Steuerung des Modellprozesses ein Policy-Netzwerk ins Leben gerufen, das die Bearbeitung der Aufgaben des Prozesses übernehmen soll. Zu Beginn des Modellprozesses besteht das Policy-Netzwerk aus einer *Steuerungsgruppe* und einem *Beirat*. Die Steuerungsgruppe besteht aus Personal, das durch die Verlagerung sozialer Hilfen betroffen ist: und zwar aus den entsprechenden Referaten des Ministeriums, aus den Verwaltungen der Modellkommunen und von den kommunalen Spitzenverbänden. Im Beirat finden sich die genannten Personengruppen aus der Steuerungsgruppe und zusätzlich die Vertreter der Liga der freien Wohlfahrtspflege und des Landeswohlfahrtsverbandes. Der Beirat ist ein Diskussionsforum, in dem die Verbände ihre Interessen einbringen und mit den Vertretern des politisch-administrativen Systems diskutierten können. Entscheidungsfunktionen kommen aber nur der Steuerungsgruppe zu, in der die Verbände nicht vertreten sind. Mit diesem Modus wird eine andere Art der Verkoppelung von Interessen und Beteiligung an Entscheidungen als vor dem Modellversuch etabliert: die Interessen von Landesebene und kommunaler Ebene auf Seiten des politisch-administrativen Systems werden verkoppelt, so dass die bis dato nicht berücksichtigten Interessen der Kommunalverwaltungen integriert werden. Dagegen werden die im Rahmen korporatistischer Arrangements bislang immer berücksichtigten Interessen der Liga der Wohlfahrtsverbände an den Rand gedrängt. Durch dieses Konzept sind Konflikte vorprogrammiert, denn die bisherige Form der Interessensicherung der Verbände durch gleichberechtigte Mitsprache in Gremien auf Landesebene und/oder bilateralen Gesprächen mit Vertretern der Landespolitik (z.B. zuständige Staatssekretäre u.ä.) ist für die kommunalisierten sozialen Hilfen außer Kraft gesetzt worden. Diese Entwicklung ist für die Verbände vor allem deshalb gravierend, weil sie auf kommunaler Ebene (z.B. als Ortsliga) keine durchgängige Verankerung haben. Kommunalisierung bedeutet also für die Verbände, dass sie sich als Liga dezentralisieren müssen, wenn sie den Einfluss auf die Gestaltung der sozialen Hilfen nicht weitgehend verlieren wollen.

Um im Rahmen dieser drohenden Entwicklung eine Abkopplung ihrer Interessen und alleinige Durchsetzung der Interessen des politisch-administrativen Systems zu verhindern, fordern die Wohlfahrtsverbände eine wissenschaftliche Begleitung des Modellversuches. Dieser Forderung kommt das Ministerium mit Verzögerung nach, so dass die wissenschaftliche Begleitung erst nach der Hälfte der Laufzeit des Modellversuches installiert wird (vgl. Grunow/Köhling 2003). Diese Maßnahme und weitere Interventionen der Liga der Wohlfahrtsverbände führen aber zunächst nicht dazu, dass ihnen zugestanden wird, im Steuerungsgremium und nicht nur im Beirat ihre Interessen zu vertreten. Deshalb wählt die Liga schließlich den Weg, die Mitarbeit im Beirat aufzukündigen und sich dem Prozess zu entziehen. Dieser Schritt eröffnet den Verbänden die Möglichkeit, öffentlichkeitswirksam zu protestieren und politische Interventionen zu fordern, die ihre Einflussmöglichkeiten im Modellprozess verbessern sollen. Sie begründen dies mit ihrer fachpolitischen Kompetenz und Bedeutung im Politikfeld Soziales. Diese Konflikt- und Proteststrategie wird aber ergänzt durch eine alternative Strategie, in der die bestehenden Kommunikationskanäle zu Landespolitik und -verwaltung genutzt werden, um die Interessen der Verbände deutlich zu machen. Beide Strategien, sowohl die des öffentlichen Protestes als auch der Hintergrundkommunikation unter Ausschluss der Öffentlichkeit, tragen letztlich dazu bei, dass das Ministerium nach einigen Monaten der Abstinenz der Verbände die Entscheidung fällt, das Netzwerk Steuerungsgruppe für die Liga zu öffnen und sie als gleichberechtigten Partner zu akzeptieren. Das Land hat gelernt, „dass das Modellprojekt nur durch Einbeziehung der

Liga in das Policy-Netzwerk zu retten ist. Systemtheoretisch argumentiert haben sich die kognitiven Strukturen der Organisationen, die bestimmen, was wahrgenommen wird, gegen die normativen Strukturen, die bestimmen, was erlaubt ist, durchgesetzt" (Köhling/Pamme/Wissing 2007, S.4). Während der Phase des Ausstiegs der Liga aus dem Modellprozess hat sich eine Annäherung der cognitive-maps der beteiligten Personen und der Erwartungsmuster der beteiligten Organisationen entwickelt.

Zusammenfassend lässt sich sagen, dass dem ersten Schritt einer Abkehr vom Government-Modus, die mit der Entscheidung zum Modellversuch und dem Außer-Kraft-Setzen der verbindlichen Regelungen vollzogen wird, als zweiter nur ein unvollständiger Schritt der Hinwendung zum Governance-Modus gefolgt ist, da nur ein Teil der ‚stakeholder' in die Kommunikations- und Entscheidungsverfahren einbezogen worden ist. Erst im dritten Schritt werden alle betroffenen Organisationen in die Governance-Strukturen einbezogen.

Dass dieser Schritt einer Verkoppelung der Interessen aller Organisationen aber nicht dazu geführt hat, dass keine weiteren Konflikte entstehen, versteht sich von selbst. Durch die unterschiedlichen Funktionen der beteiligten Organisationen bleiben sie nach wie vor heterogenen Interessen und Zielen verpflichtet. Um dadurch bestehendes Misstrauen abzubauen und die Akzeptanz von Entscheidungen zu unterstützen, werden nach der Einbeziehung der Liga in die Steuerungsgruppe zwei Strategien implementiert. Zum einen wird eine schriftliche Vereinbarung über das weitere Verfahren zur Kommunalisierung des Förderwesens zwischen allen beteiligten Organisationen getroffen, zum anderen wird eine externe Moderation für die Sitzungen des Policy-Netzwerkes installiert, die die bis dahin von der Landesverwaltung wahrgenommene Funktion der Verfahrenssteuerung übernimmt. Unabhängig von diesen Strategien bleiben jedoch nach wie vor Rückkopplungsprozesse in die Back-Office-Organisationen notwendig, in denen die Spitzen der beteiligten Organisationen die (Vor-)Entscheidungen im Policy-Netzwerk absegnen, verwerfen oder Änderungen verlangen. Nach Implementierung der Moderation zeigen sich bald Erfolge dieser sachbezogenen und nicht interessengeleiteten Steuerung. So nimmt das Misstrauenspotential ab, was sich z.B. an der zurückgehenden Zahl von Unterbrechungen der Sitzungen des Policy-Netzwerks zeigt, in denen insbesondere die Liga-Vertreter interne Abstimmungen ihrer Stellungnahmen bzw. Voten unabhängig von den beteiligten Organisationen des politisch-administrativen Systems vornehmen. Durch Instrumente des Projektmanagements, wie z.B. einen Projektstrukturplan sowie die laufende Visualisierung aller Schritte und die Ergebnissicherung durch Photoprotokolle, werden alle Planungen und Ergebnisse festgehalten. Somit können auch strittige Punkte wahrgenommen, schriftlich fixiert und zu einem späteren Zeitpunkt weiter bearbeitet werden, ohne dass das weitere Vorgehen blockiert wird. Die Protokollierung aktueller Bearbeitungsstände und weiterer Planungen des Netzwerks wird von den Beteiligten als vertrauensbildende Maßnahme wahrgenommen, obwohl den Vereinbarungen und Planungen kein rechtlicher Status zukommt. Die verschiedenen Papiere dienen auch als Grundlage für die Rückkopplung von Ergebnissen in die Backoffice-Organisationen bzw. in weitere Netzwerke wie die Liga-Vollversammlung, Fachkonferenzen auf kommunaler Ebene oder Workshops, in denen im Jahresabstand alle involvierten Personen der beteiligten Organisationen zusammen kommen, um über den Stand der Dinge im Kommunalisierungsprozess zu beraten.

Zum Ende des Modellprozesses herrscht bei allen beteiligten Organisationen Einigkeit darüber, dass die in der Modellphase entwickelten Praktiken und auch die Arbeit des Policy-Netzwerks eine gute Grundlage für eine landesweite Kommunalisierung sozialer Hilfen darstellen. Deshalb wird für den letzten Workshop zum Abschluss des Modellprozesses im Frühjahr 2003 eine Erweiterung des Kreises der Beteiligten vorgenommen, die Personen aus Kommunalverwaltungen und Trägervertreter bisher nicht beteiligter Kommunen sowie weiterer Ministeriumsvertreter umfasst. Die Erweiterung des Kreises der Beteiligten ist eine vom Policy-Netzwerk entwickelte Strategie zu einer weitergehenden Vernetzung, um spezifische Projektgruppen bilden zu können, die dem Policy-Netzwerk in fachlicher Hinsicht zuarbeiten. Im Rahmen des Workshops werden vier Projektgruppen gegründet, die sich den Programmbereichen ,Kinder, Jugend, Familie', ,Menschen mit Behinderungen', ,Gesundheit/ Seniorinnen und Senioren' sowie dem ,Gemeinwesen' widmen sollen. Als Aufgaben werden den Projektgruppen vom Policy-Netzwerk z.B. die Zuordnung von Förderprogrammen zu den Projektbereichen oder die Formulierung von Zielen für die verschiedenen Bereiche zugeordnet. Als weitergehende Maßnahme ist die Bildung von Teilbudgets für die Projektbereiche vorgesehen. Mit dieser vorbereitenden Maßnahme für die landesweite Kommunalisierung findet das Modellprojekt seinen Abschluss.

Als Zwischenresümee lässt sich festhalten, dass zum Ende des Modellprozesses im Policy-Netzwerk eine Annäherung der cognitive-maps der beteiligten Personen stattgefunden hat, die sowohl auf Vertrauen in die Verfahren der Netzwerkarbeit als auch auf der Akzeptanz gemeinsam entwickelter Praktiken, wie Berichterstattung oder Verträgen zwischen Kommunen und Dienstleistungserbringern, sowie vergleichbaren Erwartungen in ihre Wirksamkeit beruhen.

6.1.2 „Operation Sichere Zukunft"

Nach Beendigung des Modellversuchs im Frühjahr 2003 und bevor die landesweite Umsetzung der „Kommunalisierung sozialer Hilfen" im Detail geplant und vorbereitet werden kann, wird im Herbst 2003 von der CDU/FDP-Regierung das Landesprogramm „Operation Sichere Zukunft" in den Landtag eingebracht. Dieses finanzpolitische Programm der Landesregierung stellt das größte Einsparprogramm in der hessischen Geschichte dar. Ziel des Programms ist eine finanzpolitische Konsolidierung aufgrund einer langjährigen defizitären Haushaltlage, die den verfassungsgemäßen Haushalt gefährdet. Im Haushaltsjahr 2004 sollten durch die programminduzierten „cut-back"-Entscheidungen hessenweit ca. 1.044 Mio. € eingespart werden – darunter rund 30 Mio. € im Politikfeld Soziales (Hessisches Ministerium der Finanzen 16.09.2003, S. 1ff). Die freiwilligen sozialen Leistungen des Landes, bei denen Einsparungen vorgenommen werden können, sind jedoch nicht flächendeckend betroffen. Einige Bereiche werden komplett von den Kürzungen ausgenommen, bei anderen werden die Zuschüsse dagegen vollständig gestrichen. Am stärksten betroffen sind die Bereiche Schuldnerberatung, Drogenhilfe, Betreuung von Obdachlosen und anderen Randgruppen, psychiatrische Dienste, Eltern- und Erziehungsberatungsstellen sowie Maßnahmen für Frauen zum Wiedereinstieg in das Berufsleben, bei denen die Zuschüsse überwiegend komplett gestrichen wurden (vgl. ebd., S. 38ff.). Die Bedeutung dieser Kürzungen bzw. Streichungen für die Kommunalisierung liegt darin, dass große Teile dieser sozialen Hilfen zur Kommunalisierung vorgesehen waren, d.h. die Anzahl der sozialen Hilfen verringert sich und damit auch in nicht unerheblichem Maße der Umfang der zu kommunalisierenden Budgets.

Gegen diese Kürzungen artikulieren sich starke Proteste u.a. von Oppositionsparteien, Verbänden und Gewerkschaften in Hessen. Die Liga der Wohlfahrtsverbände startet eine Kampagne „Hessen bleibt sozial – Gemeinsam für soziale Gerechtigkeit", die mit öffentlichkeitswirksamen Aktionen wie Unterschriftenlisten und Demonstrationen verbunden ist. Dabei wird u.a. kritisiert, dass die Kürzungen des Sozialetats um ein Drittel aller freiwilligen Leistungen zu einem erheblichen Vertrauensverlust in die Politik des Landes führe und dass Menschen in besonderen Notlagen vernachlässigt werden, Hilfe somit gerade da verweigert werde, wo sie besonders notwendig sei. Erfolg hatten die Proteste gegen das Sparprogramm nicht, da es im Jahr 2004 in den hessischen Landeshaushalt aufgenommen wurde.

Die „Operation Sichere Zukunft" führt dazu, dass das Policy-Netzwerk seine Vorbereitungsarbeit für die landesweite Kommunalisierung einstellt, da den beteiligten Organisationen eine Weiterarbeit auf Basis der geplanten einschneidenden Mittelstreichungen, der viele der zur Kommunalisierung vorgesehenen Programme zum Opfer fallen, als nicht sinnvoll erscheint. Auch die programmbereichsspezifische Arbeit der Projektgruppen wird eingestellt, da viele der sozialen Hilfen, über die diese Gruppen beraten, gestrichen worden sind. Damit scheint die landesweite Einführung der Kommunalisierung sozialer Hilfen zunächst gestoppt. Allerdings findet jenseits der Arbeit der Steuerungsgruppe weiterhin Kommunikation der beteiligten Organisationen statt, um die Kommunalisierung doch noch zu retten. Im Frühjahr 2004 wird ein neuer Anlauf der Arbeit des Policy-Netzwerkes zur Vorbereitung der landesweiten Kommunalisierung gestartet. Bei der Neuauflage der Beratungen beschränkt sich der Umfang auf nur noch 13 zu kommunalisierende Landesprogramme.

6.1.3 Vorbereitung der landesweiten Kommunalisierung

Die landesweite Einführung und Umsetzung mit reduziertem Umfang wird insbesondere von den Wohlfahrtsverbänden vor dem Hintergrund der Erfahrungen mit der „Operation Sichere Zukunft" kritisch beobachtet. Trotzdem werben sie auf einer der ersten Sitzungen des Policy-Netzwerkes nach Wiederaufnahme der Arbeit dafür, die landesweite Kommunalisierung voranzutreiben. Dahinter steht vermutlich die Befürchtung, dass auch die restlichen freiwilligen sozialen Hilfen in Gefahr sein können, wenn keine einvernehmlichen Strategien zum Umgang mit ihnen entwickelt werden. Die Vertreter der Modellkommunen im Policy-Netzwerk fragen sich dagegen, inwieweit die Kommunalisierung einer so eingeschränkten Anzahl von sozialen Hilfen in den Kommunen Akzeptanz finden wird, da die Vergabe des Budgets mit Praktiken wie Zielvereinbarungen, Verträgen, Sozialberichterstattung etc. verbunden werden soll. Diese Praktiken bringen Mehrarbeit für die Kommunen mit sich, die insbesondere in den Kommunen, die nur ein geringes Budget erhalten, zu Akzeptanzproblemen führen kann.

Damit steht die Programmimplementation im Erfahrungshorizont einschneidender Einsparungen in der Sozialpolitik insgesamt zunächst unter keinem guten Stern. Trotzdem arbeitet das Policy-Netzwerk ab 2004 intensiv daran, die landesweite Kommunalisierung der verbliebenen sozialen Hilfen zu retten. Nach wie vor wird die Arbeit durch den Einsatz einer Moderatorin unterstützt. Ziel ist es, Rahmenbedingungen für die landesweite Implementation zu schaffen, da alle zu diesem Zeitpunkt noch gültigen Fach- und Fördergrundsätze außer Kraft gesetzt werden. Dazu wird der Entwurf einer Rahmenvereinbarung diskutiert, der die Interessen aller beteiligten Organisationen bündeln und zur Grundlage der Umsetzung auf kommunaler Ebene gemacht werden soll. Die Rahmenvereinbarung enthält unterschiedliche Praktiken, die zum Ersten die Zusammenarbeit zwischen Land und Kommunen auf eine neue Grundlage stellen (Zielvereinbarungen), zum Zweiten die Verbindung zwischen Kommune und Trägern regeln wird (Zuwendungsverträge) und zum Dritten der fachlichen Weiterentwicklung der sozialen Hilfen und des Controllings dienen (Sozialplanung, Berichtswesen, Sozialberichterstattung). Der Verhandlungsprozess im Policy-Netzwerk ist, ähnlich wie beim Modellprojekt, zum einen durch zähes Ringen um die jeweiligen Interessen und damit verbundene Detailfragen geprägt, zum anderen aber auch durch das Ziel, die Vorbereitung der landesweiten Kommunalisierung zu einem für alle beteiligten Organisationen akzeptablen Ergebnis zu bringen.

Hinsichtlich der Praktiken der Rahmenvereinbarung gibt es bestimmte Interessensschwerpunkte bei den verschiedenen Organisationen. Für die Landesverwaltung sind die Zielvereinbarungen mit den Kommunen von besonderer Bedeutung, da diese die neue Grundlage für die Arbeitsbeziehungen zwischen Land und Kommunen darstellen. Auch das Berichtswesen, das wie die Zielvereinbarungen dem Kontext des neuen Steuerungsmodells entstammt, ist für das Land von besonderer Bedeutung, da es einen Überblick über die Versorgungs-, Finanzierung- und Angebotsstruktur sowie die Nachfrage bei den einzelnen sozialen Hilfen ermöglicht, d.h. relevanten Faktoren für die Steuerung mit Blick auf vergleichbare Lebensverhältnisse. Für die Liga der Wohlfahrtsverbände auf Landesebene[67] steht im Mittelpunkt, dass der Ausbau von Sozialplanung und Sozialberichterstattung als Praktiken der fachlichen Weiterentwicklung von sozialer Arbeit in den Kommunen vorangetrieben wird. Von besonderer Bedeutung ist für die Verbände aber auch das Ziel, Mitsprache- bzw. vor allem Mitentscheidungsrechte in allen Belangen des Implementationsprozesses sowie der später festzulegenden Planungs- und Steuerungsmuster zu erhalten. Unterstützung findet dieses Ziel darin, dass in der Rahmenvereinbarung die Forderung nach einer *vernetzten Arbeitsweise* bei der Implementation der Praktiken in den Kommunen verankert wird, die die Ortsliga, die Vertretung der Verbände auf kommunaler Ebene, mit einbezieht.

Ende 2004 hat sich das Policy-Netzwerk auf einen Entwurf der Rahmenvereinbarung geeinigt, der dann zunächst von den Spitzen der beteiligten Organisationen unterzeichnet wird. Damit die Rahmenvereinbarung in Kraft treten und den Kommunen das Budget zur Verfügung gestellt werden kann, muss jede/r hessische Stadt/Kreis dieser Vereinbarung beitreten (vgl. 6.1.4). Die Vereinbarung soll zum Jahr 2006 umgesetzt werden, während das Jahr 2005 vom Policy-Netzwerk noch zur Erarbeitung von Mustervorlagen bzw. zur Weiterentwicklung der Praktiken genutzt werden soll. Eine Musterzielvereinbarung wird ministeriumsintern entwickelt. Sie wird im Policy-Netzwerk zwar diskutiert und mit Ergänzungsvorschlägen versehen, letztendlich behält sich aber das Ministerium vor, welche Vorschläge in die Musterzielvereinbarung integriert werden. Ein Musterzuwendungsvertrag wird mit Unterstützung von Rechtsexperten des Ministeriums und der Liga entwickelt und im Netzwerk abgesegnet, während für die Erarbeitung von Empfehlungen für Praktiken wie Berichtswesen, Sozialplanung und Sozialberichterstattung neue Wege beschritten werden. Es werden Facharbeitsgruppen unter Zusammenarbeit von Vertretern bisher nicht beteiligter Kommunen, Verbänden auf kommunaler Ebene und Landesebene sowie des Ministe-

---

[67] Zu den Interessen der Wohlfahrtsverbände vgl. auch Koch (2005, 2006)

riums gebildet. Die Facharbeitsgruppen entwickeln Vorschläge für Umsetzungsmodi der Praktiken, die dann vom Policy-Netzwerk beraten, ggf. mit Änderungswünschen an die Facharbeitsgruppen zurückgegeben werden und abschließend im Policy-Netzwerk beschlossen werden. Die Ziele, die mit der Einrichtung von Facharbeitsgruppen verbunden werden, sind mehrdimensional. Zum einen ist der fachliche Sachverstand der Beteiligten gefragt, zum anderen wird die Vernetzung weiter vorangetrieben, mit der Folge, dass durch die Zusammensetzung der Facharbeitsgruppen alle beteiligten Organisationen ihre Interessen formulieren können und eine Abstimmung der Interessen von Landesebene und kommunaler Ebene sowie der Wohlfahrtsverbände erfolgen kann. Dieses Vorgehen unterstützt die Akzeptanz und verbindliche Anerkennung der vereinbarten Praktiken und des Prozesses im Allgemeinen. Ein weiteres Ziel ist es, dass geeignete Rahmenbedingungen für einen einheitlichen Umgang mit den Praktiken geschaffen werden, um Vergleichbarkeit zu ermöglichen, und nicht zuletzt sollen die Kommunen entlastet werden, eigene Konzepte entwickeln zu müssen.

Somit lässt sich festhalten, dass die Rahmenvereinbarung überwiegend von Vertretern der Landesebene initiiert worden ist, bei der Erarbeitung von Umsetzungsmodi zu den Praktiken der Rahmenvereinbarung eine Verkoppelung von Landesebene und kommunaler Ebene erfolgt ist, während die Implementation Aufgabe der kommunalen Ebene ist. Trotz dieser Aushandlungsstrategien, die im Wege des Kompromisses die unterschiedlichen Interessen auf einen Nenner gebracht haben, rekurriert die Rahmenvereinbarung in herkömmlicher Weise auf das Kommunikationsmedium Recht. Um zwischen den Partnern Verbindlichkeit zu erlangen, muss die Rahmenvereinbarung nach der Einigung zunächst von den Spitzen der im Netzwerk vertretenen Back-Office-Organisationen unterzeichnet werden. Des Weiteren nimmt sie aber auch die Funktion einer rechtlichen Grundlage für die Verbreitung des Kommunalisierungsprozesses auf alle hessischen Kommunen wahr und muss daher als erster Schritt zur Verbindlichkeitserzeugung von allen Kommunen unterzeichnet werden. Verweigern Kommunen ihre Unterschrift, wird ihnen der Entzug der kommunalisierten Mittel angedroht. Das bietet den Vertretern der Landesebene (Verwaltung und Verbände) die komfortable Möglichkeit, ihre Interessen zu fixieren und bei Nicht-Unterzeichnung den jeweiligen Kommunen Sanktionen anzudrohen. Dies entspricht trotz der implizierten Delegation von Aufgaben und Verantwortung an die untere Ebene einer herkömmlichen hierarchischen Vorgehensweise und der Sicherung der Landesinteressen über die Kommunikationsmedien Geld, Recht und Macht. Somit ergibt sich ein Paradoxon dahingehend, dass die Vereinbarung einerseits in einem Policy-Netzwerk mit unterschiedlichen Interessen kommunikativ ausgehandelt worden ist und der Prozess auch weiterhin von diesem Netzwerk (mit-)gesteuert wird – des Weiteren laut Vereinbarung auch die gleiche vernetzte Vorgehensweise in der Bearbeitung des Prozesses von den Kommunen erwartet wird – dass sie andererseits aber hierarchisch und unter Einsatz von Sanktionsdrohungen durchgesetzt wird. In welcher Weise wirkt sich diese Gemengelage auf die Implementation des Zweckprogramms und die Rolle des Landes dabei aus?

6.1.4 Landesweite Kommunalisierung sozialer Hilfen

Die Frage, ob sich die Trennung von Initiierung des Zweckprogramms und seiner Inhalte (v.a. der Praktiken) überwiegend auf Landesebene und der Implementierungsverantwortung auf kommunaler Ebene positiv oder negativ auf die Kommunalisierung sozialer Hilfen auswirkt, muss differenziert beantwortet werden. Es gibt hier unterschiedliche Befunde.

So werden bereits beim Prozess der Unterzeichnung der Rahmenvereinbarung die ersten Divergenzen zwischen Landesinteressen und kommunalen Interessen deutlich. Einige Kommunen weigern sich zunächst, die Rahmenvereinbarung zu unterzeichnen, da sie ein Missverhältnis zwischen der Höhe des ihnen zur Verfügung gestellten Budgets und den damit verbundenen Verpflichtungen sehen. Die Summen der kommunalisierten Budgets sind sehr unterschiedlich und variieren zwischen ca. 125.000€ in einem Kreis und ca. 3,1 Mio.€ in einer Stadt[68]. Hier setzt das Ministerium darauf, diese Verweigerungshaltungen durch Sanktionsandrohungen und/oder – im Einzelfall – zusätzliche Mittel aufzulösen. Diese Vorgehensweise gelingt, so dass letztendlich alle Kommunen den Vertrag unterzeichnen.

Hinsichtlich der Zustimmung oder Ablehnung zu den verschiedenen in der Rahmenvereinbarung verankerten Praktiken muss ein differenziertes Bild entworfen werden. Von Seiten der Landesebene, d.h. sowohl von Politik und Verwaltung als auch der Liga der Wohlfahrtsverbände ist von grundsätzlicher Zustimmung zu den Praktiken auszugehen, da sie gemeinsam im Policy-Netzwerk entwickelt und beschlossen worden sind. Der Landesverwaltung ermöglichen die Praktiken, die landesweit auf den gleichen Vorlagen beruhen, eine Vergleichbarkeit der erhobenen Daten und damit die Möglichkeit, das Verfassungsziel der vergleichbaren Lebensverhältnisse nicht aus den Augen zu verlieren. Vornehmlich die Zielvereinbarungen, die zwischen jeder einzelnen Kommune und dem Land abgeschlossen werden sowie die Ergebnisse der Berichte, die einen Überblick über die soziale Infrastruktur und im Weiteren auch Steuerungsimpulse für mögliche Veränderungen erlauben sollen, sind für das Land von besonderer Bedeutung.

Empirisch stellt sich die Situation so dar, dass zu Beginn des Umsetzungsprozesses in 2006 die Mustervorlagen für die Berichte noch nicht fertig gestellt sind. Das inhaltliche Konzept wird noch in den Facharbeitsgruppen bearbeitet und der jeweilige Arbeitsstand in den Sitzungen des Policy-Netzwerks beraten. Parallel dazu wird im Netzwerk die EDV-unterstützte Erfassung und Auswertung der Daten aus den Berichten konzipiert. Im Jahr 2007 werden die Berichtsvorlagen zum ersten Mal an die Kommunen weitergegeben, um sie zur Dokumentation (ggf. auch Ersterfassung) der sozialen Infrastruktur in 2006 einsetzen zu können.

Für die Liga der Wohlfahrtsverbände ist insbesondere die fachliche Weiterentwicklung der sozialen Hilfen, die in den Praktiken Sozialplanung und Sozialberichterstattung ihre Verankerung finden, von besonderer Bedeutung. Die Entwicklung eines Konzeptes zur Sozialberichterstattung ist vom Policy-Netzwerk an eine Facharbeitsgruppe delegiert worden, kann aber bis zum Ende der Untersuchung nicht zur Einsatzreife gebracht werden.

Die Sozialplanung wird dagegen als genuine Aufgabe der Kommunen gesehen. Diesbezüglich wird in 2007 eine Befragung der Städte und Kreise zum Stand der kommunalen Sozialplanung im Zusammenhang zum Kommunalisierungsprojekt durchgeführt. Die Befragung, die von allen 26 Gebietskörperschaften (fünf kreisfreie Städte, 21 Landkreise) beantwortet und auf dieser Grundlage ausgewertet worden ist, hat folgende ausgewählte Ergebnisse erbracht:

---

[68] vgl. Anlage 4 zur Rahmenvereinbarung 2004; vgl. auch die Rahmenvereinbarung im Anhang dieses Buches (Kapitel 11.4.).

- Auf die Frage, ob eine kontinuierliche Sozialplanung stattfindet, wie sie auf Basis von § 5 (1) der Rahmenvereinbarung vorgesehen ist, antworten 24 Kommunen mit ja, eine Kommune mit nein und einmal gibt es keine Angabe.
- Auf die Frage, ob die Ortsligen, wie in der Rahmenvereinbarung vorgesehen, an der Sozialplanung beteiligt werden, antworten 23 Kommunen mit ja, eine Kommune mit nein und zweimal gibt es keine Angabe.
- Auf die weitergehende Frage, ob ein Gremium bzw. Gremien mit der Sozialplanung im Rahmen der Kommunalisierung betraut worden sind, gibt es folgende Antworten:
  - Ja, ein bestehendes Gremium übernahm diese Aufgabe – 6 Kommunen
  - Ja, ein neues Gremium wurde installiert – 11 Kommunen
  - Nein – 8 Kommunen
  - Keine Angabe – 1 Kommune
- Bei der Frage, wie die Kommunen mit der Ortsliga im Gremium bzw. in Gremien zusammenarbeiten, gibt es folgende Antwortvorgaben:
  - Gegenseitiger Informationsaustausch zu Bedarfen, Angeboten und Ressourcen,
  - Gemeinsame Beratung über die Entwicklung der sozialen Infrastruktur, und
  - Gemeinsame Entscheidungsvorbereitung bzw. Beschlüsse zum Mitteleinsatz.
  Bei der Auswahl der Antwortvorgaben durch die Kommunen fällt auf, dass häufig entweder die ersten beiden Antwortvorgaben zusammen angekreuzt (elf Kommunen) oder die letzte als weitergehende Beteiligungsstruktur (14 Kommunen) ausgewählt worden ist. Von einer Kommune gibt es keine Angabe.
- Auf die Frage, ob diese Strukturen und die Beteiligung positiv bewertet werden, gibt es folgende Antwortvorgaben und Antworten: ja (neun Kommunen), eher ja (15 Kommunen), eher nein (eine Kommune), nein (–).

Die Antworten auf die Fragen zur kommunalen Sozialplanung und zu den Beteiligungsstrukturen ergeben damit kein einheitliches Bild, aber es zeigt sich, dass die überwiegende Anzahl von Kommunen die Existenz einer kommunalen Sozialplanung (24 von 26 Kommunen) und die Beteiligung der Ortsliga an der Sozialplanung (23 von 26 Kommunen) bejaht. Auch die Bewertung zur Beteiligung und zu den Strukturen fällt überwiegend positiv aus (24 Kommunen antworten mit ja/ eher ja). Lediglich bei der Art und Weise der Beteiligung der Ortsliga gibt es ein gespaltenes Bild. Elf von 26 Kommunen wünschen allenfalls Informationsaustausch und gemeinsame Beratung mit den Ortsligen, aber keine Beteiligung an der Entscheidungsvorbereitung bzw. an Beschlüssen.

Wirft man einen Blick darauf, wie der Kommunalisierungsprozess in den an unserer Untersuchung beteiligten Kommunen bewertet wird, muss die Antwort in mehrfacher Hinsicht differenziert werden. Es kann nicht von einheitlichen kommunalen Interessen und Zielen ausgegangen werden; sie differieren sowohl zwischen den einzelnen kommunalen Verwaltungen, häufig aber auch zwischen Kommunalverwaltung und Ortsliga der einzelnen Kommune. Des Weiteren hat die Untersuchung in den sechs Kommunen ergeben, dass es zusätzlich unterschiedliche Zustimmungs- bzw. Ablehnungswerte zu einzelnen Praktiken gibt (vgl. Kap.5).

Als Faktoren, die grundlegenden Einfluss auf die Einstellung von Kommunalverwaltungen und deren Umgang mit den Anforderungen der Kommunalisierung nehmen, können z.B. die Höhe des jeweiligen Budgets, aber auch die für die Bearbeitung zur Verfügung stehenden Verwaltungskapazitäten angeführt werden. Nachfolgende Interviewäußerungen belegen das.

> „Wir wollten ja dieser Rahmenvereinbarung gar nicht beitreten, weil wir der Auffassung sind und das objektiv auch so ist, dass wir finanziell viel zu schlecht wegkommen gegenüber Kommunen gleicher Größe. ... Uns war eigentlich auch klar, der Kreisausschuss lag vor, dass wir uns nicht an dieser Kommunalisierung beteiligen. Bis da doch mal das Land Hessen nachgelegt hat und hat noch 50.000 Euro draufgelegt.“[69]
> „Negativ ist natürlich, dass die Kommunen dadurch wieder mehr Arbeit haben. Also sprich, für meine Person bedeutet das einen enormen Aufwand - wieder. Für eine halbe Stelle ist das natürlich im Verhältnis dazu sehr viel mehr.“[70]
> „Der Nachteil ist, dass man das so nebenbei mitmacht, keinerlei personelle Verstärkung bekommt. Das ist unser Problem.“[71]

Ein geringes Budget in Verbindung mit geringen Planungs- und Bearbeitungskapazitäten wirkt sich somit eher hemmend auf die Umsetzung des Zweckprogramms aus, während Kommunen mit besseren Rahmenbedingungen die Implementation zügiger voranbringen – wie die Antworten auf die Frage nach einer Zwischenbilanz in der zweiten Interviewphase zeigen.

> „Dass das, was in der Zeit erreicht werden konnte, bei uns in KommA sicher erreicht wurde.“[72]
> „Also da bin ich jetzt zufrieden mit, wie es gelaufen ist. Und ich glaube, wir stehen da auch ganz gut da.“[73]

Es lässt sich aber auch eine Gemeinsamkeit bei den untersuchten Kommunen ausmachen: Sie sind daran interessiert, möglichst frei über das Budget verfügen zu können, verbunden mit möglichst geringen Nachweispflichten gegenüber dem Land. Diesbezüglich zeigen sich die Kommunalvertreter bei der ersten Interviewreihe nicht sehr zufrieden.

> „Negativ ist die Umsetzung, finde ich. Also der Grundgedanke war ja mal, das alles ein bisschen einfacher zu machen, Verwaltungswege einfacher zu machen. Jetzt kriegt man ... Dokumentationspflichten auf einen zukommen. Und dann wird die Rahmenvereinbarung so gestrickt, dass einem die Hände wieder gebunden sind letztendlich.“[74]
> „Und negativ finde ich halt auch, dass wir auf der einen Seite zwar die Möglichkeit haben, diese Gelder zu verteilen, dass wir aber auch sehr sehr enge Berichterstattung vorzunehmen haben.“[75]
> „Ja, der Bürokratismus, den wir zu erbringen haben in einigen Bereichen, finde ich schon, so dann auch wieder auf die Höhe des Geldes bezogen, ist das schon doch nicht unerheblich.“[76]

In den Stellungnahmen der Vertreter von Ortsligen/Verbänden bildet sich vorwiegend das Interesse ab, dass das Land sich nicht aus der sozialpolitischen Verantwortung zurückzieht,

---

[69] KommE, Verwaltung 1; IZ 1.
[70] KommD, Verwaltung 2; IZ 1.
[71] KommF, Verwaltung 1; IZ 1.
[72] KommA, Verband 1; IZ 2.
[73] KommA, Verwaltung 1; IZ 2.
[74] KommC Verwaltung1; IZ 1.
[75] KommC Verwaltung 2, IZ 1.
[76] KommE, Verwaltung 1; IZ 1.

da die Verbände und Träger davon ausgehen, dass vor allem eine zentrale Steuerung durch das Land die Einhaltung sozialer Standards gewährleistet.

> „Also negativ finde ich, dass damit möglicherweise die soziale Daseinsfürsorge, wenn sie in die Kommune zurückgegeben wird, möglicherweise dazu führen kann, dass es ein qualitatives Gefälle geben kann zwischen den einzelnen Kommunen."[77]
> „Hier hat sich auch das Land so dieses letzten Stückes beraubt, was es hätte eigentlich auch mitgestalten können, und hätte auch mit Einfluss nehmen können und vielleicht ein Stück weit eben auch so Standards vorgeben können und all diese Sachen. Also ich glaube, wenn man Sozialpolitik im Lande Hessen ernst nimmt, dann hätte man dieses nicht tun dürfen. Dann hätte man eigentlich mehr Geld in den Topf stecken müssen und hätte das von Landesseite aus ausgestalten müssen."[78]

Befürchtungen werden von den Verbänden z.T. noch im Rückblick auf die „Operation Sichere Zukunft" geäußert. Es wird die Gefahr gesehen, dass die dort vorgenommene Einsparungsstrategie des Landes bei der Förderung sozialer Leistungen in versteckter Form beim Kommunalisierungsprojekt weiter geführt werden soll. Vor diesem Hintergrund sehen sie das Kommunalisierungsprojekt mit einer grundsätzlichen Hypothek belastet.

> „Also ich finde das erst mal höchst bescheiden, dass sich das Land aus seiner Verantwortung heraus zieht. Und die Form, wie das Land das gemacht hat, finde ich noch unter aller Bescheidenheit. Das war eine sehr blutige Operation."[79]

Auch die einzelnen Praktiken der Rahmenvereinbarung, die von den Kommunen zu implementieren sind, ernten keine einheitliche Zustimmung bzw. Ablehnung. Deshalb sind Detailbetrachtungen notwendig, die sowohl die einzelnen Praktiken berücksichtigen, aber auch der Frage nachgehen, in welcher Weise das Konzept der getrennten Initiierung und Implementierung von Praktiken bewertet wird.

Bei den Praktiken Zielvereinbarungen, Zuwendungsverträge und Berichte macht sich das Konzept der Mustervorlagen und die Implementierung auf Basis dieser Vorlagen überwiegend positiv bemerkbar. Die Kommunalverwaltungen, denen i.d.R. das Know-how und die Zeit für die Erarbeitung eigener Vorlagen fehlen, sind so in der Lage, die Praktiken mit überschaubarem Verwaltungsaufwand umzusetzen.

> „Ich warte im Grunde darauf, dass ich Muster vom Hessischen Sozialministerium bekomme, die ich dann weitergebe. Weitergeben werde an die Fachdienste, die das dann eben mit den Projekten abschließen müssen."[80]
> „Also dass die Zielvereinbarung so als Muster vorgegeben wurde fand ich o.k., wir haben das dann ausgefüllt."[81]
> „Und ich denke ähnlich, wie wir jetzt mit den Musterverträgen auf die Maßnahmeträger zukommen, werden wir dann im Herbst mit dem Berichtswesen auf die zukommen."[82]

---

[77] KommD, Verband 1; IZ 1.
[78] KommE, Verband 1; IZ 1.
[79] KommC, Verband 1; IZ 1.
[80] KommD, Verwaltung 3; IZ 1.
[81] KommB, Verwaltung 2; IZ 1.
[82] KommB, Verwaltung 1; IZ 1.

Das heißt allerdings nicht, dass keine Probleme zu verzeichnen sind. So werden im Verlauf des Implementationsprozesses in einzelnen Kommunen die Zielvereinbarungen als einengend wahrgenommen, da sie keinerlei Verwendung des Budgets außerhalb dieser Vereinbarung zulassen. In einer an der Untersuchung beteiligten Kommune werden aus dem Budget Gelder für eine neue Aufgabe in der Gemeinwesenarbeit bereitgestellt, da das kommunale Issue-Netzwerk der Meinung ist, dass diese Verwendung durch die Zielvereinbarung gedeckt ist. Das Ministerium ist dagegen der Auffassung, dass das nicht der Fall ist und fordert die Gelder zurück. Das zeigt, dass die Landesebene durch die Formulierung der Zielvereinbarung durchaus in der Lage ist, ihre Interessen auch gegen den Willen einer Kommune durchzusetzen. Dieses Beispiel ist auf Landesebene aber auch zum Anlass genommen worden, die Interessen der Kommunen aufzunehmen und im Policy-Netzwerk eine Weiterentwicklung der Zielvereinbarung bzw. ihrer Ausgestaltung zu beschließen. Ab 2007 wird den Kommunen die Möglichkeit gegeben, 10.000€ außerhalb der Zielvereinbarung für besondere Belange im Bereich der Gemeinwesenarbeit zu investieren. Allerdings muss dieses Vorhaben dem Ministerium angezeigt und in der Zielvereinbarung verankert werden. Dieser Veränderungsprozess macht aber deutlich, dass das Land gelernt hat, berechtigte Interessen der Kommunen wahrzunehmen, anzuerkennen und in ein Konzept zu überführen. Damit kann die Akzeptanz der Praktiken auf Seiten der Kommunen unterstützt werden.

Hinsichtlich des Berichtswesens gibt es zunächst Befürchtungen in den Kommunen, dass der Verwaltungsaufwand trotz – oder wegen – der Mustervorlage mit einigem Verwaltungsaufwand sowohl bei den Trägern als auch bei den Kommunalverwaltungen verbunden ist. Die Zustimmungswerte zu den Berichtsvorlagen in den befragten Kommunen nehmen aber zu, nachdem die genaue Ausgestaltung bekannt ist (vgl. Kap.5).

Bei der Ortsliga bzw. den Trägern findet insbesondere das abgestimmte und juristisch geprüfte Konzept der Zuwendungsverträge Zustimmung, da für die Verbände und Träger durch die Mustervorlage der Verwaltungsaufwand relativ gering gehalten werden kann und sie sich rechtlich abgesichert fühlen, da das Konzept von den Landesverbänden der Wohlfahrtsverbände mit abgesegnet worden ist.

> „Es gibt ja Musterzuwendungsverträge. Da hat unsere Rechtsreferentin vom Landesverband auch sehr intensiv dran mitgearbeitet. Und das wären so die Verträge, mit denen wir, sage ich mal, in die Bütt gehen würden."[83]

Bei den Praktiken Sozialplanung und Sozialberichterstattung sieht es dagegen so aus, dass sie sich als Praktiken fachlicher Planung und Evaluierung an den lokalen Gegebenheiten orientieren müssen und nur schwerlich in allgemeingültige Mustervorlagen gepresst werden können. Da Planungsprozesse kein neues Konzept sind und auch in vielen Bereichen des Sozial-, Jugend- oder Gesundheitsamtes zu den zentralen Aufgaben der Kommunalverwaltungen gehören, könnte man davon ausgehen, dass die Praktik Sozialplanung an vorhandene Aktivitäten anknüpfen kann. Das ist allerdings nicht in allen untersuchten Kommunen der Fall, da die personellen Kapazitäten in den Planungsbereichen durchaus unterschiedlich sind und auch nicht in allen Kommunen die evtl. vorhandenen Jugendhilfe-, Altenhilfe- oder Sozialplaner in die Bearbeitung des Kommunalisierungsprojektes und somit in die

---

[83] KommF, Verband 1; IZ 1.

Arbeit des kommunalen Netzwerkes einbezogen sind. Aber auch in den Kommunen, in denen geringe personelle Kapazitäten existieren, wird Sozialplanung allgemein als wichtige Praktik wahrgenommen, was sich auch an den höchsten Zustimmungswerten im Vergleich mit den anderen Praktiken ablesen lässt (vgl. auch Kap.5).

Diese hohe Zustimmung impliziert allerdings nicht, dass die Befragten hinsichtlich der Umsetzung von Sozialplanung einer Meinung sind. Die Wohlfahrtsverbände präferieren i.A. eine Sozialplanung, die umfassend ist – und damit über die im Rahmen der Kommunalisierung zu bearbeitenden sozialen Hilfen hinausgeht, um einen Überblick über die vorhandenen Hilfen zu erhalten und im zweiten Schritt ggf. neue Bedarfe festzustellen, die zu einer Ausweitung sozialer Hilfen führen müssten. Ein nicht unerheblicher Teil der kommunalen Vertreter – insbesondere in Kommunen mit mangelnden planerischen Kapazitäten – verfolgt dagegen eher das Ziel, den Aufwand für die Sozialplanung gering zu halten und/oder im Rahmen der Bearbeitung des Kommunalisierungsprozesses auf die entsprechenden Aufgabenfelder zu beschränken.

> „Und ich stelle fest, weil wir das gerade auch im politischen Raum diskutieren, dass unter Sozialplanung z.B. politische Fraktionen im Kreistag was anderes verstehen, als jetzt Fachleute im Jugendamt oder im Sozialamt. Oder auch bei den Verbänden der freien Wohlfahrtspflege. ... Und man muss mal an einer Ecke anfangen. Man kann nicht alles auf einen Schlag machen und muss dann sternförmig nach außen versuchen, auch die anderen Felder zu besetzen."[84]

> „Also bei uns im Landkreis kann man sagen, nein. Also was die machen, das kann man bisher nicht als Sozialplanung bezeichnen ... Also die Sozialplanung ist vor Ort an sich entscheidend. Das ist an sich total wichtig. Das wäre an sich auch das Innovativste an der Kommunalisierung. Aber da sehe ich halt so in der Umsetzung die größten Mängel."[85]

Auch in der letzten Sitzung des Policy-Netzwerkes, die im Rahmen der Untersuchung beobachtet wird[86], kommen unterschiedlichen Sichtweisen zur Sozialplanung zum Tragen. So fordert ein Vertreter der Landesliga, dass vom Policy-Netzwerk Handlungsempfehlungen für die kommunale Sozialplanung erarbeitet werden sollten. Eine Vertreterin des Ministeriums verweist dagegen darauf, dass Sozialplanung allein in kommunaler Verantwortung liegt und dass es keine Vorgaben von Seiten des Policy-Netzwerkes geben wird. Und ein Vertreter einer Kommunalverwaltung äußert auf die implizite Einschätzung der Ligavertreter, dass Sozialplanung neue Bedarfe zutage fördern wird, dass der Focus von Sozialplanung nicht auf eine mögliche Ausweitung sozialer Hilfen gerichtet ist, sondern auf eine Bewertung des Vorhandenen.

Was lässt sich nun aus diesen unterschiedlichen Befunden hinsichtlich der Möglichkeit einer Integration von Landesinteressen in lokale Kommunikations- und Entscheidungsprozesse schlussfolgern? Grundsätzlich lässt sich sagen, dass die Vernetzung von Landesverwaltung, Wohlfahrtsverbänden auf Landesebene und Vertretern kommunaler Verwaltungen im Rahmen des Policy-Netzwerkes und in den Facharbeitsgruppen, die dem Netzwerk zuarbeiten, gute Voraussetzungen für den Kommunalisierungsprozess darstellen. Die Einbeziehung der Interessen von Verwaltung/Politik und Verbänden auf Landesebene und ihre

---

[84] KommD, Verwaltung 1; IZ 2.
[85] KommE, Verband 2; IZ 2.
[86] Sitzung im August 2007.

Verankerung in der Rahmenvereinbarung signalisieren den kommunalen Vertretern von Verwaltung, Politik und Verbänden, dass hier bereits ein Interessenausgleich gesucht worden ist. Das findet seine Bestätigung in der ersten Interviewreihe, in der keine grundsätzliche Ablehnung der Rahmenvereinbarung oder einzelner Praktiken zu verzeichnen ist (vgl. auch Kap.5). Es gibt zwar auch Vorbehalte, die aber nicht in allen Kommunen in gleicher Form vorzufinden und von daher eher auf spezifische kommunale, verbandliche oder persönliche Interessen zurückzuführen sind.

Bei den Praktiken, die direkt oder indirekt mit der Zuweisung der Mittel des kommunalen Budgets verbunden und durch Verträge abgesichert sind, d.h. vor allem Zielvereinbarungen, Zuwendungsverträge und Berichte, bleiben dem Land Sanktionsmöglichkeiten insbesondere rechtlicher Art. So sind u.a. auch die Kontrollrechte des Landesrechnungshofs in der Rahmenvereinbarung verankert. Dass Sanktionen auch umgesetzt werden, zeigt das Beispiel der Kommune, die Gelder des Budgets außerhalb der Zielvereinbarung vergeben hat und deshalb an das Land zurückzahlen muss. Das Beispiel zeigt aber auch, dass die Kommunikation zwischen den Ebenen die Möglichkeit zur Weiterentwicklung der in der Rahmenvereinbarung verankerten Praktiken eröffnet. Da mehrere Kommunen den Wunsch nach einer Ausweitung der Einsatzmöglichkeiten des Budgets außerhalb der Zielvereinbarung geäußert haben, ist im Policy-Netzwerk vereinbart worden, dass die Kommunen eine begrenzte Summe für besondere Belange im Handlungsfeld Gemeinwesen einsetzen können.

Inwieweit die Landesebene auch die Implementation von Praktiken, die zwar in der Rahmenvereinbarung gefordert, aber nicht durch Verträge gesichert sind, bei Nicht-Erfüllung durchsetzen kann bzw. will, bleibt unklar. So hat es bis zum Ende des Untersuchungszeitraums keinerlei Konsequenzen, dass in einem Fallbeispiel die in der Rahmenvereinbarung geforderte gemeinsame Bearbeitung des Prozesses durch Verwaltung und Ortsliga/Verbände nicht zustande gekommen ist. Es ist davon auszugehen, dass sich hier die Grenzen der Einflussmöglichkeiten des Landes zeigen, da es zum einen keine Sanktionsmöglichkeiten gibt und es zum anderen auf einer Intervention der Kommunalpolitik beruht, dass das Gremium nicht zustande gekommen ist. Der Versuch einer Einflussnahme der Landesebene über Kommunikation ist nicht erfolgt, so dass zu vermuten ist, dass sich das Land darauf beschränkt, die Praktiken durchzusetzen, die für sie besondere Bedeutung aufweisen und durch Sanktionen bewehrt sind. Für den Gesamtprozess bedeutet das, dass insbesondere die Implementation eines kommunalen Netzwerkes und die Praktik Sozialplanung von den kommunalen Gegebenheiten abhängen und nicht normiert und sanktioniert werden können.

Abschließend lässt sich sagen, dass über das Konzept der Vernetzung von Landes-, Verbände- und kommunalen Interessen über das Policy-Netzwerk, die Facharbeitsgruppen und die kommunalen Kooperationsgremien zwar – soweit sie etabliert sind – Kommunikationsstrukturen bestehen, die die Bearbeitung des Kommunalisierungsprozesses ermöglichen bzw. erleichtern, dass aber Bereiche bleiben, die in kommunaler Regie bleiben und nicht durch Sanktionen sondern allenfalls über bilaterale Kommunikationsprozesse durch die Landesebene beeinflusst werden können.

6.2 Pfadabhängigkeit: Restriktionen für die Angleichung von Praktiken[87]

Systemtheoretische Ansätze weisen auf die Schwierigkeiten gleichzeitiger und gleichsinniger Veränderungsprozesse hin. In Abhängigkeit von autopoietischen Prozessen ist die Art und Weise, wie spezifische Umweltinformationen in einem System verarbeitet werden, von dieser Umwelt nicht intentional steuerbar. Der Erfolg einer Reform ist abhängig davon, ob und wie sie innerhalb des Systems anschlussfähig ist.

Das Konzept Pfadabhängigkeit erklärt technologische und institutionelle Entwicklungsprozesse auf Basis von Geschichtlichkeit. Vergangene Entscheidungen/Entwicklungen haben Einfluss auf gegenwärtige Entwicklungsprozesse, ohne diese gänzlich zu determinieren. Das Konzept widerspricht einem rationalistischen Verständnis von Veränderungsprozessen, das immer die Wahl der effizientesten Alternativen in den Vordergrund stellt. Vielmehr bestimmen selbst verstärkende Prozesse eines einmal eingeschlagenen Pfades, dass, sofern dieser einmal stabilisiert nur schwer wieder verlassen werden kann (vgl. Arthur 1994, S. 112-113).[88] Das anfänglich eher technologisch orientierte Konzept wurde auf die Analyse des institutionellen Wandels übertragen.[89] Mit Blick auf Wandel von politischen Institutionen werden in der Literatur die Rolle kollektiver Entscheidungsprozesse, die hohe Dichte politischer Institutionen im PAS und die damit einhergehenden hohen Kosten für die einzelnen Akteure bei der Etablierung neuer Institutionen diskutiert. Daneben werden die Rolle von Machtasymmetrien als auch die Komplexität und Undurchsichtigkeit des politischen Prozesses und die damit einhergehende ständige Gefahr kurzfristiger und populärer Entscheidungen zu Lasten längerfristiger effizienter Entscheidungen, als Ursachen für pfadabhängige Veränderungsprozesse genannt (vgl. Pearson 2000, S. 257). Insbesondere mit Blick auf die hier verhandelten sozialplanerischen Prozesse trifft letztere Schwierigkeit in besonderem Maße zu. Sozialplanerische Entscheidungen sind derart komplex und undurchsichtig, dass die mit Planung einhergehenden längerfristigen effizienteren Entscheidungen kurzfristigen transparenten und ggf. auch populären Entscheidungen zum Opfer fallen können. Die besitzstandwahrenden Kräfte beteiligter Akteure verunmöglichen zudem einen an einem vermeintlich rational ermittelten Bedarf orientierten Veränderungsprozess.

Auf der Basis dieser theoretischen Vorannahmen ist eine gleichzeitige und gleichsinnige Anwendung der mit der Rahmenvereinbarung vorgesehenen Praktiken eher unwahrscheinlich. Daher ist eine der Hauptannahmen des Forschungsprojekts, dass die Kommunen die Rahmenvereinbarung umfassend umsetzen, deren Ausgangsbedingungen bereits denen in der Rahmenvereinbarung geforderten Praktiken weitgehend entsprechen.

Mit anderen Worten, es sind Fälle, in denen der Änderungsbedarf bzw. die Abweichung vom bisherigen Entwicklungspfad am geringsten sind. Gleichwohl sind – wie in Kapitel 5 gezeigt – Änderungen gegenüber den bisherigen Entscheidungsmustern möglich; es ist also zu prüfen, welche Bedingungen dies ermöglichen.

---

[87] Verfasserin des Kapitels: Dip.-Soz.-Wiss. Sandra Wissing
[88] Arthur entwickelte das Konzept in Bezug auf technologische Entwicklung. Die Wahl „ineffizienter Alternativen" erklärte er mit so genannten „increasing returns", Faktoren wie hohe Start- und Fixkosten oder Lerneffekte zur Reduzierung von Stückkosten, die zur Beibehaltung einmal entwickelter Verfahren führen, selbst wenn effizientere Verfahren vorliegen.
[89] Zur Stabilität von ökonomischen Systemen vgl. North (1993, 1998). Zur Übertragung des Konzepts auf den Wandel politischer Institutionen vgl. Pierson (2000) und mit eine soziologische Ausrichtung vgl. Mahoney (2000)

In diesem Kapitel soll daher der Frage nachgegangen werden, welchen Einfluss die kommunalen Ausgangsbedingungen auf die gleichsinnige Anwendung der Praktiken haben und welche Faktoren einen Pfadwechsel begünstigen und erschweren. Zu Beginn wird daher die Frage geklärt, welche Ausgangsbedingungen relevante Faktoren für eine verbindliche Umsetzung der Rahmenvereinbarung darstellen. Anschließend werden die Ausgangsbedingungen der einzelnen Fallbeispiele sowie die einzelnen Umsetzungsprozesse kurz dargestellt. Danach kann festgestellt werden, ob und inwiefern die Ausgangsbedingungen den Umsetzungsprozess determinieren und welche förderlichen/hinderlichen Faktoren einen Pfadwechsel begünstigen/verhindern.

6.2.1 Die Rahmenvereinbarung als Startpunkt für kommunale Pfadwechsel?

Sozialpolitische Reformen müssen jeweils an besondere, politikfeldspezifische Strukturmerkmale anknüpfen. In Deutschland bedeutet dies, dass Reformen zum einen die föderative Struktur sowie zum anderen die durch das Subsidiaritätsprinzip begründete Akteursvielfalt berücksichtigen müssen. Bei der Ausführung sozialpolitischer Programme spielen insbesondere die Kommunen sowie Wohlfahrtsverbände eine herausragende Rolle. Bedingt durch die kommunale Selbstverwaltung hat sich eine diversifizierte dezentrale Struktur herausgebildet, bei der jede einzelne Kommune unterschiedliche Beteiligungs- und Umsetzungsmuster aufweist. Insbesondere in Bezug auf Organisation und Planung sozialer Dienstleistungen kann von einer heterogenen Struktur ausgegangen werden. In einigen Kommunen bezieht sich Beteiligung vorwiegend auf die Durchführung kommunaler Aufgaben durch Dritte, in anderen Kommunen haben sich differenzierte Beteiligungsarenen ausgebildet, in denen sich Wohlfahrtsverbände, Adressaten usw. an Planungsprozessen sozialer Infrastruktur beteiligen können. Für den hier untersuchten Prozess bedeutet dies, dass in den 26 Kreisen und kreisfreien Städten unterschiedliche Ausgangsbedingungen bezüglich Beteiligung vorliegen, mit denen in die Umsetzungsphase des Kommunalisierungsprozesses gestartet wird.

Ausgangspunkt für den Reformbedarf in Hessen war ein bleibender bzw. sich verändernder Hilfebedarf bei knapper werdenden Ressourcen. Bisher hatte das Land in neue Hilfefelder initiativ mittels neu aufgelegter Programme Impulse gesetzt. Einmal aufgelegt, bestimmten frühere Allokationsentscheidungen im Wesentlichen die Verteilung der Landesmittel an die einzelnen Verbände. Nach Ansicht der beteiligten Organisationen führte dies nicht zwingend zu einer bedarfsgerechten Verteilung der Mittel sowohl zwischen als auch innerhalb der Gebietskörperschaften. Die Verteilung entsprach vielmehr zufälligen (wer zuerst kommt, malt zuerst) und historisch gewachsenen (Besitzstands wahrenden) Kriterien. Das Land versucht dieses dysfunktionale Muster dadurch zu verlassen, dass die Mittel nicht mehr durch das Land mittels spezieller Programm an einzelne Wohlfahrtsverbände verteilt werden, sondern die Kommunen über die Verteilung der Mittel entsprechend der örtlichen Bedarfslage entscheiden. Mit Hilfe der in der Rahmenvereinbarung vorgegebenen Praktiken (Netzwerk, Zielvereinbarung, Berichte, Zuwendungsverträge, Sozialberichterstattung, Sozialplanung) soll eine bedarfsorientierte und ressourceneffiziente Ausrichtung des örtlichen Hilfesystems erreicht werden.

Das Land sieht sich weiterhin in der Verantwortung für eine bedarfsgerechte und fachliche Weiterentwicklung sowie der Gewährleistung vergleichbarer Versorgungs- und Lebenssituationen in den Gebietskörperschaften (Präambel RV). Einerseits sollen die Kommunen situationsangemessene Lösungen entwickeln, andererseits behält sich das Land einen Steuerungsvorbehalt im Sinne der Einheitlichkeit der Lebensverhältnisse vor.

Angesichts der heterogenen Ausgangslagen bezüglich Beteiligungs- und Planungs-strukturen ist eine gleichartige Anwendung der Praktiken nicht zu erwarten. Aus Sicht des Landes ist weniger eine gleichartige als vielmehr gleichsinnige Anwendung der Praktiken erforderlich. Eine gleichsinnige und damit verbindliche Umsetzung der Rahmenvereinba-rung meint in diesem Zusammenhang weniger die rein technische Umsetzung der einzelnen Praktiken als vielmehr die Integration der einzelnen Bausteine zur Etablierung eines am örtlichen Bedarf ausgerichteten Sozialplanungsprozesses. Aus Beobachterperspektive sind die Fallbeispiele verbindlich, die einen übergreifenden Planungs- und Entscheidungspro-zess etablieren, mit deren Hilfe örtliche Bedarfslagen erkannt, mit Prioritäten versehen und Hilfen den Bedarfslagen angepasst werden. Damit wird gefordert, Wohlfahrtsverbände an Entscheidungsfindungsprozessen zu beteiligen und damit einen gewissen Einfluss sicher-zustellen. Zudem sollen mit Hilfe der in der Rahmenvereinbarung vorgegebenen Praktiken gemeinsam neue Problemlösungsstrategien in Bezug auf eine bedarfs- und ressourcenorien-tierte Verteilung finanzieller Mittel entwickelt werden. Sowohl die Beteiligung an Ent-scheidungsprozessen sowie die Entwicklung von Problemlösungsstrategien soll mit Hilfe von Netzwerken erreicht werden.

Unter der Annahme pfadabhängiger Verläufe und der Stabilitätsneigung von institu-tionellem Wandel sind diese Aufgaben sehr anspruchsvoll. Eine der Hauptthesen des Pro-jektes lautet daher, dass das Programm in den Kommunen verbindlich(er) umgesetzt wird, in denen kein Pfadwechsel erfolgen muss, da die Ausgangsbedingungen dem zu etablieren-den Verfahren entsprechen. Eine relevante Ausgangsbedingung bezieht sich auf die Vertei-lung von Macht- und Einflusschancen in den einzelnen Fallbeispielen. Da sowohl die Ver-teilung von Einflussmöglichkeiten als auch die Generierung gemeinsamer Problemlösungs-strategien im Rahmen vernetzter Strukturen erfolgen soll, werden die Fragen in Bezug auf das Netzwerk wie folgt spezifiziert:

1. Wie ist das basale Netzwerk organisiert? Findet die Zusammenarbeit zwischen Ver-waltung und Wohlfahrtsverbänden/Trägern vorwiegend bilateral oder im Rahmen is-sue-spezifischer Vernetzungen statt?
2. Wie werden Wohlfahrtsverbände an Entscheidungsfindungen beteiligt?

In Bezug auf die anzuwendenden Praktiken und die zu entwickelnden Problemlösungsstra-tegien stellt sich die Frage, welche Kenntnisse und Erfahrungen in Bezug auf die einzelnen Praktiken und welche Erfahrungen mit Blick auf die Integration der einzelnen Praktiken auf eine bedarfs- und ressourcenorientierte Entwicklung des Hilfesystems vorliegen. Die Frage, welche Ressourcen (Sozialplanungsstellen) den Sozialplanungsprozessen zur Verfügung stehen ist ebenfalls von Bedeutung.

6.2.2 Zielkonforme Ausgangsbedingungen und die Umsetzung der Kommunalisierung

In zwei Kommunen war die Zusammenarbeit zwischen Verwaltung und Wohlfahrtsverbän-den/Trägern neben bilateralen Kontakten traditionell im Rahmen *multilateraler partizipati-ver Gremien* organisiert. Beide Kommunen verfügen über *Erfahrungen bezüglich der An-wendung der einzelnen Praktiken*. Mit den ausschließlich als Stabsstellen organisierten Sozialplanungsstellen ist die *Sozialplanung mit vergleichsweise umfassenden Ressourcen ausgestattet.* Dennoch gibt es in Bezug auf die Umsetzung der Kommunalisierung entscheidende Unterschiede:

KommA startet mit einem bereits etablierten *basalen interorganisationalen Netzwerk* in die Umsetzung der Kommunalisierung. KommB entscheidet sich für ein *verwaltungsinternes Netzwerk* und informiert die Wohlfahrtverbände innerhalb eines bereits lange etablierten Informationsnetzwerkes zwischen Wohlfahrtsverbänden, Politik und Verwaltung sporadisch über die Kommunalisierung. KommA gründet bereits 2003, als Reaktion auf die wachsende Diskrepanz zwischen Hilfebedarf und vorhandenen Ressourcen, ein Issue-Netzwerk, um mit Hilfe eines partizipativen örtlichen Sozialplanungsprozesses diesen Diskrepanzen möglichst effektiv zu begegnen. Fünf Unterarbeitsgruppen dienen der detaillierten Bearbeitung einzelner Handlungsfelder. Das Netzwerk wird mit der Aufgabe der Umsetzung der Kommunalisierung betraut. Die umfassende Beteiligung politischer Vertreter führt dazu, dass dem Netzwerk eine hohe Vorbereitungsmacht zukommt und die Interessenabwägung und das fachliche Know-how der Akteure zur Übernahme der getroffenen Entscheidungen führen. Damit verfügen die Wohlfahrtsverbände bereits vor der Kommunalisierung über ein hohes Maß an formal organisiertem Einfluss auf sozialplanerische Entscheidungen. Das Issue-Netzwerk wird von allen beteiligten Personen als Problemlösungsmuster akzeptiert, so dass Beschlüsse in den beteiligten Organisationen verbindlich umgesetzt werden.

Im Hinblick auf die Praktiken liegen nicht nur Erfahrungen mit der technischen Umsetzung, sondern auch Erfahrungen mit der Verzahnung der einzelnen Praktiken in verschiedenen Handlungsfeldern vor. Partizipative Sozialplanungsprozesse sind von allen beteiligten Personen ein anerkanntes Verfahren zur Entwicklung der sozialen Infrastruktur. Dies zeigt sich auch an den herausgehobenen Stellungen der Sozialplaner und der damit einhergehenden relativ guten personellen Ausstattung. Zudem verfügen die Sozialplanungsstellen fachlich über das Know-how, die einzelnen Praktiken mit Blick auf die Entwicklung der örtlichen sozialen Infrastruktur zu integrieren. Alle beteiligten Personen tragen über prozess- sowie anwendungsbezogene Kenntnisse zur Stabilisierung der Verfahren bei. In KommA wird zudem die Möglichkeit genutzt, auf Landesebene an der Entwicklung der Musterberichte mitzuwirken, so dass die entsprechenden Informationen sofort in den Kommunikationsprozess eingebracht werden können. Die Auswertung des Implementationsverlaufes zeigt, dass der vor einigen Jahren eingeschlagene Pfad durch die Kommunalisierung bestätigt und verfestigt wird. Die im Netzwerk ausgehandelten Problemlösungsstrategien können nahtlos an bisherige Strategien anknüpfen. Insofern ist die KommA eine (wenig überraschende) Bestätigung der These, dass sich die Pfadbezogenheit durchsetzt – aber in diesem Fall mit „positivem" Ergebnis.

Im Gegensatz dazu beteiligt KommB die Wohlfahrtsverbände/Träger und politischen Vertreter nicht am Issue-Netzwerk und setzt die Kommunalisierung im Rahmen eines verwaltungsinternen Netzwerkes um. Der Schwerpunkt sonstiger Gremienarbeit liegt analog dazu auf der Steuerung einzelner Handlungsfelder und dient der Optimierung einzelner Hilfeleistungen oder der Umsetzung einzelner politischer Programme (soziale Stadt). Allgemein sozialpolitische Fragen werden im Rahmen eines Informationsnetzwerkes zwischen Verwaltung und Wohlfahrtsverbänden ausgetauscht.

Dementsprechend wird die mehrere Handlungsfelder umfassende Kommunalisierung in einem verwaltungsinternen Netzwerk umgesetzt. Die Beziehung zwischen Verwaltung und Politik gestaltet sich typisch arbeitsteilig mit Vorbereitungsmacht bei der Verwaltung.

Der Politik wird ein sozialplanerisches Verständnis aufgrund machtstrategischer Entscheidungsrationalitäten abgesprochen. Daher werden von Beginn an zur Durchsetzung der Entscheidungen taktische Überlegungen bezüglich optimaler Informations- und Antragszeitpunkte in die Debatten einbezogen. Träger werden mittels ad hoc Treffen über Sachstände in Kenntnis gesetzt, einzelne Träger erhalten durch Zusammenarbeit Unterstützung bei der Anwendung einzelner Praktiken. In dem Informationsnetzwerk zwischen Verwaltung und Wohlfahrtsverbänden wird die Kommunalisierung im Beobachtungszeitraum dreimal zum Thema gemacht.[90] Inhaltlich spielt sie jeweils eine untergeordnete Rolle. Die Teilnehmer werden über anwendungsorientierte Sachstandsfragen (Stand der Dinge bei den Verträgen, usw.) in Kenntnis gesetzt. Die Beteiligung der Wohlfahrtsverbände an Entscheidungsfindungen und an der Entwicklung gemeinsamer Problemlösungsstrategien ist damit nicht gegeben.

Die insgesamt mangelnde Einbindung der Wohlfahrtsverbände in Kommunikations- und Entscheidungsprozess zeigt an einigen Stellen negative Auswirkungen auf den Umsetzungsprozess. Entscheidungen zur Vertragsgestaltung werden durch die Träger juristisch geprüft. Durch die mangelnde Einbindung der Wohlfahrtsverbände kommt es zu keinem gemeinsamen umfassenden Planungs- und Entscheidungsprozess. Die Schwierigkeit von (Um-)Verteilungsentscheidungen ohne die Beteiligung von Wohlfahrtsverbänden zeigt sich zum Ende des Beobachtungszeitraums noch einmal sehr deutlich, als die Kommune Schwierigkeiten hat, die frei zu verteilenden Restmittel ohne die Ideenentwicklung der Verbände umzusetzen. Daraufhin entschließt sich KommB, die Ortsliga künftig an Verteilungsentscheidungen zu beteiligen.

Der hohe Kenntnisstand bezüglich der Anwendung einzelner Praktiken, insbesondere von Sozialberichterstattung und Sozialplanung, sowie die Einbindung kommunaler Vertreter in Netzwerke auf Landesebene (Steuerungsgruppe, Arbeitsgruppen zur Entwicklung des Berichtswesens) führen dennoch dazu, dass die einzelnen Praktiken miteinander verzahnt werden und wie in KommA die Entwicklung der einzelnen Praktiken immer wieder auf die Entwicklung der sozialen Infrastruktur rekurriert. Dies erklärt sich durch das fachlich hohe Know-how der beteiligten Personen sowie die hohen personellen Ressourcen, die die Kommune mit dem verwaltungsinternen Netzwerk zur Umsetzung der Kommunalisierung bereitstellt.

Entsprechend des hohen Kenntnisstandes setzt KommB die Kommunalisierung auf einem fachlich hohen Niveau um und kann mit einigen Problemlösungsstrategien ebenfalls nahtlos an bestehende Strukturen anknüpfen. In Bezug auf die Beteiligung der Wohlfahrtsverbände wird allerdings lediglich auf ein Informationsnetzwerk zurückgegriffen. KommB gelingt es im Beobachtungszeitraum nicht, die Wohlfahrtsverbände am verwaltungsinternen Entscheidungsfindungsprozess zu beteiligen. Den Wohlfahrtsverbänden wird damit kein Einfluss zugesprochen – mit den oben beschriebenen entsprechenden Folgen. In KommB wird die Kommunalisierung pfadbezogen umgesetzt – einige wichtige Ziele des Kommunalisierungsprojektes werden verfehlt. Damit sind weitere Konflikte vorprogrammiert, die die zukünftige Entwicklung und Aufgabenerfüllung wie die bedarfsorientierte Mittel(um)verteilung erschweren werden.

---

[90]Vgl. Protokolle der Wohlfahrtsverbände zu den Sitzungen sowie eigene Protokolle zu den beobachteten Sitzungen

6.2.3 Zielferne Ausgangsbedingungen: unzureichende Lösung von der Pfadentwicklung

Der Druck, die bisherigen Muster der Kommunikation und Entscheidungsfindung zu verändern und damit einen Pfadwechsel zu erreichen ist in den anderen Fallbeispielen deutlich größer. Sie starten mit vorwiegend bilateralen Kooperationsstrukturen in den Kommunalisierungsprozess. In einzelnen Handlungsfeldern wird auf Issue-Netzwerke zurückgegriffen, die vordergründig Anwendungsaspekten dienen. Sofern vorhanden, kamen Issue-Netzwerke zu allgemein sozialpolitischen Fragen durch die Überführung des BSHG ins SGB zum Erliegen. Zudem verfügen diese Kommunen über wenig Erfahrungswissen bezüglich der in der Rahmenvereinbarung vorgesehenen Praktiken. In einer der Kommunen gibt es Erfahrungen in einem Handlungsfeld mit der Verzahnung von Controlling- und Planungsinstrumenten. Im Vergleich zu KommB und KommA sind die Sozialplanungsstellen an weniger prominenter Stelle angesiedelt. In zwei Kommunen sind Sachbearbeiter neben anderen Aufgaben mit der Sozialplanung betraut, in einer Kommune ist diese hierarchisch etwas höher angesiedelt, allerdings ist die Person zusätzlich mit einem umfassenden weiteren Aufgabenkatalog betraut. In der vierten Kommune gibt es keine originäre Sozialplanungsstelle.

Zu Beginn der Implementation haben alle vier Kommunen die feste Absicht von der Pfadbezogenheit abzuweichen und bisherige Routinen und Machtbalancen in Frage zu stellen: sie planen jeweils ein Issue-Netzwerk unter Beteiligung der Wohlfahrtsverbände zu etablieren. Trotz ähnlicher Ausgangsbedingungen entwickeln sich die Fallbeispiele allerdings sehr unterschiedlich und erzeugen im Ergebnis unterschiedliche Verbindlichkeiten. Mit anderen Worten, ihr Erfolg bei der Abweichung von der Pfadbezogenheit fällt unterschiedlich aus und fordert zu Erklärungen heraus.

In KommF soll nach Rücksprache zwischen Verwaltung und Ortsliga eine umfassende Gremienstruktur analog zu KommA entwickelt werden. In diese Gremienstruktur sollen bereits vorhandene Vernetzungen einzelner Handlungsfelder integriert werden. Neben Wohlfahrtsverbänden und Vertretern der Verwaltung ist die Beteilung zahlreicher politischer Vertreter angedacht. Sowohl sozialpolitische Fragen als auch sozialplanerische Aspekte der Kommunalisierung zählen zu den geplanten Aufgaben des Gremiums. Die Etablierung der Gremienstruktur scheitert allerdings am Widerstand der Politik, die einen derart intensiven Austausch in Sozialplanungsfragen nicht für erforderlich hält. Die politischen Vertreter der KommF nutzen ihre politische Macht dazu, den von Verwaltung und Wohlfahrtsverbänden getroffenen Beschluss der Etablierung einer gemeinsamen Kommunikationsstruktur nicht als Entscheidungsprämisse anzusehen.[91] *Der anvisierte Pfadwechsel ist damit nicht gelungen.* Angesichts knapper personeller Ressourcen knüpft der Kommunalisierungsprozess *nahtlos an bestehende Strukturen* an und wird im Rahmen bürokratischer Strukturen umgesetzt.

Die ursprünglich ebenfalls anvisierte verwaltungsinterne Arbeitsgruppe tagt nur einmal. Daher wird die Kommunalisierung letztendlich mittels hierarchischer Verwaltungs-

---

[91] Pierson führt bei der Übertragung seines Pfadabhängigkeitskonzepts auf den Wandeln politischer Institutionen folgende Faktoren an: Neben den auch hier erkennbaren Einflussfaktoren der Macht politischer Entscheidungsträger, die Rolle kollektiver Entscheidungsprozesse und die hohe Dichte politischer Institutionen im PAS sowie die damit einhergehenden hohen Investitionskosten für einzelnen Akteure bei der Etablierung neuer Institutionen (vgl. Pierson 2000, S. 257).

steuerung unter Hauptverantwortung eines Koordinators durchgeführt. Entscheidungen über Mittelverteilung werden vom Dezernenten getroffen. Obwohl im Vergleich zu den anderen Kommunen Erfahrungen über die Verknüpfung von Controlling und Planungsinstrumenten in Zusammenarbeit mit den betroffenen Trägern vorliegen, können diese mangels Kommunikation nicht auf den Kommunalisierungsprozess übertragen werden. Es kommt zu einer rein bürokratischen Anwendung der als Mustervorlagen (des Landes) zur Verfügung stehenden Praktiken. Es gibt keine weiteren Initiativen bezüglich der verbleibenden Praktiken Sozialberichterstattung und Sozialplanung. Im Vergleich zu den anderen drei Fallbeispielen (dieser Vierergruppe) liegt die Kommune trotz der Kontinuität bürokratischer Entscheidungsmuster zeitlich und sachlich zurück.

Da die Wohlfahrtsverbände nicht an der Entscheidungsfindung beteiligt werden, können keine gemeinsamen Problemlösungsstrategien entwickelt werden. Aufgrund des fehlenden Austausches wird nicht auf teilweise vorhandene Problemlösungsstrategien zurück gegriffen. Angesichts knapper personeller Ressourcen knüpft der Kommunalisierungsprozess nahtlos an bestehende Strukturen an und wird im Rahmen bürokratischer Strukturen umgesetzt. KommF bleibt damit sowohl in Bezug auf die Veränderung von Macht- und Einflussmöglichkeiten als auch in Bezug auf die Entwicklung von Problemlösungsstrategien pfadbezogen und bestätigt die These, dass die Pfadbindung bei ungeeigneten Ausgangsbedingungen nicht zielführend im Sinne der Kommunalisierung ist.

Ein (am Ende) mit der KommF vergleichbarer Fall liegt mit KommE vor – obwohl das Issue-Netzwerk im Gegensatz zu KommF mit Vertretern der Verwaltung und der Wohlfahrtsverbände besetzt wird. Das Gremium tagt allerdings nur selten, die Bearbeitung und Umsetzung der einzelnen Praktiken erfolgt entlang der Mustervorlagen (des Landes) innerhalb der Verwaltung. Entscheidungen der Verwaltung/Politik werden in dem Gremium bekannt gegeben. Sozialplanerische Fragen liegen nicht in der Aufgabe dieses, sondern eines verwaltungsinternen Gremiums. Die auf Initiative der Wohlfahrtsverbände durchgeführte Bestandserhebung sozialer Dienstleistungen als Grundlage für Sozialberichterstattung und Sozialplanung wird von Seiten der Verwaltung unkommentiert zur Kenntnis genommen. Obwohl dem Issue-Netzwerk intern eine Beratungs- und Steuerungsfunktion zugesprochen wird, kommt diese im Laufe des Prozesses nicht zum Tragen. Die Umsetzung der Kommunalisierung erfolgt mittels hierarchischer Steuerung innerhalb der Verwaltung.

Da die Kommune über wenig Erfahrung und Kenntnisse bezüglich der einzelnen als auch der Verzahnung der Praktiken verfügt, wird diese lediglich hinsichtlich ihrer technischen Aspekte umgesetzt. Die Gestaltung der Praktiken basiert nicht auf der Entwicklung der örtlichen sozialen Infrastruktur. Zum Ende des Beobachtungszeitraums wird die mangelnde Beteiligung der Wohlfahrtsverbände an sozialplanerischen Fragen deutlich. Dies soll zukünftig durch die Beteiligung an Facharbeitsgruppen gelöst werden. KommE greift ebenfalls trotz der Etablierung eines Issue-Netzwerkes auf übliche bürokratische Problemlösungsmuster zurück, da es dem Netzwerk nicht gelingt, Einflussmöglichkeiten für die Wohlfahrtsverbände zu realisieren. In Bezug auf die Entwicklung von gemeinsamen Problemlösungsstrategien ist das Netzwerk kaum erfolgreich und ist damit ebenfalls ein Beleg für die mangelnde Bindewirkung der Rahmenvereinbarung, wenn die wenig zweckdienliche Pfadbezogenheit zwar formal aber nicht wirklich kommunikativ („in Aktion") und substanziell aufgegeben wird.

In KommD und in KommC wird jeweils ein Issue-Netzwerk etabliert und mit Vertretern der Verwaltung und der Wohlfahrtsverbände besetzt. In der ersten Kommune ist zu Beginn des Prozesses nicht klar, ob sich eine dauerhafte Kooperationsstruktur etablieren soll. Die bisher überwiegend bilateral organisierte Zusammenarbeit ist vor allem von Skepsis auf Seiten der Wohlfahrtsverbandsvertreter geprägt. Der Kooperationswille der Verwaltung wird skeptisch bewertet. Innerhalb des Gremiums sollen gemeinsame Entscheidungen über die Verteilung der kommunalisierten Mittel besprochen werden. Misstrauen prägt während des gesamten Beobachtungszeitraums den Prozess, was sich durch mangelnde kontinuierliche Teilnahme der Wohlfahrtsverbandsvertreter sowie deren fehlende Absprachen zu Kommunalisierungsfragen zeigt. Aufgrund des hohen Engagements einer Vertreterin der Wohlfahrtsverbände kommt die Arbeit dennoch nicht zum Erliegen und das Gremium etabliert sich mit der Zeit dauerhaft. Im Laufe des Beobachtungszeitraums entwickelt sich eine kontinuierliche Teilnahme.

Ein Hauptanliegen der Wohlfahrtsverbände mit Blick auf die weitere Zusammenarbeit ist es, künftige Verteilungsentscheidungen am örtlichen Bedarf auszurichten und dafür eine Sozialberichterstattung zu entwickeln. Die Vertreter der Wohlfahrtsverbände entwickeln eine entsprechende Initiative, die allerdings von Seiten der Verwaltung mit dem Hinweis fehlender personeller Kapazitäten erst einmal abgelehnt wird. Insgesamt steht der Prozess vor dem Problem des fehlenden Know-hows zur Etablierung einer Sozialberichterstattung. Um diesem Problem zu begegnen wird von einem Verbandsvertreter zwecks Etablierung eines gemeinsamen Lernprozesses ein externer Berater eingeladen. Zur Veranstaltung kommt allerdings kaum ein weiterer Verbandsvertreter, so dass der Versuch scheitert. Der Verbandsvertreter sammelt in der Folge mit Hilfe der anderen Verbandsvertreter Daten über die vorhandene Infrastruktur, die an die Kommune weitergeleitet werden. Es wird allerdings nicht deutlich, inwiefern diese zur Grundlage weiterer Entscheidungen herangezogen werden. Da insgesamt kaum Erfahrungen mit den einzelnen Praktiken der Rahmenvereinbarung vorliegen, werden diese überwiegend hinsichtlich ihrer technischen Aspekte umgesetzt. Erste Ansätze zur Etablierung eines Planungsprozesses scheitern sowohl am fehlenden Know-how sowie an der mangelnden Unterstützung durch die Verwaltung. Beide Faktoren hängen u. U. mit fehlenden personellen Ressourcen zusammen, da die Kommune über keinen Sozialplaner verfügt. Daneben scheitert die Etablierung eines gemeinsamen Entscheidungsprozesses ebenfalls am ausgeprägten Misstrauen von Seiten einiger Wohlfahrtsverbandsvertreter. Es fällt sowohl der Verwaltung als auch den Wohlfahrtsverbänden schwer, Haltungen zur Zusammenarbeit zu verändern und einen vertrauensvollen Kommunikationsprozess zu etablieren. Die Entwicklung gemeinsam getragener Problemlösungsstrategien wird dadurch erschwert. Das Gremium kommt im Beobachtungszeitraum kaum darüber hinaus, Vorentscheidungen der Verwaltung abzusegnen. Einige Praktiken (Zuwendungsverträge, Berichte) werden nicht im Netzwerk besprochen und lediglich verwaltungsintern umgesetzt. Da der Prozess keine umfassende Wirkung entfalten kann, bewegen sich die Problemlösungsmuster weiterhin vorwiegend im Rahmen bürokratischer Umsetzung mit entsprechend eingeschränkter Verbindlichkeit in Bezug auf die Zielsetzung der Rahmenvereinbarung.

In KommD zeigt sich die Schwierigkeit, Wohlfahrtsverbände im Rahmen der Netzwerke tatsächlich an Entscheidungsfindungen zu beteiligen. Der Veränderungsprozess hat mit feststehenden Annahmen einiger Vertreter der Wohlfahrtsverbände bezüglich Intention der Verwaltung und trotz des Kooperationsangebotes weiterhin unterstellter mangelnder Bereitschaft zur Zusammenarbeit zu kämpfen. Die Veränderung derartig fester Überzeugungen, und in der Folge die Veränderung von Kooperationsstrukturen, erweist sich in KommD als sehr langwierig. Es zeigen sich im Beobachtungszeitraum allerdings erste Veränderungen in Bezug auf die Ausgangsbedingungen.

Das Fallbeispiel belegt dennoch die Bindewirkung etablierter Machtverteilungen und Entscheidungsroutinen – trotz des guten Willens, eine Veränderung im Sinne der Kommunalisierungs-Vorgaben herbei zu führen.

KommC blickt ebenfalls vorwiegend auf bilaterale Zusammenarbeit zurück. Diese ist allerdings im Gegensatz zu KommD eher durch Vertrauen geprägt. (Zur besonderen Rolle von Vertrauen bei der Erzeugung von Verbindlichkeit siehe Kapitel 6.4) Alle wesentlichen Aspekte der Kommunalisierung werden im Issue-Netzwerk besprochen und gemeinsam (vor-)entschieden. Der Kommunikationsprozess wird von allen getragen und das Verfahren trifft auf Zustimmung.

Wie in KommD möchte KommC künftige (Um-)Verteilungsentscheidungen auf Basis von Bedarfsanalysen durchführen. In KommC fehlt zu Beginn des Prozesses ebenfalls das entsprechende Know-how. Anders als in KommD führen erste Initiativen/Ideen von Seiten eines Wohlfahrtsverbandvertreters auf Zustimmung der Verwaltungsvertreter. Die Lösungsversuche stehen ebenso vor dem Problem der mangelnden fachlichen Kenntnisse bezüglich der Anwendung einzelner Praktiken. Mit Hilfe des Kenntnisstands der Beteiligten über pragmatische Lösungen kann diese Schwierigkeit allerdings umgangen werden. In vielen gemeinsamen Sitzungen werden Bestandsanalysen für einzelne Handlungsfelder entwickelt, auf deren Grundlage es zu ersten Umverteilungsentscheidungen kommt. Die Integration der einzelnen Praktiken wird nicht diskutiert. Die Umsetzung der anderen Praktiken (Zuwendungsverträge, Berichte) ist eher an technischen Aspekten orientiert. Im Vergleich zu den anderen Umsetzungsprozessen sind in KommC allerdings mit Blick auf die Praktiken ohne Mustervorlage die umfangreichsten Schritte zur ortsbezogenen Entwicklung und Implementation entwickelt worden. Zudem gelingt es der KommC, die ehemals bilateral organisierte Zusammenarbeit in multilaterale Strukturen zu überführen und die Wohlfahrtsverbände an Entscheidungsprozessen zu beteiligen. Insofern ist KommC das einzige Beispiel für eine nachhaltige Überwindung der Pfadabhängigkeit.

6.2.5 Fördernde und hemmende Faktoren für einen Pfadwechsel

Gängige Pfadabhängigkeitskonzepte dienen ausschließlich dazu, die Schwierigkeiten von Pfadwechseln zu erklären. Sie stellen allerdings keine Erklärungsfaktoren für erfolgreiche Pfadwechsel wie in KommC oder teilweise erfolgreiche wie in KommD bereit. Im folgenden Abschnitt sollen daher fördernde und hemmende Faktoren in den einzelnen Fallbeispielen dargestellt werden.

Die Analyse[92] der Fallbeispiele zeigt, dass die Hauptschwierigkeit in allen Fällen in der Veränderung von Kommunikations- und Beteiligungsstrukturen zwischen Wohlfahrtsverbänden und Verwaltung liegt. In fünf der sechs Fallbeispiele muss ein Pfadwechsel in Bezug auf die Beteiligung der Wohlfahrtsverbände an Entscheidungsprozessen erfolgen.[93] Vier der fünf Kommunen ist es gelungen, einen dauerhaften Kommunikationsprozess zu etablieren. Je nach Überzeugung von Seiten politischer- und Verwaltungsvertreter, inwieweit die Verbände an Entscheidungen zu beteiligen oder lediglich zu informieren sind, organisiert sich die Arbeit im Rahmen der Netzwerke. Lediglich in einem der Fallbeispiele entwickelt sich die Kommunikation im Sinne eines gemeinsamen, an den örtlichen Bedarfslagen orientierten Problemlösungsprozesses.

Alle Kommunen, in denen die basale Vernetzung im Politikfeld zu Beginn des Prozesses vorwiegend bilateral organisiert war, wollten mit Hilfe eines Issue-Netzwerks dauerhafte Kommunikation etablieren. Vergleicht man diese Fälle mit Blick auf Erfolgs- und Misserfolgsbedingungen können folgende Schlussfolgerungen gezogen werden:

1. Sind Issue-Netzwerke nicht als gemeinsame Problemlösungsmuster anerkannt bzw. noch nicht etabliert, erleichtern *„treibende Kräfte"* ihre Initiierung und Etablierung.
2. *„Treibende Kräfte"* befördern die Entwicklung eines entsprechenden Know-hows, wenn Kenntnisse über die Entwicklung und Umsetzung einzelner Praktiken sowie deren Integration nicht vorhanden sind.
3. Ob die Initiativen der *„treibenden Kräfte"* auf Resonanz stoßen, hängt von den Einstellungen (cognitive frames) der beteiligten Personen zum Kommunalisierungsprozess ab.

In KommC wird der Prozess zu Beginn von einem Vertreter der Verwaltung dadurch getragen, dass er innerhalb des Issue-Netzwerkes zwischen den unterschiedlichen Interessen der beteiligten Personen vermittelt und unermüdlich ein effektives Management der sozialen Hilfen in den Mittelpunkt stellt. Das personale Vertrauen wird relativ schnell auf das Issue-Netzwerk übertragen und führt zur Stabilisierung desselben. Im Vergleich zu den anderen drei Fallbeispielen mit ähnlichen Ausgangsbedingungen werden relativ schnell gemeinsame Problemlösungsstrategien entwickelt.

In KommD und in KommE entwickelt sich keine derartige Kommunikationskultur. Auch innerhalb der Sitzungen der Issue-Netzwerke erfüllt keiner der Beteiligten die Funktion, Gegensätze herauszuarbeiten und zu vermitteln oder die Diskussion entlang erforderlicher Entscheidungen zu strukturieren.

In KommD wird die Etablierung des Issue-Netzwerkes mit Blick auf die Kommunalisierung durch die Verwaltung initiiert. Zu Beginn des Prozesses ist allerdings unklar, ob das Gremium dauerhaft tagen und ob es neben der reinen Mittelvergabe mit weiteren Aufgaben betraut werden soll. Die Etablierung des Issue-Netzwerkes zu einem dauerhaften Gremium ist durch die Initiative eines Vertreters der Wohlfahrtsverbände zu erklären. Die Koordination und Organisation der Termine wird durch diesen Vertreter übernommen. Das hohe Engagement bezüglich gemeinsamer Treffen und Inhalte führt letztendlich zwar zu

---

[92] Die Analyse bezieht sich hauptsächlich auf die Fallbeispiele, in denen ein Pfadwechsel erfolgen muss (KommA, KommB, KommC, KommE, KommF).
[93] In KommB bezieht sich diese Schlussfolgerung auf die mangelnden Einflussmöglichkeiten der Wohlfahrtsverbände.

einer Verstetigung des Prozesses, allerdings entfaltet der Wohlfahrtsverbandsvertreter weniger integrierende Wirkung als die treibende Kraft in KommC. Dem Vertreter der Wohlfahrtsverbände gelingt es zwar, durch das hohe Engagement regelmäßige Treffen zu etablieren, allerdings scheitert er mit dem Versuch, Interessen im Rahmen ortsligainterner Vorbesprechungen zu bündeln, um so den Kommunikationsprozess im Issue-Netzwerk zu erleichtern. Dies ist u. U. dadurch zu erklären, dass sich die Ortsliga im Auftrag der Kommune mit Blick auf die Kommunalisierung konstituiert und die Bündelung von Interessen damit eine besonders schwierige Aufgabe darstellt.

In den anderen drei Fallbeispielen gibt es bezüglich des Einflusses der Wohlfahrtsverbände keine treibenden Kräfte. Sowohl in KommB als auch in KommF gibt es auf Seiten der Verwaltung sowie der Ortsliga keine treibenden Kräfte, um das Anliegen der Beteiligung an Planungs- und Entscheidungsprozessen einzubringen. Die mangelnde Beteiligung wird teilweise von den Vertretern der Wohlfahrtsverbände als auch von Seiten der Verwaltung kritisch angemerkt.[94] Es werden aber von beiden Seiten keine entsprechenden Initiativen entwickelt, um Wohlfahrtsverbände an Entscheidungen zu beteiligen und gemeinsame Problemlösungsstrategien zu entwickeln.

Der zögerlich verlaufende Kooperationsprozess in KommE zeichnet sich ebenfalls dadurch aus, dass sich weder ein Verwaltungsvertreter noch die Wohlfahrtsverbände für eine Intensivierung des Prozesses engagieren. Die Wohlfahrtsverbände erhalten dementsprechend keinen Einfluss auf Entscheidungsprozesse.

Neben der Etablierung von Einflussmöglichkeiten für die Wohlfahrtsverbände kommt „treibenden Kräften" ebenfalls die Funktion zu, fehlendes Know-how über die einzelnen Praktiken in den Kommunikationsprozess einzuspeisen. In KommA und in KommB wird diese Funktion jeweils von dem Sozialplaner übernommen. Im Gegensatz dazu verfügen die Kommunen ohne entsprechendes Know-how bezüglich der Integration der unterschiedlichen Praktiken im Sinne eines integrierten Planungsprozesses überwiegend über Sozialplanungsstellen, die auf Ebene der Sachbearbeitung angesiedelt sind. Es liegt kaum Wissen über eine rein technische Anwendung der Praktiken hinausgehende Nutzung vor. Da die Aufgabe auf der Ebene der Sachbearbeiter nur eine von vielen ist, stehen wenig zeitliche Ressourcen zur Verfügung, um entsprechende Informationen aufzubereiten und in den Kommunikationsprozess einzubinden. Die Generierung eigener Problemlösungsstrategien hängt in diesen Fallbeispielen mit der Initiative „treibender Kräfte" zusammen.

In zwei weiteren Fallbeispielen lassen sich „treibende Kräfte" mit Blick auf die Praktiken ausmachen:

In KommC sind für die Entwicklung eigener Problemlösungsstrategien im Wesentlichen zwei Kräfte verantwortlich. Für die Initiierung der Idee einer Sozialberichterstattung entlang sozialpolitischer Handlungsfelder zeigt sich ein Vertreter der Wohlfahrtsverbände verantwortlich, der vorstrukturierte Daten über einzelne Handlungsfelder einbringt. Die „treibende Kraft" mit Blick auf eine pragmatische, umsetzungsorientierte Sozialplanung ist ein Vertreter der Verwaltung. Somit entspricht der Planungsprozess in der Kommune zwar keinem umfassenden Planungskonzept, die Kommune nutz aber die eigenen Ausgangsbedingungen optimal, um erste inkrementale Veränderungen einzuleiten.

In KommD versucht der Vertreter eines Wohlfahrtsverbandes ebenfalls, diese Funktion zu übernehmen. Mittels verschiedener Initiativen (externe Experten, best-practice Ver-

---

[94] Vgl. Interviewreihe I und II.

gleiche) wird versucht, entsprechendes Wissen und Know-how in den Prozess einzubringen. Im Unterschied zu KommC führt dies nur sehr zögerlich zu der Entwicklung einer von allen getragenen Strategie zur Etablierung einer Sozialberichterstattung. Die Verwaltungsmitarbeiter bleiben skeptisch in Bezug auf den zu erwartenden Arbeitsumfang. Die von Seiten der Vertreter der Wohlfahrtsverbände gesammelten Daten werden der Verwaltung übermittelt, im Gegensatz zu KommC sind sie aber nicht Gegenstand weiterer Diskussionen über die örtliche Infrastruktur und den örtlichen Bedarf. Die Daten werden nicht genutzt, um die Diskussion zu strukturieren, örtliche Probleme zu formulieren und Lösungsstrategien zu entwickeln. In KommC entwickelt sich ein Prozess, den man mit „Learning by doing" umschreiben kann, während dies in KommD nicht der Fall ist. In KommD strukturiert niemand den weiteren Diskussionsprozess und übernimmt die Federführung mit Blick auf weitere Planungsentscheidungen.

Aus den unterschiedlichen Verläufen ergibt sich die Frage, warum die „treibenden Kräfte" in KommC erfolgreich sind, wohingegen die „treibende Kräfte" in KommD weniger erreichen kann. Ausgehend von der These, dass die Initiativen anschlussfähiger sind, wenn die beteiligten Personen den Kommunalisierungsprozess positiv bewerten werden im Folgenden die unterschiedlichen Einstellungen (cognitive frames) der beteiligten Personen zum Kommunalisierungsprozess dargestellt.

Die Auswertung der Interviews[95] zeigt, dass die Beteiligten aller Kommunen die Kommunalisierung mit einigen Abstrichen (Rückzug aus der Steuerungsverantwortung durch das Land u. a.) überwiegend positiv bewerten. Wie folgende Tabellen zeigen, gibt es allerdings Unterschiede hinsichtlich der Chancen-/Risikenabwägung:

Abbildung 18: Bewertung der Chancen des Kommunalisierungsprozesses (Anzahl der Nennungen)

	KommA	KommB	KommC	KommD	KommE	KommF
HSR positiv	1	8	7	2	7	5
Bessere Vernetzung	12	5	4	2	4	
Abbau PS		5	2			
Fachliche Standards	5		2		1	1

HSR=Handlungsspielraum; PS=Parallelstrukturen

Abbildung 19: Bewertung der Risiken des Kommunalisierungsprozesses (Anzahl der Nennungen)

	KommA	KommB	KommC	KommD	KommE	KommF
Aufwand/ Ertrag neg.	5	5		3	5	9
Umverteil. Unwahrsch.				1	2	2

---

[95] Interviewreihe I.

Sowohl KommC als auch KommD sehen den Kommunalisierungsprozess als prinzipiell positiv an. Allerdings fällt in KommC die Chancen-/Risikenabwägung deutlich zu Gunsten der Chancen aus. Risiken werden kaum gesehen. Im Gegensatz dazu werden in KommD zwar ebenfalls Chancen genannt, das Missverhältnis zwischen Aufwand und Ertrag wird allerdings deutlich negativer bewertet. Die Skepsis bezüglich Umverteilungsentscheidungen zwischen den Gebietskörperschaften und die mit den vergleichsweise wenigen finanziellen Mitteln einhergehenden geringen Handlungsspielräumen werden in KommD auch während der Beobachtungen immer wieder deutlich.[96] Die negative Einschätzung führt auf Seiten des Amtsleiters zu der Entscheidung, die Kommunalisierung mit möglichst geringem Aufwand durchzuführen. Dies führt wiederum dazu, dass die Initiativen und das Engagement der „treibenden Kräfte" auf geringe Resonanz stoßen.

Ein Blick auf die Tabellen macht zudem deutlich, dass die Chancen-/Risikenabwägung für KommE etwas besser ausfällt als für KommD. Initiativen einer „treibenden Kraft" würden hier unter Umständen auf fruchtbaren Boden treffen können. Insgesamt sind die Ergebnisse allerdings vorsichtig zu interpretieren, da für die Analyse von Erfolgs- und Misserfolgsfaktoren für einen Pfadwechsel lediglich sechs Fallbeispiele zur Verfügung standen.

6.2.6 Fazit

Die Beobachtung der Fallbeispiele legt die Schlussfolgerung nahe, dass das Zweckprogramm Rahmenvereinbarung als Irritation zur Auslösung von Pfadwechseln nicht ausreicht und damit die Gleichzeitigkeit und Gleichsinnigkeit von Veränderungsprozessen unwahrscheinlich ist. Die Veränderung von Macht- und Entscheidungsstrukturen mit Blick auf die Einflussgewährung von Wohlfahrtsverbänden scheint hohen Voraussetzungen zu unterliegen. Die Beteiligung von Wohlfahrtsverbänden im Rahmen von Issue-Netzwerken führt zudem nicht notwendigerweise zum Einfluss auf kommunale Entscheidungsprozesse. Einige Netzwerke verbleiben beim reinen Informationsaustausch und schaffen es nicht, die Praktiken der Rahmenvereinbarung dahingehend zu nutzen, eigene Problemlösungsstrategien zu generieren. Mit Blick auf die eingangs formulierte These zeigt sich, dass KommA die Rahmenvereinbarung am verbindlichsten umsetzt, deren Ausgangsbedingungen sowohl in Bezug auf die Beteiligung der Wohlfahrtsverbände an Entscheidungsprozessen als auch in Bezug auf Kenntnisse und Anwendung der Praktiken im Sinne eines integrierten Planungsprozesses bereits den in der Rahmenvereinbarung geforderten Praxis entsprach.

Auch wenn ein Pfadwechsel schwierig erscheint, konnten in den Umsetzungsprozessen einige Faktoren ausfindig gemacht werden, die einen Pfadwechsel begünstigen. „Treibende Kräfte" können unter gewissen Umständen die Veränderung von Macht- und Entscheidungsstrukturen begünstigen, indem sie Problematisieren und durch hohes Engagement Kommunikationsprozesse initiieren und stabilisieren. Zudem können „treibende Kräfte" mangelndes Know-how bezüglich Wissen über einzelnen Praktiken als auch darüber, wie eigene Problemlösungsstrategien entwickelt werden können ausgleichen. Ob die Initiativen allerdings anschlussfähig sind, ist wiederum von den *beteiligten Personen* abhängig. Dabei scheint die *Einstellung zum Kommunalisierungsprozess* bezüglich der Chancen, die in einem derartigen Prozess liegen, eine Rolle zu spielen.

---

[96] Vgl. Beobachtungsleitfäden.

Der Kommunalisierungsprozess zeigt einmal mehr die Pfadabhängigkeit von Reformprozessen in Kommunen auf. Ein erfolgreicher Pfadwechsel wie ihn die Rahmenvereinbarung intendiert, ist von vielfältigen Faktoren abhängig. Die systemspezifischen Eigendynamiken des lokalen politisch-administrativen Systems konnten jedenfalls von der auf Landesebene ausgehandelten Rahmenvereinbarung nicht derart irritiert werden, dass flächendeckend Veränderungslernen stattgefunden hat.

6.3 Die Bedeutung issuebezogener Vernetzung für die Vereinbarung von Verbindlichkeit[97]

Eine der zentralen Annahmen des Forschungsprojektes bezieht sich darauf, dass eine wirksame Implementation der Kommunalisierung nur dann gelingen kann, wenn ein funktionierendes Issue-Netzwerk in den einzelnen Fallbeispielen entsteht. Für seine Funktionsfähigkeit ist dabei insbesondere entscheidend, dass die Schnittstellen zwischen den im Netzwerk beteiligten Organisationen, dem Netzwerk und den im Netzwerk beteiligten Personen durchlässig gestaltet werden. Nur dadurch kann aus systemtheoretischer Sicht sichergestellt werden, dass die Ergebnisse der Netzwerkkommunikation kommunikative Anschlussfähigkeit in den Backoffice-Organisationen erzeugen und als Referenz für zukünftige verbindliche Entscheidungen im Themenfeld „soziale Hilfen" dienen. Unter Rückgriff auf die systemtheoretischen Ausführungen in Kapitel 3 sind folgende Argumentationsstränge entscheidend, um empirisch in den Blick nehmen zu können, wie ein Netzwerk diese Funktionen erfüllen kann.

1. Schnittstellenfunktion des Netzwerkes: Da Organisationen Sozialsysteme sind, die im Hinblick auf ihre internen Operationen selbstreferentiell und autopoietisch geschlossen sind, sind kommunikative Verknüpfungen hochunwahrscheinlich. Gleichzeitig sind die geschlossenen Systeme aber offen für die Beobachtung ihrer Umwelt. Ein Issue-Netzwerk ist ein einfaches Sozialsystem, in dem Personen aus unterschiedlichen Organisationen die gegenseitigen Erwartungen andererer Organisationen beobachten und die Erwartungen der eigenen Organisation kommunizieren können. Dabei ist es möglich, dass gegenseitige Erwartungen so kommuniziert werden, dass es zu Erwartungstransformationen zwischen den Personen im Issue-Netzwerk kommt. (s.u.) Diese im Netzwerk generierte Kommunikation verändert aber nicht direkt die Erwartungszusammenhänge der Organisation. Aufgrund der Geschlossenheit der systeminternen Operationen folgt die Logik der Veränderung der Logik der organisationsinternen Kommunikation. Die Person koppelt die Netzwerkkommunikation zurück in die Organisation und kann dort die organisationalen Entscheidungsprämissen verändern. Inwiefern die durch die Netzwerkkommunikation veränderten Entscheidungsprämissen kontinuierlich in aktuellen Organisationsentscheidungen berücksichtigt werden, hängt davon ab, wie sie in die Erwartungsstruktur der Organisation „passen" (vgl. Kapitel 6.2) und welche Relevanz die netzwerkgenerierte Entscheidungsprämisse für die Organisation hat. Soll das theoretisch „Hochunwahrscheinliche", die kommunikative Verknüpfung über Systemgrenzen hinweg, also faktisch passieren, sind besondere Anstrengungen zur Strukturierung und Verstetigung notwendig. Den Netzwerken kommt bei der

---

[97] Verfasserin des Kapitels: Dr. Hildegard Pamme.

durchlässigen Gestaltung von Schnittstellen zwischen Systemen eine herausragende Bedeutung zu.

2. Kommunikationsfunktion des Netzwerkes: Im Netzwerk beobachten sich Personen, die die unterschiedlichen Erwartungszusammenhänge ihrer Organisationen bündeln. Das multistrukurelle Geflecht aus Erwartungszusammenhängen unterschiedlicher Organisation ist komplex und die Art und Weise der Netzwerkkommunikation kontingent. Damit sich die kontingente Netzwerkkommunikation komplexitätsreduzierend auf die Transformation von Erwartungen ausrichten kann, sind bestimmte Strukturierungen hilfreich. So können die völlig offenen gegenseitigen Erwartungen der Netzwerkteilnehmer untereinander eingeschränkt und stabilisiert werden, indem die Netzwerkteilnehmer Vertrauen zueinander gewinnen (vgl. Kapitel 6.4) Komplexitätsreduzierend wirken sich aber auch Struktur- und Prozessmerkmale der Issue-Netzwerke wie z. B. die Zusammensetzung der Netzwerke, ihre Einbettung in das lokale politisch-administrative System, die Sitzungshäufigkeit, die Kapazitäten zur Koordination der Netzwerkarbeit, der Kommunikationsstil oder die Interessenkonstellation der Netzwerkteilnehmer aus. Die Kapazität konkreter Issue-Netzwerke für die Vereinbarung von Verbindlichkeit unterscheidet sich demnach dadurch, welche konkreten Schnittstellenfunktionen zwischen psychischen und sozialen Systemen in welchem Ausmaß wahrgenommen werden. Je mehr, je intensiver, je weniger kontingent und je weit verzweigter horizontal und vertikal kommuniziert wird, desto durchlässiger sind die Schnittstellen zwischen psychischen und sozialen Systemen gestaltet. In Abhängigkeit davon, wie diese Kommunikationsprozesse zu den jeweiligen organisationsinternen Kommunikationsprozessen und -strukturen passen – vgl. dazu auch Kapitel 6.2 –, können diese Kapazitäten für die Erzeugung von Verbindlichkeit genutzt werden. Bei den verschiedenen Aspekten der Verbindlichkeit steht im Vordergrund, inwieweit die Zuwendungsverträge und die Berichte so umgesetzt werden, dass Bedarfsgerechtigkeit als ein Bezugspunkt von örtlichem Interesse erkennbar wird. Im Folgenden liegt der Schwerpunkt auf der Analyse der horizontalen Kommunikation. Ausführungen zur vertikalen Kommunikation finden sich im Kapitel 6.1.

Bereits hinsichtlich der Zusammensetzung unterscheiden sich die Issue-Netzwerke dahingehend, ob sie lediglich verwaltungsintern oder auch verwaltungsextern besetzt sind. Eine rein verwaltungsinterne Besetzung des Netzwerkes führt bei den von uns untersuchten Fallbeispielen im besten Falle zu einer organisationsintern abgestimmten und auf hohem fachlichen Niveau angesiedelten Umsetzung der Kommunalisierung (KommB). Dabei wird die verwaltungsinterne Perspektive von Bedarfsgerechtigkeit berücksichtigt. Das häufig tagende und stabil besetzte Issue-Netzwerk profitiert davon, dass es frei von grundsätzlichen Interessengegensätzen ist. Die Sitzungen laufen sowohl strukturiert, als auch routiniert und werden von dem Koordinator der „AG" sachlich, fachlich und inhaltlich in Richtung einer Entscheidungsfindung moderiert. Netzwerkergebnisse werden über die Protokollverteilung nur verwaltungsintern kommuniziert. Die in der Ortsliga zusammengeschlossenen Wohlfahrtsverbände, die sonstigen Träger und die Kommunalpolitik werden über die verwaltungsintern abgestimmten Schritte der Implementation lediglich informiert. Mit Blick auf die Durchlässigkeit von Schnittstellen zwischen psychischen und sozialen Systemen an der Organisationsgrenze ist bei einer solchen Vorgehensweise mit Reibungsverlusten zu rechnen. Verbindlichkeit ist hier lediglich nach innen vereinbart, im Umgang mit den anderen Organisationen der lokalen Sozialpolitik wird sie hierarchisch implementiert. So kommt es in KommB z. B. dazu, dass die von den Zuwendungsverträgen betroffenen Verbände eine juristische Prüfung der Verträge einleiten, obwohl diese bereits verwaltungsintern erledigt wurde. Auch die Idee, die freie Spitze der Kommunalisierung auf Basis von Anträgen der Träger zu verteilen, fällt in KommB erst, als verschiedene Möglichkeiten im verwaltungsinternen Abstimmungsprozess gescheitert sind. Die verwaltungsinterne effektive Umsetzung der Kommunanlisierung wird bei den Verwaltungsvertretern positiv und von den Vertretern der Ortsliga ambivalent bewertet. Stellvertretend für die Mitglieder der Kreisverwaltung meint eine Vertreterin des Jugendamtes hierzu:

> „Gut bewerte ich die Zusammenarbeit. Es ist halt auch sehr gut, dass da wirklich alle vertreten waren - sowohl die Führungsebene als auch die Sozialhilfeplanung, Sachbearbeiter. Auch das Revisionsamt, was für uns als Sachbearbeiter sehr wichtig ist, dass die die Beschlüsse auch mitkriegen und hören. Weil, wir schlagen uns ja mit denen sozusagen letztendlich rum. Also ich denke, da ist, ich weiß ja nicht, wie es in anderen Städten ist, aber ich glaube, … in (…) (KommB – der Verf.) läuft das ganz gut diesbezüglich. Und auch der Informationsfluss ist sehr viel besser durch diese AG, als wenn man das sonst über vier verschiedene Personen erfährt, so wenn man immer die Rangordnung einhält, dann kommt das natürlich in sehr dezimierter Form bei uns unten an. Also das finde ich wirklich sehr gut, wie das läuft. Ja, ich habe aber dann auch natürlich keinen Vergleich."[98]

Demgegenüber bewertet die Vertreter der Ortsliga die Arbeit des verwaltungsinternen Issue-Netzes exemplarisch wie folgt:

> „Ah gut, also ich meine das so, wenn Kommunalisierungsmittel übrig sind, dann wurde im Vorfeld schon entschieden, für welchen Bereich diese Mittel ausgegeben werden. Bei der Auswahl, welche Projekte, war ich also nicht beteiligt."[99]

> „Also ich finde, was die Qualität der Zusammenarbeit betrifft, die ist und war nie schlecht in (…) (KommB – der Verf.). Das muss man so fairerweise zugeben und eingestehen. Allerdings bleibe ich dabei bei dem, was ich sagte: ich finde, dass eine Beteiligung der Liga bei der Frage der Sozialplanung aus meiner Sicht anders gestaltet werden sollte, nämlich sie sollte frühzeitig einbezogen werden, sie soll vor allem bei den großen Steuerungsaufgaben auch mit einbezogen werden."[100]

KommC oder KommD beginnen mit dieser Diskussion die Arbeit im Issue-Netzwerk. Aspekte örtlicher Bedarfsorientierung werden hier nicht integriert.

Anders im Fall des verwaltungsintern besetzten Issue-Netzwerkes von KommF, das von Beginn des Beobachtungszeitraumes überhaupt nicht richtig in Gang kommt. Dabei war hier ursprünglich eine breit angelegte Partizipationsstruktur geplant. Die Verwaltungsvorlage dazu traf auf breite Zustimmung bei der Ortsliga, scheiterte aber am Votum der Politik, die in die Erarbeitung kaum involviert war. In der Folge lag die Umsetzung der Kommunalisierung im Beobachtungszeitraum fast ausschließlich in der Verantwortung eines Koordinators, der die bilaterale Zusammenarbeit mit einzelnen Fachabteilungen organisiert. Das verwaltungsinterne Issue-Netzwerk tagte in KommF nur einmal. An der Tatsache, dass alle verwaltungsinternen Interviewpartner bei übergreifenden Fragen zur Kommunalisierung immer wieder auf den Koordinator verweisen, wird deutlich, dass innerhalb

---

[98] KommB; Verwaltung 3, IZ 2.
[99] KommB; Verband 1; IZ 2.
[100] KommB; Verband 2; IZ 2.

der Verwaltung kein Informationsfluss stattfindet. Ein Vertreter der Kreisverwaltung bemerkt diesbezüglich:

> „(D)er [Koordinator] kann das natürlich auch allein machen. Ich muss da nicht beteiligt sein ... (D)er [Koordinator] ist halt auch überlastet, ja. Deswegen kriegen wir jetzt wahrscheinlich, ich sage jetzt mal, wahrscheinlich, eine zweite Planerstelle. Der kann das ja auch nicht alles schaffen. Das ist einfach zuviel. Er hängt ja noch bei der Hartz-Kiste da mit drin. Das ist schlecht. Der ist überlastet einfach, ja. So sieht das aus.“[101]

Ähnlich wird die zentrale Position des Koordinators in KommF von einem Politiker beschrieben:

> „(W)ir haben [die Kommunalisierung] bei uns in der Steuerung Soziale Dienste eben in dem Fachdienst verankert. Und dort gibt es eine steuernde Person, auch mit seinem Mitarbeiterstab, die machen aber auch noch andere Aufgaben, das ist im Grunde unser [Koordinator]. Und der koordiniert das in dem Bereich.“[102]

Eine Zusammenarbeit zwischen Ortsliga und Kommunalverwaltung fand im Beobachtungszeitraum nicht statt. Die mangelnde Beteiligung der Kommunalpolitik an einer übergreifenden Gremienstruktur – und damit ein weiterer Reibungsverlust an der Grenze verschiedener Systeme – reduziert den weiteren Implementationsprozess auf eine bürokratische Umsetzung der Mustervorlagen des Landes.

Im Gegensatz dazu hat KommA die Strukturen seiner partizipativen Sozialplanung von Beginn an eng mit den Gremien der Kommunalpolitik abgestimmt. Das Issue-Netzwerk in KommA besteht aus einer Steuerungs- und einer Arbeitsebene. Die Steuerungsebene des Issue-Netzwerkes tagt unter Beteiligung politisch-administrativer Führungskräfte und ehrenamtlicher Kommunalpolitiker. Darüber hinaus sind Vertreter der Ortsliga, der einwohnerstärksten Gemeinde, der Arbeitsagentur und der ARGE vertreten. Auf der Arbeitsebene tagten während des Beobachtungszeitraumes fünf Untergruppen, um einzelne Aspekte der partizipativen Sozialplanung in jeweils spezifischen sozialen Handlungsfeldern zur Entscheidungsreife zu bringen. In diesen Untergruppen sind alle Träger involviert, die Leistungen in dem betrachteten sozialen Handlungsfeld anbieten. Alle Beteiligten treffen sich über die häufigen und stabil besuchten Treffen der Steuerungs- und Arbeitsebene hinaus noch in anderen Kooperationsgremien. Entscheidungsvorlagen der Arbeitsebene werden auf der Steuerungsebene vorgestellt. Diese Vorstellung ist stets mit einer Diskussion darüber verbunden, in welcher Reihenfolge, wann und wie die Entscheidungsvorlagen den zuständigen politischen Gremien vorzulegen sind. Entscheidungen von größerer Reichweite wie z. B. der verwaltungsinterne Vorstoß für eine örtliche Sozialberichterstattung gegen Ende des Beobachtungszeitraumes werden genauso wie die Etablierung der partizipativen Sozialplanung in KommA selbst, in enger Abstimmung zwischen Kommunalpolitik und -verwaltung getroffen. Damit ist alles in allem ein regelmäßiger und solider Informations- und Kommunikationsfluss innerhalb des lokalen politisch-administrativen Systems gewährleistet. Weniger weit reichende Umsetzungsschritte werden in unaufgeregten, sachlichen Diskussionen in der Regel konsensual verabschiedet. Die Effektivität, mit

---

[101] KommF; Verband 3; IZ 2.
[102] KommF; Politik 1; IZ 1.

der Entscheidungen im Netzwerk getroffen werden, ist auch auf eine grundsätzliche Interessenhomogenität unter den Netzwerkteilnehmern zurück zu führen. Zu der Atmosphäre der Zusammenarbeit im Netzwerk äußert sich ein Verbandsmitglied in KommA stellvertretend für die anderen Teilnehmer folgendermaßen:

> „Den partnerschaftlichen, offenen Umgang und auch offen in Verbindung mit ehrlich, was die jeweilig zur Verfügung stehenden Ressourcen anbetrifft. Dass jeder voneinander sieht, …, dass alle mit Wasser kochen, um es mal salopp zu formulieren. Dass man gemeinsam nach Wegen sucht, um wirklich aussagefähige Informationen zu erhalten. Dass man sich wechselseitig respektiert und auch bereit ist, das politisch festzustellen. Das ist einer der Punkte, der gerade ansteht hier ... Und dass man versucht, trotzdem auch mit den Informationen, die man hat, etwas Vernünftiges draus zu machen, ohne da einen politischen Popanz aufzublasen, was man denn alles hätte und in Wirklichkeit gar nicht da ist."[103]

Trotz der Bandbreite an Organisationen, die auf der Steuerungsebene vertreten sind, sind die Beteiligten von ihren Backoffice-Organisationen ins Issue-Netzwerk entsandt, um eine qualitativ hochwertige soziale Infrastruktur sicher zu stellen. Die überwiegende Anzahl der Netzwerkteilnehmer hat sich auch mit dieser Rollenzuschreibung identifiziert. Dabei gibt es neben einem routinemäßigen Informationsaustausch über laufende Prozesse durchaus kontroverse Diskussion über strategische Ziele. Bei den Streitpunkten handelt es sich jedoch um unterschiedliche Einschätzungen von Kausalitäten oder Problemwahrnehmungen oder lediglich um instrumentelle Fragen. Strategische Debatten werden zwar eher von den hierarchisch höher stehenden Personen geführt. Die Tatsache, dass der Vorsitz im Netzwerk jährlich zwischen Verwaltung und Ortsliga wechselt, zeigt jedoch den gleichberechtigten Anspruch des Issue-Netzwerkes in KommA. Dieses horizontal weit verzweigte Issue-Netzwerk mit seinen stabilen Kommunikations- und Entscheidungsflüssen macht hinsichtlich der Verbindlichkeitserzeugung eine weitgehende Integration der Praktiken der Rahmenvereinbarung möglich. Auch in dem fachlich anspruchsvollen Kommunalisierungsprozess in KommB, der allein verwaltungsintern gesteuert wird, besteht ein Problembewusstsein, dass letztlich die vereinbarten Ziele, ausgehandelten Leistungen und Controllinginstrumente zwischen Zuwendungsverträgen, Berichtswesen, Sozialberichterstattung und Sozialplanung abgestimmt und integriert sein müssen, um den Aspekt der Bedarfsgerechtigkeit vor Ort systematisch zu verankern. Diese Integrationsleistung findet hier jedoch nur punktuell statt. In KommA gelingt es demgegenüber, einzelne handlungsfeldbezogene, partizipative Sozialplanungsprozesse umzusetzen. Die Anforderungen, die die Praktiken der Kommunalisierung stellten, sind in diese Prozesse eingebettet. Idealtypisch sind diese partizipativen Sozialplanungsprozesse durch folgende Etappen gekennzeichnet: Um den Bedarf in einem Handlungsfeld zu ermitteln, werden zunächst Qualitätsziele des Leistungsangebotes kooperativ zwischen allen Beteiligten abgestimmt. Auf der Basis von quantitativen und qualitativen Bestandserhebungen werden diesem Bedarf die Leistungen aller vor Ort tätigen Einrichtungen gegenübergestellt. Die Analyse von Bestand und Bedarf macht es möglich, die konkrete Leistungen einzelner Träger zu generieren und diese in den Zuwendungsverträgen fest zu schreiben. Ein Controlling findet über ein eigens ausgehandeltes und um die Anforderungen der Kommunalisierung erweitertes Berichtswesen statt. In der Logik

---

[103] KommA, Verband 1; IZ 1.

dieser handlungsfeldbezogenen Vorgehensweise liegt es, dass zum Ende des Beobachtungszeitraumes zwar noch nicht alle kommunalisierten Handlungsfelder systematisch beplant wurden. Insgesamt ist aber in KommA ein transparentes, partizipatives und bedarfsorientiertes Willensbildungs- und Entscheidungsverfahren unter den von uns untersuchten Fallbeispielen am weitesten fortgeschritten. Andererseits gibt es aber auch hier Verwaltungsteile, die sich dieser Logik bisher nicht anschließen. Während Mittelgewährungen insgesamt weitgehende Bestands- und Bedarfserhebungen und eine breite Abstimmung innerhalb der Struktur der partizipativen Sozialplanung erfordern, werden in der Jugendhilfe Mittel nach wie vor eher anhand klientelistischer Kriterien verteilt. Die erfolgreiche und umfassende Verankerung des Issue-Netzwerkes im politisch-administrativen System der KommA und das professionelle Management des Issue-Netwerke auf Steuerungs- und Arbeitsebene ist nur möglich, weil die für die Koordination zuständige Sozialplanerin in der Verwaltungshierarchie hoch angesiedelt ist und sich allein auf die partizipative Sozialplanung und die Umsetzung der Kommunalisierung konzentrieren kann. Die Verankerung des Issue-Netzes im kommunalen PAS der KommA und die Bedeutung der Sozialplanerin werden durch die folgende Äußerung eines Vertreters der Verwaltung deutlich:

> „Die beteiligen wirklich jeden. Und es ist Verwaltung und es ist die Stadt. Das ist ja immer so, weil die ja auch gewichtig ist. Es sind alle drin. Und es sind alle politischen Gremien drin. Gestern fehlten noch zwei, drei Politiker von den Grünen usw., die da immer ein Dampf rein bringen; sonst sind alle da. Also für die Steuerungsgruppe eigentlich ist alles das an Bord, was man braucht. Und was ich hier gut finde, den Stellenwert, den Sozialplanung hat mit einer eigenen Stabsstelle. Ich denke mir, das ist auch nicht üblich. Aber das ist das A und O, eine eigene Stabsstelle, die Sozialplanerin, der Job ist zu tun, Punkt, und nicht irgendein Anhängsel für irgendeinen anderen, dass er das mitmacht.“[104]

Weiterhin profitiert der Prozess von der hohen Interessenhomogenität der Akteure, den ausgeprägten Erfahrungen mit kooperativen, organisationsübergreifenden Arbeitsstrukturen bereits vor der Kommunalisierung und dem fachlich fundierten Wissen zu den Praktiken der Rahmenvereinbarungen (vgl. Kapitel 6.2).

Welche Bedeutung das Issue-Netzwerk spielen kann, wenn diese positiven Randbedingungen nicht vorliegen, zeigen die Fallbeispiele KommC und KommD. Während in KommC die häufigen Arbeitssitzungen des Issue-Netzwerkes zu einer pragmatischen Form von Sozialdatenerhebung führen, gerät im KommD der Prozess immer wieder ins Stocken. Dabei verfügen beide Beispiele über ähnliche, eher geringe Kapazitäten zur Koordination der Kommunalisierung. Der Sozialplaner in KommC hat eine volle Stelle auf Sachgebietsleiterebene, muss aber parallel noch andere Aufgaben wahrnehmen. In KommD wird die Koordination zwischen den Planern in Absprache mit dem Amtsleiter wahrgenommen. Auch dies erfolgt parallel zu anderen Aufgaben. Die beiden Fallbeispiele unterscheiden sich aber einerseits hinsichtlich ihres Erfolges bei der Entwicklung personalen Vertrauens (vgl. Kapitel 6.4). Andererseits werden die vorhandenen Interessengegensätze zwischen den Netzwerkteilnehmern unterschiedlich bearbeitet.

---

[104] KommA, Verwaltung 3; IZ 2.

In KommC stehen sich zu Beginn des Beobachtungszeitraumes klar zu identifizieren-de Anwälte für bestimmte Interessen gegenüber: Der Vertreter des DPWV ist ein Anwalt der sozial Schwachen, die anderen Ortsliga-Vertreter agieren im Sinne des Gemeinwohls und als Interessenvertreter ihrer jeweiligen Wohlfahrtsverbände. Der Sozialamtsleiter und der Sozialplaner treten als Anwälte der Kommunalfinanzen auf. Nur der Jugendamtsleiter einer kreisangehörigen Stadt spricht sich kontinuierlich für ein effektives Management der sozialen Hilfen aus und agiert damit als Vermittler. Die Vermittlungsfunktion beinhaltet die Verzahnung der grundsätzlichen Interessen der Kreisverwaltung und der Vertreter der Ortsliga. In Worten des Jugendamtsleiters wird diese Interessensvermittlung z.B. für effiziente Abstimmung im Issue-Netzwerk (Interessen Kreisverwaltung) und eine umfassende Sozialplanung (Interesse Ortsliga) deutlich:

„Na ja, es ist natürlich in gewisser Weise negativ, weil jeder eigentlich auch noch andere Sachen zu tun hat. Also von daher ist es immer negativ, wenn Dinge sehr viel Zeit kosten. Der Vorteil des Aufwändigen ist, dass es sehr gründlich ist. Dass es nicht so sehr hingehuscht ist. Sondern dass wir uns jedes Mal über die einzelnen Themen, weil wir uns um den Konsens bemühen, sehr viele Gedanken machen. Das ist ein Teil dieser Aufwändigkeit. Und in dem Sinne ist es wieder was Positives, muss ich sagen, dass es auch vom Ergebnis her gerechtfertigt ist. Wir können uns jedes Mal noch wieder treffen und uns freuen, dass wir uns treffen, und dass wir wieder arbei-ten. Und ich glaube, es geht da keiner zu diesen Treffen hin mit einem inneren Hass, nur weil er muss - sozusagen."[105]

Zu Beginn beherrschen kontroverse Debatten die Sitzungen – von dem Streit über die rich-tige Wiedergabe der letzten Sitzung im Protokoll bis zu gegensätzlichen Ansichten über die Verteilung der freien Spitze und die zukünftige Ausrichtung des Issue-Netzwerkes wird gestritten. Der Sozialplaner moderiert, bringt dabei aber immer wieder das Interesse, dass dem Bedarf an sozialen Hilfen grundsätzlich nur begrenzte finanzielle Mittel gegenüber stehen, in den Vordergrund. In der Frage der Verteilung der Restmittel stützt der Jugend-amtsleiter immer wieder Vorschläge, die sich an einer transparente Vergleichbarkeit von Bestand und Bedarf orientieren. Sein Bemühen stößt auf Resonanz, das Issue-Netzwerk generiert Problemlösungen.

Zufällig übernimmt der Sozialamtsleiter die Sitzungsleitung. Auch er „hütet" die Kreisfinanzen, kommt aber insgesamt mehr einer zusammenfassenden und bündelnden Moderationsfunktion nahe. So entwickelt das Issue-Netzwerk eine eigenständige Um-gangsweise zwischen Sozialplanung und Umsetzung der Kommunalisierung in Form einer pragmatischen, planungsorientierten Sozialdatenerhebung. Dieser Verteilungsmodus, der zu Beginn für die Verteilung der freien Spitze der Kommunalisierung entwickelt wurde, brei-tet sich auch auf nicht-kommunalisierte soziale Handlungsfelder aus. Konflikte gibt es bis zum Ende des Beobachtungszeitraumes in zahlreichen Einzelfragen, aber der Erfolg in insgesamt zwölf Arbeitssitzungen bei reger Beteiligung aller hat ein Fundament für einen konstruktiven Konfliktaustrag geschaffen. Dabei integriert sich der Vertreter eines Verban-des, indem er weiterhin als Mahner in Fragen sozialer Gerechtigkeit auftritt, gleichzeitig aber sein sozialpolitisches Know-how und seine Arbeitskraft zur Strukturierung der pla-nungsorientierten Sozialdatenerhebung einbringt. Wenn auch die landesweiten Muster der

---

[105] KommC, Verwaltung 3; IZ 2.

Zuwendungsverträge und der Berichte zunächst eher bürokratisch ohne eine Integration der Praktiken umgesetzt werden, entsteht mit Blick auf die Verbindlichkeitserzeugung für die Zukunft ein abgestimmter Referenzpunkt für ein bedarfsorientiertes Entscheiden. Gegenüber den fachlichen Ansprüchen von KommB und KommA hinsichtlich der Sozialplanung fällt KommC zwar ab, das Fallbeispiel findet aber eine seinen eher geringen personellen Kapazitäten angemessene Strategie. Bezog sich der Kommunikationsfluss des Issue-Netzwerkes in KommC lange auf verwaltungs- bzw. ortsligainterne Kanäle, machte es gegen Ende des Beobachtungszeitraumes auch auf Seiten der ehrenamtlichen Kommunalpolitik von sich Reden. Die oppositionelle Fraktion im Kreistag stellte eine Anfrage zur Zusammensetzung und zum Arbeitsauftrag des Issue-Netzwerkes, die vom Sozialplaner beantwortet wurde. Bis zum Ende des Beobachtungszeitraumes blieb diese Anfrage allerdings ohne Folgen für eine stärkere, systematische Einbettung des Issue-Netzwerkes in die sozialpolitischen Entscheidungs- und Willensbildungsstrukturen vor Ort.

Während in KommC der ständige Verweis auf eine transparente Mittelverteilung den sich entwickelnden Willensbildungs- und Entscheidungsprozess verstetigen kann, pendeln die Diskussionen im KommD zwischen unterschiedlich weitgehenden Konzeptionen von Sozialplanung. Ein gemeinsam abgestimmter Arbeitsauftrag entwickelt sich hier nicht. Um die freie Spitze zu verteilen, werden im KommD zu Beginn des Beobachtungszeitraumes gemeinsame Vorschläge aus dem Issue-Netzwerk entlang der Zielvereinbarung geprüft und einseitig hierarchisch von der Verwaltung für förderungs- oder eben nicht förderungswürdig befunden. Die Vertreterin eines Verbandes weigert sich auf Basis des geringen Wissens über den Bestand und Bedarf sozialer Hilfen über die verwaltungsinternen Vorentscheidungen zu entscheiden. Sie initiiert in der ersten Sitzung den Vorschlag, eine umfangreiche Sozialplanung in KommD zu etablieren und tritt damit als Vorreiterin auf.

Dieses Interesse stößt während des gesamten Prozessverlaufes bei der Verwaltung angesichts zu geringer personeller und fachlicher Kapazitäten auf Ablehnung. Innerhalb der Ortsliga wird die Verbandsvertreterin zwar immer wieder punktuell unterstützt. Insgesamt gibt es hier aber aufgrund der fehlenden Betroffenheit durch die Kommunalisierung und aufgrund der Konkurrenz der Wohlfahrtsverbände untereinander keine gemeinsame Position. Trotz verschiedener Bemühungen der Vorreiterin, die Interessen der Wohlfahrtsverbände abzustimmen, bleiben die Positionen disparat. Da die Vertreter der Ortsliga eher unregelmäßig an den Sitzungen teilnehmen, stockt der Prozess immer wieder, weil zunächst alle auf einen gemeinsamen Diskussionsstand gebracht werden müssen. Im Prozessverlauf bildet sich zwar ein offener und transparenter Informationsaustausch mit einem deliberativen Kommunikationsgestus heraus. Die bestehende Interessenkonstellation kann jedoch nicht überwunden werden. Die Mehrzahl der Personen im Issue-Netzwerk bleibt den Interessen der jeweiligen Back-Office-Organisation verhaftet. Die Vertreterin des Verbandes beschreibt die allgemeine Situation in KommD und die Arbeit im Issue-Netzwerk folgendermaßen:

„Also ich würde mal sagen, allein, dass wir jetzt mit der Kreisverwaltung über die Kommunalisierung regelmäßig tagen; wir tagen ja fast jetzt im Vierwochenrhythmus, ist schon, für die (…) (KommD – der Verf.) ist das ein großer Fortschritt. Das gab es vorher nicht. Also im Prinzip hat die Kommunalisierung in (…) (KommD – der Verf.) überhaupt dieses gemeinsame Treffen zwischen Kreis und Liga ermöglicht. Das ist schon mal ein großer Fortschritt. Und dadurch, dass die Fachreferentinnen … z.T. mit dabei sind und auch Sozialdaten beisteuern, versuchen wir ja im Moment, mit diesen Excel-Tabellen uns überhaupt mal so ein bisschen sozialplanerische

Grundlagen da zu erarbeiten. Also wir sind weit entfernt von einer qualitativen richtigen Sozial-planung, würde ich jetzt sagen, aber wir versuchen, das ein bisschen zu fundieren, dass es nicht nur so gefühlsmäßige Entscheidungen sind. In (...) (KommD – der Verf.) finde ich im Moment sehr problematisch, dass die Liga so zerstritten ist. Das ist natürlich total hemmend für einen echten Prozess."[106]

Da innerhalb des Issue-Netzwerkes in wesentlichen Fragen keine tragfähigen Annäherun-gen unter systematischer Einbeziehung der Ortsliga erreicht werden kann, gerät die Verwal-tung unter Entscheidungsdruck. Von Seiten der Verwaltung werden immer mehr verwal-tungsintern abgestimmte Sachverhalte präsentiert, die vom Issue-Netzwerk nur noch ratifi-ziert können. Die Mustervorlagen des Landes können so in KommD nur in einem bürokra-tischen Modus umgesetzt werden, ohne dass parallel dazu eine gemeinsame Entschei-dungsgrundlage für zukünftiges bedarfsorientiertes Handeln entsteht.

Während in KommC der Jugendamtsleiter in seiner Vermittlungsfunktion im Issue-Netzwerk auf Resonanz stößt, vermag die Verbandsvertreterin die Interessen der Ortsliga untereinander nicht zu bündeln. Dies mag zum einen daran liegen, dass ein Jugendamtslei-ter über finanzielle Sanktionsmöglichkeiten und eine hierarchisch hervorgehobene Position verfügt. Die Vertreterin des Verbandes muss demgegenüber die Eigeninteressen der unter-schiedlichen Wohlfahrtsverbände managen, ohne über Sanktionsmacht zu verfügen. Auf-grund der unterschiedlichen Betroffenheit der Wohlfahrtsverbände von den kommunalisier-ten Mitteln in KommD, kann sie auch nicht auf Koppelgeschäfte setzen. Ihr gelingt es da-her nicht, ortsligaintern eine gemeinsame Verhandlungsposition gegenüber der Kommunal-verwaltung zu entwickeln. Damit kann eine durchlässige Gestaltung der Schnittstellen zwi-schen den psychischen Systemen im Issue-Netzwerk nicht gelingen.

Die Analyse der Netzwerkkommunikation in KommC und in KommD zeigt noch ei-nen weiteren Unterschied zwischen beiden Fallbeispielen: Die Issue-Netzwerke haben einen unterschiedlichen Reifegrad. Während das Netzwerk in KommC bereits deutlich vor der landesweiten Umsetzung der Kommunalisierung Mitte 2005 seine Arbeit aufnimmt, startet das Kooperationsgremium in KommD erst im Januar 2006. Die zu Beginn der Ar-beitsaufnahme für Issue-Netzwerke typische Phase der Selbstorganisation kann in KommD nicht endgültig abgeschlossen werden. Das Issue-Netzwerk wechselt zwar in einen Abar-beitungsmodus, da man sich aber nicht dauerhaft auf einen gemeinsamen Arbeitsauftrag und ein abgestimmtes Verfahren einigen kann, wechselt die Netzwerkkommunikation im-mer wieder zwischen Phasen der Selbstorganisation und der Abarbeitung. Diese Suchbe-wegung hat bis zum Ende des Beobachtungszeitraumes Bestand. In KommC hat die Phase der Selbstorganisation allen Beteiligten einen langen Atem abverlangt, konnte aber mit einer Entscheidung zu einem gemeinsamen Arbeitsauftrag abgeschlossen werden. In Ver-fahrensfragen werden im gesamten Beobachtungszeitraum zwar immer wieder Feinab-stimmungen notwendig, die planungsorientierte Sozialdatenerhebung wird aber zum ge-meinsamen Referenzpunkt des Issue-Netzwerkes.

Das Beispiel KommE zeigt schließlich, welche Bedeutung die Sitzungshäufigkeit hat, damit die Kommunikation im Issue-Netzwerk über reine Aspekte der Selbstorganisation überhaupt hinausgeht. Das Issue-Netzwerk in KommE nimmt erst im Mai 2006 – also deut-lich nach dem Beginn unseres Beobachtungszeitraumes – seine Arbeit auf und tagt auf-

---

[106] KommD, Verband 1; IZ 1.

grund personeller Engpässe bei der Koordination des Netzwerkes bis Juli 2007 nur dreimal. In allen drei Sitzungen waren Fragen der Selbstorganisation Thema. Obwohl sich die Netzwerkteilnehmer in jeder der Sitzungen für eine Form der Sozialplanung entscheiden, an der die Ortsliga maßgeblich beteiligt sein soll, setzt man sich keinen gemeinsamen Arbeitsauftrag. Die seltene Sitzungsfrequenz führt dazu, dass es von Seiten der Ortsliga immer wieder Bedarf gibt, Aspekte der Selbstorganisation zu erörtern. In jeder der drei Sitzungen kommt es zu einer Grundsatzdebatte über die Arbeits- und Verfahrensweise des Issue-Netzwerkes und die Reichweite der zukünftigen Sozialplanung in KommE. Dabei wird die Diskussion auf Verwaltungsseite vom zuständigen Dezernenten, gleichzeitig Moderator des Issue-Netzwerkes verfahrensmäßig dominiert. Er geht aber auf die einheitlich vorgetragenen Partizipationsinteressen der Ortsliga ein, so dass in dieser Grundsatzfrage am Ende jeder Sitzungen auch Problemlösungen erreicht werden. Diese werden von den drei beteiligten Planern und Amtsleitern fachlich unterstützt. Sie sind jedoch nicht bis zur nächsten Sitzung tragfähig: Immer wieder muss von neuem diskutiert werden. Auch bei anderen inhaltlichen Fragen gibt es zahlreiche Kommunikationssequenzen, die dazu geeignet gewesen wären, einen gemeinsamen Arbeitsauftrag zu generieren, die aber nicht konsequent weiterverfolgt werden.

Die Umsetzung der Zuwendungsverträge und des Berichtswesens erfolgt daher im Wesentlichen in einem bürokratischen Modus, ohne dass örtliche Bedarfsanforderungen berücksichtigt werden. In der letzten Sitzung verkündet der Dezernent, dass durch Aufgabenverlagerungen neue personelle Kapazitäten beim Psychiatrieentwicklungsplaner geschaffen worden sind. Damit steht eine umfassender Sozialplanungsprozess in KommE am Ende des Beobachtungszeitraumes erst am Anfang. Ein Vertreter der Ortsliga skizziert die Beteiligung in KommE folgendermaßen:

„Na ja, das fing ja an, wir wurden zu einem Sozialbeirat eingeladen und haben als Liga zusammen gesessen und uns gefragt, was ist das? Hat das was mit der Kommunalisierung zu tun; ist das das Gremium, wo Sozialplanung laufen soll oder? Wir waren überhaupt nicht informiert, was das sein soll, Sozialbeirat. Klar, von der Tagesordnung her sollte da über die Dynamisierungsmittel entschieden werden. Der Tagesordnung konnten wir dann sozusagen entnehmen, dass das wohl etwas mit der Kommunalisierung zu tun haben könnte. Wir haben uns dann vorgenommen, in der Sitzung wollten wir das raus kriegen (lacht). Wollten das erfragen. Und dann mussten wir feststellen, dass auf der anderen Seite genauso wenig Vorstellung darüber war, was jetzt hier in diesem Sozialbeirat genau laufen soll. Und das zeigt schon, das ist jetzt, ja, wir müssen da was machen und dann setzen wir uns zusammen und wir nennen das Sozialbeirat und das ist einfach nur, um dieser lästigen Pflicht Genüge zu tun. Das ist kein, da ist niemand drin von Seiten der Verwaltung, der jetzt auch wirklich mit Feuer und Begeisterung hier gemeinsam mit den Wohlfahrtsverbänden gute Lösungen für die Bürgerinnen und Bürger des Landkreises produzieren will ... Ja, da soll eine Arbeitsgruppe gegründet, dass die Betroffenen zunächst erst mal Lösungsvorschläge oder unter Moderation des Landkreises – ja, das sind dann so Sitzungsrhythmen von einem halben Jahr. Da muss man dann warten, bis die nächste Sitzung ist. Dann steht es auf der Tagesordnung, wird verschoben.“[107]

Insgesamt zeigt die Erörterung, dass unterschiedliche Struktur- und Prozessmerkmale des Issue-Netzwerkes einen deutlichen Einfluss auf die Wirksamkeit der Implementation ha-

---

[107] KommE; Verband 1; IZ 1.

ben. Tagungsfrequenz, Koordinationskapazitäten und Reifegrad des Issue-Netzwerkes sowie der Kommunikationsstil der Netzwerkteilnehmer können die aus systemtheoretischer Sicht hochunwahrscheinliche durchlässige Gestaltung zwischen psychischen und sozialen Systemen wahrscheinlicher machen.

In den von uns untersuchten Fallbeispielen erreichen die Kommunen, die im Beobachtungszeitraum nicht in der Lage waren, ein funktionierendes Netzwerk zu etablieren (KommD, KommE, KommF), allein eine bürokratische Umsetzung der Zuwendungsverträge und des Berichtswesens. Kriterien der örtlichen Bedarfsgerechtigkeit werden hier nicht zum Referenzpunkt von Entscheidungen. In KommD, der ähnlich häufig tagt wie die Fallbeispiele, in denen eine wirksamere Implementation gelingt (KommA, KommB, KommC), sind dafür im Issue-Netzwerk nicht zu bearbeitende Interessengegensätze verantwortlich. Dass geringe personelle Kapazitäten und Interessengegensätze aber nicht zwangsläufig die Funktionsfähigkeit des Issue-Netzwerkes in Frage stellen müssen, zeigt KommC. Hier kann ein sanktionsmächtiger Vermittler die Interessengegensätze überwinden helfen – eine Rolle, die die Vertreterin eines Verbandes in KommD mangels Sanktionsmacht nicht einnehmen kann. KommC zeigt aber auch, dass ein funktionierendes Netzwerk fehlende Kapazitäten für eine Sozialplanung und eher geringe Vorerfahrungen im Bereich der Praktiken kompensieren kann. Auch in KommC werden Zuwendungsverträge und Berichtswesen zunächst bürokratisch umgesetzt, parallel dazu entsteht aber eine Grundlage für bedarfsorientiertes Entscheiden. Die planungsorientierte Sozialdatenerhebung in KommC erreicht das fachliche Niveau der Sozialplanungsprozesse in KommA oder in KommB nicht. Neben einem funktionierenden Issue-Netzwerk starten diese beiden Fallbeispiele mit erheblichem Vorwissen bezüglich der Praktiken der Rahmenvereinbarung und mehr administrativen Kapazitäten für deren Umsetzung in den Prozess (vgl. Kapitel 6.2). KommB zeichnet sich dadurch aus, örtliche (Verwaltungs-)interessen ansatzweise in das Berichtswesen zu integrieren. Der verwaltungsinterne Zuschnitt des Issue-Netzwerkes führt aber zu deutlichen Reibungsverlusten an den Organisationsgrenzen. Erst KommA mit seinem breiten Partizipationsansatz erreicht eine systematische Integration der einzelnen Praktiken. Der Erfolg dieses funktionierenden Issue-Netzwerkes steht in direktem Zusammenhang mit den exzellenten Ausgangsbedingungen vor Ort.

Hinsichtlich des Kommunikationsstils war der Austausch in allen beobachteten Netzwerken sachlich und fair, wenn auch die hierarchisch höher stehenden Verwaltungsmitarbeiter meist die Fäden der Diskussion in der Hand behielten. Eine unterschiedliche Bedeutung für die Erzeugung von Verbindlichkeit hatte die Reichweite der Kommunikation: Während sich die Netzwerkteilnehmer in KommB verwaltungsintern abgesprochen haben und in KommE und in KommD Informationen ausgetauscht wurden, arbeiteten die Netzwerke in KommA und in KommC eher entscheidungsvorbereitend. Die Vorbereitung konkreter Entscheidungen schlossen Verhandlungen über Positionen mit ein. Die Kohäsion unter den Netzwerkteilnehmern wurde dadurch intensiver. Die Netzwerke haben – wie oben gezeigt wurde – in der Logik des örtlichen Kontextes am produktivsten gearbeitet.

6.4 Die Herausbildung von personalem Vertrauen in kommunalen Netzwerken[108]

---

[108] Verfasser des Kapitels: Dipl.-Soz.-Wiss. Jens Lanfer

Die wissenschaftliche Beobachtung des Implementationsprozesses der Rahmenvereinbarung wird durch die Vermutung getragen, dass institutionalisierte Kontakte zwischen Verwaltungs- und Verbandsvertretern in Issue-Netzwerken als einfache Sozialsysteme (Interaktionssysteme) die Akzeptanz für kommunal ausgehandelte Praktiken erhöhen. Die Akzeptanzerzeugung kann dabei als Leistungskapazität von Issue-Netzen beschrieben werden, die durch deliberative und diskursive Verhandlungsprozesse – also durch verdichtete Interaktion – zwischen den Mitgliedern der beteiligten Organisationen hervorgebracht wird. Die Verhandlungen erfolgen dabei entlang von Interessenspositionen der beteiligten Organisationen und können durch die Netzkommunikation konkretisiert und einander angeglichen werden.

Bei der Umsetzung der Rahmenvereinbarung in den hessischen Kommunen ist dabei der interessengeleitete Verhandlungsprozess zwischen Vertretern der Kommunalverwaltung und den Verbänden zur Ausgestaltung des politischen Zweckprogramms von Bedeutung. Dieser Fokus beschränkt die Analyse auf den Beziehungsinhalt (vgl. Bachmann 1999) von Issue-Netzwerken. Damit ist jedoch nur eine Dimension der Leistungsfähigkeit des Interaktionssystems angesprochen. Die in die Analyse zu integrierende zweite – wesentlich voraussetzungsreichere – Dimension bezieht sich auf die Ausstrahlung der von den Personen akzeptierten Netzergebnisse auf die beteiligten Organisationen. Die Leistungsfähigkeit des Netzes in der zweiten Dimension wird damit erst durch eine erfolgreiche Überlappung (strukturelle Kopplung) der positiven Erwartungen der jeweiligen Netz-Teilnehmer in das „back-office" bestimmt. Zusammenfassend lässt sich das Issue-Netz als transmittierendes Interaktionssystem[109] beschreiben, dessen Leistungsfähigkeit aus einer erfolgreichen Vermittlung zwischen diesen zwei Dimensionen hervorgeht und sodann als kommunale Quelle der Legitimationserzeugung für die Rahmenvereinbarung beschrieben werden kann.

Die wissenschaftliche Beobachtung der Leistungskapazität von Issue-Netzwerken muss sich im Bezug auf diese zwei Dimensionen zunächst der Beziehungsart strukturausbildender wechselseitiger Erwartungen (zwischen Personen und Organisationen) als ermöglichende und stabilisierende Voraussetzung zuwenden. Die Erwartungen können schematisch als Organisationsinteressen beobachtet und als Ausgangspunkt herangezogen werden, um die themenspezifische Ausformung und wechselseitige Anpassung der Interessen durch die verhandelnden Personen zu erklären. Die Analyse der Entwicklung und Stabilisierung von Erwartungen im Issue-Netz erfordert die Einbeziehung von Vertrauen. Vertrauen haftet den Erwartungen/Interessen in Issue-Netzwerken an und bestimmt als sozialer Mechanismus die Beziehungsart zwischen den Netzteilnehmern. Dabei kann die These formuliert werden, dass das Vorhandensein von Vertrauen die Grundlage für die Ausbildung von strukturermöglichenden und -stabilisierenden Erwartungen darstellt und damit erst die Leistungsfähigkeit von Issue-Netzwerken ermöglicht.

Die Bedeutung von Vertrauensbildung zwischen Personen im Issue-Netzwerk bezieht sich auf die prinzipielle Unsicherheit, ob die gegenwärtigen Verhandlungsprozesse und zukünftigen Verhandlungsergebnisse die Organisationsinteressen schonen. Das Handeln der Organisationsmitglieder im Issue-Netzwerk kann als Risiko beobachtet werden, da die gemeinschaftlichen Netz-Ergebnisse und deren Folgen nachträglich durch die Organisationen beobachtet und bewertet werden. Der Mechanismus Vertrauen aber verhilft den jewei-

---

[109] Der Begriff „transmittierend" wurde von den „intermittierenden Interaktionssystemen" (Kämper/Schmidt 2000) abgeleitet. Der Begriff umschreibt ein multistrukturelles Netzwerk treffender.

ligen Personen zur Ausbildung – eigentlich unbegründeter – positiver Erwartungen an das Verhalten der anderen Netzteilnehmer, um eine Zusammenarbeit zu verfolgen, die eigenen (Organisations-)Interessen dienen. Damit sorgt Vertrauen für ein „befreiendes" Handeln, obwohl weiterhin Unsicherheit über die zukünftigen Folgen besteht. Vertrauen als eine positive Erwartung in die Zukunft wird jedoch zumeist nicht naiv gegeben, sondern benötigt ein affektiv erlebtes Sicherheitsempfinden (expressive Variable) und/oder eine in Aussicht gestellte Interessensbefriedigung (instrumenteller Variable) (vgl. Luhmann 2000, S. 15-17). Demnach wird das Risiko des Vertrauens durch gegenwärtige Anzeichen von Sicherheit während der Netzverhandlungen und dem Anreiz zukünftiger Vorteile reduziert. Aus dieser Perspektive verhilft personales Vertrauen vertrauenden Personen zu einer gegenwärtigen Beschlussfindung unter Risiko und damit zu einem Engagement in die Zukunft. Wird also Vertrauen gegeben, werden gegenwärtige positive Erwartungen in die Zukunft projiziert und es wird Sicherheit simuliert.

Das konstruierte Sicherheitsempfinden verschafft den Personen somit Stabilität in die eigenen Erwartungen (Selbstwahrnehmung) als Voraussetzung der Bewertung der Fremderwartung (Fremdwahrnehmung). Damit bringen positive Erwartungen Vertrauensleistungen hervor, die wiederum von den anderen Personen beobachtet und erwartet werden und bei diesen letztlich ebenfalls Vertrauen auslösen können (reziproke Erwartungsausbildung). Die Berücksichtigung der Beziehungsart schafft somit den Rahmen für die weitere Entwicklung des Beziehungsinhaltes. Aus dieser Perspektive kann die These vertreten werden, dass die Ausbildung von personalem Vertrauen die Beziehungsart zwischen Personen und deren Erwartungen/Interessen einen Prozess anstößt, der zu einer Institutionalisierung des Issue-Netzes führt. Dadurch wird der Verhandlungsraum für die transmittierende Interaktion erweitert und der Beziehungsinhalt des Issue-Netzes mit Leistungsfähigkeit versorgt.

Diese Prämissen der theoretischen Beobachtung werden herangezogen, um empirische Vertrauensbildungsprozesse in Issue-Netzwerken zweier Kommunen zu beschreiben. Um die Auswirkung von personalem Vertrauen auf die Leistungsfähigkeit eines Issue-Netzwerks beschreiben und zugleich durch einen Prozessvergleich unterschiedliche Entwicklungen aufzeigen zu können, wurden die Kommunen KommC und KommD ausgewählt. Die Fallauswahl orientierte sich an den vergleichbaren kommunalen Ausgangsbedingungen: In beiden Kommunen wurde für die Implementation der Rahmenvereinbarung und der kommunalen Ausgestaltung der Praktiken durch die Kommunalverwaltung ein Issue-Netzwerk unter Beteiligung von Verwaltungs- und Verbandsvertretern initiiert.

6.4.1 Empirische Beobachtung von Vertrauensbildungsprozessen in zwei Issue-Netzwerken im Vergleich

Auf Basis dieser vergleichbaren Ausgangsbedingungen gründeten beide Kommunen Arbeitsgruppen (Issue-Netzwerke) zur Umsetzung der Rahmenvereinbarung zwischen Vertretern von Kommunalverwaltung und Verbänden. Sowohl in KommC als auch in KommD wurden die institutionalisierten Kontakte im Rahmen des Issue-Netzwerkes als neue Form der Zusammenarbeit beobachtet. In beiden Fällen bestand in der Vergangenheit keine konzentrierte Beziehungsart zwischen Kommunalverwaltung und allen Wohlfahrtsverbänden, über die eine kommunale Planung durch ein installiertes Gremium erfolgen konnte.

Allerdings ist die kommunale Planung als Beziehungsinhalt innerhalb der Arbeitsgremien durch die Rahmenvereinbarung nicht hinreichend konkretisiert. Die Planung in Bezug auf die Umsetzung der Rahmenvereinbarung ist zweckorientiert und damit zukunftsoffen. Um eine ergebnisorientierte Arbeit der Issue-Netzwerke zu ermöglichen, ist eine Fokussierung auf einzelne Themen und Subthemen zur Ausgestaltung der Zwecke der Rahmenvereinbarung notwendig. Diese kommunale Ausgestaltung ist während des Implementationsprozesses in Zusammenarbeit zwischen Verwaltung und Verbänden durch die Rahmenvereinbarung explizit vorgesehen und dient der Anpassung der Inhalte auf Bedürfnisse der örtlichen Akteure und der Erfordernisse der sozialen Infrastruktur, um für die landespolitischen Entscheidungen vor Ort Verbindlichkeit bei den zuständigen Organisationen zu erzeugen (vgl. Kapitel 1; Kapitel 6.1). In der wissenschaftlichen Beobachtung kann jedoch die Ausformung (feste Kopplung) und Überführung der Elemente der Rahmenvereinbarung nicht als problem- und voraussetzungsfrei betrachtet werden. Vielmehr prägen die gewachsenen wechselseitigen Erwartungen innerhalb der jeweiligen Kommune die spezifische Themenauswahl, die weitere Bearbeitung und folglich die Planung und Ausgestaltung der Rahmenvereinbarung. Demnach sind die durch die Rahmenvereinbarung angestoßenen Reformen in der Erzeugung und Verknüpfung von Informationen zwischen kommunalen Organisationen einerseits sowie Kommune und Land andererseits in den jeweiligen hessischen Kommunen an die pfadabhängige Struktur der kommunalspezifischen interorganisationalen Zusammenarbeit gebunden (vgl. Kapitel 6.2.).

6.4.2 Empirische Beobachtung von generalisierten Erwartungen im basalen Interorganisationsnetz

In KommC lässt sich eine bereits vor der Kommunalisierung institutionalisierte Zusammenarbeit (basales Netzwerk) zwischen den Wohlfahrtsverbänden beobachten. Dabei hat sich im Rahmen einer Ortsliga ein regelmäßiger Austausch zwischen den örtlichen Wohlfahrtsverbänden etabliert, die eine Auftragsvergabe im Rahmen des Subsidaritätsprinzips von Seiten der Kommunalverwaltung an die einzelnen Verbände und Trägereinrichtungen untereinander koordinieren. Diese Koordination wird von der Kommunalverwaltung unterstützt und bei Verwaltungsentscheidungen berücksichtigt. Diese Einschätzung teilen die verschiedenen Verbandsvertreter. Exemplarisch können dabei Aussagen zweier Verbandsvertreter herangezogen werden, die die Besonderheit der Beziehung zwischen Kommunalverwaltung und Ortsliga insbesondere in den Bereichen Sozialplanung, Umsetzung und Finanzierung in KommC betonen. Ersterer gibt an, dass die Beteiligung der Ortsliga vertragsmäßig die gleiche sei wie in jeder anderen Kommune, „(a)ber de facto sind wir tatsächlich an den Verhandlungen beteiligt, während in anderen Kreisen das noch nicht funktioniert."[110] Der zweite Verbandsvertreter meint gleichermaßen:

> „Die Ortsliga ist der Ansprechpartner für den Landkreis und für die Stadt; und sie ist in allen Dingen eigentlich zu hören (...) Früher war es ja so, dass der Landkreis oder die Stadt von sich aus Organisationen angesprochen haben, wollt ihr nicht mal dieses oder jenes auch zusätzlich für uns wahrnehmen; wir sind auch bereit, dafür eine gewisse Summe zu zahlen. Heutzutage geht es so, dass man an die Liga geht und die Liga überlegt, welcher Verband da am Besten für geeignet ist. Das soll auch verhindern, dass wir uns gegenseitig durch verschiedene Angebote

---

[110] KommC, Verband 4; IZ 1.

unterbieten oder an denselben Bereichen arbeiten, an denen u.U. auch andere interessiert sind."[111]

Die Erwartungen zwischen Kommunalverwaltung und Verbänden ergeben in KommD ein anderes Bild. Die Beteiligung der Wohlfahrtsverbände ist nach übereinstimmender Meinung der Verbandsvertreter unzureichend. Ein Diakonie-Vertreter umschreibt die Situation stellvertretend für die Mehrheit der anderen Verbandsvertreter folgendermaßen:

„(I)ch könnte mir eher so vorstellen, dass man, meinetwegen Liga und Kreis, einen Sozialatlas erstellt (...) Und wenn wir diesen fair und sauber miteinander erstellt hätten, ohne jetzt erst mal zu schielen, wer was macht, dann käme für mich der nächste Schritt zu sagen, o.k., wie machen wir es jetzt. Und dann müssten Kreis und Wohlfahrtsverbände, also Kreis und Liga müssten dann, und das könnte man auch machen, da bin ich kein Träumer, fair aufteilen und sagen, o.k., das und das und das fehlt uns noch und das wird jetzt so an die Wohlfahrtsverbände im Rahmen der Subsidiarität abgegeben. Aber nicht umgekehrt, dass einfach gesagt wird, machen wir erst mal alles selbst. Und wenn Ihr das machen wollt, was gebt Ihr dazu? (...) Dass ist aber hier so Politik in diesem Kreise."[112]

Darüber hinaus wird das Verhältnis unter den Wohlfahrtsverbänden in *KommD* übereinstimmend als ungenügend beschrieben. Nach Angaben eines Verbandsvertreters resultiere diese Situation aus der defizitären Haushaltslage, die aufgrund unzureichender Förderung zu Konkurrenzsituationen zwischen den Verbänden führe. Aufgrund dieser Konkurrenz habe sich eine effektive Arbeit zwischen den Verbänden im Rahmen einer Ortsliga nicht etabliert und die Kommunalverwaltung zu bilateralen Absprachen und Auftragsvergaben veranlasst. Die mangelnde Verbandskooperation aufgrund bestehender Konkurrenz und die bilateralen Kontrakte zwischen Verwaltung und den jeweiligen Wohlfahrtsverbänden führe nach Aussage eines weiteren Verbandsvertreters zu Doppelstrukturen bei der Ausübung sozialer Dienste in der Kommune.[113] Der Verbandsvertreter umschreibt die Ausgangslage für die Verbandserwartungen entsprechend:

„Als ich (in die Kommune – Verf.) kam, war die Vernetzung eher schleppend oder fast erliegend. Also die Liga existierte auf dem Papier, hat aber als ich anfing zu arbeiten, ich glaube seit acht oder neun Monaten nicht mehr getagt. Und es war also so eher ein Stillhalteprozess (...) Es war sozusagen bis zur Kommunalisierung eigentlich keine aktive Ligaarbeit. Es war keine Vernetzung mit der Kreisverwaltung als Liga dort und alle wichtigen Entscheidungen sind bilateral gefällt worden."[114]

Obwohl Vertreter der Kommunalverwaltung in KommD die Zusammenarbeit mit den Verbänden tendenziell als positiv beschreiben[115], ist die Einschätzung der Verbände für die Verbindlichkeitserzeugung der Verwaltungsentscheidungen und damit letztendlich für die kommunale Implementierung der Rahmenvereinbarung als landespolitisches Programm problematisch. Der Problembezug ergibt sich aus der Initiierung der AG und die damit

---

[111] KommC, Verband 1; IZ 1.
[112] KommD, Verband 1; IZ 1.
[113] KommD, Verband 2; IZ 1.
[114] KommD, Verband 2; IZ 1
[115] KommD, Verwaltung; IZ 1.

verbundene Zusammenarbeit zwischen kommunalen Verbänden und Verwaltung, da im Horizont der kritischen Erwartungshaltung die Verbandsorganisationen Misstrauen gegenüber den Verwaltungsvertretern entwickeln können.

Zusammenfassend zeigt sich in den Kommunen *vor* der Etablierung des Issue-Netzwerkes eine entgegengesetzte Beziehungsart zwischen den Verbänden und der jeweiligen Kommunalverwaltung. Die Erwartungsstruktur in *KommD* einerseits kann als vertrautes Misstrauen umschrieben werden. Diese Typologie bezeichnet eine generalisierte (diffuse) Erwartungshaltung der Verbände, die eine Kontaktaufnahme mit der Kommunalverwaltung und mit den anderen Verbänden als Risiko beobachten. Diese Beobachtung prägt die Wahrnehmung der Verbandsvertreter, die einem Informationsaustausch über die Aufgabenwahrnehmung und den damit verbundenen Fördermittelbezug als Risiko erleben und somit den Verhandlungen in der AG misstrauisch gegenüberstehen könnten. Aus den Interviews mit den Verbandsvertretern geht hervor, dass eine Interessensschädigung infolge transparenter Datenerhebung durch das Issue-Netzwerk als Risiko beobachtet wird.[116]

In KommC kann andererseits ein vertrautes Vertrauen beobachtet werden. Demzufolge bestehen durch die institutionalisierten Kontakte zwischen den Verbänden in der Ortsliga und durch die unterstellte Relevanz der Abstimmungen für die Entscheidungen der Kommunalverwaltung generalisierte positive Verhaltenserwartungen. Aus den Erwartungshaltungen als Vertrautsein in die wechselseitigen Kontakte resultiert ein verringertes Risiko für die Verhandlungen im Issue-Netzwerk. Die Verbandsvertreter werten die Teilnahme an dem Netzwerk somit als Interessen schonende Entscheidung und vertrauen im Weiteren der Kommunalverwaltung.

Das Risiko für die Aufnahme der Verhandlungen erscheint im Horizont vertrauter Erwartungen in KommC geringer als in KommD. Dennoch haben die Verbände in beiden Kommunen negative Erwartungen gegenüber den Landesprogrammen generell, da die „Operation Sichere Zukunft" (vgl. Kapitel 1 und 6.2.) der hessischen Landesregierung zu drastischen Einsparungen in der Sozialpolitik geführt hat. Sowohl von Seiten der Verbandsvertreter in beiden Kommunen als auch teilweise bei Vertretern der Kommunalverwaltung werden die Motive der Landesregierung mit Misstrauen belegt.

6.4.3 Die Konstituierung des Issue-Netzwerkes durch Interessensausbildung

Ausgehend von den vertrauten Erwartungen in den jeweiligen Kommunen werden mit der Rahmenvereinbarung unterschiedliche Probleme und Interessen verknüpft. Da die Kommunalverwaltungen die Umsetzung der Rahmenvereinbarung über die Initiierung eines Issue-Netzes bereits beschlossen haben und die Verbände nunmehr ausschließlich ihre Beteiligung oder Nicht-Beteiligung – als Schema der Beobachtung nach Interessensabwägungen – entscheiden müssen, beschränkt sich hier die Problembeschreibung auf die Kommunalverwaltungen. Demgegenüber wird das Issue-Netzwerk mit Interessen – als Schema der Beobachtung der zweckorientierten Erwartungen – sowohl von Seiten der Kommunalverwaltung als auch von den Verbänden belegt.

Sowohl die Vertreter der Kommunalverwaltung in KommC als auch mehrheitlich die in KommD sehen in der Verteilung der Fördermittel an die Verbände ein Problem. Dieses resultiert aus der Diskrepanz zwischen den Interessen beider Kommunalverwaltungen und

---

[116] KommD, Verband; IZ 1.

der Interessen der Verbandsvertreter beider Kommunen. Die Kommunalverwaltungen in KommD und KommC wollen durch das Issue-Netzwerk eine Umverteilung der Fördermittel vornehmen. Dabei besteht das langfristige Interesse durch die Umverteilung der Fördermittel Synergieeffekte zu nutzen und damit eine effizientere Förderung zu erreichen, sowie finanzielle Fördermittel einzusparen. Die Verbände hingegen möchten durch das Issue-Netzwerk – insbesondere nach den negativen Erfahrungen mit der „Operation Sichere Zukunft" – die finanzielle Stabilität der Fördermittel sichern und möglichst die Fördermittelzuweisung erhöhen. Darüber hinaus streben sie eine Sozialplanung und Sozialberichterstattung an, um die bestehenden Fördermittel effektiver bzw. bedarfsgerechter zu verteilen und zusätzlich weitere Bedarfe über dieses neu installierte Fördersystem zu erfassen.[117] Aus KommC meint der Amtsleiter hierzu:

> „Wir haben als Verwaltung mit zu beachten, ich denke mal, eine optimale Versorgung ist irgendwo unser aller Interesse, aber wir haben halt noch mit zu bedenken, dass die Mittel, die wir dafür einsetzen können, irgendwo gedeckelt sind. Und dieses Teilinteresse hat natürlich die andere Seite (Verbände; Verf.) nicht. Die haben andere Interessen. Die müssen auch sehen, dass die Angebote, die sie vorhalten, gut finanziert sind."[118]

Ein Verbandsvertreter meint exemplarisch für die Verbände in KommC folgendes:

> „Also das Positive ist, dass vor Ort darüber entschieden werden kann, was wichtig und was unwichtig ist. Und dass die Träger der freien Wohlfahrtspflege, weil sie eine gute Ortskenntnis haben, dort angesiedelt sind und auch die Kommunen, die ja eine sehr gute Ortskenntnis haben, miteinander beraten und entscheiden können. Und das ist das Positive, dass man Schwerpunkte setzen und sagen kann, das ist uns wichtig; das ist uns weniger wichtig; das sind Dienste, die wir unbedingt aufrechterhalten müssen. Es ist nicht mehr eine pauschalierte Finanzierung, die den Einzelnen wenig berücksichtigt, und die auch bei allen Verwendungsnachweisen und Berichten eigentlich immer nur eine pauschalierte Finanzierung sein konnte, sondern es ist stärker auf den Bedarf in der Region abgestimmt."[119]

Diese tendenzielle Diskrepanz zwischen den Interessen von Kommunalverwaltung und Verbänden zeigt sich auch in KommD. Diesbezüglich meint der Amtsleiter:

> „(D)ie Kreisverwaltung muss (...) steuern und entscheiden, welche sozialen Bereiche favorisiert werden, welche weniger favorisiert werden. Immer natürlich ausgehend vom Status quo, wie er jetzt besteht und wohl wissend, dass natürlich die finanziellen Mittel knapp sind und es nur sehr schwer möglich sein wird, bestehende Fördertöpfe zu verringern, um andere Fördertöpfe neu zu eröffnen oder aufzustocken. Das wird ein sehr sensibles Vorgehen erfordern".[120]

---

[117] Die übereinstimmenden Interessen der Kommunalverwaltungen und der Verbänden aus beiden Kommunen lassen sich aus der Zentrum/Peripherie-Differenzierung des PAS beobachten. Demnach bestimmt sich die Leistungsfähigkeit der Kommunalverwaltung im Zentrum auch durch die sparsame Fördermittelausgabe im Rahmen der Herstellung bindender Entscheidungen. Die Verbände an der Peripherie folgen hingegen Lobby-Interessen, die eine Ausweitung von professionellen Erwägungen und den Etat an Fördermitteln für die Aufgaben der gesellschaftlichen Re-Inklusion Bedürftiger verfolgen.

[118] KommC, Verwaltung 1; IZ 1.

[119] KommC, Verband 2; IZ 1.

[120] KommD, Verwaltung 1; IZ 1.

Demgegenüber äußert sich ein Verbandsvertreter in KommD pointiert:

> „Also es gibt sozusagen in der Liga, gab es bis dato glaube ich keine wirklich gemeinsame Sozialplanung. Da ist die Kommunalisierung hoffentlich für mich so bisschen ein Schub, dass man sozusagen auch außerhalb der Kommunalisierung gemeinsame Sozialplanung mit der Kreisverwaltung durchführt. Also ich hoffe, dass das nicht so ist, dass das sozusagen nur sich jetzt auf Kommunalisierung, Gelder, Töpfe und Projekte und Einrichtungen bezieht und alles andere verläuft weiter bilateral, sondern ich hoffe, dass das irgendwie auch dazu führt, dass auch die anderen sozial wichtigen Entscheidungen sozusagen gemeinsam gefällt werden." [121]

Obwohl diese Äußerungen nur wenige Probleme und Befürchtungen von den Kommunalverwaltungen und Verbänden in den beiden Kommunen widerspiegeln, so vermitteln sie doch einen Eindruck von den Interessensgegensätzen zwischen Verwaltung und Verbänden/Ortsliga.

6.4.4 Der Prozess der Vertrauens-/Misstrauensausbildung bei der Verteilung zusätzlicher Landesmittel im Issue-Netzwerk

Der o.g. Interessensdivergenzen traten bereits in der Konstitutionsphase bei dem Thema „Verteilung zusätzlicher Landesmittel" in beiden Issue-Netzwerke hervor. Die Konfliktaushandlung benötigte in beiden Kommunen nahezu den gesamten Beobachtungszeitraum und manifestierte sich in dem Thema „Verteilung zusätzlicher Landesmittel". Hierbei handelt es sich um einen relativ geringen Betrag an zusätzlichen Fördermitteln von Seiten des Landes, die in den Issue-Netzwerken im Einvernehmen mit den Verbänden in die Neufinanzierung oder Erweiterung bestehender sozialer Dienste eingehen sollte. Obwohl die Fördermittel einen geringen Umfang hatten, konnten durch die teilnehmende Beobachtung im jeweiligen Issue-Netzwerk die zentralen Interessensgegensätze zwischen Verwaltung und Verbände bei der Diskussion um ein geeignetes Verteilungsverfahren festgestellt werden.[122] Von Seiten beider Kommunalverwaltungen wird das Ziel verfolgt, die zusätzlichen Fördermittel pragmatisch zu verteilen. Damit wird ein zeiteffizientes Verfahren favorisiert, um den Jahreshaushalt rechtzeitig zum Abschluss zu bringen und die weiteren Praktiken der Rahmenvereinbarung nach Zeitvorgabe der Landesregierung umzusetzen.

Die Verbände in beiden Kommunen hingegen verfolgen das Interesse einer umfangreichen systematischen Erhebung der sozialen Dienste in der jeweiligen Kommune, um auf dieser Grundlage die zusätzlichen Landesmittel effektiv zu verteilen und gleichzeitig auf weitere Bedarfe aufmerksam zu machen. Die Interaktion im Issue-Netzwerk beider Kommunen zeigte, dass die Interessen der jeweiligen Seite nicht vollständig umzusetzen sind, ohne Exit-Entscheidungen der Gegenseite zu provozieren und somit zukünftige Verhandlungen zu gefährden. Die Konfrontation wechselseitiger Erwartungen erfordert in der weiteren Interaktion in beiden Issue-Netzwerken eine riskante Vorleistung von den Verbands- und Verwaltungsvertretern. Diese Vorleistung verlangt den Verzicht auf eine vollständige Interessensdurchsetzung in der Gegenwart, um dadurch in Zukunft ein Interessen schonen-

---

[121] KommD, Verband 3; IZ 1.
[122] Der Beziehungsinhalt in den Issue-Netzen beider Kommunen geht damit aus den Verhandlungen über die Art und Weise der Verteilung der zusätzlichen Fördermittel hervor. Die Beziehungsart hingegen formt die Verhandlung aus den Interessengegensätzen zwischen Verwaltungs- und Verbandsvertreter.

des Ziel zu erreichen. Dabei ist ein Zurückstellen der eigenen Interessen mit der Unsicherheit verbunden, ob diese dann in Zukunft eingelöst werden können. Diese Entscheidung verlangt von den Netz-Teilnehmern personales Vertrauen.

In beiden Kommunen zeigen sich im Issue-Netzwerk zunächst ergebnislose Diskussionen über die geeigneten Verfahren zur Verteilung und Anwendung der Fördermittel. Im Prozessverlauf konnten jedoch im Beobachtungszeitraum[123] wesentliche Unterschiede zwischen den Interaktionssystemen beobachtet werden. In KommD dominiert der Sozialamtsleiter, der durch Entscheidungen Ergebnisse herbeiführt, die sich nicht aus der Diskussion ergeben. In KommC hingegen wird eine konsensorientierte Verhandlung angestrebt, wobei die Ergebnisse aus einem diskursiven Verhandlungsprozess hervorgebracht werden. Diese Teilhabe lässt sich durch die teilnehmende Beobachtung verfolgen: Die Verbandsvertreter kontrollieren die jeweiligen Ergebnisprotokolle aus der vorangegangenen Sitzung sehr zeitintensiv. Das Vorgehen weist auf ein anfängliches Misstrauen hin, dass jedoch von Seiten der Verwaltungsvertreter durch Zeitinvestitionen in das Issue-Netzwerk aufgefangen ist. Die Protokolle werden ausgiebig diskutiert und teilweise mehrfach überarbeitet. Insbesondere diese Beobachtung zeigt die Bedeutung des Mechanismus Vertrauen in der Zeitdimension bei den Verbandsvertretern: Die expressive bzw. affektive Variable dient der Absicherung der eigenen Interessen in der Gegenwart (Protokollkontrolle), um die Unsicherheit über die Interessensschonung in der Zukunft (Ergebnisse des Issue-Netzwerkes) auszuhalten.

In *KommC* etablierte sich durch die weit reichende Offenheit (Varietät) der Verhandlungsthemen eine Gestaltungsmöglichkeit der Verbandsvertreter, die durch die vertraute Kooperation in der Ortsliga gemeinsame Interessenspositionen in die Kommunikation im Issue-Netzwerk einbringen konnten. Bei den Verwaltungsvertretern reduzierte das vertraute Vertrauen als Horizont der Verhaltenserwartung in der Kommune die gegenwärtige Unsicherheit zwischen unterstellten Interessen und beobachteter Mitteilung der Verbandsvertreter. Dadurch stimmten sie einem zeitaufwändigen Verfahren in Form einer umfangreichen Datenerhebung zur Verteilung der Fördermittel zu. Sie riskierten also eine Datenerhebung, die zukünftig von Seiten der Verbände als Argumentationsgrundlage für weitere Bedarfsforderungen herangezogen werden kann. Diese Objektivierung von Bedarfsansprüchen könnte die Umverteilung der Fördermittel als zukünftiges primäres Interesse der Verwaltung gefährden und gegenwärtig das Verfahren zur Verteilung der zusätzlichen Fördermittel ressourcenaufwändig gestalten.

Das Ergebnis der durch wechselseitiges personales Vertrauen flankierten Verhandlung war die Kopplung des Datenerhebungsverfahrens an die Praktiken der Sozialberichterstattung und Sozialplanung. Hierdurch etabliert sich eine kommunalspezifische Zusammenführung der Praktiken, die als pragmatische sozialplanungsorientierte Datenerhebung typisiert werden kann. Auf dieser Grundlage konnte einerseits gegenwärtige Sicherheit für die Verbandsvertreter geschaffen werden und andererseits eine Reduktion der Konflikte und damit ein leistungsfähiges Issue-Netzwerk für die Umsetzung weiterer Praktiken der Rahmenvereinbarung für die Verwaltungsvertreter gewährleistet werden.

---

[123] Das Thema „Verteilung zusätzlicher Landesmittel" war zwar nur ein Thema unter vielen, hatte aber aufgrund des Umfangs der Bearbeitung und der thematischen Vernetzung mit Subthemen anderer Themen im Verhältnis einen zentralen Stellenwert.

Exemplarisch für die Vertrauensentwicklung im Issue-Netzwerk in KommC kann folgende Aussage eines Verbandsvertreters herangezogen werden:

„(Ich bin) doch überrascht über die Offenheit, mit der man sich austauscht über Förderung, dass diese Tableaus von Tabellen auch offen gelegt werden, und das finde ich eigentlich sehr schön. Das verhindert auch, dass man misstrauisch wird und sagt, die anderen, die haben bestimmt viel bessere Ergebnisse erzielt als ich (...). (Das Misstrauen – der Verf.) hat sich sukzessive abgebaut. Insofern, am Anfang war ja das Misstrauen auf allen Seiten doch sehr groß, insofern, das sah man ja auch schon an den Protokollen, dass da jeder Satz dann erst mal, man brauchte fast über eine Stunde, um überhaupt den Protokollentwurf der letzten Sitzung dann korrigiert zu haben."[124]

Die Aussage zeigt deutlich die Notwendigkeit eines (gegenwärtigen) Sicherheitsempfindens, um riskante Vorleistungen in Form von Vertrauen zu wagen. Die Bedeutung von Vertrauen für den Beziehungsinhalt zeigt sich in einer Aussage eines anderen Verbandsvertreters:

„Wir sind offen, wir sind überhaupt nicht, also ich empfinde das so und das war auch sehr kommunikativ, es sagt jeder so seine Meinung (...) Es sagt jeder seins und das ist wichtig, dass man auch manchmal das erklärt, was einen so im Inneren drückt. Dass man sagen darf, das und das sehe ich aber so und so, weil da und da. Und dann öffnen sich manchmal ganz andere Wege."[125]

Die Vertrauensentwicklung wird zwar auch von allen Verwaltungsmitarbeitern bestätigt, diese verweisen jedoch auch einstimmig auf die zeitaufwändigen Abstimmungsprozesse innerhalb des Issue-Netzwerkes. Um seine Stabilität und damit die Leistungsfähigkeit zu sichern, wurde für die Verbände ein Unsicherheit reduzierendes Verfahren der Datenerhebung installiert, das aufgrund der Ressourcenintensivität von Seiten der Verwaltungsvertreter eine riskante Vorleistung benötigt. Diese Vorleistung beinhaltete jedoch ein instrumentelles Bedürfnis nach Interessensverwirklichung und wird nur in einem bestimmten (begrenzten) Zeitraum aufrecht erhalten. Folgende Äußerung eines Verwaltungsmitarbeiters verdeutlicht das wahrgenommene Problem: Das Aufwändige sei

„natürlich in gewisser Weise negativ, weil jeder eigentlich auch noch andere Sachen zu tun hat. Also von daher ist es immer negativ, wenn Dinge sehr viel Zeit kosten. Der Vorteil des Aufwändigen ist, dass es sehr gründlich ist. Dass es nicht so sehr hingehuscht ist. Sondern dass wir uns jedes Mal über die einzelnen Themen, weil wir uns um den Konsens bemühen, sehr viel Gedanken machen (...) Und in dem Sinne ist es wieder was Positives, muss ich sagen, dass es auch vom Ergebnis her gerechtfertigt ist."[126]

Das Bedürfnis nach einem arbeitsfähigen Issue-Netzwerkes überwiegt gegenwärtig in KommC und ermöglicht die mittelfristigen instrumentellen Interessen einer effizienten Arbeitsgruppe sowie der längerfristigen Interessen der Umverteilung der Fördermittel.

---

[124] KommC, Verband 4; IZ 2.
[125] KommC, Verband 3; IZ 2.
[126] KommC, Verwaltung 4; IZ 2.

Der Verhandlungsprozess des Issue-Netzwerkes in KommD kann eine vergleichbare Leistungsfähigkeit des Issue-Netzwerkes im Beobachtungszeitraum nicht hervorbringen. Von Seiten der Verwaltungsvertreter wird eine ressourceneinsparende bzw. zeitsparende Verhandlung favorisiert und Abstimmungsprozesse zwischen den Verbandsvertretern und zwischen der Verwaltung und den Verbänden im Vergleich zu KommC stark reduziert. Die Ausbildung gegenwärtiger Sicherheit für die Verbandsvertreter ist jedoch besonders in KommD erforderlich gewesen, da durch eine geringfügig institutionalisierte Ortsliga eine Interessensabstimmung zwischen den Verbänden nicht erfolgen konnte. Während eine Datenerhebung durch den DPWV- und den Diakonie-Vertreter forciert wird, hielten sich die anderen Verbandsvertreter teilweise durch Nicht-Beteiligung am Issue-Netzwerk mit Stellungnahmen und Interessensbekundungen zurück. Demnach können die Verbandsvertreter durch fehlende gemeinschaftliche Interessenspositionen auf Grund mangelnder Abstimmungskapazität sowohl in der Ortsliga als auch im Issue-Netzwerk nur eine geringfügige Sozialdatenerhebung durchsetzen. Die Interessensdurchsetzung der zwei Verbandsvertreter wird durch den Sozialamtsleiter verhindert, der durch einseitige Entscheidungen die Abstimmungsprozesse der Ortsliga unterband und dadurch das gegenwärtige Sicherheitsbedürfnis der Verbandsvertreter nicht befriedigen kann. Die Unsicherheitsabsorption durch eine systematische Datenerhebung in Form eines rationalisierten Verfahrens der Fördermittelverteilung wäre jedoch geeignet gewesen, um das vertraute Misstrauen als Erwartungshorizont zwischen Verwaltung und Verbänden in Folge der Verhandlungsprozesse des Issue-Netzwwerkes durch personale Vertrauensbildung zu reduzieren.[127]

Indem der Sozialamtsleiter die notwendigen Abstimmungsprozesse zwischen den Verbandsvertretern innerhalb des Interaktionssystems verhindert und diesen Prozess durch Entscheidungen in die (dysfunktionale) Ortsliga verlagert, wird die Kapazität des Issue-Netzwerkes für die Vertrauensausbildung von Seiten der Kommunalverwaltung nicht genutzt. Die Kommunalverwaltung wagt keine riskante Vorleistung, indem ein ressourcenintensiver Abstimmungsprozesses im Issue-Netzwerk vermieden wird. Stattdessen setzt der Amtsleiter die instrumentellen Verwaltungsinteressen – mit nur wenigen Kompromissen – durch. Diese Strategie verhindert jedoch eine Offenheit der Verhandlung im Issue-Netzwerk, welches durch mangelnde personelle Verbandsbeteiligung und geringfügige Beiträge bezüglich einzelner Themen beobachtet werden kann. Die das Netz tragende Kommunikation wird durch diesen Prozess reduziert und durch Dysfunktionalität destabilisiert. Um dennoch Entscheidungen hervorzubringen, wird parallel zum leistungsschwachen Issue-Netzwerk in der Verwaltungsorganisation eine interne Arbeitsgruppe gebildet, aus der gemeinschaftliche Interessenspositionen der Verwaltungsvertreter hervorgehen, um diese gegenüber Kritik der Verbandsvertreter hinreichend abzusichern. Dem Issue-Netzwerk kommt im Beobachtungszeitraum letztlich nur noch ratifizierende Bedeutung zu (Redundanz). Dieser Prozess verhindert nicht nur die weiteren Institutionalisierungsversu-

---

[127] Dies kann am Fallbeispiel KommC beobachtet werden. Hier diente die Datenerfassung jedoch der Ausbildung von personalen Vertrauen, während in KommD zunächst das vertraute Misstrauen zumindest neutralisiert werden musste. Die Intensität einer gewachsenen generalisierten Erwartung (Stereotyp: Die Verwaltung handelt hier im Kreis so) ist ungleich schwerer abzulegen, als negative Erwartungen hinsichtlich eines politischen Programms. Dennoch beobachteten die Verbandsvertreter beider Kommunen die Sozialdaten als objektivierte Argumentationsgrundlage. Es ist somit wahrscheinlich, dass ein kommunalspezifisches Datenerhebungsverfahren in KommD als Effekt zumindest themenspezifisch personales Vertrauen erzeugt hätte. In KommC hingegen kann von einem themenübergreifenden personalen Vertrauen im Issue-Netz gesprochen werden.

che der Ortsliga, sondern überträgt deren Dysfunktionalität in das Issue-Netzwerk. Letztlich lässt sich die Verwaltung beim Entscheiden lediglich durch das Verbandspublikum beobachten.

6.4.5   Die Leistungsfähigkeit der Issue-Netzwerke beider Kommunen

Die Issue-Netzwerke der beiden Kommunen unterscheiden sich in Bezug auf ihre jeweilige Kapazität, Vertrauen zwischen den Vertreter von Verwaltung und Verbänden auszubilden. Dabei konnte beobachtet werden, dass die Ressource Zeit für die Vertrauensbildung in den Issue-Netzwerken als eine zentrale Stabilisierungsvariable fungiert. Der temporäre Aspekt betont im Rahmen der Abstimmung wechselseitiger Erwartungen als Grundlage von personalem Vertrauen auch die generalisierte Verhaltenserwartung, die zwischen den Organisationen in den Kommunen vertrautes Vertrauen oder Misstrauen hervorbringen. Die Leistungsfähigkeit der Issue-Netzwerke für die Akzeptanzerzeugung bei den Verbandsvertretern und letztlich der Legitimitätserzeugung für die Rahmenvereinbarung erscheint damit zunächst pfadabhängig an die kommunalspezifischen Erwartungen gebunden zu sein. Dabei benötigt die Leistungsfähigkeit der Issue-Netzwerke in beiden Kommunen umfangreiche Abstimmungs- und Verhandlungsprozesse zwischen den Beteiligten. Es konnte beobachtet werden, dass sich durch das Interesse der Verwaltung in KommD an Sparmaßnahmen die Grundlage für eine Initiierung eines leistungsfähigen Netzwerkes nicht etablieren konnte. KommC hingegen investiert mehr Ressourcen in die vertrauensbildenden Prozesse und ermöglicht eine Grundlage für die weitere Arbeit des Issue-Netzwerkes.

Folgende Bewertungen[128] können für die beiden Kommunen abgegeben werden:

In KommD benötigt das Issue-Netzwerk mehr Zeit für die Annäherung der unterschiedlichen Positionen der Verbandsvertreter. Die Voraussetzung hierfür ist zunächst die weitergehende Institutionalisierung der Ortsliga, die jedoch durch die Prozesse im Issue-Netzwerk angestoßen werden muss. Dadurch könnte eine gemeinschaftliche Interessensposition der Verbände erreicht werden, um diskursive Verhandlungsprozesse im Issue-Netzwerk zu etablieren und dadurch deliberative Ergebnisse hervorzubringen, die einseitiges und dysfunktionales Entscheiden der Verwaltung ablösen. Dieser Prozess könnte die Gestaltungsmotivation der Verbandsvertreter bestärken und die Legitimation durch Teilhabe von Verwaltungsentscheidungen erhöhen.

Der in KommD (noch) nicht erreichte Stabilisierungsprozess des Issue-Netzwerkes kann in KommC bereits beobachtet werden. Die Verwaltung hat in ein ressourcenintensives Zeitfenster investiert und dadurch Verhandlungs- und Abstimmungsprozesse zugelassen. Das Resultat kann als wechselseitiges personales Vertrauen beobachtet werden, das die Leistungsfähigkeit der zukünftigen Netzkommunikation (Beziehungsinhalt) durch positive Erwartungshaltungen zwischen den Personen einerseits und zwischen diesen und den Netzergebnissen andererseits hervorbringt. Letzteres kann als generalisierte positive Erwartungshaltung an die Netzwerkkommunikation beschrieben werden, die Züge eines Systemvertrauens[129] trägt. Im Gegensatz zum labil erscheinenden personalen Vertrauen besteht

---

[128] Die Beobachtung einer Stabilisierung des Verhandlungssystems als transmittierende Interaktion zwischen Organisationen beschränkte sich jedoch nur auf den Beobachtungszeitraum des Projektes.

[129] Systemvertrauen beschreibt die Ausweitung der positiven Erwartungen zwischen Personen hin zu positiven generalisierten Erwartungen an die gesamte Netz-Kommunikation im Sinne eines emergenten Phänomens. Das

beim Systemvertrauen eine Ausweitung der wechselseitigen personalen Erwartungen hin zu Erwartungen an die gesamte Netzwerk-Kommunikation. Diese Entwicklung ist für die Stabilisierung des Issue-Netzwerkes zwar vorteilhaft, könnte jedoch auch dessen Effektivität gefährden. Denn durch eine „kognitive Schließung" (Wiesenthal 2005, S. 250) der Netzwerkgemeinschaft besteht die Gefahr, dass die ‚back-office'-Organisationen von den Ergebnissen des Netzewerkes isoliert werden und ihre (instrumentellen) Interessen nicht mehr in die Kommunikation einbringen können. Dieses Problem stellt sich von Seiten der Kommunalverwaltung dann, wenn der Aushandlungsprozess zwischen den Netzwerk-Teilnehmern weiterhin zeitintensiv bleibt und durch die Abschottung des Netzes nicht (mehr) nachvollzogen werden kann, in welchem Zeitrahmen Verwaltungsinteressen umgesetzt werden sollen. Demgegenüber erscheint das Problem bei den Verbänden akuter. Es wurden bereits von Seiten außen stehender Trägereinrichtungen Bedenken bezüglich einer Vorteilsnahme der Verbandsvertreter im Issue-Netzwerkes geäußert.[130] Um diese Entwicklung zu verhindern, ist eine Öffnung durch Teilhabe von Vertretern unterschiedlicher Trägereinrichtungen als auch weiterer Vertreter aus Kommunalverwaltung und Politik erforderlich. Es ließ sich jedoch beobachten, dass dieser Öffnungsprozess durch kontinuierliche Berichte an die politischen Parteien und den vermehrten Einbezug von Trägereinrichtungen erfolgen soll.

6.5 Die Funktion von Kommunikation für die Veränderung von cognitive maps[131]

Im Forschungsprojekt geht es aus systemtheoretischer Sicht um die Frage, welche Bedingungen die Legitimationsbeschaffung und damit Bindewirkung des politischen Zeckprogramms „Rahmenvereinbarung" unterstützen. Ein zentraler Fokus sind dabei Personen, die im Issue-Netzwerk miteinander kommunizieren und gleichzeitig in ihren Backoffice-Organisationen und weiteren sozialen Systemen verankert sind. Wie in Kapitel 3 ausgeführt bzw. behauptet wird, ist der Erfolg des Implementationsprozesses im Wesentlichen von Lernprozessen in den Issue-Netzwerken und vom Erfolg grenzüberschreitender Kommunikation zwischen Organisationen abhängig. Die Angleichung der cognitive maps der beteiligten Personen ist eine Möglichkeit, Lernprozesse im Issue-Netzwerk aufzuzeigen. In diesem Kapitel werden daher die cognitive maps der beteiligten Personen in den Issue-Netzwerken zum Gegenstand der Analyse gemacht. Die Untersuchungsobjekte sind dabei nicht die einzelnen Organisationen, sondern die an den Kommunikationsprozessen beteiligten Personen als Vertreter ihrer Backoffice-Organisationen. cognitve mapping dient dabei der Analyse der kognitiven Strukturen der beteiligten psychischen Systeme. In Anlehnung an das methodische Konzept sollen dabei die individuellen Wissensstrukturen dargestellt und analysiert werden. Die erhobenen Wissensbestandteile werden in Form einer cognitve

---

Systemvertrauen stabilisiert die Beziehungsart des labilen wechselseitigen Vertrauens zwischen Personen, indem Anzeichen für Misstrauen nicht als Risiko für die zukünftige Interessensschonung interpretiert werden, sondern als vorübergehende Störung der ansonsten interessensschonenden Kommunikation erscheinen. Es lässt sich damit folgende These formulieren: *Je stärker das Systemvertrauen institutionalisiert ist, desto weniger werden die Netzteilnehmer Anzeichen für die Ausbildung gegenwärtiger Sicherheit benötigen.*
[130] Vgl. Beobachtungsleitfäden KommC.
[131] Verfasserin des Kapitels: Dipl.-Soz.-Wiss. Sandra Wissing

map dargestellt.[132] Die Darstellung und Auswertung bezieht sich dabei auf die zu Beginn und zum Ende des Beobachtungszeitraums mit den beteiligten Personen geführten Interviews. Die Auswertung erfolgt mit Hilfe qualitativer Datenanalyse. Die Auswertung der Veränderungen und Annäherungen wird auf Grundlage des erhobenen und dargestellten Materials interpretativ erschlossen.

Im Mittelpunkt der Betrachtung steht die Frage, ob sich die Kommunikationen bzw. ausgewählte Aspekte des Kommunalisierungsprozesses im Verlauf des Beobachtungszeitraumes auf die cognitive maps der beteiligten Personen ausgewirkt haben. Dazu werden folgende Fragen gestellt:

- Verändern sich die cognitive maps der beteiligten Personen im Laufe des Kommunalisierungsprozesses und wenn ja - nähern sie sich dabei an?
- Welchen Einfluss hat Kommunikation im sozialen System Issue-Netzwerk auf die Veränderung der cognitive maps der psychischen Systeme?
- Geht mit der Veränderung/Anpassung der cognitive maps eine höhere Akzeptanz des Kommunalisierungsprozesses einher und kann die Organisation von Kommunikationsprozessen damit der Legitimationsbeschaffung dienen?

Die Angleichung der Wissensbestände beschreibt einen der ersten Schritte im Implementationsprozess und ist Voraussetzung dafür, dass die beteiligten Personen in ihren Backoffice-Organisationen kommunikative Anschlussfähigkeit sicherstellen und damit eine verbindliche Umsetzung des Zweckprogramms durch sachgerechte und sinngemäße Entscheidungen der Organisationen wahrscheinlicher werden lassen.

Mit der Rahmenvereinbarung liegt ein Zweckprogramm vor, das in den konkreten Implementationsprozessen vor Ort entsprechend den Ausgangslagen ausgestaltet werden soll. Als gemeinsamen Bezugspunkt für die Umsetzungsprozesse gibt die Rahmenvereinbarung die Zielperspektiven Bedarfs- und Ressourcenorientierung vor. Unter Bedarfsorientierung ist generell eine Ausrichtung der sozialen Infrastruktur an den Problemlagen vor Ort zu verstehen. Ressourcenorientierung beinhaltet die Orientierung der Entwicklung der sozialen Infrastruktur an den kommunal zur Verfügung stehenden Ressourcen bestehend aus dem kommunalen Budget sowie den durch die Wohlfahrtsverbände und anderen Leistungsträgern zur Verfügung gestellten Eigenmitteln. Was allerdings Bedarfs- und Ressourcenorientierung konkret bedeutet, ist nicht objektiv gegeben. Aufgrund knapper werdender Ressourcen können neu formulierte Bedarfe nicht durch ein mehr an finanziellen Mitteln gedeckt werden. Daher ist Bedarfs- und Ressourcenorientierung das Ergebnis von Problemwahrnehmung und mittels Aushandlungsprozessen vollzogener örtlicher Prioritätensetzung.[133] Ob z.B. eine Frauenberatungsstelle zu Lasten einer Drogenberatungsstelle aufgebaut bzw. unterstützt werden soll, ist Ergebnis kommunaler Willensbildungs- und Entscheidungsprozesse. Im Falle der Kommunalisierung sozialer Hilfen in Hessen findet die Umsetzung unter Beteiligung der Wohlfahrtsverbände statt, die an den jeweiligen Aushandlungsprozessen und Prioritätensetzungen zu beteiligen sind. Einerseits verfügen sie über fachliche Kompetenzen in Bezug auf die Ausgestaltung einzelner sozialer Hilfen sowie über Kenntnisse der regionalen Bedarfs- und Versorgungssituationen und damit über das erforderliche

---

[132] Vgl. Meka 1993, S. 15, zitiert nach Klimecki 1995, S. 18.
[133] Auch andere Autoren verweisen darauf, dass Interpretation und Definition von Situationen entscheidende Komponenten des Implementationsprozesses sind (Bussmann 1994, Lassleben 2002, Hiller 2005).

Wissen für den lokalen Willensbildungsprozess. Andererseits sind sie selbst Anbieter sozialer Hilfen und damit wesentlich am Erfolg des Implementationsprozesses beteiligt.

Wie in Kapitel 3 ausführlich dargestellt, gehen wir davon aus, dass ein erfolgreicher Kommunikationsprozess zwischen den beteiligten Akteuren einer der relevanten Erklärungsfaktoren dafür ist, dass vor Ort eine gemeinsame Problemwahrnehmung und Einschätzung von Lösungsoptionen entwickelt wird.[134] Es ist weiter davon auszugehen, dass dies in Fallbeispielen, in denen eine regelmäßige Netzwerkkommunikation stattfindet, deutlich besser gelingt als in Fallbeispielen, in denen nicht regelmäßig kommuniziert wird. Um sich dieser Frage unter Bezugnahme auf die cognitive maps der beteiligten Personen sowie deren Angleichung zu nähern, werden oben aufgeworfene Fragen mit Blick auf den konkreten Gegenstand Rahmenvereinbarung wie folgt spezifiziert:

1. *Einstellungen zum Kommunalisierungsprozess:* Wie schätzen die befragten Personen die Kommunalisierung generell ein? Wie werden einzelne Aspekte akzeptiert?
2. *Kenntnisse über den kommunalen Umsetzungsprozess:* Was wissen die Beteiligten über den Umsetzungsstand und die regionalen Zielsetzungen der einzelnen Praktiken (Zielvereinbarung, Zuwendungsverträge, Berichte, Sozialberichte, Sozialplanung) der Rahmenvereinbarung?
3. *Entwicklung einer gemeinsamen Zielperspektive:* Entwickeln die beteiligten Akteure eine bedarfs- und ressourcenorientierte Zielperspektive?

Anhand der aufgelisteten Aspekte der Kommunalisierung wird analysiert, ob und wenn ja, wie sich die Sichtweisen der beteiligten Personen vom Interviewzeitpunkt t_0 zu Interviewzeitpunkt t_1 verändern und/oder ggf. annähern. Um die Bedeutung von Kommunikation bzw. Nicht-Kommunikation exemplarisch zuzuspitzen, werden im Folgenden die cognitive maps der beteiligten Personen zweier Fallbeispielen untersucht, in denen die Kommunalisierung sehr unterschiedlich durchgeführt wird. Während sich in KommC ein gemeinsamer Kommunikationsprozess im Rahmen eines Issue-Netzwerkes entwickelt, findet in KommF fast kein gemeinsamer Austausch zwischen Kommunalverwaltung und Wohlfahrtsverbänden statt. Anhand der beiden Fallbeispiele soll aufgezeigt werden, ob/wie sich unterschiedliche Problemsichten in Abhängigkeit davon entwickeln, ob kommuniziert wird oder nicht. Dazu wird nachgezeichnet, wie sich die Sichtweisen der einzelnen Beteiligten verändert haben und herausgearbeitet, ob und wenn ja, wie sich die Entwicklungen in KommC und KommF unterscheiden. Abschließend werden Schlussfolgerunden mit Blick auf den Zusammenhang von Kommunikationsprozessen und der Angleichung von cognitive maps gezogen.

6.5.1 Ausgangsbedingungen der Kommunen

KommC: In KommC konzipiert sich im Frühjahr 2005 ein Issue-Netzwerk unter Beteiligung der Ortsliga und der Kommunalverwaltung. An den Sitzungen nehmen vier Vertreter der Wohlfahrtsverbände und drei (später ebenfalls vier) Vertreter der Kommunalverwaltung teil. Vor Beginn des Beobachtungszeitraumes tagt das Netzwerk bereits viermal, innerhalb

---

[134] Vertrauen hat bei der Entwicklung gemeinsamer Perspektiven eine stützende Funktion. Auf die Bedeutung von Vertrauensbildung wird ausführlich im Kapitel 6.4 eingegangen und hier nicht mehr explizit erläutert.

des Beobachtungszeitraumes weitere elf Mal. Damit ist die KommC das Fallbeispiel mit der höchsten Tagungshäufigkeit. Gegenstand der Sitzungen sind sowohl die einzelnen Praktiken der Rahmenvereinbarung als auch die Diskussion und Einführung einer pragmatischen Sozialdatenerhebung als Basis für sozialplanerische Entscheidungen.

In KommC werden zu beiden Interviewzeitpunkten mit vier Ortsligavertretern, einem politischen Vertreter sowie drei Vertretern der Kommunalverwaltung Interviews durchgeführt. [135]

KommF: Anfang 2006 hat in KommF seit eineinhalb Jahren kein multilaterales Treffen zwischen Kreisverwaltung und Ortsliga mehr stattgefunden. In 2006 soll ein partizipatives Gremium etabliert werden, in dem die Kommunalisierung neben anderen Aufgaben ein zentrales Tätigkeitsfeld sein soll.[136] Zur Aushandlung der neuen partizipativen Struktur gab es im Beobachtungszeitraum ein Treffen zwischen Verwaltung und Ortsliga. Die Gremienstruktur erhielt keine Zustimmung von Seiten der Politik, so dass im weiteren Verlauf keine Treffen zwischen Ortsliga und Verwaltung bezüglich Fragen der Kommunalisierung stattfanden. Das zu Beginn des Prozesses etablierte verwaltungsinterne Netzwerk tagt lediglich einmal im Laufe der eineinhalb Jahre. Somit wird die Rahmenvereinbarung während des Beobachtungszeitraums im Wesentlichen von der Kommunalverwaltung unter punktueller Beteiligung der betroffenen Organisationen umgesetzt. Damit findet im Landkreis kein gemeinsamer Kommunikationsprozess zwischen den in der Rahmenvereinbarung genannten zentralen Akteuren statt.

Um die Fallbeispiele miteinander vergleichen zu können, wurden allerdings in KommF analog zu den anderen Fallbeispielen Interviews mit Vertretern der Verwaltung, mit politischen Vertretern sowie mit Vertretern der Ortsliga durchgeführt. In der ersten Interviewreihe wurden mit fünf Ortsligavertretern, einem politischen Vertreter und fünf Vertretern der Kommunalverwaltung Interviews durchgeführt. In der zweiten Interviewphase wurden mit drei[137] Vertretern der Kommunalverwaltung Interviews geführt sowie die fünf Ortsligavertreter erneut befragt. Da der ursprüngliche politische Vertreter nicht mehr zur Verfügung stand, wurde ein anderer politischer Vertreter interviewt.

6.5.2 *Veränderungen der Cognitive Maps im Beobachtungszeitraum*

In diesem Abschnitt werden die cognitive maps der beteiligten Personen anhand der oben spezifizierten Fragestellungen (1.) Einstellungen zum Kommunalisierungsprozess, (2.) Kenntnisse über den kommunalen Umsetzungsstand und (3.) Entwicklung gemeinsamer Zielperspektiven dargestellt. In den Abschnitten zwei und drei wird jeweils Bezug auf die Inhalte des Issue-Netzwerkes genommen und das als erklärende Variabel für die dargestellten Annäherungen bzw. Nicht-Annäherungen in den einzelnen Prozessen herangezogen. Im letzten Abschnitt (4.) wird ein Resümee mit Blick auf die Annäherung der cognitve maps im Beobachtungszeitraum gezogen.

---

[135] Die Wahl des Fallbeispiels mit einem Issue-Netzwerk war davon bestimmt, keins der Fallbeispiele auszuwählen, bei dem bereits zu Beginn des Prozesses ein hohes Maß an Übereinstimmung zwischen den beteiligten Personen vorlag. Vor Auswahl des Fallbeispiels hat daher eine Auswertung aller Fallbeispiele stattgefunden.

[136] Die geplante Struktur war vergleichbar mit der Gremienstruktur der KommA und wäre damit im Vergleich mit den Kommunikationsstrukturen anderer Fallbeispiele sehr komplex. (vgl. Kap. 5)

[137] Zwei kommunale Vertreter standen aus unterschiedlichen Gründen nicht mehr zur Verfügung.

6.5.2.1 Einstellungen zum Kommunalisierungsprozess

Im Wesentlichen werden hier die Bewertungen und die Akzeptanz der Beteiligten bezüglich des Kommunalsierungsprozesses dargestellt. Dabei geht es um die Anerkennung des grundsätzlichen Prinzips der Kommunalisierung sozialer Aufgaben als Voraussetzung für die Geltungskraft der im Programm festgelegten Modalitäten, der Bedarfs- und Ressourcenorientierung, der einzelnen Praktiken sowie der Beteiligung der Ortsliga (vgl. Kapitel 3).

KommC, t_0: In KommC wird die Kommunalisierung zu Beginn des Prozesses bereits positiv bewertet. Von den acht Befragten schätzen fünf die kommunalen Möglichkeiten, finanzielle Mittel bedarfsgerecht zu verteilen besser ein, als die Verteilung der Mittel durch das Land: „Der Grundgedanke, sage ich mal, ist grundsätzlich positiv, dass man auf die Bedarfslagen vor Ort reagieren kann. Das ist schon grundsätzlich positiv."[138]
Die örtlichen Planungsmöglichkeiten und Handlungsspielräume werden begrüßt. Daneben werden noch vereinzelt andere positive Aspekte genannt (Verwaltungsvereinfachung für die Träger, Einführung von Sozialberichterstattung, etc.). Fast alle Befragte können der Kommunalisierung etwas Positives abgewinnen. Bei einem Beteiligten der Wohlfahrtsverbände stehen allerdings die negativen Aspekte deutlich im Vordergrund. Der Kommunalisierungsprozess wird in eine Reihe mit anderen politischen Entscheidungen der letzten Jahre gestellt und als Cutback-Strategie des Staates und der Kommune erlebt. In Anspielung auf die „Operation Sichere Zukunft" werden von diesem Vertreter der Wohlfahrtsverbände folgende Schlussfolgerungen gezogen:

> „Das war eine sehr blutige Operation. … Richtig daran [an der Kommunalisierung. Anmerk. des Verfassers] ist lediglich, dass die Kommunen primär zur Finanzierung zuständig sind verfassungsrechtlich. Falsch dran ist, dass das Land jahrelang drauf verzichtet hat, dass sich die Kommunen darauf … zu verpflichten. Und nun war die Reform vor allem Streichungen."[139]

Die Idee der Kommunalisierung sozialer Hilfen wird prinzipiell als sinnvoll angesehen. Mangels verbindlicher Festlegungen wird es nach Ansicht des Befragten auf Kürzungen hinauslaufen. Die Aufgabenübertragung auf die Kommune wird als Rückzug des Landes aus der Steuerungsverantwortung interpretiert, was nach Einschätzung des Befragten mit der Gefahr kommunaler Alleingänge und landesweiten ungleichen Lebensverhältnissen einhergeht. Diese Befürchtung wird von insgesamt drei Ortsligavertretern und einem Vertreter der Verwaltung angesprochen. Auf Seiten der Verwaltung wird von drei Befragten der Aufwand durch befürchtete Dokumentationspflichten deutlich kritisiert. Zudem wird der relativ geringe Handlungsspielraum durch die engen Festlegungen der Rahmenvereinbarung von zwei Vertretern bemängelt. Dennoch stehen alle Beteiligten den Chancen des Prozesses durch das vor Ort initiierte Netzwerk offen gegenüber und bewerten die Idee der kommunalen Zuständigkeit für Bedarfs- und Ressourcenorientierung unter den beschriebenen Einschränkungen als positiv. Diese Haltung der Beteiligten wird besonders in folgendem Zitat deutlich:

---

[138] KommC, Verwaltung 2; IZ 1.
[139] KommC, Verband 1, IZ 1.

„Also die Kommunalisierung ist positiv, weil sie einfach die Steuerung dorthin verlagert, wo sie auch sinnhaft ist und Transparenz schafft."[140]

KommC, t_1: Zum Ende des Beobachtungszeitraums fallen die Bewertungen ähnlich aus: Eine vor Ort organisierte Verteilung der Mittel wird weiterhin von allen Beteiligten grundsätzlich positiv eingeschätzt. Der geringe Umfang der Kommunalisierung der hohe bürokratische Aufwand sowie der Rückzug des Landes aus der Steuerungsverantwortung werden weiterhin von einigen Vertretern kritisch angemerkt. Insgesamt spielt die Bewertung des Kommunalisierungsprozesses im Verlaufe der Interviews bei allen Befragten im Vergleich zu den ersten Interviews eine untergeordnete Rolle. Die Interpretation des örtlichen Umsetzungsprozess steht deutlich im Vordergrund.

KommF, t_0: Ein ähnliches Bild zeigt sich in KommF. Bis auf einen Vertreter der Ortsliga sehen alle Beteiligten es als grundsätzlich positiv an, dass die Zuständigkeiten für die sozialen Handlungsfelder kommunalisiert werden. Dazu ein Vertreter der Ortsliga sowie ein Vertreter der Verwaltung:

„Sodass letztendlich alle im Gesamtsystem daran arbeiten, dass die Mittel, die es gibt, a) vom Aufwand und Nutzen her gesehen in einem vernünftigen Verhältnis stehen und b) in den Regionen tatsächlich auch so zum Einsatz kommen, wie es für die Menschen in der Region am sinnvollsten ist."[141]

„Na ja, positiv ist schon, dass man im Grunde genommen Mittel bekommt, die man gezielt einsetzen kann, weil man hier vor Ort ja eigentlich näher dran ist als das Land."[142]

Es werden ebenfalls unterschiedliche positive Aspekte wie die Einführung einer Sozialplanung, der Abbau von Doppelstrukturen sowie die Etablierung partizipativer Prozesse hervorgehoben.

Wie in KommC gibt es einen Vertreter der Wohlfahrtsverbände, der die Kommunalisierung insgesamt sehr negativ bewertet: „Positiv finde ich gar nichts. ...weil bei allem, was im Moment in der Politik abläuft, werden irgendwelche verbalen Vorwände benutzt, die zum Schluss auf Leistungskürzungen hinaus laufen."[143]

Auch in KommF werden verschiedene Sorgen von einigen Befragten der Ortsliga formuliert. Neben der kritischen Bewertung der „Operation Sichere Zukunft" werden als weitere Kritikpunkte der Rückzug des Landes aus der Steuerungsverantwortung sowie die damit einhergehende Gefahr landesweit ungleicher Lebensverhältnisse genannt. Die Problematik der Einheitlichkeit der Lebensverhältnisse beschreibt ein Vertreter der Wohlfahrtsverbände besonders ausführlich:

„Negativer Aspekt ist, völlig klar, das ist auch nicht von der Hand zu weisen, dass das Land Hessen mit den Mitteln, die es über viele Jahrzehnte auch in den sozialen Bereich rein gegeben

---

[140] KommC, Verwaltung 4, IZ 1.
[141] KommF, Verband 4, IZ 1.
[142] KommF, Verwaltung 4, IZ 1.
[143] KommF, Verband 1, IZ 1.

hat, natürlich auch unter Qualitätsgesichtspunkten Standards mit gesetzt hat, beispielsweise im Bereich der Erziehungsberatung. Ein Beispiel, es gibt noch viel mehr. Um auch dafür zu sorgen, dass hessenweit vergleichbare, gleichwertige Angebotsstrukturen geschaffen werden. Die Gefahr besteht natürlich, wenn das Land keine Mittel mehr dazu gibt, das alles nur noch der Region überlassen bleibt, dass natürlich finanzstärkere Regionen da eher Vorteile mit haben, mehr anbieten können für die Bevölkerung als eher strukturschwache, finanzschwache Regionen. Dass da ein Ungleichgewicht entsteht."[144]

Auf Seiten der Verwaltung wird der hohe Aufwand im Verhältnis zu den relativ geringen Mittel kritisiert. Zudem wird der den Kommunen vom Land zugestandene Handlungsspielraum vom Koordinator der Kommunalisierung skeptisch bewertet, da der Kommune von Seiten des Landes bereits die Finanzierung eines geplanten Projektes untersagt wurde. Dennoch sehen in KommF bis auf einen Beteiligten ebenfalls alle Beteiligten den Kommunalisierungsprozess unter den beschriebenen Einschränkungen als positiv an.

KommF, t₁: Im Gegensatz zu KommC spielen die kritischen Bewertungen der Kommunalisierung bei den Befragten auch zum Ende des Beobachtungszeitraums noch eine große Rolle. Die geringen Mittel aufgrund der „Operation Sichere Zukunft" werden ebenso deutlich kritisiert wie eine negative Bilanz von Aufwand und Ertrag. Der Koordinator kritisiert zudem anhaltende Reformbaustellen, so dass der Kommunalisierung kein hoher Stellenwert zukommen kann. Vergleicht man die Einstellungen der Verwaltungsmitarbeiter mit denen der Ortsliga, zeigt sich auf Seiten der Ortsliga ein positiveres Bild, da mit der Kommunalisierung die Hoffnung auf eine weitergehende Beteiligung an kommunalen Sozialplanungsprozessen einhergeht. Diese Hoffnung fällt aber zum Interviewzeitpunkt II bei einigen Befragten deutlich geringer aus. Dennoch wird von allen Befragten eine kommunale Verteilung der Mittel weiterhin als positiv angesehen.

Zwischenfazit: Vergleicht man beide Fallbeispiele, fällt die relativ homogene positive Bewertung der Kommunalisierung auf, die sich auch im Laufe des Prozesses nicht ändert. Es finden sich jeweils unterschiedliche ausgeprägte positive Argumente oder einzelne kritische Aspekte, ohne dass die Grundidee der Kommunalisierung in Frage gestellt wird. Dementsprechend ist bereits zu Beginn des Prozesses eine relative hohe Konvergenz in den Fallbeispielen bezüglich der Bewertung und Akzeptanz des Kommunalisierungsprozesses zu erkennen. Ein Unterschied liegt darin, dass in KommF die generelle Bewertung der Kommunalisierung auch zum Ende des Beobachtungszeitraums bei den einzelnen Befragten eine größere Rolle spielt. In KommC beziehen sich die Befragten deutlich mehr auf den konkreten Umsetzungsprozess vor Ort.

6.5.2.2   Kenntnisse über den kommunalen Umsetzungsprozess

Wissensbestände stellen interne Bedingungen der Informationsverarbeitung dar und beeinflussen Wahrnehmung und Handeln (vgl. ausführlich Kapitel 3). Die Weiterentwicklung der Wissensbestände kann als Lernen bezeichnet werden. Im vorliegenden Fall sind die materiellen Inhalte der Lernprozesse die Wissensbestände über die einzelnen Praktiken des

---

[144] KommF, Verband 4, IZ 1.

Kommunalisierungsprozesses. Zu den Praktiken der Rahmenvereinbarung zählen das Issue-Netzwerk selbst, die Zuwendungsverträge, Berichtswesen sowie Sozialberichterstattung und Sozialplanung. In diesem Abschnitt werden jeweils die Wissensbestände der beteiligten Personen bezüglich der einzelnen Praktiken miteinander verglichen und analysiert, ob sich diese Wissensbestände im Laufe des Prozesses annähern.

KommC, Issue-Netzwerk, t_0: In KommC haben alle Beteiligten genaue Kenntnis darüber, wie der partizipative Prozess ausgestaltet werden soll. Jeder ist über die Beteiligung der Wohlfahrtsverbandsvertreter im Rahmen des issue-Netzwerkes informiert. Als Arbeitsschwerpunkt des issue-Netzwerkes werden organisationsübergreifend von allen Beteiligten Entscheidungen über die künftige Förderstruktur sowie die Systematisierung kommunaler Handlungsfelder genannt.

Zu Beginn des Beobachtungsprozesses kritisierten die Befragten der Verwaltung den zeitintensiven Aushandlungsprozess. Es bestehen Zweifel an Effizienz und Effektivität des Arbeitsgremiums, was ein Mitarbeiter der Verwaltung wie folgt auf den Punkt bringt:

> „Und jeder würde wahrscheinlich sagen, eigentlich hätten wir das heute in der halben Zeit schaffen können, wenn wir die Diskussion nicht zum dritten Mal nicht vorne angefangen hätten oder wenn einer mal gesagt hätte, das haben wir jetzt abdiskutiert und so."[145]

KommC, Issue-Netzwerk t_1: Zum Ende des Beobachtungszeitraums wird der zeitaufwendige Kommunikationsprozess von einzelnen Befragten immer noch kritisch angemerkt und als Ursache dafür ausgemacht, dass das von der Verwaltung geplante Arbeitspensum nicht erreicht worden ist. Ein Verwaltungsmitarbeiter formuliert den Aspekt wie folgt:

> „Man wird realistischer, dass es langsamer geht wie gedacht. Ich hätte mir da ein bisschen mehr Dynamik gewünscht."[146]

Allerdings wird der Kommunikationsprozess trotzdem als erforderlich für die Entwicklung einer vertrauensvollen Arbeitsatmosphäre angesehen. Von Seiten der Vertreter der Verbände wird der Prozess ausschließlich positiv bewertet.

KommF, t_0: Im Gegensatz dazu liegt in KommF kein kohärentes Bild von der zukünftigen Zusammenarbeit bezüglich der Kommunalisierung vor. Unterschiede zeigen sich in den cognitive maps der befragten Verwaltungsvertreter z. B. bezüglich des Umfangs der Beteiligung der Vertreter der Wohlfahrtsverbände. Alle Verwaltungsvertreter formulieren prinzipiell die Bereitschaft, die Verbandsvertreter am Prozess zu beteiligen. Eine umfassende Beteiligung wird allerdings teilweise aufgrund der vermuteten Besitzstand wahrenden Interessen der Verbandsvertreter skeptisch eingeschätzt. Tendenziell werden Entscheidungskompetenzen bezüglich Umverteilungen allein der Kommunalverwaltung zugesprochen. Bei vier der fünf befragten Verwaltungsvertreter bleibt dementsprechend diffus, in welcher Form eine Beteiligung der Ortsliga organisiert werden soll. Dazu zwei Verwaltungsvertreter:

---

[145] KommC, Verwaltung 4; IZ 1.
[146] KommC, Verwaltung 2; IZ 1.

„Also das müssen die Politiker entscheiden. Oder dieses Gremium, was gebildet werden soll. Da wird dann die Politik ja auch dabei sein, so wie ich das mitgekriegt habe. Aber das macht Herr …, der kann Ihnen das viel besser sagen.“[147]

„Also wir hatten jetzt eine Auftaktveranstaltung, zu der wir also auch die Träger geladen haben. Haben sie informiert. Haben auch darüber informiert, dass im Jahr 2006 gar keine Veränderung eintreten wird. Das ist natürlich auch wichtig für die Träger; die Planbarkeit ist damit ja auch gesichert. Ja, das war im Prinzip so der erste direkte Kontakt mit den Trägern in Bezug auf die Kommunalisierung. Also von dem ich zumindest Kenntnis habe.“[148]

Ein klares kommunales Konzept ist den meisten Verwaltungsvertretern nicht bekannt. Der Koordinator der Kommunalisierung ist gerade mit der Konzeption einer neuen Gremienstruktur befasst. Im Rahmen der Gremien sollen auch Fragen der Kommunalisierung bearbeitet werden. Auch der Koordinator zeichnet kein klares Bild davon, wie genau diese Gremienstruktur umgesetzt werden soll.

Die geplante Gremienstruktur unter Beteiligung von Ortsliga, Verwaltung und politischen Vertretern ist dem Koordinator der Kommunalisierung, einem Verwaltungsvertreter sowie den Vertretern der Wohlfahrtsverbände bekannt. Einige Befragte äußern sich dahingehend, dass hier auch Fragen der Kommunalisierung besprochen werden sollten. Genauere Vorstellungen werden nicht deutlich. Alle Vertreter der Wohlfahrtsverbände wünschen sich eine Beteiligung an Entscheidungsprozessen bezüglich Fragen der Kommunalisierung. Es liegen keine Kenntnisse darüber vor, wie die Verwaltung die Beteiligung konkret organisieren möchte. Alle Vertreter haben gegenüber der Verwaltung eine abwartende Haltung. Dem Koordinator wird für die Organisation partizipativer Prozesse sowohl von Seiten der Verwaltung als auch von Seiten der Verbandsvertreter eine zentrale Rolle zugesprochen.

KommF, Issue-Netzwerk, t₁: Am Ende des Beobachtungszeitraums zeichnet sich kein deutlicheres Bild von der Beteiligung der Wohlfahrtsverbände am Umsetzungsprozess der Kommunalisierung ab. Einige Vertreter berichten von einem Treffen mit der Verwaltung, anderen ist weiterhin unklar, ob und wie eine partizipative Struktur entwickelt werden soll. Dies zeigt sich in folgenden Kommentaren zweier Ortsligavertreter:

„Im Kreis, da gibt es Ansätze zu überlegen, also ich weiß, dass der … Sozialdezernent jetzt das O.K. hat, dass demnächst so eine Sozialkommission eingerichtet wird, aber sie hat noch nicht getagt.“ [149]

„… alle drei Monate treffen wir uns mit dem zuständigen Kreisbeigeordneten, also Sozialdezernenten … um … die Probleme, die entstanden sind, halt zu besprechen “[150]

Der Koordinator berichtet vom Scheitern der umfassenden Gremienstruktur mangels Zustimmung der politischen Vertreter. Zukünftig soll es zweimal im Jahr ein Treffen zwischen Verwaltung und Wohlfahrtsverbänden geben. Die Informationsweitergabe zu Fragen der Kommunalisierung wird innerhalb dieser Treffen stattfinden. Der Vertreter der Politik

---

[147] KommF, Verwaltung 4; IZ 1.
[148] KommF, Verband 1; IZ 1.
[149] KommF, Verband 5; IZ 2.
[150] KommF, Verband 3; IZ 2.

berichtet von regelmäßigen Treffen, bei dem die Kommunalisierung bisher kaum Thema gewesen ist. Ein Vertreter der Wohlfahrtsverbände geht weiterhin davon aus, dass sich die ehemals geplante Gremienstruktur etablieren wird. Die Vertreter der Wohlfahrtsverbände berichten übereinstimmend, dass es keine Zusammenarbeit in Fragen der Kommunalisierung gibt und die Zusammenarbeit bilateral zwischen Verwaltung und betroffenen Trägern verläuft. Zwei Vertreter der Wohlfahrtsverbände beschreiben dies wie folgt:

> „Und dass noch eben keine allgemeine Verständigung mit den freien Trägern darüber stattgefunden hat, sondern dass nur jeder einzelne freie Träger, soweit ich weiß, der kommunalisierte Mittel erhalten hat auch erst mal so ein Signal gekriegt hat von hier... dass es erst einmal so weiter geht. Aber es ist m. E. noch nirgendwo mit der Liga oder den Wohlfahrtsverbänden gebündelt in irgendeiner Form weiter besprochen worden, weil es zurzeit kein Gremium gibt, in dem das zugeordnet ist.“[151]

> „Meines Wissens hat die im Moment keine direkte Aufgabe, weil die Ortsliga, mit der wir ja auch im Verbund sind, die warten genauso, schätze ich ein, wie wir, dass mal Vorschläge und Vorlagen kommen, mit denen man dann ins Gespräch geht.“[152]

KommF, sonstige Praktiken, t_0: In KommF ist das Wissen der Befragten zu den einzelnen Praktiken sehr unterschiedlich. Einige Befragte haben zu keiner Praktik eine konkrete Vorstellung, andere haben differenzierte Kenntnisse und Erfahrungen. Die Wissensbestände sind damit sehr heterogen. Zudem liegen bei den Wohlfahrtsverbandsvertretern keine Kenntnisse über das geplante Vorgehen der Kommune bezüglich der einzelnen Praktiken vor. Eine Vertreterin der Wohlfahrtsverbände ist darüber informiert, dass die Kommune die Verträge an den Musterverträgen des Landes ausrichten will. Auf Seiten der Verwaltungsvertreter liegt ebenfalls ein deutliches Informationsgefälle vor. Die Informationen zur Vorgehensweise bündeln sich beim Koordinator der Kommunalisierung. Dieser verfolgt die Strategie, bei den Verträgen und dem Berichtswesen auf die Mustervorlagen zu warten. Bezüglich Sozialberichterstattung und Sozialplanung werden mit Blick auf die Kommunalisierung noch keine Überlegungen geäußert. Einige Verwaltungsvertreter vermuten, dass zukünftige Strategien zu den einzelnen Praktiken innerhalb einer verwaltungsinternen Arbeitsgruppe entwickelt werden. Da diese aber im Beobachtungszeitraum nicht tagt, hat sich der Kenntnisstand bei den befragten Mitarbeitern nicht verändert.

KommF, sonstige Praktiken, t_1: Auch zum Interviewzeitpunkt t_1 liegt ein deutliches Informationsgefälle mit Blick auf Umsetzungsstand und Strategie der Verwaltung vor. Die Informationen bündeln sich beim Koordinator, ein Verfahrensbeteiligter verfügt ausschließlich über Sachstandsinformationen bezüglich der Praktiken, an deren Erarbeitung er beteiligt ist. Ansonsten ist er nicht über Umsetzungsstand und inhaltliche Ausrichtung der Kommunalisierung informiert. Zudem äußert er Unverständnis über eine fachdienstübergreifende Aufgabenerledigung, da damit ein hoher Kooperations- und Arbeitsaufwand einhergeht. Zusammenarbeit wird im Sinne einer besseren Ausrichtung und Abstimmung nicht für erforderlich gehalten, sondern vielmehr als Kritik an eigenen Kompetenzen wahrgenommen. Dies zeigt sich in folgendem Zitat:

---

[151] KommF, Verband 5; IZ 2.
[152] KommF, Verband 2; IZ 2.

„Weil ich da den Jugendhilfeplaner nicht dazu brauche. Das ist doppelt, zweigleisig gefahren. Ich brauche keine Jugendhilfe, ich bin alt genug. Werde hoch bezahlt und da brauche ich nicht noch einen Jugendhilfeplaner, um einen Vertrag abzuschließen. Ja, völlig überflüssig, völlig überflüssig.“[153]

Andere Mitarbeiter äußern sich kritisch, dass sie über keinerlei Kenntnisse bezüglich der Weiterentwicklung der Kommunalisierung verfügen. Bezogen auf die einzelnen Praktiken besteht kein veränderter Kenntnisstand. Es besteht ein hohes Maß an Übereinstimmung dahingehend, dass im Wesentlichen der Koordinator für die Entwicklung und Umsetzung verantwortlich ist. Auch die hohe Arbeitsbelastung durch andere Reformprojekte wird gesehen. Der Koordinator formuliert die kommunale Strategie dahingehend, dass man sich bei den Berichten und den Zuwendungsverträgen an die Mustervorlagen halte. Eine weitere Strategie bezüglich Sozialberichterstattung und Sozialplanung mit Blick auf die kommunalisierten Mittel wird nicht deutlich. Eine Ausrichtung der Praktiken an einer bedarfsorientierten Entwicklung der örtlichen Infrastruktur bildet sich in der cognitive map des Koordinators nicht ab.

Die Wissensbestände der Ortsligavertreter bezüglich Umsetzungsstand und Zielsetzung der einzelnen Praktiken hat sich im Beobachtungszeitraum nicht verändert. Wie folgende Zitate belegen wissen weder die Wohlfahrtsverbandsvertreter, deren Träger kommunalisierte Mittel erhalten, noch andere Vertreter der Wohlfahrtsverbände, dass zu dem Zeitpunkt Vertragsverhandlungen anstehen.

„Also wir haben überhaupt noch keine Verträge“[154]
„Also da gibt es meines Wissens noch keinerlei Vertragsverhandlungen.“[155]
„Da wir keine haben, kann ich Ihnen das nicht sagen.“[156]

Auch bezüglich der verbleibenden Praktiken liegen bei den Ortsligavertretern keine Informationen über Umsetzungsstand und Zielperspektive vor, wie folgendes Zitat pointiert aufzeigt: „Also ich weiß vom Kreis wiederum gar nichts.“[157]

Ein Vertreter der Wohlfahrtsverbände äußert sich mit Blick auf die Sozialplanung wie folgt:

„So, aber inwieweit das weiterentwickelt ist, da wir das ja auch nicht weiterzuentwickeln haben, das nicht unsere Aufgabe ist, das kann ich nicht beantworten.“[158] Neben den fehlenden Kenntnissen über die anzuwendenden Praktiken wird durch das Zitat auch eine mangelnde Beteiligungsperspektive deutlich.

KommC, sonstige Praktiken, t_0: In KommC zeigt die Auswertung der cognitive maps der Befragten bereits zu Beginn des Beobachtungszeitraums ein anderes Bild.

Auch in dieser Kommune findet sich kein homogenes Bild bezüglich Begriffs- und Handlungswissen bezogen auf alle Praktiken. Zu den Zuwendungsverträgen liegen bei den

---

[153] KommF, Verwaltung 4; IZ 2.
[154] KommF, Verband 1; IZ 2.
[155] KommF, Verband 5; IZ 2.
[156] KommF, Verband 3; IZ 2.
[157] KommF, Verband 5; IZ 2.
[158] KommF, Verband 1; IZ 2.

Vertretern der Wohlfahrtsverbände keine Informationen über die Vorgehensweise vor. Die Vertreter der Verwaltung berichten davon, sich an die Mustervorlagen zu halten. Bezogen auf das Berichtswesen liegen bei allen Beteiligten kaum Informationen vor. Das Verständnis von Sozialberichterstattung und Sozialplanung ist heterogen. Die Begriffe Sozialberichterstattung und Sozialplanung sowie Berichte werden teilweise synonym verwendet.

Übereinstimmungen finden sich in der Darstellung der zukünftigen Handlungsstrategie. Alle Beteiligten verweisen auf die Funktion des Issue-Netzwerkes als Ort zur Entwicklung einer kommunalen Sozialberichterstattung/Sozialplanung. Es wird zudem bei allen Beteiligten eine Strategie deutlich, wie eine kommunale Sozialberichterstattung entwickelt werden soll: auf Basis einer systematisierten Darstellung unterschiedlicher sozialer Handlungsfelder wie Altenhilfe, Drogenhilfe, Familienhilfe, usw. sollen Entscheidungen über die künftige Förderstruktur getroffen werden. Die Beteiligten sind unterschiedlicher Auffassung, welchen Umfang diese Systematisierung haben sollte. Zwei Vertretern der Verwaltung ist eine Systematisierung aller kommunalen Handlungsfelder zu aufwendig und langwierig. Sie wünschen sich ein pragmatischeres Vorgehen. Auch die mit der Sozialberichterstattung/Sozialplanung einhergehenden Zielvorstellungen unterscheiden sich. Wie folgende Zitate belegen erhoffen sich die Vertreter der Wohlfahrtsverbände von einer systematischen Erfassung eine objektivere Abbildung des Bedarfes unabhängig von fiskalischen Zwängen:

> „Und es gibt natürlich noch andere Bedarfe. Und da muss man gucken, ob der Kreis noch was freischaufeln kann oder sich da gewaltig querstellt. ... Der andere Ansatz, den wir drin haben, wir haben abgesprochen im Unterschied zu anderen Landkreisen, dass wir nicht nur die kommunalisierten Programme in den Blick nehmen wollen, sondern das gesamte Feld. Das ist sachlich sinnvoll."[159]

> „Und wir sehen es nicht nur von der finanziellen Seite. Das spielt zwar eine wichtige Rolle, aber ich sage mal, für uns eine zweitrangige Rolle, erst steht der Mensch im Vordergrund und dessen, was er bedarf, um sein Leben selbst verantworten, selbst gestalten zu können und so gestalten zu können, dass es ein lebenswertes Leben ist."[160]

Es findet sich eine große Übereinstimmung zwischen allen Befragten, dass durch die Kommunalisierung ein hohes Maß an fachlicher Abstimmung der sozialen Leistungen zu erreichen ist. Die Verwaltungsvertreter verfolgen das primäre Ziel der finanziellen Umsteuerung und Reduzierung von Doppelstrukturen. Die praktische Umsetzung wird allerdings von fast allen Beteiligten misstrauisch bewertet. Die Vertreter der Verwaltung vermuten auf Seiten der Ortsliga Besitzstand wahrende Interessen. Die Vertreter der Verbände befürchten auf Seiten der Verwaltung cutback Strategien bzw. mangelnde Bereitschaft, Bedarfe mit den entsprechenden finanziellen Mitteln zu bedienen. Zwei Zitate bringen dies auf den Punkt:

> „Aber der Kreis möchte nicht wahrhaben, dass das Geld kostet. Ganz wenig Geld, wenn man es richtig macht."[161]

---

[159] KommC, Verband 1; IZ 1.
[160] KommC, Verband 3; IZ 1.
[161] KommC, Verband 1; IZ 1.

„Die eine Auffassung heißt immer wieder, na ja, Sie haben ja eigentlich Recht, aber wir haben kein Geld, und fertig.“[162]

Zusammenfassend lässt es sich der Konflikt mit folgender Aussage eines Verwaltungsvertreters auf den Punkt bringen:

„Es ist immer wieder ein Widerspruch zwischen dem Anspruchsdenken der Einrichtungsträger und den finanziellen Möglichkeiten der kommunalen Träger. Das ist ganz klar. Und aus kommunaler Sicht ... lässt sich nicht immer nachvollziehen, das was an Bedarfslagen geschildert wird ... Und auf der anderen Seite wird natürlich gesagt, die hängen zu sehr auf dem Geld. ... Das hängt schlicht und ergreifend schon letztendlich immer wieder am Geld.“[163]

KommC, sonstige Praktiken, t₁: Zum Ende des Beobachtungszeitraums hat sich der Kenntnisstand bezüglich der einzelnen Praktiken verändert. Dies ist deutlich in den cognitve maps der Befragten zu erkennen. Inhalt und Umsetzungsstand der Zuwendungsverträge sind allen Befragten bekannt. Zudem bestehen bei einigen Vertretern der Verwaltung klare Vorstellungen darüber, wie die Verträge mit Blick auf die Förderstruktur zukünftig ausgewertet werden können. Bei den Vertretern der Verbände werden die Verträge zusätzlich mit Blick auf die Auswirkungen für die Träger reflektiert. Beim Berichtswesen zeichnet sich ein weniger einheitliches Bild ab. Der Umsetzungsstand ist allen bekannt. Es liegt aber keine Übereinstimmung mit Blick auf das zukünftige Vorgehen vor. Zudem wird das Berichtswesen, wie folgende Zitate exemplarisch zeigen, mit Blick auf den bürokratischen Aufwand eher skeptisch bewertet:

„Aus meiner Sicht eher überfrachtet, die ganze Geschichte.“[164]
„Auf der anderen Seite steht in der Rahmenvereinbarung irgendwo drin, dass man möglichst unbürokratisch und kein aufgeblähtes Berichtswesen installieren will. Und ich habe so das Gefühl, dass genau das Gegenteil der Fall ist.“[165]
„Ich glaube, dass das Berichtswesen in dem Sinne eben ein Produzieren auch von Papier ist, was zwar einen aktuellen Stand dokumentiert, aber auf die Weiterentwicklung wenig Einfluss haben kann.“[166]

Von Seiten einiger Verbandsvertreter wird angemerkt, dass die Berichte noch nicht abschließend im Issue-Netzwerk diskutiert worden sind. Allerdings werden die Begriffe Berichte, Sozialberichterstattung und Sozialplanung nicht mehr synonym verwandt. Zudem subsumieren alle den vor Ort stattfindenden Prozess der Etablierung einer neuen Förderstruktur entlang kommunaler Handlungsfelder unter dem Begriff Sozialplanung.

Insgesamt wird von allen Befragten betont, dass diese Praktik noch nicht hinreichend ausgearbeitet ist und weiterentwickelt werden muss. Es werden teilweise unterschiedliche Umsetzungsdefizite benannt.

Zwischenfazit: Im Vergleich der beiden Fallbeispiele fällt auf, dass sich der gemeinsame Kommunikationsprozess in KommC deutlich in der Angleichung der cognitive maps der

---

[162] KommC, Verband 1; IZ 1.
[163] Komm C, Verwaltung 2; IZ 1.
[164] KommC, Verwaltung 1; IZ 2.
[165] KommC, Verwaltung 2; IZ 2.
[166] KommC, Verband 3; IZ 2.

Beteiligten Akteure zwischen t_0 und t_1 abbildet. In KommC entwickelt sich im Laufe des Prozesses eine weitergehende Übereinstimmung bezüglich der Praktiken, Netzwerk, Sozialberichterstattung, Sozialplanung und Verträge als in KommF. Lediglich für die Praktik Berichtswesen kann auch in KommC am Ende des Beobachtungszeitraums keine wesentliche Annäherung festgestellt werden. Im Gegensatz dazu ist für KommF bei keiner Praktik eine Konvergenz der cognitive maps der beteiligten Personen erkennbar.

Entsprechend der Annahme, dass die Unterschiede im Umfang der Annäherung mit der Kommunikation(sdichte) im Netzwerk zusammenhängen, werden im Folgenden die Auswertung der Sitzungsinhalte des Issue-Netzwerks KommC in Bezug auf die einzelnen Praktiken dargestellt.[167]

Kenntnisse über Umsetzungsstand und weitere Vorgehensweisen sind sehr homogen analog zu den im Issue-Netzwerk besprochenen Themen. Die Auswertung der Sitzungen des Issue-Netzwerkes zeigt, dass sich bei den Praktiken die höchsten Übereinstimmungen finden, die im Issue-Netzwerk häufiger diskutiert worden sind.

Abbildung 20: Kommunikationsinhalte des Issue-Netzwerkes[168] N=11*

	ZV	ZuV	B	SB	SP
Vor BZ	2	1	-	2	1
BZ	4	6	1	11	7
Anteil Sitz. BZ	36,36%	54,55%	9,09%	100%	63,64%

ZV= Zielvereinbarung; ZuV= Zuwendungsverträge; B= Berichte; SB= Sozialberichterstattung;
SP= Sozialplanung, BZ= Beobachtungszeitraum
* N bezieht sich auf die Sitzungen vor dem Beobachtungszeitraum

Die inhaltlichen Überschneidungen der cognitive maps bezüglich Sozialplanung und Sozialberichterstattung decken sich mit der hohen Kommunikationshäufigkeit der Themen im Issue-Netzwerk. Die Systematisierung der kommunalen Förderstruktur entlang unterschiedlicher Handlungsfelder wurde z.B. in jeder Sitzung besprochen, was die Übereinstimmenden Äußerungen der Befragten bezüglich der pragmatischen Sozialdatenerhebung erklärt.

Das noch etwas unklare Bild bezüglich der Umsetzung des Berichtswesens kann u. U. damit erklärt werden, dass das Berichtswesen lediglich in einer der elf Sitzungen besprochen wurde. Dahingegen wurden die Zuwendungsverträge in sechs Sitzungen zum Thema gemacht und die Umsetzung im Gremium verfolgt und diskutiert. Auch die vergleichsweise

---

[167] Die Auswertung bezieht sich auf die Protokolle und Beobachtungsleitfäden.
[168] Mehrfachzuordnungen von Themen zu einzelnen Sitzungen sind möglich. Elf Sitzungen wurden insgesamt erfasst. Die Zuweisungen der Sitzungsinhalte zu den Praktiken Sozialberichterstattung und Sozialplanung folgt nicht der Interpretation der vor Ort beteiligten, die den gesamten Prozess der Datenerhebung als Sozialplanungsprozess interpretieren. Die pragmatisch orientierte Sozialdatenerhebung wurde in der Auswertung unter Sozialberichterstattung gefasst. Lediglich Verteilungsfragen sowie sozialplanerische Fragen zur Entwicklung der Infrastruktur werden im Rahmen der Auswertung der Sozialplanung zugesprochen.
Die Prozentangaben beziehen sich auf die Anzahl der Sitzungen, in denen das Thema besprochen wurde: 100% bedeutet, dass das Thema in allen (11) Sitzungen behandelt wurde.

skeptische Bewertung des Berichtswesens im Vergleich zu den anderen Praktiken hängt u. U. mit der mangelnden Kommunikation über das Instrument zusammen.

Neben der reinen Häufigkeitsverteilung zeigt die inhaltliche Auswertung der Protokolle und Beobachtungsleitfäden der Sitzungen, dass die Praktik Sozialberichterstattung auch innerhalb der einzelnen Sitzungen den meisten Raum eingenommen hat. Das zeigt der Vergleich mit der ebenfalls häufig diskutierten Praktik Zuwendungsverträge. Hier ging es im Wesentlichen um die Entwicklung eines Vertrages entlang des vorliegenden Musters (des Landes). Einzelne kleine Aspekte des Vertrages wurden verändert. Anschließend ging es vorwiegend um den Austausch von Sachstandsinformationen. Im Gegensatz dazu ging es bei der Praktik Sozialberichterstattung von Beginn an um eine eigenständige Entwicklung und Ausgestaltung der Praktik sowie um gemeinschaftliche Sammlung und Auswertung von Informationen.

Die nachweisbaren Konvergenzen in den cognitive maps der Netzwerkteilnehmer bezüglich der einzelnen Praktiken decken sich also im Wesentlichen mit denen im Issue-Netzwerk besprochenen Themen.

Im Gegensatz dazu hat sich in KommF kein gemeinsamer Kommunikationsprozess etabliert. Auch bilateral finden zwischen den Verbandsvertretern und der Verwaltung keine Gespräche über die Kommunalisierung statt. Dementsprechend findet sich in den cognitive maps der Befragten keine Annäherung bezüglich des Umsetzungsstandes und regionalen Zielsetzungen der einzelnen Praktiken.

6.5.3 Entwicklung einer gemeinsamen Zielperspektive

Ein wesentlicher Aspekt einer sinngemäßen Umsetzung des Zeckprogramms Rahmenvereinbarung ist ein vor Ort initiierter Austausch über örtliche Bedarfslagen. Da dies, wie oben bereits erwähnt, nicht objektiv gegeben ist, soll hier dargestellt werden, ob sich im Laufe des Prozesses eine gemeinsame Perspektive zu Fragen der Bedarfsorientierung als Steuerungsziel entwickelt hat.

KommC, t_0: Bezugspunkt der Entwicklung einer gemeinsamen Perspektive ist bereits zu Prozessbeginn die Arbeit im Issue-Netzwerk. Alle in KommC beteiligten Personen verweisen auf die Entwicklung einer kommunalen Förderstruktur als Arbeitsauftrag des Netzwerkes. Die Entwicklung einer kommunalen Sozialplanung wird als gemeinsame Aufgabe angesehen. Die jeweiligen Intentionen des Aushandlungsprozesses sind unterschiedlich. Die Vertreter der Verbände erhoffen sich von der Abbildung der örtlichen Versorgungsstruktur ein klareres Bild vom vorhandenen Bedarf. Bei zwei von ihnen geht das mit dem Wunsch nach neuen Ressourcen und einer Ausweitung der Angebotsstruktur einher. Die Sicherung der Ressourcen gegenüber privat-gewerblich agierenden Vertretern wird ebenfalls als Ziel der Arbeit ausgemacht. Drei Vertreter der Wohlfahrtsverbände erhoffen sich eine höhere Verteilungsgerechtigkeit zwischen den bestehenden Angeboten.

Auf Seiten der kommunalen Vertreter wird ebenfalls das Motiv der Verteilungsgerechtigkeit zwischen den Anbietern betont. Es herrscht allerdings Uneinigkeit zwischen Verwaltung und Verbandsvertretern über den Umfang des Auftrages. Die Frage, ob lediglich die Handlungsfelder der kommunalisierten Mittel oder alle kommunalen sozialen Handlungsfelder abzubilden sind, wird unterschiedlich gesehen. Umfassende Sozialplanungsprozesse werden von einigen Vertretern der Verwaltung als zu aufwendig abgelehnt und damit einher gehende mögliche finanzielle Erwartungen zurückgewiesen. Die Vertreter der Wohlfahrtsverbände verbinden mit der Kommunalisierung fast übereinstimmend das Ziel einer Bedarfsfeststellung. Insbesondere ein Vertreter der Ortsliga sieht es als seine Aufgabe an, für die Interessen der Klienten zu kämpfen und die Versorgungslandschaft zu erhalten. Bei ihm steht die Sorge im Vordergrund, dass die Verwaltung finanzielle Mittel im sozialen Bereich kürzen will.

Die Umverteilungswahrscheinlichkeit wird von Seiten der Verwaltungsvertreter mit dem Verweis auf Besitzstand wahrendes Agieren der Wohlfahrtsverbände eher skeptisch gesehen. Damit steht für die Vertreter der Ortsliga die Bedarfsperspektive im Vordergrund während die Vertreter der Kommunalverwaltung tendenziell als „Hüter kommunaler Finanzen" agieren.

An dieser Stelle wird noch einmal auf ein oben bereits angeführtes Zitat eines Vertreters der Kommunalverwaltung zurückgegriffen:

„Es ist immer wieder ein Widerspruch zwischen dem Anspruchsdenken der Einrichtungsträger und den finanziellen Möglichkeiten der kommunalen Träger. Das ist ganz klar. Und aus kommunaler Sicht ... lässt sich nicht immer nachvollziehen, das was an Bedarfslagen geschildert wird ... Und auf der anderen Seite wird natürlich gesagt, die hängen zu sehr auf dem Geld. ... Das hängt schlicht und ergreifend schon letztendlich immer wieder am Geld."[169]

Die jeweils andere Perspektive ist den Befragten bekannt und geht tendenziell mit einem hohen Misstrauen gegenüber den anderen Vertretern einher. Gewünscht wird von einigen eine transparente und faire Mittelverteilung, was wiederum von anderen als utopisch angesehen wird.

KommC, t₁: Am Ende des Beobachtungszeitraums äußern sich alle Befragten relativ zufrieden über den örtlichen Aushandlungsprozess. Als Hauptaufgabe wird weiterhin die Weiterentwicklung der örtlichen Angebotsstruktur angesehen. Wie folgende Zitate belegen, gibt es unterschiedliche Einschätzungen, inwieweit dies durch die örtliche Sozialplanung schon erreicht wurde.

„Ja, also sagen wir so, von der Planung, wenn ich wirklich plane, verstehe ich eigentlich noch was anderes wie das, was wir tatsächlich machen. Wir machen ja mehr oder weniger eine Bestandsaufnahme und versuchen dann, vorhandene Gelder, die an der einen Stelle nicht benötigt werden, auf der anderen Stelle vielleicht einzusetzen. Wobei sich das mehr immer noch im Bereich Geld bewegt. Also sagen wir mal, dass wir von der tatsächlichen Sozialplanung so noch ein ganzes Stück weg, die sich außerhalb dieser monetären Geschichten bewegen. Vielleicht bei freiwilligen Angeboten, was es so gibt, es gibt ja ganze Facetten von Angeboten, die man da machen kann oder. Also da sind wir noch eine ganze Ecke von weg."[170]

„Wir haben die Sozialplanung im Jahr 2005 eingeführt, mit dieser AG Sozialplanung. ... Und das läuft seitdem sehr sehr gut. ... Wir haben verschiedene Handlungsfelder vorgenommen und besprechen diese Handlungsfelder. Wir machen erst einmal eine Bestandsaufnahme pro Hand-

---

[169] KommC, Verwaltung 2; IZ 1.
[170] KommC, Verwaltung 2; IZ 2.

lungsfeld und erörtern dann, ob da die gleichen Mittel fließen sollen wie vorher oder ob es höheren Bedarf oder weniger Bedarf gibt. Und das läuft aus meiner Sicht sehr gut."[171]

Ein Mitarbeiter der Kommune möchte nach der Bestandsanalyse eine Bedarfsanalyse folgen lassen und auch die vorhandenen Angebote unter diesem Blickwinkel erneut prüfen. Auch einige Vertreter der Wohlfahrtsverbände sehen, dass es in Zukunft neben der getroffenen Umverteilungsentscheidung weitere Umverteilungsentscheidungen entsprechend der tatsächlichen Bedarfslage geben muss. Manche Wohlfahrtsverbandsvertreter können noch nicht einschätzen, welche Konsequenzen sich aus dem bisherigen Prozess ergeben. Es besteht die Befürchtung, dass die sich aus einer weiteren Erhebung ergebenden Bedarfe nicht mit den entsprechenden Mitteln versehen werden können oder aber die Angebote in Zukunft doch von vermeintlich kostengünstigeren privat-gewerblichen Anbietern bereitgestellt werden. Der zu Beginn des Prozesses kritischste Verbandsvertreter verurteilt die im Netzwerk gemeinsam getroffene Umverteilungsentscheidung.

Insgesamt sehen aber alle Befragten das Issue-Netzwerk als geeigneten Ort an, um gemeinsam die Interessengegensätze auszuhandelnd und das örtliche Hilfesystem weiter bedarfs- und ressourcenorientiert auszugestalten. Allerdings sind die Schwerpunkte der Bedarfs- oder Ressourcenorientierung sowie einzelne Interessen weiterhin nicht völlig homogen. Die Unterschiede verlaufen nicht ausschließlich entlang Verbands- und Verwaltungsvertretern. Es lassen sich in den cognitve maps weniger übereinstimmende inhaltliche Entscheidungen bezüglich des örtlich definierten Bedarfs finden als vielmehr ein hohes Maß an Übereinstimmung bezüglich des Prozesses, mit dem einzelne örtliche Prioritätensetzungen erfolgen sollten.

Die inhaltliche Auswertung[172] der Sitzungen des Issue-Netzwerkes von KommC zeigt, dass die Ausgestaltung von Sozialberichterstattung und Sozialplanung als Bezugspunkt die Entwicklung einer gemeinsamen Perspektive unterstützen. Obwohl zu Beginn des Prozesses noch unklar ist, wie umfangreich die Sozialberichterstattung werden soll, startet die Diskussion entlang einer Auflistung verschiedener Handlungsfelder. Der Vertreter der Ortsliga, der die Kommunalisierung als sehr negativ einschätzt und Haushaltskürzungen als handlungsleitendes Motiv der Verwaltung ansieht, hat mit der Idee einer pragmatischen Sozialberichterstattung entlang unterschiedlicher Handlungsfelder eine Kommunikationsgrundlage geschaffen. Auf Basis der Bestandsanalyse können einige rudimentäre Bedarfsannahmen und erste gemeinsame Umverteilungsentscheidungen getroffen werden.

In den einzelnen Sitzungen werden immer wieder Kontroversen bezüglich Ressourcen-Maximierungsinteressen und Umverteilungsvorstellungen deutlich. Die Diskussionen verlaufen sehr emotional, führen allerdings letztendlich zu gemeinsam getragenen Problemlösungen. Auf das Vorgehen, Bestands- und Bedarfsanalysen entlang einzelner Handlungsfelder auszurichten, wurde sich bereits im Vorfeld des Beobachtungszeitraums geeinigt.[173] Die inhaltliche Auswertung der Protokolle zeigt, dass diese pragmatische Vorgehensweise wesentlich die Inhalte der einzelnen Sitzungen dominiert. Eine weiterführende Diskussion über komplexere Formen der Bedarfserhebung hat im Laufe des Beobachtungszeitraums

---

[171] KommC, Verwaltung 1; IZ 2.
[172] Vgl. Protokolle und Beobachtungsleitfäden zu den einzelnen Sitzungen.
[173] Vgl. Protokolle der KommC zu den einzelnen Sitzungen.

nicht stattgefunden, was evtl. eine unterschiedliche Einschätzung über Bedarfsgenerierung und das Instrument der Sozialplanung am Ende des Beobachtungszeitraums erklärt.

KommF, t_0: In KommF gibt es von Seiten der Verwaltung ebenfalls bei drei der fünf Befragten die Einschätzung, dass die Ortsliga auf Basis von Bestandssicherungsinteressen agiert. Daher wird eine Beteiligung an Umverteilungsentscheidungen skeptisch bewertet, wie folgendes Zitat pointiert ausdrückt:

> „Und es war schon, als die Diskussion aufkam, war so eine Vorstellung bei den freien Trägern, dass man das alles gemeinsam entscheidet. Inzwischen haben wir festgestellt, dass das mit Sicherheit gar nicht geht, weil die Mittel sind begrenzt, die Konkurrenz ist groß und da muss die Kommune meines Erachtens schon die Steuerungsverantwortung übernehmen und auch die Entscheidung."[174]

Einen Ausgleich zwischen Ressourcenorientierung und Bedarfsorientierung will der Koordinator durch eine gemeinsame Verantwortung von Verbänden und Verwaltung für die Belange des Kreises erreichen. Alle Befragten wollen an der Weiterentwicklung der kommunalen Versorgungsstruktur mitwirken. Die Vertreter der Verbände können sich überwiegend eine Umverteilung vorstellen, auch wenn dies kurzfristig Konflikte erhöhen kann. Die Entwicklung einer gemeinsamen Strategievorstellung wird allerdings kaum deutlich.

Der Koordinator und ein Verbandsvertreter haben die größte Übereinstimmung bezüglich der Entwicklung der künftigen Versorgungsstruktur. Entlang der z. Zt. stattfindenden Weiterentwicklung eines speziellen Versorgungsangebotes (Beratungsstellen) wird deutlich, dass sich die Kommune in der Finanzierung auf Kernangebote zurückziehen will. Weitere Dienstleistungen müssen von den Wohlfahrtsverbänden ergänzend finanziert werden. Zur Vermeidung von Doppelstrukturen sollen sich die Wohlfahrtsverbände auf einzelne Dienstleistungen (Suchtberatung, Eheberatung, Erziehungsberatung) spezialisieren und diese in verschiedenen Regionen jeweils unter einem Dach anbieten. Beide Befragte berichten von einer intensiven Zusammenarbeit zur Etablierung des Konzepts. Daneben findet eine intensive Zusammenarbeit bezüglich der Entwicklung eines entsprechenden Berichtswesens statt. Beide formulieren die Idee, analog zu diesem Konzept weitere Versorgungsangebote umzustrukturieren. Die anderen Befragten kennen zwar das Versorgungsangebot und sind teilweise mit eigenen Angeboten beteiligt. Es wird allerdings keine Einbindung in eine sozialplanerische Perspektive deutlich. Die Auswertung der Interviews zeigt, dass kein weiterer Vertreter der Wohlfahrtsverbände am Kommunikationsprozess um die Konzeptentwicklung sowie Etablierung eines Berichtswesens beteiligt war. Die unterschiedliche Einbindung in eine sozialplanerische Perspektive kann als Indiz dafür gelten, welche Bedeutung ein kommunikativer Austausch für die Entwicklung einer gemeinsamen Perspektive einnimmt.

Auf Seiten der Verwaltung findet sich ebenfalls bei keinem der Befragten eine eindeutige Zielperspektive bezüglich der Kommunalisierung. Auch hier finden sich keine Kenntnisse über die Strategie der Kommune, sich auf Kernangebote zu reduzieren, die von Wohlfahrtsverbänden in Absprache und unter Kooperation aller Beteiligten ergänzend finanziert werden sollen.

---

[174] KommF, Verwaltung 3; IZ 2.

KommF t_1: Zum Ende des Beobachtungszeitraums haben sich die cognitive maps der beteiligten Personen in Bezug auf die Entwicklung einer gemeinsamen Zielperspektive nicht wesentlich verändert. Kaum einer der Befragten hat eine eigene Zielperspektive zu Fragen der Kommunalisierung entwickelt. Alle Befragten möchten weiterhin an der Entwicklung der regionalen Versorgungsstruktur mitwirken, ohne mit konkreten Strategien aufwarten zu können. Die beim Koordinator formulierte Strategie des Rückzugs der Kommune auf Kernangebote und Effizienzsteigerungen durch Reduzierung von Doppelstrukturen ist den anderen Befragten weiterhin überwiegend nicht bekannt. Auch in den cognitive maps der anderen Verwaltungsvertreter ist eine derartige kommunale Strategie weiterhin nicht verankert. Ein Vertreter wollte und konnte sich kaum äußern, da seit dem ersten verwaltungsinternen Treffen keine weitere Beteiligung am Umsetzungsprozess der Kommunalisierung stattgefunden hat. Damit lassen sich in KommF wenig Veränderungen und kaum Annäherungen der cognitve maps ausmachen.

6.5.4 Fazit: Veränderungen der cognitve maps im Beobachtungszeitraum

In KommC zeigt sich im Gegensatz zu KommF eine deutlichere Annäherung der cognitive maps sowohl mit Blick auf die Wissensbestände bezüglich der einzelnen Praktiken als auch in Bezug auf die Entwicklung einer gemeinsamen Perspektive zu Fragen der Bedarfs- und Ressourcenorientierung. Die hohe Akzeptanz der Kommunikation im Netzwerk als Form der Problemlösungsstrategie wird bereits zu Beginn des Prozesses deutlich. Der im Issue-Netzwerk stattfindende Kommunikationsprozess ermöglicht den Beteiligten in KommC unterschiedliche Einstellungen und Interessen zu formulieren und mittels eines Aushandlungsprozesses gemeinsame Problemlösungen zu generieren. Die tendenzielle Konvergenz in Bezug auf Zielvereinbarung, Zuwendungsverträge, Sozialberichterstattung und Sozialplanung decken sich mit den im Netzwerk kommunizierten Inhalten. Eine vollständige Übereinstimmung war von Beginn an nicht erwartbar. Unterschiede finden sich in Bezug auf die Themen (Berichtswesen, geeignete Methode zur Bedarfsgenerierung) die im Netzwerk nicht oder nur selten thematisiert werden. Insgesamt bildet sich die hohe Akzeptanz des Verfahrens auch am Ende des Beobachtungszeitraums in den cognitive maps der beteiligten Personen ab.

Im Gegensatz dazu liegen in KommF keine übereinstimmenden Kenntnisse bezüglich der einzelnen Praktiken oder Annäherungen in Bezug auf die Entwicklung einer bedarfs- und ressourcenorientierten Infrastruktur vor. Die teilweise gegebenen unterschiedlichen Problemwahrnehmungen sowohl innerhalb der Kommunalverwaltung sowie zwischen Kommunalverwaltung und Ortsliga werden nicht diskutiert. Unterschiedliche Wissensbestände und konzeptionelle Vorstellungen zu den einzelnen Praktiken werden nicht ausgetauscht. Das Versorgungsangebot „Beratungszentrum" als Anknüpfungspunkt für die Entwicklung einer sozialplanerischen Perspektive konnte den anderen Beteiligten von Seiten der Kommunalverwaltung nicht vermittelt werden. Selbst innerhalb der Kommunalverwaltung ist dies von den Entscheidungsverantwortlichen anscheinend favorisierte Konzept kaum einem der Befragten bekannt. Dem Koordinator der Kommunalisierung wird sowohl von Seiten der Verwaltungsvertreter sowie von Seiten der Ortsliga eine zentrale Rolle zugewiesen. Dies gilt sowohl mit Blick auf die Umsetzung der Praktiken der Rahmenvereinbarung als auch mit Blick auf die Entwicklung einer kommunalen Sozialplanung. Seine starke Arbeitsbelastung aufgrund anderer Reformvorhaben führt dazu, dass er weder umfassende Zielperspektiven entwickeln, noch die vorhandene des Rückzugs der Kommunalverwaltung auf Kernaufgaben kommunikativ vermitteln kann. Dementsprechend lassen sich in KommF kaum Annäherungen in den cognitve maps der beteiligten Personen ausmachen.

Was bedeuten diese Befunde insgesamt? Wenn die Kommunikation in Netzwerken und die damit wahrscheinlichere Anpassung der cognitve maps der beteiligten Personen auch keine hinreichende Bedingung für eine verbindliche Umsetzung des Zweckprogramms darstellt, so scheint sie dennoch eine notwendige Bedingung zu sein. Ohne Kommunikation scheint eine verbindliche Umsetzung des Zweckprogramms mit Blick auf die Zieldimension Bedarfs- und Ressourcenorientierung ein aussichtsloses Unterfangen.

Kommunikation nimmt Einfluss auf die Konvergenz von cognitve maps. Auch wenn sie nicht zu einer vollständigen Übereinstimmung der Wissensbestände führen kann, ist sie doch erforderlich, um gemeinsam getragene Problemlösungen zu generieren. Kommunikation in Netzwerken scheint zudem einen positiven Einfluss auf die Akzeptanz des vorliegenden Prozesses zu haben. Die Etablierung einer gemeinsamen Kommunikationsstruktur sowie die Entwicklung gemeinsamer Problemsichten ist allerdings einer der ersten Implementationsschritte, der noch keinen Implementationserfolg garantiert: Die Entwicklung einer gemeinsamen Problemsicht wider Intention und Sinn des Zweckprogramms ist durch den kommunikativen Prozess nicht ausgeschlossen. Zudem ist mit dem einen hier beschriebenen erfolgreichen Fall auch die Möglichkeit des Ausstiegs aus dem Netzwerk aufgrund unüberbrückbarer Gegensätze o.ä. nicht ausgeschlossen. Auch im Falle erfolgreicher Lernprozesse im Netzwerk ist die Anschlussfähigkeit der Lernergebnisse in den Backoffice-Organisationen noch nicht geklärt. Allerdings ist kaum davon auszugehen, dass die Netzwerkteilnehmer so lange intensiv um Situationsdefinitionen und Problemlösungen ringen, wenn dies alles in ihren Backoffice-Organisationen als unverbindliche Makulatur verworfen würde. Tatsächlich sind in einzelnen Bereichen bereits Verteilungs- und Umverteilungsentscheidungen getroffen worden.

Die Etablierung von Netzwerken kann zwar kein Garant für die Lösung des steuerungstheoretischen Problems der Schnittstellen unterschiedlicher sozialer Systeme darstellen. Wie die Auswertung der cognitive maps zeigt, kann die Kommunikation im Netzwerk aber die Entwicklung gemeinsamer Problemsichten als einer der ersten und keineswegs unwichtigsten Implementationsschritte unterstützen.

7 Vereinbarte Verbindlichkeit im Mehrebenensystem –zur theoretischen Fundierung von Erfolgsfaktoren und Hemmnissen[175]

7.1 Zusammenfassung empirischer Ergebnisse

Die *empirische* Durchdringung des in diesem Forschungsprojekt untersuchten komplexen Wirkungszusammenhangs ist in der Forschungslandschaft bisher gering[176]. Die eigene Untersuchung kann diese Lücken deshalb nur teilweise schließen: Der Prozess einer landesweiten Implementation neuer Praktiken für die Bereitstellung sozialer Hilfen konnte nur mit einer begrenzten Zahl von Fällen, mit nur wenigen ausgewählten empirischen Indikatoren und in einem engen zeitlichen Rahmen untersucht werden.

Im Folgenden werden die empirischen Ergebnisse vor dem Hintergrund des systemtheoretischen Blickwinkels und über die Zusammenfassungen in den Kapiteln 5 und 6 hinaus eingeordnet und bewertet.

Mit der empirischen Studie kann zunächst grundsätzlich die Erwartung bestätigt werden, dass die Herstellung – flächendeckend – bindender Entscheidungen in einem föderalen Mehrebenen-Zusammenhang, der vertikale Vernetzungen und die kommunale Selbstverwaltungsgarantie einschließt, ein höchst anspruchsvoller Prozess ist. Systemtheoretisch formuliert: das Zustandekommen ist (höchst) unwahrscheinlich. Dennoch: der Implementationsprozess ist erfolgreich auf den Weg gebracht worden, da letztlich alle Kommunen die Rahmenvereinbarung akzeptiert haben. Die aus den empirischen Beobachtungen zusammengetragenen Befunde lassen allerdings *nicht* erwarten, dass die angestrebten annähernd einheitlichen Bindewirkungen in der Fläche – d.h. in allen Städten und Landkreisen des Bundeslandes – erreicht werden.

Typisch für viele Policy-Umsetzungen im Mehrebenensystem Deutschlands - und so auch für den Kommunalisierungsprozess - gelten:

- die meist als „unecht" zu bezeichnende, also nicht auf strikte Ebenentrennung abzielende Aufgabenverlagerung betrifft *gleichzeitige* Änderungen von Kommunikations- und Entscheidungsprozessen unterschiedlicher Akteurstypen auf mehreren politisch-administrativen Entscheidungsebenen;
- da es sich bei dem untersuchten Politikfeld um ein Mehrebenensystem mit geteilter Souveränität handelt, ist ein hierarchisches „Durchregieren" nicht möglich; zugleich ist festzustellen, dass deshalb (!) auch die örtlichen Ausgangslagen und Arrangements der Aufgabendurchführung in dem Politikfeld sehr unterschiedlich sind;
- aus sachlichen und z.T. auch aus machtpolitischen Gründen geht es daher um die Durchführung eines Zweckprogramms, in dem nicht die Durchsetzung von strikten

---

[175] Verfasser des Kapitels: Prof. Dr. Dieter Grunow
[176] Dies steht in einem deutlichen Kontrast zu den vielzähligen Handlungsanweisungen und Praxisempfehlungen. Wie in Kap. 3 gezeigt sind zumindest Einzelbausteine des Themas schon häufiger empirisch untersucht worden. Daran konnte die eigene Arbeit anknüpfen.

Kommunalisierungs-Anweisungen („compliance") als Implementationsmodus in Frage kommt; die Mitgestaltung der Programm-Durchführung seitens vieler Akteure ist vorgesehen;

- eine besondere Anforderung besteht darin, dass den ortsspezifischen Umsetzungsprozessen durch ein Interesse des Landes an „weicher" aber nachhaltiger landesweiter Steuerung sozialer Hilfen Grenzen gesetzt werden sollen; dieses „Interesse" ist auch verfassungsrechtlich begründet, weil der Art. 72 Grundgesetz auf die Notwendigkeit *gleichwertiger*, der Art. 106, Abs. 3 Grundgesetz auf *einheitliche* Lebensverhältnisse als staatliches Handlungsziel verweisen;
- ein einheitliches bzw. gleichgerichtetes Interesse der örtlichen Akteure an dem Kommunalisierungsprozess und den mit ihm einzuleitenden Veränderungen kann nicht erwartet werden und wurde auch nicht beobachtet; insofern setzt die Herstellung von Verbindlichkeit die Überwindung von Blockadehaltungen, Desinteresse oder Widerspruch voraus;
- bei der Dichte der vorhandenen politischen Programme (Gesetze) und Projekte ist das Kommunalisierungsvorhaben in einen Kontext vielfältiger, hier dann „sekundärer" policybezogener Verflechtungen eingebunden; neben den fördernden und bremsenden Faktoren in der hier betrachteten Policy selbst sind also auch die Einflüsse von zeitgleich sich entwickelnden Policies und ihrer Verflechtungen zu beachten.

Abstrakt wird einem derartigen Ansatz zu vielschichtiger Veränderung i.d.R. die *Pfadabhängigkeit* von gut verankerten Entscheidungsprozessen entgegengesetzt. Institutionentheoretisch kann man sich dabei auf ausbalancierte Machtverteilungen und wissensbasierte Problemlösungsstrategien beziehen. Systemtheoretisch sind die über Sinnhorizonte stabilisierten Erwartungen von Kommunikationsteilnehmern und vor allem die Entscheidungsprämissen von Organisationen hervorzuheben. Einen wichtigen Beitrag leisten dabei die cognitive maps der Kommunikationsbeteiligten in ihrer wissens- und/oder normenbasierten Form. Für alle diese theoretisch bezeichneten pfadbasierten „Verfestigungen" müssen allerdings auch empirische Belege erbracht werden, wenn man die Folgen im Hinblick auf Wandlungsfähigkeit und Änderungsaufwand zutreffend abschätzen will.

Im Einzelnen können ausbalancierte Machtverteilungen dann als besonders stabil gelten, wenn sie sich auf wenige und annähernd *gleichgewichtige* Akteure beziehen. Typisch ist hierfür die tripartistische Form eines korporatistischen Arrangements. Im Hinblick auf die Problemlösungsstrategien gelten *normative* Konzepte – z.B. hinsichtlich der „Überlegenheit" von bestimmten Koordinationsstrategien – besonders stabil, weil sie sich auch durch den Erwartungen widersprechende Beobachtungen nicht irritieren lassen. Legt man die beobachteten Fälle zu Grunde so ist festzustellen, dass beide „Stützen" der Pfadabhängigkeit in dem untersuchten Reformprojekt nicht besonders ausgeprägt sind. Die Bedeutung des Kommunalisierungsprojektes und der dabei zur Debatte stehenden Policies, Issues und Ressourcen ist einfach nicht groß genug. Insgesamt dürfte vielmehr die *Komplexität des vorhandenen Arrangements* die Bremse für eine nachhaltige Veränderung sein. Es ist für alle Projektbeteiligten nicht durchschaubar, wohin das Projekt im Hinblick auf die bisherigen Machtverteilungen und die Problemlösungsmuster führen wird. Dies gilt vor allem dann, wenn die Bedarfsorientierung bzw. Bedürfnisgerechtigkeit (zumindest langfristig) zum wichtigsten Entscheidungskriterium für die örtliche *und* landesweite Ressourcenverteilung werden soll.

Die Komplexität des Arrangements schließt die *vertikale* Verteilung von Entscheidungsmacht und fachlicher Kompetenz - insbesondere zwischen der Landesebene und der kommunalen Ebene - ebenso ein wie die Beziehungen zwischen verschiedenen Akteurstypen auf der jeweiligen Ebene – vor allem zwischen verschiedenen Verwaltungsbehörden, den Wohlfahrtsverbänden und den (beauftragten) Dienstleistungserbringern. In der Frühphase des Kommunalisierungs-Projektes wurde dies bereits im Detail beobachtet. Der die landesweite Umsetzung vorbereitende Modellversuch in zwei Kommunen (Grunow/Köhling 2003; vgl. auch Kap. 6.1) zeigt die Konsequenzen einer solchen „Reise ins Ungewisse" deutlich auf: die Wohlfahrtsverbände (Liga-Vertreter) spielten nicht nur lange Zeit mit dem Gedanken eines „Austritts" aus dem Beirat der zentralen Steuerungsgruppe sondern vollzogen ihn letztlich auch praktisch, um ihre Unzufriedenheit zu signalisieren. Im Rahmen der Beratungen der Steuerungsgruppe wurde nämlich damit begonnen, sowohl den machtbezogenen Status der Verbände – bisher in Form bilateraler Absprachen mit dem Staatssekretär – als auch ihre Rolle als Problembearbeiter vor Ort – bisher auf der Grundlage von direkter Förderung einzelner Einrichtungen ohne Bedarfsanalyse und oft auch ohne Konsultation der Kommunen – in Frage zu stellen.

In dieser Vorbereitungsphase für das Kommunalisierungsprojekt konnte auch eine andere *typische Beobachtung* gemacht werden, die das Aufbrechen verfestigter Akteurs-Arrangements und Kommunikationsmuster erklärt: andere Policies, – hier die durch politische Mehrheiten und durch Problemdruck abgesicherte Finanzpolitik – erzeugten Druck auf das sozialpolitische Projekt. Konkret war es die Drohung, im Rahmen der „Operation Sichere Zukunft" alle Mittel für die sozialen Hilfen zu streichen. Nur durch die *landesweite* Umsetzung der Kommunalisierung konnte dieser radikale Schritt verhindert werden. Mit anderen Worten: die Umweltbeobachtung durch die sozialpolitischen Systeme hat zu einer neuen systeminternen Einschätzung der System-Umwelt-Beziehung geführt: ohne Projektbeteiligung wären die Ressourcen und die politische Unterstützung für die Sozialen Hilfen nicht zu halten gewesen. Allerdings sind auch andere Policies gleichzeitig in ihrer Umsetzungsphase, deren Impulse allerdings nicht im Einzelnen bestimmt werden konnten. Sie sind aber mit Sicherheit in der Gesamtbilanz bestenfalls ambivalent, vielleicht eher kontraproduktiv für das Kommunalisierungsprojekt. Dabei geht es um Bausteinen der materiellen Sozialpolitik (z.B. die Umsetzung der SGB II - Gesetzgebung), um verwaltungspolitische Reformimpulse wie z.B. das Neue Steuerungsmodell – NSM- und um die generelle Entwicklung der Glaubwürdigkeit von Landes-Politik und -Verwaltung. Diesbezügliche Erfahrungen haben letztlich auch zur Skepsis von vielen Kommunen geführt, von denen sich einige recht lange geweigert haben, das Projekt für sich zu akzeptieren. Unter den beschriebenen Bedingungen ist es nahe liegend, dass dabei die Vor- und Nachteile sehr kritisch abgewogen werden. Für viele steht der erwartete Implementationsaufwand von Anfang an in keinem angemessenen Verhältnis zu den geringfügigen Mitteln, die sie für ihre Kommune erwarten durften.

Viele Beobachtungen aus der Vorbereitungsphase machen die zentrale Bedeutung des Entscheidungspunktes für oder gegen die *flächendeckende* Implementation deutlich. Es ist DER zentrale Kristallisationspunkt in der Herstellung von Verbindlichkeit im Rahmen der (unechten) Kommunalisierung. Die Erörterungen in der vorbreitenden Steuerungsgruppe

(Policy Netzwerk) kam deshalb nur mühsam voran; es bedurfte des Einsatzes eines wissenschaftlichen Beobachters und Kommentators, des Einsatzes einer zuvor nicht vorgesehenen Begleitforschung und später noch einer externen professionellen Moderation, um den Beratungsprozess zu einem Erfolg versprechenden Abschluss zu bringen. Die Modellversuche waren allerdings nur teilweise geeignet, Wege für ein Aufbrechen von etablierten Pfaden aufzuzeigen: das eine Modell war von Anfang an ein Beispiel für die gewünschten neuen Formen der lokalen Aufgabenplanung und -durchführung: es musste sich nicht verändern, sondern wurde von Beginn an als Beispiel für „good practice" angesehen. Das zweite Modell war beim Start eher das Gegenteil; es hat sich während der Erprobungsphase jedoch nur wenig in Richtung der gesetzten Ziele verändert.

Da es zunächst nur um zwei Modellbeispiele ging, konnte zudem das Personal des Ministeriums (HSM) hausinterne Veränderungen erfolgreich abblocken.

Ein Versuch, für die Ergebnisse der Erprobungsphase bei den daran nicht direkt beteiligten Kommunen zu werben, war vor diesem Hintergrund erwartungsgemäß nicht sehr erfolgreich. Anlässlich einer gemeinsamen Tagung konnte beobachtet werden, dass die in der Steuerungsgruppe (Policy Netzwerk) erreichten Verständigungen zwischen verschiedenen Akteursgruppen und damit die Akzeptanz des Projektes insgesamt nicht einfach auf andere Kommunen und einzelne ihrer Organisationen übertragen werden konnten. Zudem scheiterte der Versuch des hessischen Städte- und Landkreistages, die Ausgangslagen der lokalen Sozialpolitik in den hessischen Städten und Kreisen zu erfassen, an der Qualität der Befragung. Die Fragebögen waren nicht hinreichend geeignet, einen Überblick über die Situation in den Sozial-, Jugend- und Gesundheitsverwaltungen der hessischen Kommunen zu gewinnen.

Bei diesen Beobachtungen darf aber nicht übersehen werden, dass die Ausgangslagen der Kommunen mit Blick auf die Elemente des verabschiedeten Programms (Rahmenvereinbarung) sehr unterschiedlich waren; insofern war für einige die Teilnahme an dem Projekt unproblematisch, andere versprachen sich Vorteile, andere wiederum sahen den Vorgang sehr kritisch und für die eigene Entwicklung nicht von Nutzen. Fasst man die Situation mit dem Satz zusammen, dass die Kommunen insgesamt dem Ministerium wenig Vertrauen entgegenbrachten, ihm aber irgendwie alles zutrauten (im Guten wie vor allem im Schlechten), dann wird die ambivalente Ausgangslage deutlich – eine Lage, die sich auch nach der am Ende erreichten Implementationsbeteiligung aller Kommunen hinderlich auswirken würde. Dies gilt vor allem vor dem Hintergrund einer Kommunalisierungs-Konstellation, die in den meisten Fällen von vielen Akteuren Änderungen in ihren bisherigen Einfluss- und Kompetenzprofilen zu fordern versprach bzw. drohte.
Die wichtigsten Bausteine des Projektes waren:
a.   das Ziel, eine stärker bedarfsorientierte Allokation von sozialen Hilfen vor Ort zu erreichen, die zugleich für Dritte (insb. auch für die Landesebene) Transparenz schafft;
b.   der Einsatz von spezifischen Instrumenten (Praktiken) vor Ort und im Austausch mit der Landesebene (hier vor allem die Zielvereinbarung), die der (relativ) gleichmäßigen Zielerreichung dienen sollen und
c.   Empfehlungen/Angebote hinsichtlich des Implementationsverfahrens vor Ort – z.B. durch eine breite und partizipative örtliche Steuerungsstruktur (wie z.B. die Issue-Netzwerke).

Für alle drei Gestaltungselemente der Kommunalisierung lässt sich feststellen, dass sie das Potenzial aufweisen, in einzelnen oder auch in vielen Kommunen die Pfadgebundenheit bisheriger Praxis in Frage zu stellen: im Hinblick auf die Machtdimension betrifft dies die Bestrebungen, durch das Projekt weitere Akteure, vor allem die lokalen Verbändevertreter (Ortsliga), aber auch das HSM - in die örtlichen Gestaltungsentscheidungen einzubeziehen. Im Hinblick auf die Problemlösungsmuster betrifft es die bisherige, eher den Status quo festschreibende Problemselektion und Mittelverteilung. Die beobachteten Reaktionen der Beteiligten in den sechs untersuchten Fällen zeigt, dass diese „Angriffe" auf die Pfadgebundenheit keineswegs einheitlich bewertet werden, weil sie auf *unterschiedlich verfestigte* Ausgangslagen treffen. Insofern kann man i.d.R. nicht von einer geschlossenen Frontstellung, sondern eher von einer *lückenhaften Offenheit* gegenüber den Zielsetzungen des Reformvorhabens sprechen.

Betrachtet man dazu noch einmal die Befragungen aus der Startphase (t_0) mit Blick auf die Rahmenvereinbarung, so lässt sich folgendes Bild zeichnen:

Abbildung 21: Kommentierung der Rahmenvereinbarung (t_0;grobe Typisierung)

Reaktionen	Eher negativ	Unentschieden bis eher positiv	Explizit positiv
Gleiche Reaktionen der Befragten (Akteursgruppen)	KommE	KommA, KommB, KommD	–
Ungleiche Reaktionen der Befragten (Akteursgruppen)	KommC	KommF	–

Die Übersicht zeigt, dass es in den untersuchten Fällen keine sehr ausgeprägt positiven Reaktionen zur Rahmenvereinbarung gibt; vier der sechs Fälle zeigen eine leicht positive Einschätzung. Bei vier Fällen sind die Reaktionen der verschiedenen Beteiligten-Gruppen auch ähnlich, was zugleich für eine gemeinsame Akzeptanz des Status quo spricht. Bei den beiden eher uneinheitlich reagierenden Fällen bestehen die Unterschiede zum einen innerhalb der öffentlichen Verwaltung (z.B. in KommF) selbst und zum anderen zwischen Verwaltung und der Ortsliga (z.B. in KommC). Auch bei den beiden eher als kritisch gekennzeichneten Fällen handelt es sich nicht um eine dezidierte Ablehnungsfront gegen die Rahmenvereinbarung.

Dies wird gestützt durch die Reaktion auf die vorgesehenen Arbeitsinstrumente (Praktiken), die im sozialpolitischen Handlungsfeld durchaus breite Akzeptanz genießen. Eine Praktik, die relativ früh zur Anwendung kam, kann als Beispiel herangezogen werden: die „Zuwendungsverträge".

Abbildung 22: Kommentierung der Zuwendungsverträge (t_0; grobe Typisierung)

Reaktionen	Eher negativ	Unentschieden bis eher positiv	Explizit positiv
Gleiche Reaktionen der Befragten (Akteurs-gruppen)	–	KommA	KommB, KommC
Ungleiche Reaktionen der Befragten (Akteurs-gruppen)	–	KommE, KommF	KommD

Es gibt keine negativen Bewertungen. Beachtenswert ist die große Zahl von Fällen mit ungleichen Reaktionen, wobei diese Variationen aber nicht zwischen, sondern überwiegend innerhalb der Akteursgruppen existieren. Dies macht den Kommunikationsbedarf sichtbar, der *einvernehmlichen Entscheidungen* vorausgehen müsste.

Das Thema „Sozialplanung" ist zwar weit anspruchsvoller und für einige Fälle weit von der aktuellen Praxis entfernt. Dennoch gibt es hierfür eine derart breite Akzeptanz, dass alle als explizit positiv einzuordnen sind. In den beiden Fällen mit etwas geringeren Zustimmungswerten (KommA, KommD) ist die positive Tendenz bei den Ortsligen stärker ausgeprägt als bei den öffentlichen Verwaltungen.

Abbildung 23: Kommentierung der Sozialplanung (t_0; grobe Typisierung)

Reaktionen	Eher negativ	Unentschieden bis eher positiv	Explizit positiv
Gleiche Reaktionen der Befragten (Akteurs-gruppen)	–	–	KommB, KommC, KommE, KommF
Ungleiche Reaktionen der Befragten (Akteurs-gruppen)	–	–	KommA, KommD

Besonders diffus wurde die Frage zum Verfahren der Projektdurchführung vor Ort beantwortet. Hier ging es um die Empfehlung, eine lokale Arbeitsgruppe oder Steuerungsgruppe (Issue-Netzwerk) einzurichten. Nur in KommD konnte eine explizit positive Reaktion beobachtet werden, in allen anderen Fällen gab es eher eine verhaltene Zustimmung. Besonders bedeutsam ist jedoch die Feststellung, dass in allen Fällen die Akteure nicht einheitlich votierten – zweifellos eine Herausforderung für den lokalen Einstieg in den Kommunalisierungsprozess.

Die sonstigen *Beobachtungen und Daten* zur faktischen Ausgangslage der sechs Fallbeispiele stimmen nur teilweise mit diesen *Befragungsergebnissen* überein: z.B. die Tatsache, dass die KommA über ein ausgeprägtes Steuerungsnetzwerk (in sozialpolitischen Fragen) verfügt, und dass KommB über ein Informationsnetzwerk verfügt, hat offenbar keinen erkennbaren Effekt auf die Einschätzung des Kommunalisierungsprojektes. Dieses Ergebnis führt zu der Frage, ob die vorhandenen Ausgangsbedingungen mehr Einfluss auf den Implementationsprozess und -erfolg haben als die Nützlichkeitsvermutungen der befragten Akteure.

Die Ausgangsbedingungen können danach gruppiert werden, ob das Kommunalisierungsprojekt „Umbauanstrengungen" zur Folge hat. Die Beobachtungen dazu führen zu folgender Bilanz:

Abbildung 24: Gruppierung der untersuchten Fälle hinsichtlich der Umbauanstrengungen

Fallbeispiele mit Umbauanstrengungen	Fallbeispiele ohne Umbauanstrengungen
• KommE • KommD • KommC	• KommA (Umbauanstrengungen sind aufgrund der reifen Ausgangslage kaum nötig) • KommB (Verwaltungsbezogene Vernetzungsstruktur vorhanden, aber es fehlt das breite partizipative Vorgehen und die Lernbereitschaft) • KommF

Die empirischen Beobachtungen zeigen nur einen eindeutigen Zusammenhang – und zwar zwischen den bereits vorhandenen und gut entwickelten Vernetzungsstrukturen und der raschen und umfassenden („reifen") Gestaltung einer lokalen Lenkungsgruppe für den Implementationsprozess im Fallbeispiel KommA. Dieser Fall stützt unsere Kernthese in doppelter Hinsicht: a. Das vorhandene basale Kooperationsnetzwerk unter Einschluss aller wichtigen sozialpolitischen Akteure erleichtert und beschleunigt die Schaffung eines Issue-Netzwerkes als örtliche Steuerungsgruppe. Eine Umgestaltung von Machtstrukturen ist nicht erforderlich; die Pfadgebundenheit muss nicht aufgelöst werden, da der vorgesehene Implementationspfad ortsüblichen Standards entspricht. b. Die rasche Einrichtung des Issue-Netzwerkes – verbunden mit einer guten Ressourcenausstattung (Personal) - befördert eine zügige und effiziente Einführung bzw. Adaption der Praktiken. Dabei spielen geteilte Vorkenntnisse und Kooperationserfahrungen eine wichtige Rolle. Die Problembearbeitungsmuster folgen vorhandenen Verfahren, müssen nicht neu gelernt werden; falls sich solche Muster normativ verfestigt haben (z.B. kooperative/integrative Sozialplanung) werden sie durch die Ansinnen des Kommunalisierungsprojektes nicht in Frage gestellt[177].

Offen bleibt in diesem Fall allerdings die Frage, warum die Einschätzung der Kommunalisierungsbausteine (Praktiken) durch die Befragten dies nicht in allen Bewertungen so eindeutig widerspiegelt. Vor allem von Vertretern der öffentlichen Verwaltung werden die positiven Kommentare zum Kommunalisierungsvorhaben nicht voll umfänglich geteilt. Sie vermuten, dass der Zeitaufwand zu groß ist, dass man auf bürokratischem Wege effizienter zum Ziel kommen könnte. Dieses Argument lässt sich durch den empirischen Vergleich zwischen KommA und solchen eher „verwaltungszentrierten" Fällen (wie KommB) jedoch nicht bestätigen. *Die verwaltungszentrierte Engführung der Kommunikation behindert den notwendigen gemeinsamen Lernprozess der Beteiligten mit Blick auf die Zielsetzung einer am Bedarf ausgerichteten Gestaltung der sozialen Hilfen.*

Von größerem Interesse hinsichtlich der Forschungsfragen und Thesen sind die Fälle, in denen die bisherigen Routinen zumindest teilweise aufgelöst werden müssen, um Verbindlichkeiten neuen Typs – v.a. in Form der Praktiken - herzustellen. KommC, KommD und KommE bauen dafür eine Lenkungsgruppe unter Beteiligung aller Akteursgruppen auf. KommB und KommF begnügen sich mit einer verwaltungsinternen Steuerungsgruppe. Daraus haben sich u.a. zwei empirische Prüffragen ergeben:

1. Gelingt es in den Fällen KommC, KommD und KommE (= Fallgruppe 1), eine funktionsfähige Lenkungsgruppe zu etablieren, die tatsächlich bisherige Routinen auflöst und neue Formen der Bereitstellung sozialer Hilfen vorbereitet?
2. Lässt sich nachweisen, dass gemäß unserer Haupthypothese die Fälle KommF und KommB (Fallgruppe 2) in der Implementation des Projektes weniger erfolgreich sind, weil sie die als notwendig unterstellte Voraussetzung einer *breiten* Akteursvernetzung nicht realisiert haben?

Bei der Beantwortung dieser Fragen geht es nicht mehr um fallbezogene Darstellungen: dies wurde ausführlich in Kapitel 5 geleistet. Hier geht es um die Bedeutung von Sachverhalten als Erklärungsfaktoren; zu prüfen ist dabei, ob die untersuchten Fallgruppen übergreifende Aussagen zulassen. Dies setzt voraus, dass nicht mehr alle Fallnuancen argumentativ mitgeführt werden.

Zur ersten Frage lässt sich zusammenfassen: Die empirischen Untersuchungsergebnisse bestätigen die (systemtheoretisch begründete) Erwartung, dass eine Erfolg versprechende Implementation eine Vielzahl von Voraussetzungen erfordert, also insgesamt eher unwahrscheinlich ist. Zunächst kann beobachtet werden, dass die einfache Feststellung, dass eine lokale Steuerungsgruppe „eingerichtet" wird, keine hinreichende Prognose im Hinblick auf den weiteren Verlauf des Implementationsverlaufes und seiner Ergebnisqualität ermöglicht. Es geht vielmehr darum nachzuweisen, dass ein Issue-Netzwerk entsteht, das nicht nur verschiedene Akteursgruppen - als Repräsentanten verschiedener Organisationen - einbezieht, sondern in dem auch die individuelle KOmmunikationsroutinen der Akteure sowie ihre bisherigen Beziehungsmuster untereinander in einem Maße ab- und umgebaut werden (können), dass ein Lernprozess aller Beteiligten stattfinden kann. Am

---

[177] Derartige Befunde zeigen sich auch bei noch komplexeren Projekten (z.B. der EU-Kommission): selbst die vielfältigsten Implementationshürden werden immer dann genommen, wenn Zielsetzung und Durchführungsstrategie den nationalen Interessen und den darauf bezogenen Policies entsprechen. (vgl. Felder/Grunow 2001)

Ende könnte dann ein gemeinsames Problemverständnis (systemtheoretisch: Sinn) entstehen, das anschlussfähige Kommunikation und gleichgerichtete Entscheidungen - z.B. mit Blick auf die Praktiken - im Implementationsprozess möglich macht.

Alle Fälle der Fallgruppe 1 zeichnen sich in der Ausgangslage nicht nur durch eine fehlende Kooperationskultur sondern auch durch geringe Ressourcen aus. Es ist nicht zu entscheiden, welcher Faktor dabei dominiert. Beachtenswert ist, dass damit aber eine doppelte Barriere für Änderungsstrategien zu überwinden ist. In allen drei Fällen erfolgt jedoch der wichtige erste Implementationsschritt: die bisher allenfalls sporadischen, meist nur bilateralen Kooperationsmuster werden zu einer Steuerungsgruppe (AG, Beirat) unter Beteiligung aller wichtigen Akteure umgebaut. Dabei treten in den drei Fällen unterschiedliche Schwierigkeiten auf: unregelmäßige Teilnahme an Sitzungen und unterschiedliche Interessenlagen innerhalb der Ortsliga (KommD); seltene Treffen ohne Erörterungs- und Beratungscharakter („nur" Infoaustausch in KommE); häufige zeitintensive Treffen ohne sachliche Fortschritte (mangelnde Akzeptanz der entsendenden Organisationen – in KommC vor allem in der Anfangsphase). Alle drei Beispiele belegen, dass sowohl hinsichtlich der neuen Verteilung von Beteiligungsrechten und Zuständigkeiten als auch im Hinblick auf neue Muster der Problemlösung nur schrittweise Fortschritte erzielt werden. Dazu trägt auch die Tatsache bei, dass mit der Einrichtung der Issue-Netzwerke keine oder eine sehr späte Ergänzung der Personalkapazitäten – wie in KommE – stattgefunden hat. Wie erwartet bleibt die Entwicklung in allen drei Fällen – in der Grundtendenz – deutlich hinter dem Beispiel KommA zurück: die Praktiken werden nur teilweise an örtliche Gegebenheiten angepasst; die Wissensbestände und Bewertungen hinsichtlich der Praktiken zeigen wenig Übereinstimmungen; die Aufgabe der (Um-) Verteilung von Haushalts-Restmitteln – ein erster Indikator für die Verwirklichung der Zielsetzung (bedarfsorientierte Hilfen) – wird nicht kooperativ angegangen, obwohl z.T. sogar Informationsgrundlagen dafür verfügbar sind.

Entsprechend der einleitenden Beobachtung, dass es sich bei den fallbezogenen Implementationsabläufen um komplexe und variantenreiche Vorgänge handelt, können also sehr unterschiedliche Einzelelemente als förderliche oder hinderliche Faktoren in Erscheinung treten. Ein Nachweis der *systematischen* Wirksamkeit einzelner Faktoren konnte im Rahmen des Forschungsansatzes nicht geliefert werden. Die zusammenfassende Erörterung von Einzelaspekten liefert der folgende Abschnitt (7.2).

Zur zweiten Frage: Wie entwickeln sich die Fälle der Fallgruppe 2, in denen gar nicht erst der Versuch unternommen wird, eine breite Beteiligung an der Projektdurchführung vor Ort zu organisieren. Die Ähnlichkeit der Vorgehensweise bei der Implementation kommt aber auf unterschiedlichem Wege zustande: im Fall KommB ist man überwiegend der Auffassung, dass die Aufgabe am Besten entsprechend bisheriger Praxis – also mit Hilfe einer *verwaltungsinternen* Steuerungsgruppe – zu erledigen sei. Dies schließt die Weitergabe von Informationen und sporadische Konsultationen mit den anderen Akteuren nicht aus. Aber weder eine Reorganisation der Machtverhältnisse noch der Zwang zum Lernen „irritiert" in diesem Fall die Implementationsentscheidungen. Am Ende steht eine Orientierung an den Mustervorlagen der Landesebene mit geringen und/oder selektiven Anpassungen an die örtlichen Verhältnisse. Die Zustimmung der Verbände ist allenfalls partiell vorhanden, weil Bestands- und Bedarfsfeststellungen als Grundlage fehlen.

Etwas anders sieht es im Fall KommF aus, wo zwar ein Versuch zur Schaffung eines breit verankerten Issue-Netzwerkes gemacht, dieser aber von der lokalen Politik ausgebremst wird. Kenntnisse und Zustimmung zu einzelnen – auch hier durch die Verwaltung veranlassten – Schritten bleiben fragmentarisch. Eine Konfrontation zwischen Verwaltung und Ortsliga bleibt offenbar aus, weil die „Bremser-Rolle" der örtlichen Politik zugeschoben werden kann. Es wird praktisch gar kein kontinuierlicher Kommunikations- und Kooperationszusammenhang zwischen öffentlicher Verwaltung und Ortsliga etabliert.

Betrachtet man die fünf Fälle – also ohne die KommA - so ist vergleichend nach den Vor- und Nachteilen dieser beiden Fallgruppen zu fragen. Die Bilanz hinsichtlich der bisher erreichten Umsetzung des Kommunalisierungsprojektes scheint für beide Gruppen ähnlich zu sein: obwohl einerseits von traditioneller Verwaltungskooperation und andererseits von unfertigen Issue-Netzwerken gesprochen werden kann, sind die Prinzipien der Praktiken zwar förmlich akzeptiert, aber von den Beteiligten nicht gleich gut und schon gar nicht gleichsinnig verstanden. Das Geschehen wird stark von Einzelpersonen geprägt, die örtlichen Besonderheiten werden nicht systematisch in die Gestaltung der Praktiken einbezogen.

Obwohl *beide* Fallgruppen einige Teilziele der Kommunalisierung bisher *nicht* oder *nur teilweise* erreicht haben, wird man den drei Kommunen mit Änderungsbereitschaft hinsichtlich der Issue-Netze (KommC, KommD, KommE) ein höheres Maß an Zielerreichung zusprechen müssen. Der vorerst noch unvollständige Stand der Implementation zeigt eine größere Breite an geteiltem Wissen und Akzeptanz (insb. KommC) als in den beiden Kommunen mit verwaltungszentrierten Strategien (KommB, KommF). Nur im verwaltungstechnischen Sinne kann man deren Lösungsweg den Charakter einer funktionalen Äquivalenz zuschreiben. Die Kommunalisierung wird administrativ unter Nutzung von Landesempfehlungen umgesetzt. Für den weiteren Implementationsprozess und für die Phase der lokalen und ggf. auch landesweiten Umsteuerung der sozialen Hilfen stellen diese beiden Fälle (vor allem KommF) aber das größte Risiko dar, weil sie für den Kommunalisierungsprozess insgesamt nicht die notwendige Basis für eine breite örtliche Bindewirkung sichern können. Theoretisch ausgedrückt laufen Fälle dieser Art in die Gefahr, sich in die Dilemmata der principal-agent Beziehung zu verstricken: es werden Entscheidungen getroffen, aber die betroffenen Akteure bzw. ihre Backoffice-Organisationen halten sich nicht daran. Währenddessen dürften selbst die unter schlechten Startbedingungen entwickelten Fälle gelernt haben, *gemeinsam* auch kontroverse Prioritätensetzungen und Ressourcen-Umschichtung zu verantworten.

Können die beobachteten Entwicklungen in der Kommunikation auch in der zusammenfassenden Einschätzung der beteiligten Personen (durch Befragung) nachgewiesen werden? Betrachtet man auch hier die o. a. Bausteine (vgl. Abschn.5.3.2), so lässt sich Folgendes bilanzieren:

- Im Hinblick auf die Einführung einer lokalen Steuerungsgruppe hat sich die Einschätzung teilweise zum Positiven verbessert (so in KommA, KommB und KommC), allerdings bleiben die Reaktionen (außer in KommA und KommC) heterogen.
- Im Hinblick auf die Zuwendungsverträge (als einer früh eingesetzten sehr spezifischen Praktik) kann ebenfalls eine positivere Einschätzung festgestellt werden; nur noch KommF verbleibt in der etwas ambivalenten Einschätzung verhaftet; die Homogenität der Reaktionen nimmt auch etwas zu.
- Die Sozialplanung hatte schon zu Beginn breite Zustimmung erfahren. Dieses Niveau bleibt in etwa erhalten; gleichwohl bleibt wie erwartet nur die Einschätzung in Kom-

mA stabil, während sich in den anderen Fällen schwache (!) positive (z.B. KommF) oder negative Veränderungen (z.B. KommB) zeigen.

Diese Ergebnisse zeigen, dass die empirischen Beobachtungen und die Befragungen in den „wenig gefestigten" Fällen unterschiedliche Akzente und Tendenzen zeigen können. Dies belegt die Notwendigkeit, die Fallanalyse nicht nur durch die Wahrnehmung und Kommentierung der Beteiligten zu rekonstruieren, sondern die Entwicklung der Kommunikation im Implementationsprozess als WissenschaftlerIn selbst direkt zu beobachten.

7.2 Zur Relevanz systemtheoretisch begründeter Beobachtungskategorien

In Kapitel 3 wurden die wichtigsten in der empirischen Untersuchung benutzten Beobachtungskategorien und ihre Einbettung in einen systemtheoretischen Analyse- und Interpretationszusammenhang beschrieben. Sie erlauben insgesamt eine hinreichend komplexe Rekonstruktion des Untersuchungsgegenstandes. Ein Nachweis der durch sie erklärbaren Varianz ist nicht beabsichtigt und nicht möglich. Er würde einen anderen methodologischen Untersuchungsansatz erforderlich machen: rationalistisch und komparatistisch. Im Rahmen der hier gewählten *eher*[178] konstruktivistischen Analyse kann nur gezeigt werden, ob und wie die bezeichneten Faktoren im Rahmen des untersuchten Reformprozesses wirksam werden. Vor allem ist zumindest *exemplarisch* zu belegen, inwieweit ein empirisch beobachtbarer Zusammenhang zwischen den u.a. Erklärungsfaktoren und der Herstellung von Verbindlichkeit im Verlauf der Kommunalisierung besteht. Einige der Sachverhalte werden im Licht der o.a. empirischen Ergebnisse noch einmal zusammenfassend diskutiert.

7.2.1 Netzwerke als einfache Sozialsysteme bzw. als Interaktionssysteme

Der Netzwerkbegriff wird in der Systemtheorie nicht explizit verwendet, weil er in direkter Konkurrenz zum Systembegriff steht und durch vielfältige Sinnzuschreibungen für eine empirisch fundierte Nutzung nicht hilfreich ist. Einige der mit dem Begriff verbundenen Bedeutungsaspekte sind jedoch in dem Begriff der einfachen Sozialsysteme bzw. Interaktionssysteme aufgenommen. Es geht um die Kommunikation unter anwesenden Personen, die als Gegenstand der Beobachtung und als Adressaten der Kommunikation fungieren. Interaktionssysteme können innerhalb und außerhalb von Organisationen existieren. Oft haben sie einen flüchtigen Charakter, können aber auch – wie im Fall der hier untersuchten Issue-Netzwerke – wiederholt zustande kommen und eigene Erwartungen und Kommunikationsroutinen aufbauen, d.h. dass es fließende Übergänge zur Formalisierung geben kann. Für die Empirie der Kommunalisierung ist besonders die Tatsache von Bedeutung, dass weder die funktionale Differenzierung der Gesellschaft noch die organisatorischen Entscheidungsprämissen auf die Kommunikationsprozesse in einfachen Sozialsystemen durchschlagen müssen, dass also die beteiligten Personen und ihre psychischen Systeme die dominanten Faktoren sind, die die Kommunikation vorantreiben.

Die Beobachtung der sechs Implementationsbeispiele konnte diese Operationsweise der Interaktionssysteme belegen. Die Leistungsfähigkeit der installierten Lenkungsgrup-

---

[178] Wir teilen die Einschätzung, dass sich weder ein strikt realistischer noch ein strikt konstruktivistischer Methodenansatz akzeptabel begründen lässt.

pen/AGs, die in der Analyse als Issue-Netzwerke bezeichnet werden, ist eng mit der Frage verbunden, wie weitgehend es gelingt, die Logik des jeweiligen Funktionssystems bzw. der (Herkunfts-) Organisationen der beteiligten Personen zumindest phasenweise in der Kommunikation im Hintergrund zu lassen. Dies gelingt offenbar im Fall KommA auf Grund langjähriger Kommunikationserfahrungen der beteiligten Personen besonders gut. Die dort zu beobachtenden Erwartungen und Kommunikationsmuster im Rahmen des Issue-Netzwerkes könnte man mit Kämper und Schmitt (2000) systemtheoretisch sogar als strukturelle Koppelung von Organisationen bezeichnen. Die Autoren schlagen für eine solche Situation die Nutzung des Netzwerkbegriffes in der Systemtheorie vor. Aus der Perspektive der empirischen Beobachtung im Forschungsprojekt wäre dies eine Situation, die in den meisten Fällen allerdings erst am Ende eines erfolgreichen Implementationsprozesses steht – etwa in der Form einer partizipativen integrierten Sozialplanung. Die von uns beobachteten Fallbeispiele sind mit Ausnahme von KommA weit von dieser Entwicklungsphase entfernt – so dass das Thema dauerhafter interorganisatorischer Verflechtungen nicht im Fokus der zusammenfassenden Darstellung steht.

Von besonderem Interesse ist dagegen die Gruppe von Fallbeispielen mit Umbau-Anstrengungen (KommC, KommD, KommE) und die dabei zu beobachtenden Schwierigkeiten, zunächst einmal ein produktives Interaktionssystem *zwischen* den Organisationen zu realisieren. Dabei wird die Organisationsbindung der Teilnehmer des Issue-Netzwerkes gelockert. Die Beobachtungen und Kommunikationen werden auf Lernprozesse ausgerichtet - was eine gewisse Kontinuität (Wiederholung von Kommunikation) unter Beteiligung der gleichen Personen erforderlich macht[179]. Man könnte den Prozess mit der Sequenz „Unfreezing – Freezing" in der Personalschulung oder bei Managementtechniken vergleichen – allerdings ohne dass vorher bekannt ist, wie die neue Konfiguration im Einzelnen aussehen wird. Dafür sind die Vorgaben zu den Praktiken weder detailliert genug noch hinreichend ortsspezifisch ausgerichtet.

Die drei Fälle haben auch weitere Risiken dieser anfänglichen Implementationsphase sichtbar gemacht: neben der mangelnden Lösung von den eigenen Organisationsprämissen[180] kann die Dominanz einzelner Personen im Interaktionssystem hinderlich für die Konsensbildung (Akzeptanz, Herstellung von Bindewirkungen) sein. Dies gilt im Prinzip für alle drei untersuchten Fälle dieses Typs. Sie sind daher nicht weit genug entwickelt, um ein weiteres Risiko, d.h. ein konkretes Dilemma empirisch aufzuzeigen. Je mehr sich im Interaktionssystem ein *gemeinsamer* Sinnzusammenhang entwickelt, desto schwieriger ist ggf. die Rückvermittlung in die Herkunftsorganisationen. Um dieses Problem zu lösen, müsste die Herkunftsorganisation indirekt mitlernen – wofür es in den drei Fällen aber keine Belege gibt. Nur auf diesem Wege könnten sie zu dem werden, was oben als (strukturell gekoppeltes) interorganisatorisches Netzwerk bezeichnet wurde.

Die Beobachtung von Interaktionssystemen macht auch Sinn, wenn es kein Issue-Netzwerk mit breiter Beteiligung gibt. Der Fall KommB (am Rande auch KommF) belegt ein solches Muster: viele Sinnbezüge und Kommunikationsprozesse erfordern kaum Abstimmungsbedarf und keine nachhaltigen Lernprozesse, weil die Steuerungsgruppe verwal-

---

[179] Schon die Arbeit in der zentralen Steuerungsgruppe der Vorphase hat gezeigt, dass Personalrotation (v. a. seitens des HSM) erhebliche Schwierigkeiten bedeutet.

[180] So klagen auch im späteren Verlauf der Kommunikation in den Issue-Netzwerken die einen über die Ineffizienz, die anderen über die mangelnde Interessenberücksichtigung und Bürokratisierung.

tungs*intern* operiert - wobei trotz unterschiedlicher Fachgebiete einheitliche/ähnliche Organisationsprämissen in der Sach- und Machtdimension zugrunde liegen. Man kann auch zu der Auffassung gelangen, dass dies bereits ein strukturell gekoppeltes Interorganisationsnetzwerk ist. Der Vorteil liegt darin, dass die Rückbindung in die beteiligten (Verwaltungs-!)Organisationen unproblematisch ist. Die Schwierigkeit hinsichtlich der Kommunikation mit anderen Akteuren ist aber umso größer. Das für KommB aufgezeigte Problem bestätigt die Folgen: das Aufbrechen vorhandener Organisationsnetzwerke (Überwindung der Pfadabhängigkeit) ist besonders voraussetzungsvoll und hier allenfalls bei einzelnen Teilthemen gelungen; die Implementation wurde überwiegend formal – meist den „von oben" vorgegebenen Mustern folgend – durchgeführt, also ohne hinreichend breite lokale Akzeptanz und damit in Zukunft für alle Konfliktlagen weitgehend unberechenbar.

Ambivalent zeigt sich diese Konstellation auch für die Berücksichtigung von Landesinteressen. Zunächst lässt sich argumentieren, dass die formale Übernahme von Muster-Vorgaben, die unter Beteiligung von Land und Kommunen zustande kamen, den Anforderungen an Verbindlichkeitssicherung hinreichend Rechnung trägt. Dies gilt aber für die praktische Umsetzung der Sozialberichterstattung und der integrativen Sozialplanung nicht, selbst wenn die *fachliche* Kompetenz – wie in KommB – vorhanden ist. Hierbei ist die sinn- und zweckgemäße Mitwirkung der Ortsliga und der Dienstleistungsorganisationen erforderlich – weil nur eine von allen Akteursgruppen akzeptierte Aushandlung von Aspekten der Bedarfs- und Ressourcenorientierung eine sinn- und zweckentsprechende Implementation ausreichend vorbereiten und nachhaltig verankern kann.

Gravierender ist allerdings das Risiko im Hinblick auf das Scheitern des grundlegenden Ziels, d.h. der *flächendeckenden* Kommunalisierung. Diese Zielsetzung erfordert auch von den Verbänden einen Umbau der macht- und wissensbezogenen Arrangements: sie müssen ihre Strukturen dezentralisieren, um die lokalen Liga-Vertreter in die Kommunikations- und Entscheidungsprozesse einzubinden. Die Bereitschaft dazu wurde mit der Akzeptanz der Rahmenvereinbarung signalisiert; sie könnte aber rückgängig gemacht werden, wenn eine größere Anzahl von Kommunen eine verwaltungszentrierte Strategie – wie in KommB – verfolgen würden. In vielen Kommunen wäre dann eine Beteiligung der Ortsligen nicht verwirklicht. Die Rückkehr der Verbände zu früheren Routinen, d.h. zur Aushandlung von Einzelförderungen durch das HSM wäre vorprogrammiert. In der systemtheoretischen Begrifflichkeit kann man deshalb bei dem Fall KommB *nicht* von einem funktionalen Äquivalent zu dem Fall KommA - mit einem breit verankerten Interorganisationsnetzwerk - sprechen.

Die empirischen Beobachtungen belegen, dass das Zusammenbringen von Personen noch kein Interaktionssystem konstituiert. Dies setzt die wechselseitige Wahrnehmung und anschlussfähige Kommunikationen voraus[181]. Nur ein Interaktions*system* mit gleichen Beteiligungschancen sichert die ihm im Rahmen der Kommunalisierung zugerechneten Funktion: die neuartige Entscheidungsbeteiligung (Interessenberücksichtigung) und neue Formen der Problemlösung (Praktiken). Es konnte gezeigt werden, dass dies in KommA funktioniert, weil es schon lange eingeübt ist bzw. einem förmlich verankerten Interorganisati-

---

[181] Dies gilt auch für die Verwendung des Netzwerkbegriffes: wenn man ihm eine argumentative Bedeutung zuordnen möchte, dann muss die Art des Netzwerkes näher bestimmt werden – sonst bleibt es ein leerer Allerweltsbegriff. Deshalb wurde im Rahmen der Fallanalysen zwischen basale Netzwerken und Issue-Netzwerken unterschieden.

onszusammenhang folgt. Die drei Fälle, die einen Versuch starten, ein solches Interaktions-system sich entwickeln zu lassen, zeigen die notwendigen Voraussetzungen und Entscheidungsschritte dafür auf, die den Prozess als durchaus verletzlich erscheinen lassen: er kann sich in Formalismen (wie der Protokollierung) erschöpfen, durch Dominanzkonflikte (mangelnde Lernbereitschaft) blockiert werden oder sich einfach durch Nichtteilnahme auflösen. Illustrationen liefern vor allem die KommD und KommE.

7.2.2 Wissen und Lernen

Das Kommunalisierungsprojekt lässt sich nicht durch eine machtbasierte Durchsetzungs-strategie verwirklichen. Dies ist eine Prämisse der empirischen Analyse, so dass die Untersuchung von Lernprozessen in den Mittelpunkt gerückt wurde. Obwohl der Schlüssel zu Lernprozessen stets die Individuen (psychische Systeme) sind, kann man auch von Lernen einfacher oder organisierter Sozialsysteme sprechen. Voraussetzung für individuelles Lernen ist – systemtheoretisch formuliert - ein kognitiver (änderungsbereiter) Erwartungsstil, der offen ist für Informationen, die sich aus Kommunikationsprozessen ergeben. Allerdings ist dabei oft auch die entgegen gesetzte Wirkungsrichtung erforderlich und de facto beobachtbar: die interpersonale Kommunikation kann die ursprünglichen normativ verfestigten Erwartungsmuster auflösen. Setzt sich eine Kommune mit ihrem Implementationsprozess einer solchen Situation (z.B. im Rahmen eines Issue-Netzwerkes) nicht aus, so kann ein Lernprozess gar nicht erst stattfinden. Dies kann man vor allem in KommF feststellen, wie die detaillierte Analyse in Kapitel 5.2 gezeigt hat. Auch für KommB liegen ähnliche Beobachtungen vor: es gibt dort zwar einen Informationstransfer („Unterrichtung"), dessen Qualität für und dessen Auswirkung auf die Adressaten und ihre psychischen Systeme, die hier als „cognitive maps" beschrieben werden, jedoch nicht kalkulierbar bzw. nicht vorhersehbar ist[182].

Was geschieht in den drei Fällen (die o.a. Fallgruppe 1), die sich um eine breite und intensive Beteiligung an den Gestaltungsprozessen bemühen? Lassen sich Entwicklungen des Projektes mit Lernprozessen der Individuen und des Interaktionssystems insgesamt in Verbindung bringen? Informationsverarbeitung durch Kommunikation ist ein nicht immer einfach zu beobachtender Sachverhalt. Systemtheoretisch werden Informationen als Kommunikationen mit Überraschungscharakter konzipiert. Liegen die Kommunikationen im Bereich der Erwartungen so sind die „Informationen" bereits in der cognitive map der Beteiligten verankert. Da die psychischen Systeme einschließlich der cognitive map eine Voraussetzung für jede Kommunikation darstellen, d.h. strukturell gekoppelt sind, erschwert die Tatsache, dass sie (bisher[183]) nicht direkt beobachtbar sind, die empirische Forschung erheblich. Inwiefern Informationen ausgetauscht und das heißt, tatsächlich in den psychischen Systemen verarbeitet werden, kann (nur) durch Befragungsinteraktion und die Beobachtung von Kommunikation im einfachen Sozialsystem (Issue-Netzwerk) erschlossen werden. Die empirischen Ergebnisse können belegen, dass solche für die Kommunalisie-

---

[182] Nach dem Prinzip „.... die können viel erzählen ..." dringen solche Informationen weder in die cognitive map noch in die normativ verfestigten Erwartungsmuster ein. Oder anders ausgedrückt: sie erzeugen nicht das Ausmaß an Irritationen, das Lernprozesse auslöst.

[183] Es ist insofern kennzeichnend dass aus systemtheoretischer Sicht neue Erkenntnisse der Gehirn- und der Kognitionsforschung von besonderer (theoretischer) Bedeutung sind.

rung relevanten Informationen im Umlauf sind: die Befragungen zu Beginn (t_0) ebenso wie die Gesprächsbeobachtungen belegen erhebliche Unterschiede in den verfügbaren Kenntnissen bei den beteiligten Personen - z.B. im Hinblick auf Praktiken. Im Rahmen der zweiten Befragungswelle konnte dann an einzelnen Beispielen gezeigt werden, dass die cognitive maps der Befragten in diesem Sinne angereichert waren (vgl. Abschnitt 6.5).

Diese Erweiterung von Informationsbeständen stellt aber noch keine Veränderung des Wissens im Sinne der Systemtheorie (und vieler anderer aktueller Wissenskonzepte) dar. Wissen ist eine Vergewisserung, die sich nur in und durch Kommunikationsprozesse erschließen lässt, d.h. kommunikativ erzeugt wird und sich kommunikativ bewährt hat. Wissen schafft also Strukturen für die Kommunikation bzw. die kommunikative Anschlussfähigkeit. Dass man einen Begriff wie Sozialberichterstattung schon einmal gehört hat, sichert noch nicht die Fähigkeit, über das Konzept anschlussfähig zu kommunizieren. Dies benötigt kommunikative Redundanz, die nur im Rahmen einer wiederkehrenden Kommunikationssituation erzeugt werden kann. Insofern ist es nicht zu verwundern, dass in vielen Fällen - z.B. in KommE in Folge der sehr selten stattfindenden Treffen des Issue-Netzwerkes - noch nicht von einem Wissenserwerb im Issue-Netzwerk gesprochen werden kann. Dies gilt erst recht für die Wissensentwicklung im Interaktionssystem insgesamt. Hiervon können wir sprechen, wenn die empirischen Beobachtungen eine Angleichung des Wissens der einzelnen Kommunikationspartner erkennen lässt. Faktisch hat sich in Fällen wie KommE aber das Wissensgefälle gegenüber der Ausgangssituation kaum geändert: Einzelpersonen dominieren die Diskussionen. Dies ist ggf. für das Issue-Netzwerk nicht problematisch, weil es dennoch einen impliziten Konsens gibt[184], ob damit aber ein Transfer in die Herkunftsorganisation möglich ist, bleibt ungewiss. Auch der Test auf die gemeinsame Problemlösung im Konfliktfall ist damit noch nicht gemacht – z.B. im Hinblick auf die neuartige Verteilung von Restmitteln, die in KommD und in KommE (deshalb?) ohne eine breite Mitwirkung der örtlichen Akteure durchgeführt wird.

Wie in Kapitel 5.2 gezeigt, lassen sich in KommC dagegen Fortschritte beobachten. Durch die Entwicklung der Kommunikation im Issue-Netzwerk lässt sich in einzelnen Fällen auch die Angleichung der cognitive maps der beteiligten Personen empirisch nachweisen (Kapitel 5.3; 6.5): je häufiger die einzelnen Praktiken wie z.B. die Verteilung der Restmittel, an hand derer die pragmatische Sozialdatenerhebung in KommC aufgebaut wird, in der Kommunikation präsent sind (Sitzungsbeobachtung), desto größer wird im Zeitverlauf die in der Kommunikation beobachtbaren Übereinstimmung im Wissen und in den Gestaltungsperspektiven (cognitive frames) der beteiligten Personen. Auch das inhaltliche Gegenbeispiel lässt sich als Beleg heranziehen: Über das nur ganz selten erörterte Berichtswesen besteht noch ein unklares Bild. Insofern kann in diesem Fall der diesbezügliche Lernprozess auch noch nicht als abgeschlossen gelten. Die zukünftige Entwicklung – insbesondere die Frage der Umverteilung von Ressourcen – ist für die Beteiligten ebenso ungewiss wie die Frage der Vermittlung der Lernergebnisse (Wissensaufbau) in ihre jeweiligen Herkunftsorganisationen.

Dass Lernprozesse eine notwendige Voraussetzung für eine zielbezogene Implementation (Erzeugung von Bindewirkungen) darstellt, wird durch die Beobachtungen in den Fallbeispielen bestätigt. Die Entwicklungsschritte im Sinne des Kommunalisierungspfades fallen umso geringer aus, je weniger es gelingt, die Lernprozesse in Gang zu setzen. Die

---

[184] Die Anwesenden lassen sich von den Viel- und SchlaurednerInnen beeindrucken und äußern sich lieber nicht.

Kommunikation im Interaktionssystem (Issue-Netzwerk) wurde dabei als wichtiger Erklärungsfaktor bestätigt.

Diese Bilanz bleibt insofern vorläufig, als das Spektrum der Lernmodalitäten noch nicht ausgeschöpft ist und der zeitliche Rahmen der Forschung im Verhältnis zum Kommunalisierungsprojekt zu kurz war – also späte und gleichermaßen wichtige Phasen der Entwicklung nicht berücksichtigen konnte. Welche Lernmuster konnten beobachtet werden? Zunächst kann von individuellem Lernen gesprochen werden, das sehr basal auf Informationsaufnahme beruht. Dadurch wird zumindest teilweise die cognitive map der beteiligten Personen erweitert, ggf. auch verändert. Die Wissenszuwächse im Sinne diskursiver Vergewisserung fallen dagegen durchweg gering aus. In KommA war dies im Beobachtungszeitraum nicht erforderlich; in allen anderen Fallbeispielen wurden die meisten Praktiken allenfalls punktuell im Kommunikationsprozess verarbeitet. Von einem Lernen „des" Interaktionssystems kann – selbst hinsichtlich eines eher anspruchslosen Lernkonzeptes – deshalb in *keinem* der untersuchten Fälle in voll umfänglichem Maße gesprochen werden.

Allerdings muss besonders hierbei die Zeitdimension beachtet werden. Ansatzpunkte für den Nachweis kommunikativ verarbeiteter *kollektiver* Lernprozesse im Sinne des einfachen, komplexen oder reflexiven Lernens waren bisher allenfalls im Hinblick auf die Verteilung von Restmitteln vorhanden – was aber selten genutzt wurde. Die drei o.a. Lernmuster lassen sich erst beobachten, wenn man die *Folgen* von gemeinsamen Situationsbeschreibungen oder Entscheidungsempfehlungen beobachten kann. Dies ist aber nur zum Teil auf kommunaler Ebene und noch gar nicht im Mehrebenen-Zusammenhang geschehen. Konkrete Auswirkungen der Kommunikationen und Entscheidungsempfehlungen des Issue-Netzwerkes für die soziale Infrastruktur vor Ort sind kaum zu finden. Der abschließende Referenzpunkt im Sinne der Mehrebenenkoordination – die bedarfsorientierte Umschichtung von Ressourcen auf lokaler Ebene und *zwischen* den Kommunen - sind noch in weiter Ferne. Selbst bei Vorhandensein förderlicher Voraussetzungen – z.B. die Verfügbarkeit von Bestandsdaten wie in KommD oder in der von der Ortsliga erarbeiteten Vorlage in KommE – führte nicht automatisch zu ihrer produktiven Nutzung.

Als Fazit bleibt die für Implementationsanalysen nicht untypische Feststellung (Sabatier 1991), dass wissenschaftlich fundiert gezeigt werden kann, warum die Umsetzung eines Programms aus bestimmten Gründen scheitert oder zumindest stark beeinträchtigt und verzögert werden kann – aber meist nicht, dass die Umsetzungsmaßnahmen aus bestimmten Gründen und bei bestimmten Voraussetzungen auf jeden Fall zum Ziel führen *müssen*.

7.2.3 *Vertrauen*

Vertrauen ist ein wichtiger Mechanismus zur Reduktion von Komplexität; es ist eine Leistung sozialer Systeme, die damit vorhandene Informationen im Hinblick auf die Erwartbarkeit zukünftiger Ereignisse „überziehen". Dieses Risiko geht man im Rahmen von Interaktionssystemen im Hinblick auf das zukünftige Kommunizieren (und Entscheiden) von Personen ein, so dass man auch von „Personenvertrauen" sprechen kann. Vertrauen im Interaktionssystem reduziert die Notwendigkeit, immer auf alles gefasst zu sein. Dies gilt sogar im Falle von punktueller Enttäuschung von Vertrauen. Insgesamt leistet Vertrauen also einen wichtigen Beitrag von Erwartungsstrukturierung in (noch) nicht formalisierten Kommunikationskontexten. Es kann natürlich nur dort entstehen, wo Interaktionssysteme bzw. einfache Sozialsysteme wiederholt mit (überwiegend) den gleichen Personen operieren.

Im Rahmen des Kommunalisierungsprozesses spielt Vertrauen beim Umbau von Machtarrangements eine wichtige Rolle. In dem untersuchten Aufgabenfeld der sozialen Hilfen geht es nicht um große Machtpotentiale und Machtdifferenzen, die schwer aufzulösen sind. Es geht vielmehr um komplex verteilte Machtkonfigurationen, die nicht leicht zu durchschauen sind und ggf. auch nicht leicht gezielt wirksam bzw. zweckdienlich zu verändern sind. Kommunikationen in den Issue-Netzwerken können diese Machtfragen explizit oder implizit thematisieren. Jede Veränderung des Status quo führt zu Unsicherheiten, die durch Vertrauen reduziert werden können. Inhaltlich bedeutet dies eine Kontinuität in der Selbstdarstellung der beteiligten Personen und ihres Kommunikationsstiles, der sich in konkreten Statements wie folgt äußern könnten: „nicht alles wird auf die Goldwaage gelegt", „nicht alles was man sagt kann gegen einen verwendet werden", „Schwächen werden nicht opportunistisch ausgenutzt", „alle Interessen werden zunächst als legitim angesehen und bei Problemlösungsstrategien in Rechnung gestellt" . Die empirischen Beobachtungen belegen bei den neu in Gang gesetzten Interaktionssystemen solche Elemente der Vertrauensbildung. Das beste Beispiel hierfür ist – wie in Abschnitt 6.4 ausgeführt – KommC. Aber auch in anderen Fallbeispielen werden Elemente des Vertrauensaufbaus sichtbar. Man akzeptiert Sitzungsprotokolle – ohne sie akribisch Satz für Satz durchzugehen – man sucht nicht seinen eigenen Vorteil zu Lasten Dritter, sondern denkt (im Sinne des Kaldor-Kriteriums) über Kompensationen für die von Entscheidungen potenziell benachteiligten (Netzwerk-)Akteure nach. Man ändert nicht ständig seine Argumentationsgrundlage. Fehlende Bereitschaft, einen Vertrauensvorschuss zu gewähren, verhindert die Neugestaltung der Machtarrangements. So kommt es u.U. gar nicht erst zur Einrichtung eines Issue-Netzwerkes (KommF): Man misstraut den Kommunikationsstilen und der Interessenartikulation anderer Kommunikationspartner, was sich in Statements äußert wie: „die reden nur rum und verschwenden damit Zeitressourcen" (selbst in KommA als Argument verwendet); oder: „sie haben ohnehin nur ihre eigenen Interessen im Kopf" (KommF). Beruhen solche Erwartungen auf Gegenseitigkeit, dann ist die Kommunikation weitgehend blockiert – selbst wenn ein Issue-Netzwerk zustande kommt. Es ist dann aber kein Interaktionssystem. Das Beispiel KommC belegt darüber hinaus auch die Bedeutung der Zeitdimension. Der Aufbau von Personenvertrauen benötigt Zeit. Dies gilt noch mehr für die Umwandlung in Systemvertrauen: d.h. dass das Vertrauen in eine Person auch auf seine Herkunftsorganisation übertragen wird – ein Prozess, der von uns allenfalls in KommA beobachtet werden konnte[185].

Für die Interpretation der empirischen Ergebnisse ist das Wechselverhältnis zwischen Lernen und Vertrauen von Bedeutung. Dazu reicht es nicht aus, den engen Zusammenhang aufzuzeigen, den beide Aspekte im Rahmen der Implementation des Kommunalisierungsprojektes aufweisen. Auch die enge Verzahlung von Machtfragen-, Mitgestaltungs- und Entscheidungsbefugnissen und Problemlösungsfragen – fachliche Kompetenz und Erfahrungen mit den Praktiken – sollte die Frage nach der – mindestens zeitlichen – Vor- oder Nachrangigkeit von Lernen und Vertrauen nicht ausschließen. Die empirischen Beobachtungen legen die Feststellung nahe, dass die Vertrauensfrage zeitlich vorrangig ist. Ver-

---

[185] Dennoch lässt sich eine allgemeine Schlussfolgerung formulieren: wenn die Ausführungen zutreffend sind, dann erklären sie zu einem guten Teil warum Implementationsprozesse soviel mehr Zeit benötigen als ihre Manager (ChangeAgents) behaupten bzw. voraussagen (vgl. dazu insbesondere die Geschichte des neuen Steuerungsmodells – NSM)

trauensbildende Kommunikation muss in einem bestimmten Maß erfolgen und dabei erfolgreich sein, um Lerneffekte im Sinne von individueller und kollektiver *Wissens*erweiterung im oben beschriebenen Sinne zu ermöglichen. Andernfalls sind direkte Ablehnung oder schlicht Ignoranz hinsichtlich kommunizierter Sachverhalte zu erwarten. Dies gilt umso mehr, wenn die beteiligten Personen nicht auf ihre Herkunftsorganisation als ausgewiesener Produzent/Garant zuverlässiger Informationen oder glaubwürdigen Wissens verweisen können[186]. In mancher Hinsicht – vor allem mit Bezug auf die Landesebene – war im Kommunalisierungsprozess sogar das Gegenteil der Fall; die Kommunikationen des Hessischen Sozialministeriums galten lange Zeit „auf der Grundlage wiederkehrender Erfahrungen" als überwiegend unglaubwürdig. Diese Feststellung schließt allerdings nicht grundsätzlich aus, dass z.B. auf der kommunalen Ebene andere Kommunikationssysteme (mit anderen Inhalten/Aufgaben/"Issues") zur Entwicklung von Vertrauen auch für das hier betrachtete Projekt beitragen: die KommA ist ein Beispiel dafür.

Die empirischen Beobachtungen belegen, dass der Austausch von Wissen bzw. die Entwicklung eines gemeinsamen Aufgabenverständnisses überall dort nicht vorangekommen ist, wo auf Grund allzu seltener Kommunikationsanlässe, unregelmäßiger Teilnahme oder genereller Exklusion Vertrauen zwischen den verschiedenen Adressatengruppen des Kommunalisierungsprojektes nicht zustande gekommen ist. Die beiden folgenden Übersichten geben hierzu noch einmal eine grob typisierende Bilanz der Forschungsergebnisse wieder:

Abbildung 25: Ausgangslage hinsichtlich der Erfahrung mit Netzwerkkooperation und der Breite der Akteursbeteiligung

Breite Beteiligung von Akteuren / Netzwerkerfahrung	Ja	Nein
Ja	KommA	KommB
Nein	KommC, KommD, KommE	KommF

---

[186] Dies war u.a. ein Grund, in der Phase der Modellerprobung Wissenschaftler in die zentrale Steuerungsgruppe zu berufen: Man traute sich wechselseitig weder im Hinblick auf die Situationsdefinitionen noch im Hinblick auf die Problemlösungsabsichten (Grunow/Köhling 2003).

Abbildung 26: Abschließende Lage hinsichtlich der Erfahrung mit Netzwerkkooperation und der Breite der Akteursbeteiligung

Breite Beteiligung von Akteuren / Netzwerkerfahrung	Ja	Nein
Ja	KommA, KommC, KommD	KommB
z.T. Netzwerkerfahrungen	KommE	–
Nein		KommF

Die beiden zusammenfassenden Übersichten zeigen, dass sich vor allem KommC, z.T. aber auch die KommD und KommE in Richtung auf eine Verdichtung der internen Kommunikation im Issue-Netzwerk entwickelt haben. Sie wurden deshalb in der zweiten Übersicht hervorgehoben. Für KommA gab es keine Notwendigkeit, während KommB und KommF den Ausgangsstatus nicht deutlich verändert haben.

7.2.4 Grenzüberschreitende Kommunikation

Die Etablierung grenzüberschreitender Kommunikation zwischen Backoffice Organisation und Issue-Netzwerk lässt sich allenfalls am Rande und nur in KommA beobachten. Dies belegt die zeitlichen, sachlichen und sozialen Schwierigkeiten bzw. Unwahrscheinlichkeiten der Transformation von Kommunikation im Netzwerk in Entscheidungen durch die Organisationen. Issue-Netzwerke mit dem Charakter von Interaktionssystemen sind zunächst temporäre Formen der Kommunikation. Sie werden in Gang gesetzt, um die für das Kommunalisierungsprojekt notwenige Auflösung von Pfadgebundenheit in der Macht- und in der Sachdimension zu erreichen. Allerdings geht die Bedeutung eines solchen Kommunikationszusammenhangs über diesen temporären Charakter hinaus, weil zu den *zukünftigen* Gestaltungselementen der Organisation sozialer Hilfen vor Ort eine integrierte *partizipative* Sozialplanung gehören soll – eine sachlich zwingende Voraussetzung für das Ziel einer stärker am Bedarf ausgerichteten Mittelallokation und Dienstleistungsgestaltung. Dabei setzen die in der Rahmenvereinbarung festgeschriebenen Praktiken für ihre Umsetzung einen unterschiedlich hohen Grad an Kommunikation voraus. Während die Verhandlungen über Leistungsbeschreibungen im Rahmen der Zuwendungsverträge noch bilateral (Verwaltung/Träger) verhandelt und vom Issue-Netzwerk nur abgesegnet werden müssen, setzen Sozialberichterstattungsprozesse und beteiligungsorientierte Verfahren der Sozialplanung komplexere Formen der Kommunikation voraus. Hier haben Issue-Netzwerke u.U. den Charakter der informellen Vorphase eines sich stärker verfestigenden Kommunikationszusammenhanges, der später ggf. sogar mit allen Merkmalen eines (wenn auch wenig komplexen) organisierten Sozialsystems – z.B. im Sinne der o.a. strukturell gekoppelten Organisationsnetzwerke – versehen sein kann. Letzteres würde implizieren, dass auch Entscheidungsbefugnisse auf dieses neue System übertragen werden könnten. In diesem Zusammenhang hat das Scheitern dieser ersten Implementationsschritte, d.h. der kommunikativen Verdichtungen im Issue-Netzwerk wahrscheinlich nachhaltig negative Auswirkungen auf die Herstellung von Verbindlichkeit für einen neuen Modus der Aufgabendurchführung.

So wichtig die Entwicklung des Issue-Netzwerkes zu einem lernenden Interaktionssystem sein mag – seine Bedeutung zur Erklärung einer dauerhaft wirksamen Implementation erhält es erst, wenn eine wirksame Rückvermittlung der Kommunikation in die Herkunftsorganisationen der beteiligten Personen erfolgt. In den untersuchten Fallbeispielen ist dies – zumindest vorerst – allenfalls in KommA zu beobachten. Das Interaktionssystem muss von den organisierten Sozialsystemen, die vereinfacht als Ortsliga, Kommunalpolitik und diverse Behörden der Kommunalverwaltung umschrieben werden, beobachtet werden und intern Resonanz erzeugen, d.h. mittelfristig die organisatorischen Entscheidungsprämissen verändern. Da dies ein fortlaufender Prozess ist, können die Entwicklungsprobleme der Interaktionssysteme *auch* durch die fehlende Ko-Entwicklung der grenzüberschreitenden Kommunikation erklärt werden. Ein wichtiges Element dafür ist die regelmäßige organisationsinterne Kommunikation über die Arbeit im Issue-Netzwerk. Die Chancen einer solchen Rückvermittlung steigen mit der jeweiligen organisationsinternen Position/Bedeutung der im Interaktionssystem beteiligten Personen[187]. Dies ist insofern ein komplizierter Koppelungsmechanismus, weil ein Scheitern der Interaktionssysteme durchaus möglich ist, und weil dieses Scheitern ggf. organisationsintern den „Entsandten" zugerechnet wird – ein Risiko, das niemand, vor allem nicht ein Organisationsmitglied mit einer herausgehobenen Rolle in der Organisation gern eingehen möchte. Das Paradox liegt also darin, dass die herausgehobenen Personen einerseits die Garanten für die grenzüberschreitende Kommunikation sein können, dass sie aber andererseits wegen der Risiken eine Mitwirkung im Issue-Netzwerk ablehnen. Ein funktionales Äquivalent wird in „engen Vertrauten" (wie z.B. persönlichen Referenten) gesehen; sie können die erforderliche Aufgabe erfüllen, sind ggf. dann aber auch die so genannten „Bauern"- Opfer, wenn die Sache schief geht.

Die Wechselwirkungen zwischen den entstehenden Interaktionssystemen und den Herkunftsorganisationen konnten nicht im Einzelnen empirisch untersucht werden. Gleichwohl kann man von einem wichtigen Erklärungsfaktor sprechen. Zunächst liefern die Ergebnisse aus KommF, wo die Initiative für ein Issue-Netzwerk durch das Veto der Politik grundsätzlich blockiert wird, Belege für die Argumentation. In anderen Fällen – wie sogar vereinzelt in KommA – bleiben Vorbehalte hinsichtlich der Kooperationsfähigkeit einzelner Akteure und der Effizienz der Netzwerkstrukturen dauerhaft bestehen und erschweren damit die Lernprozesse. Eine weitere Implikation dieses Problems grenzüberschreitender

---

[187] Dies gilt vor allem für die Anfangsphase solcher Entwicklungen; ist ein Kommunikationszusammenhang verfestigt wie in KommA, dann spielt diese Frage keine entscheidende Rolle mehr. Dies gilt im Übrigen nicht nur für die örtlichen Organisationen sondern auch für die berörtlichen – insbesondere für das HSM.

Kommunikation bezieht sich auf die psychischen Systeme der beteiligten Personen. Sie müssen Doppeltes leisten: offen für Lernprozesse und Vertrauensbildung im Interaktionssystem und *zugleich* durchsetzungsfähig innerhalb ihrer Organisation – und sei es nur in Form der Einflussnahme auf interne Beobachtungen der System-Umweltbeziehungen oder sei es die Entwicklung analoger Interaktionssysteme innerhalb der Organisation.

7.2.5 Verbindlichkeit

Die abstrakte Funktion des administrativen Systems ist die Herstellung von Verbindlichkeit. Damit sind die Gestaltung von Kommunikations- und Entscheidungsprozessen und/oder die Erreichung/Einhaltung von Sollvorgaben gemeint. Selbst eine sehr einfache inhaltliche Anforderung wie die „Einhaltung von Tempolimits" oder das „Verbot, als FahrerIn im fließenden Verkehr mit dem Handy zu telefonieren" ist nicht leicht „verbindlich" zu machen. Mangelnde Information, Desinteresse oder gegenläufige Interessen etc. können zu Abweichungen führen – obwohl z.T. erhebliche Strafen angedroht werden. Die Anforderungen, die das Kommunalisierungsprojekt prägen sind dagegen viel komplexer. Sie sind

- abstrakter definiert (Ressourcen schonende bedarfsgerechte Bereitstellung sozialer Hilfen),
- müssen auf Besonderheiten und Ausgangslagen vor Ort Rücksicht nehmen,
- sind an verschiedene Gruppen von Akteuren gerichtet, die gemeinsam die Anforderung erfüllen müssen (Issue-Netzwerke, Dienstleister, NutzerInnen)
- und haben nur geringes Drohpotential für den Fall des Nichtbefolgens zur Verfügung.

Insofern kann man hierbei aus gutem Grund von der *Herstellung* von Verbindlichkeit sprechen[188]. Die Rahmenvereinbarung legt einerseits das abstrakte Ziel fest, beschreibt mit den Praktiken wichtige Zwischenschritte und damit potenziell geeignete Mittel der Zielerreichung, die auf örtlicher Ebene einzuführen sind und empfiehlt wichtige Bausteine des Implementationsprozesses wie die Entwicklung eines Issue-Netzwerkes. Wie die empirischen Beobachtungen belegt haben, ist die Verknüpfung dieser drei Elemente für den Kommunalisierungsprozess gut begründet. Sie können Veränderungen anstoßen und begleiten, die – sowohl in der Machtdimension als auch in der Sachdimension – häufig erforderlich sind, um die Implementation zu einem neuen Muster der Aufgabendurchführung vor Ort und der „weichen" Steuerung durch die Landesebene zu führen. Es handelt sich dabei gleichwohl um eine „Herausforderung", weil – im Gegensatz zu eng definierten Regeln wie dem Tempolimit auf Autobahnen – der Kommunalisierungsprozess vor Ort nur erfolgreich ablaufen kann, wenn den örtlichen Besonderheiten in sachlicher wie in machtbezogener Hinsicht Rechnung getragen wird. Genau diese lokale Erfolgsvoraussetzung kann jedoch die Zielerreichung des auf *landesweite* Wirkung ausgelegten Projektes blockieren.

Wie kann man unter diesen Umständen die schrittweise Erzeugung von Verbindlichkeit bei der Gestaltung sozialer Hilfen empirisch erfassen? Die größte Schwierigkeit ist die Kürze des Beobachtungszeitraums durch die Befristung des Forschungsprojektes. Sie bedeutet, dass noch keine Beispiele der quasi abschließenden Zielerreichung (outcome) beobachtet werden konnten – auch nicht in KommA. Dies hätte bedeutet, dass die Kommunen eine systematische Überprüfung ihrer sozialen Hilfen durchführen und diese gemäß be-

---

[188] Im Fall des Tempolimits geht es um Normdurchsetzung (Regelung, Kontrolle und Strafe).

darfsbezogener Prioritätensetzung umschichten. Ebenso wenig gibt es ein Beispiel für die landesweite Umschichtung von Ressourcen auf der Basis einer tragfähigen, d.h. landesweit vergleichbaren Sozialberichterstattung.

Kann man andere empirische Befunde für den Nachweis von zumindest partieller oder vorläufiger Erreichung bedeutsamer Zwischenziele heranziehen? Könnte man Worte für Taten nehmen? Das halten wir auf der Basis der vorhandenen Beobachtungen nur für gerechtfertigt, wenn die Worte das Ergebnis *gemeinsam* getragener Situationsdefinition (Sinn) und kommunikativ *geteilten* Wissens im Hinblick auf Praktiken und Zielsetzung darstellen. In dieser Hinsicht konnte zwar über Fortschritte berichtet werden (z.B. KommC und mit Einschränkungen auch in KommD), aber als Nachweis für die Erzeugung von dauerhaften Bindewirkungen kann man dies (noch) nicht gelten lassen.

Insofern ist die Erzeugung von Verbindlichkeit mit Beobachtungen verknüpft worden, die zwar nur vorläufigen Charakter haben, aber bereits Weichenstellungen für die Implementation beinhalten. So wurden – unter Rückgriff auf eine systemtheoretisch angeleitete Beobachtung und Analyse – verschiedene Risiken und Dilemmata, förderliche und hinderliche Elemente für den Implementationsverlauf dargestellt. Es konnte gezeigt werden, dass Informationen ausgetauscht werden, Issue-Netzwerke in Gang gesetzt werden, in denen Vertrauen aufgebaut wird und in denen kollektive Lernprozesse im Sinne des Aufbaus geteilten Wissens und gemeinsamer Bewertung (Akzeptanz) zustande kommen. Es konnten einzelne Fälle beschrieben werden, in denen über die Restmittel im Rahmen eines neuen Mitwirkungsmusters kommuniziert und später in den Organisationen entschieden wurde (KommA, KommC). Es existieren Beispiele, in denen bereits die Bedingungen erörtert und Entscheidungsstrategien entwickelt wurden, die sich auf die zukünftig erforderliche Veränderung von Prioritätensetzungen und Ressourcenallokation bezogen (KommD, KommE). Die Tatsache, dass all dies nicht kumuliert in jedem einzelnen Fall nachgewiesen werden konnte, schränkt u.E. die Möglichkeit, daraus allgemeine Schlussfolgerungen über die Bedeutung dieser Faktoren zu formulieren, nur wenig ein.

7.2.6 Funktionale Äquivalente

Die Frage, ob die zuvor resümierten Entwicklungsschritte als *durchgängig erforderliche* Beiträge zur Herstellung von Verbindlichkeit anzusehen sind, bleibt dagegen schwer zu beantworten. Es kann nämlich *nicht* gezeigt werden, dass die o.a. Elemente für die Zielerreichung insgesamt *zwingend* erforderlich sind. Wir können nicht definitiv ausschließen, dass es funktionale Äquivalente gibt – also andere Wege, die unter den gegebenen Randbedingungen des föderalen Mehrebenensystems einschließlich der kommunalen Selbstverwaltung zu dem Ergebnis einer bedarfsgerechten Verteilung der sozialen Hilfen vor Ort und gleichzeitig zur Sicherung von gleichartigen Lebensbedingungen im gesamten Bundesland führen. Wahrscheinlich ist das Vorhandensein derartiger Alternativen allerdings nicht. Die beiden Beispiele KommB und KommF, die in unterschiedlichen Formen den üblichen „administrativen" Weg gehen, sind u.E. zumindest kein hinreichender Beleg in dieser Hinsicht. Sie lassen bisher nicht erkennen, dass sie das Ziel erreichen können, breite Bindewirkungen bei allen Beteiligten zu sichern. Insofern können wir aus dem Spektrum der sechs untersuchten Fälle *kein* Beispiel für ein funktional äquivalentes Implementationsverfahren vorweisen – aber eben auch nicht ausschließen, dass eines existiert.

An den beschriebenen Beobachtungen wird die Bedeutung der Suche nach funktionalen Äquivalenten deutlich. Angesichts der Vielfalt der Ausgangsbedingungen und der unterschiedlichen Interessen der beteiligten Akteure wäre es von großem Vorteil, wenn es verschiedene Wege zur (gleichwertigen) Zielerreichung gäbe. Die Beurteilung der Chancen dafür hängen von der Zeitperspektive („langfristig passen sich die Kommunen irgendwie an" - oder?), von der Implementationsetappe, die für die Diagnose der Zielerreichung verwendet wird und die Detailliertheit (oder „Elastizität") der Kriterien für die Zielerreichung[189]. Im Rahmen der empirischen Analyse wurde von verschiedenen Zwischenzielen ausgegangen, die zu erreichen seien. Auch wenn diese Zwischenziele nicht sehr detailliert ausgezeichnet sind, bleibt dies eine bedeutsame Anforderung. Die Koordination des Landes ist auf das Erreichen (und die Ergebnisse) der Zwischenziele angewiesen. Es würde also nicht ausreichen, wenn jede Kommune „irgendwie" Verbesserungen ihrer Bedarfsgerechtigkeit (z.B. durch permanente Klientenbefragungen) erreichen würde. Funktionale Äquivalente erweisen sich nicht nur an den lokalen Outcome-Parametern, sondern auch an den landesweit geltenden Implementationsparametern. Insofern sind die Ergebnisse der empirischen Analyse und Rekonstruktion nicht „nur" vorläufig. Sie erlauben eine begründete mittelfristige Prognose für die weitere Entwicklung des Kommunalisierungsprozesses.

7.2.7 Prognose der weiteren Entwicklung

Legt man die Forschungsergebnisse aus den sechs untersuchten Fällen zu Grunde, dann *kann ein landesweit erfolgreicher Abschluss des Projektes nicht erwartet werden.* Soweit die vorliegenden örtlichen Rahmenbedingungen bereits weitgehend mit den Zielsetzungen des Programms übereinstimmen (wie KommA) ist die Herstellung von Verbindlichkeit auf lokaler Ebene nicht problematisch. Gleichwohl wurde auch in diesem Fallbeispiel bis zum Ende der Beobachtungszeit keine grundlegende bedarfsbezogene Neuausrichtung der sozialen Hilfen – jenseits einzelner Handlungsfelder – vorgenommen. Die Voraussetzungen für eine diesbezügliche Entwicklung sind hier allerdings besser als in den anderen Fällen. Dort gibt es nur einzelne Elemente eines Erfolg versprechenden Implementationsprozesses. Das Eigeninteresse der Kommunen und die Eigendynamik der Interaktionssysteme – soweit sie überhaupt als solche funktionieren – dürfte allerdings i.d.R. nicht ausreichen, um weitere Schritte zielführend in einem überschaubaren Zeithorizont zu verwirklichen. In Fällen mit viel versprechenden Entwicklungen ist eine Verstetigung durch fehlende personelle Ressourcen auf Seiten der Kommunalverwaltung gefährdet. In Fällen wie in KommE, in denen solche Kapazitäten bereitgestellt wurden, ist eine gleichberechtigte Kommunikation zwischen Wohlfahrtsverbänden und Kommunalverwaltung bisher gar nicht zustande gekommen. In KommF sind Initiativen auch bereits wieder „eingeschlafen".

Vor allem mit Blick auf das Landesinteresse, das ja nicht nur eine sachliche, sondern auch eine zeitliche Synchronisation beinhaltet, ist es erforderlich, die negativen oder positiven „Anreize" für das Projekt immer wieder sichtbar zu machen – den „Schatten der Hierarchie" nicht verblassen zu lassen und gleichzeitig kooperative Koordinationsinstrumente anzubieten. Ein wichtiges Element ist in den Katalog von Praktiken eingebunden: die bila-

---

[189] Die nicht seltenen kontroversen Diskussionen innerhalb des Forschungsteams bezogen sich fast immer auf unterschiedliche Auffassungen über diese Kriterien, die teilweise zu unterschiedlichen Typisierungen und damit auch zu unterschiedlichen Erfolgs-Prognosen hisichlich der sechs Fallbeispiele führten.

terale jährliche Zielvereinbarung (Land-Kommune). Weniger wirksam dürfte die Aufrechterhaltung der Drohung sein, die Landesmittel in Zukunft nicht mehr bereit zu stellen. Für viele Kommunen ist der finanzielle Anreiz ohnehin eher gering. Zu den wichtigen Impulsen gehört ggf. die Festlegung des Zeitrahmens, in dem der Kommunalisierungsprozess abgeschlossen sein muss. Dazu kann die nachhaltige Betonung der Querkoordination durch die in der Rahmenvereinbarung zugesagte Einrichtung von regionalen Fachkonferenzen durch die kommunalen Spitzenverbände beitragen. Hierbei könnten auch finanzielle Anreize förderlich sein: z.B. durch gezielte Ergänzung von personellen Kapazitäten vor Ort. Es geht nicht darum, die „Schnellsten" zu belohnen sondern diejenigen, die den Nachholbedarf zügig ausgleichen. Auch der Einsatz einer „hochrangigen" Person aus dem Ministerium als Mitglied bzw. KoordinatorIn der weiter bestehenden zentralen Steuerungsgruppe (Policy-Netzwerk) könnte ein wichtiges Signal sein. Dies alles würde den externen Druck aufrechterhalten, d.h. von den Kommunen bei der Beobachtung ihrer Umwelt registriert werden können.

Diese Hinweise auf zukünftige Handlungsoptionen und ihre Wirkungen im Kommunalisierungsprozess macht deutlich, dass es im Interesse der hier adressierten wissenschaftlichen und praktischen Fragestellungen sinnvoll ist, den Fortgang dieses praktischen Feldexperiments weiter zu beobachten.

7.3 Systemtheorie in der Governanceforschung

Ob das Forschungsprojekt mit seinen empirischen Ergebnissen zur Governanceforschung beiträgt, hängt von dem Verständnis des Governancekonzeptes ab. Ist es die „empty signifier" Variante (Offe 2008), so ist das Projektthema ohne Zweifel ein Bestandteil der Governance-Forschung. Eine frühe Erläuterung des Konzeptes (Cleveland 1972, S. 13) macht dies deutlich: „The organizations that get things done will no longer be hierarchical pyramids with most of the real control at the top. They will be systems-interlaced webs of tension in which control is loose, power diffused, and centers of decision plural. `Decision making` will become an increasingly intricate process of multilateral brokerage both inside and outside the organization which thinks it has the responsibility for making, or at least announcing, the decision. Because organizations will be horizontal, the way they are governed is likely to be more collegial, consensual, and consultative. The bigger the problems to be tackled, the more real power is diffused and the larger the number of persons who can exercise it – if they work at it." Aber trifft dieses suggestive Szenario im Alltag der Organisationsgesellschaft wirklich zu? Wie kann dann die – nicht zuletzt durch die Finanzkrise - beobachtbare Anhäufung von immer mehr Macht-, Geld- und Wissens-Ressourcen in immer weniger Händen erklärt werden? Was sind die empirisch nachweisbaren Folgen im Hinblick auf gemeinwohlorientierte Interessendurchsetzung, Herstellung von Verbindlichkeit oder gesellschaftlicher Problemlösung? Mit einer *Beschreibung* des Szenarios ist zudem noch kein Erkenntnisgewinn verbunden. Dies ist erst möglich, wenn man spezifische analytische und theoretische Ansatzpunkte näher betrachtet. Die Entwicklung von Typologien diverser Steuerungsmuster (Jann 2002) ist allenfalls ein erster Schritt, der einer Unterfütterung mit detaillierten empirischen Beobachtungen bedarf[190]. Anderenfalls werden Typologien nur zu heuristischen Zwecken verwendet oder normativ gewendet.

Welche konkreten Anhaltspunkte lassen sich aus der Diskussion um „das" Governance-Konzept für analytische und theoretische Zuspitzungen gewinnen? Betont werden u.a. die veränderten Grenzziehungen im Verhältnis von Staat und Gesellschaft, was auch zu veränderten Charakteristika der Grenzen selbst sowie der Mechanismen ihrer Überschreitung führen kann (Kooiman 2005)[191] Hier muss und kann dann im einzelnen empirisch gezeigt werden, wo solche Charakteristika mit welchen Folgeeffekten zu beobachten sind[192]. Die Empirie macht dabei allerdings häufig die Unterkomplexität der theoretischen Konzepte sichtbar. Ein (neuer?) Fokus der Governance-Forschung bezieht sich deshalb auf das *de facto* auftretende Ensemble von Mechanismen der Regulierung, Koordination und Moderation u.a.[193]. Das sich aus der notwendigen empirischen Spezifikation der realen Vielfalt ergebende Problem ist der Verlust an Theoriefähigkeit. Hinsichtlich des schon seit vielen Jahren stattfindenden Diskurses über "Governance in Europa" stellen Kohler-Koch und Rittberger (2006, S. 43) daher fest: „However, looking at the rich and differentiated picture of research …, it can be deduced that the wealth of descriptive and causal knowledge accumulated all over Europe has – as yet – not fed back into the conceptual debate on EU-governance". Pierre/Peters (2000, S. 37) versuchen aus dieser Schwäche eine Stärke des Governance-Ansatzes zu machen: man könne die Erklärungskraft verschiedener Theorien innerhalb des Ansatzes miteinander vergleichen. Damit wird allerdings die Vorstellung verstärkt, dass das Konzept überwiegend eine Ansammlung von vielen Beobachtungen darstellt, die allenfalls in Einzelaspekten theoretisch durchdrungen werden können.

Diese Situations*beschreibungen*, die der aktuelle Governance-Diskurs liefert, sind mit Blick auf das hier beschriebene Projekt durchaus zutreffend. Allerdings haben wir daraus eine andere Schlussfolgerung gezogen: es ist erforderlich, eine Theorieperspektive zu nutzen, die eine hinreichende Komplexität aufweist, um die differenzierten empirischen Befunde in einen Zusammenhang zu bringen und auch komplexe Wirkungsmuster zu rekonstruieren. Aus unserer Sicht kam nur die Systemtheorie für eine solche Anforderung in Frage – eine Schlussfolgerung, die inzwischen offenbar auch in den Naturwissenschaften an Zustimmung gewinnt[194]: die großen Vereinfachungen – so hat auch das hier vorgestellte For-

---

[190] Hierfür können die Studien der Aston Group mit Blick auf den Idealtyp Bürokratie (Weber) als instruktiv gelten. Sie zeigen, dass die empirische „Realität" im Sinne von Realtypen deutlich komplexer gebaut ist.

[191] Als typische Beispiele können die (alten und) neuen Formen der Public-Private Partnership gelten oder auch die in unserer Untersuchung behandelten Formen der Zuwendungsverträge.

[192] Zum Hochschulbereich z.B. Lange/Schimank (2004).

[193] Auch dieses Thema ist schon lange – z.B. unter dem Stichwort der Steuerungsinstrumente – diskutiert, wobei jede Analyse der politischen Programmentwicklung zeigt, dass in den letzten 50 Jahren immer mehr Kombinationen von Steuerungsinstrumenten zur Anwendung kamen.

[194] Das Anliegen von Mitchell/Vogel (2008) wird in der Buchbeschreibung (Amazon) folgendermaßen zusammengefaßt: „Eine neue Herausforderung für die Wissenschaft: Die Welt ist komplex, also sollten es auch unsere Vorstellungen von ihr sein. Viele Disziplinen der Geistes- und Sozialwissenschaften haben sich lange an diese Maxime gehalten. Die Naturwissenschaften aber haben traditionell nach einfachen, universalen und zeitlosen Gesetzen gesucht. Damit wollten sie die "schwirrende Verwirrung" ("blooming, buzzing confusion", William James) erklären, die die ungeschulten Sinne dem Geist präsentieren… Die Komplexität der lebendigen Welt zwingt uns dazu, unsere Denkmodelle radikal zu revidieren und nach einer adäquateren Erkenntnislehre zu suchen. Dazu hat die Systemtheorie Vorgaben geliefert, die seit einigen Jahren von der Komplexitätstheorie spezifiziert worden sind. Komplexe Systeme – wie die Welt, in der wir leben – zeichnen sich unter anderem durch Emergenz und Relationen aus: Was auf der Makroebene sichtbar wird, ist erst durch Wechselwirkungen zwischen den Ele-

schungsprojekt gezeigt - halten den empirischen Befunden nicht stand. Sie sind unterkomplex gebaut, d.h. sie beziehen sich nur auf Einzelaspekte, die im breiteren Analyse-Kontext meist ihre Begründungsqualität verlieren[195]. Die moderne Systemtheorie i.S. von Niklas Luhmann erlaubt es dagegen, den Kontext (z.B. die systeminterne Umweltbeobachtung und –rekonstruktion) in die Theorie einfacher oder organisierter Sozialsysteme einzubauen[196].

Die Theoriearchitektur muss sich in doppelter Weise bewähren: einerseits müssen primäre empirische Beobachtungen in die systemtheoretisch angeleitete Analyse und Interpretation eingefügt werden können; zum anderen müssen empirisch gut abgesicherte Konzept(Theorie)-Bausteine partieller Natur oder mit begrenzter Reichweite unter Anwendung systemtheoretischer Kategorien rekonstruiert werden können. Die vorliegende Studie hat gezeigt, dass dies möglich ist: z.B. mit Blick auf die Erforschung von cognitive maps und cognitive frames, von informellen Netzwerken, von Prozessen des Wissenserwerbs und der Vertrauensbildung. Bezieht man sich auf weitere Konzepte, die im Governance-Diskurs eine wichtige Rolle spielen (sollen), dann gilt u.E. das gleiche Argument. Es ist u.E. nicht zu sehen, dass Regulationstheorie, neuer Institutionalismus, Spieltheorie – z.B. im Rahmen des akteurszentrierten Institutionalismus – oder neue Institutionenökonomie – z.B. mit dem Principal-Agent Problem oder mit dem Transaktionskosten-Konzept – Argumentationslinien entwickeln, die nicht in der Systemtheorie rekonstruiert werden könnten. Der Vorteil der Systemtheorie liegt dabei nicht einfach in der Umbenennung der benutzten Begriffe, sondern in der theorieimmanenten Anschlussfähigkeit verschiedener Argumentationslinien[197]. Insofern stellt die zuvor formulierte Zusammenfassung der empirischen Ergebnisse den Versuch dar zu zeigen, dass das Gesamtresultat mehr ist als die Ansammlung von Einzelbefunden. Es kann u.E. empfohlen werden, für ähnliche Studien zur Herstellung bindender Entscheidungen im politisch-administrativen Mehrebenensystem die Systemtheorie als Leitlinie für Beobachtungen und Ergebnisinterpretationen zu benutzen. Mit anderen Worten: die Systemtheorie eignet sich (derzeit) am besten als Grundlagentheorie für die Governanceforschung.

---

menten des Systems zu erklären. Wohin zum Beispiel ein Vogelschwarm fliegt, hängt nicht nur von den Individuen ab, sondern vor allem von Feedbackprozessen zwischen ihnen".

[195] Daher ist in den letzten Jahren das Thema „embeddedness" wieder verstärkt in die Diskussion geraten (Beckert 2007). Dazu haben zweifellos die wachsenden Zahlen von (international) vergleichenden Studien beigetragen. Sie zeigen, wie schwierig die Frage zu beantworten ist, was man aus ihnen lernen kann. Vieles deutet darauf hin, dass viele Interpretationen oder Erklärungen kontextabhängig bleiben.

[196] Ein weiterer gewichtiger Vorteil gegenüber der neueren Komplexitätstheorie ist die gleichrangige Behandlung des Kontingenzproblems.

[197] Die Begrenzungen der vergleichbar (komplex) ansetzenden Theorieentwürfe wie der individuenzentrierte Institutionalismus (Scharpf) oder die Strukturationstheorie (Giddens) liegen in der fehlenden *theorieimmanenten* Verknüpfung von Mikro-, Meso- und Makrophänomenen (z.B. von der Analyse von Spielen zur Institutionalisierung von Spielregeln und Auszahlungsmatrizen) oder der unzureichenden Rekonstruktion der Wechselbeziehung von Prozess und Struktur.

8 Literaturverzeichnis

Arthur, W. Brain 1994: Increasing returns and path dependence in economics, Ann Arbor.

Axelrod, Robert M. (Hrsg.) 1976: Structur of decision, Princeton.

Bachmann, Reinhard 1999: Koordination und Steuerung interorganisationaler Netzwerkbeziehungen über Vertrauen und Macht, in: Sydow, Jörg/Windeler, Arnold (Hrsg.): Steuerung von Netzwerken. Konzepte und Praktiken, Opladen, S. 107-125.

Baecker, Dirk 1992: Die Unterscheidung zwischen Kommunikation und Bewußtsein, in: Küppers, Günter (Hrsg.): Emergenz: Die Entstehung von Ordnung, Organisation und Bedeutung, Frankfurt am Main, S. 217-268.

Baecker, Dirk 2008: Zählen, Tauschen, Ordnen: Die Problematik des Systembegriffs in der zweiten Hälfte des zwanzigsten Jahrhunderts, Archiv für Begriffsgeschichte (Jubiläumsband), Hamburg.

Badelow, Nils C. 2003: Policylernen und politische Veränderungen, in: Schubert, Klaus/Bandelow, Nils C. (Hrsg.): Lehrbuch der Politikfeldanalyse, München, S. 289-331.

Beck, Ulrich/Grande, Edgar 2005: Kosmopolitisches Europa, Frankfurt am Main.

Beckert, Jens 2007: The great transformation of embeddedness: Karl Polyanyi and the new economic sociology, MPIfG Discussion papers 07/01, Köln.

Benz, Arthur (Hrsg.) 2004: Governance – Regieren in komplexen Regelsystemen: Eine Einführung, Wiesbaden.

Benz, Arthur 2005a: Kein Ausweg aus der Politikverflechtung? – Warum die Bundesstaatskommission scheiterte, aber nicht scheitern musste, in: Politische Vierteljahresschrift 46(2), S. 207-217.

Benz, Arthur 2005b: Verwaltung als Mehrebenensystem, in: Blanke, Bernhard/von Bandemer, Stephan/Nullmeier, Frank/Wewer, Göttrik (Hrsg.): Handbuch zur Verwaltungsreform, Wiesbaden, 3. Auflage, S. 18-26.

Berberich, Julian 2007: Die „Operation Sichere Zukunft" in Hessen und ihre Auswirkungen auf die Soziale Infrastruktur am Beispiel der Stadt Darmstadt." Diplomarbeit zur Abschlussprüfung an der Hochschule Darmstadt. Verfügbar unter: http://www.hessen.dgb.de/themen/Hessen_Kahlschlag/3_Hess_Sozialforum/Diplomarbeit.pdf, Stand: 9.07.2009.

Berghaus, Margot 2003: Luhmann leicht gemacht, Köln.

Blühdorn, Ingolfur 2008: In search of legitimacy, Opladen.

Bogumil, Jörg/Kottmann, Steffen 2006: Verwaltungsstrukturreform. Die Abschaffung der Bezirksregierungen in Niedersachsen, Ibbenbüren.

Bogumil, Jörg et al. 2007: Zehn Jahre Neues Steuerungsmodell, Berlin.

Böhret, Carl 2002: Verwaltung und Verwaltungspolitik in der Übergangsgesellschaft, in: König, Klaus (Hrsg.): Deutsche Verwaltung an der Wende zum 21. Jahrhundert, Baden-Baden, S. 59-75.

Bredt, Stephan 2006: Die demokratische Legitimation unabhängiger Institutionen, Tübingen.

Bussmann, Werner (Hrsg.) 1994: Lernen unter komplexen Bedingungen, in: ders. et al. (Hrsg.): Lernen in Verwaltungen und Policy-Netzwerken, Zürich, S. 55-74.

Cleveland, Harlan 1972: The future executive: A guide for tomorrow′s managers., New York.

Dammann, Klaus/Grunow, Dieter/Japp, Klaus-Peter (Hrsg.): Die Verwaltung des Politischen Systems, Opladen.

Deutsch, Karl W. 1969: Politische Kybernetik, Modelle und Perspektiven, 1. Auflage, Freiburg.

Döhler, Marian 1994: Lernprozesse in Politiknetzwerken, in: Bussmann, Werner: Lernen in Verwaltungen und Policy-Netzwerken, Zürich, S. 39-54.

Felder, Michael/Dieter, Grunow 2001: Wie weiter mit Europa?, in: Blätter für Deutsche und Internationale Politik, 1/2001, S. 52-60.

Fried, Andrea 2003: Wissensmanagement aus konstruktivistischer Perspektive, Frankfurt am Main.

Fuhse, Jan 2005: Theorien des politischen Denkens. David Easton und Niklas Luhmann, Wiesbaden.

Gläser, Jochen/Laudel, Grit 2004: Experteninterviews und qualitative Inhaltsanalyse: als Instrumente rekonstruierender Untersuchungen, Wiesbaden.

Grasselt, Nico/Korte, Karl-Rudolf 2007: Führung in Politik und Wirtschaft – Instrumente, Stile und Techniken, Wiesbaden.

Grunow, Dieter 2000: Netzwerkanalyse: theoretische und empirische Implikationen, in: Dahme, Heinz Jürgen/Wohlfahrt, Norbert (Hrsg.): Netzwerkökonomie im Wohlfahrtsstaat, Berlin.

Grunow, Dieter 2001 und folgende: Geschichte der Sozialpolitik in Deutschland 1945-1995. Soziale Dienste und Soziale Infrastruktur, Bände 2-7; 11, Baden-Baden.

Grunow, Dieter/Köhling, Karola 2003: Abschlussbericht der Begleitforschung zum Modellversuch „Neustrukturierung der Förderung sozialer Hilfen in Hessen". Rhein-Ruhr-Institut für Sozialforschung und Politikberatung e.V., Duisburg, Verfügbar unter: http://www.risp-duisburg.de/abtpro/svp/publik.htm, Stand: 8.07.2009, Stand: 17.07.2009.

Heinelt, Hubert/Weck, Michael 1998: Arbeitsmarktpolitik: vom Vereinigungskonsens zur Standortdebatte, Opladen.

Hessisches Ministerium der Finanzen, Nachrichtenblatt Nr. 20, 16.09.2003.

Hiller, Petra 2005: Organisationswissen. Eine wissenssoziologische Neubeschreibung der Organisation, Wiesbaden.

Hopf, Christel/Schmidt, Christiane (Hrsg.) 1993: Zum Verhältnis innerfamilialen sozialen Erfahrungen, Persönlichkeitsentwicklung und politischen Orientierungen. Dokumentation und Erörterung des methodischen Vorgehens in einer Studie zu diesem Thema. Institut für Sozialwissenschaften der Universität Hildesheim, Verfügbar unter: http://w2.wa.uni-hannover.de/mes/berichte/rex93.htm, Stand: 8.7.2009.

Jann, Werner 2002: Der Wandel verwaltungspolitischer Leitbilder. Vom Management zu Governance?, in: König, Klaus (Hrsg.): Deutsche Verwaltung an der Wende zum 21. Jahrhundert, Baden-Baden. S. 279-303.

Joachim, Jutta/Reinalda, Bob/Verbeek, Bertjan 2008: International Organizations and Policy Implementation, London.

Kämper, Eckhard/Schmidt, Johannes F.K. 2000: Netzwerke als strukturelle Kopplung. Systemtheoretische Überlegungen zum Netzwerkbegriff, in: Weyer, Johannes: Soziale Netzwerke. Konzepte und Methoden der sozialwissenschaftlichen Netzwerkforschung, München, S. 211-235.

Klimecki, Rüdiger/Laßleben, Hermann/Riexinger-Li, Beate 1994: Zur empirischen Analyse organisationaler Lernprozesse im öffentlichen Sektor: Modellbildung und Methodik, in: Bussmann, Werner: Lernen in Verwaltungen und Policy-Netzwerken, Zürich, S. 9-38.

Klimecki, Rüdiger/Laßleben, Hermann/Altehage, Markus Oliver 1995: Zur empirischen Analyse organisationaler Lernprozesse im öffentlichen Sektor. Teil 2. Methoden und Ergebnisse, Konstanz, verfügbar unter: http://www.ub.uni-konstanz.de/KOPS/volltexte/2003/373/, Stand. 17.07.2009.

Klimecki, Rüdiger/Müller, Werner R. (Hrsg.) 1999: Verwaltung im Aufbruch. Modernisierung als Lernprozess, Zürich.

Kissling-Näf, Ingrid/Knöpfel, Peter 1998: Lernprozesse in öffentlichen Politiken, in: Albach, Horst/Dierkes, Meinolf/Berthoin Antal, Ariane/Vaillant, Kristian (Hrsg.): Organisationslernen – institutionelle und kulturelle Dimensionen, WZB-Jahrbuch, Berlin, S. 239-268.

Kneer, Georg 2001: Organisation und Gesellschaft. Zum ungeklärten Verhältnis von Organisations- und Funktionssystemen in Luhmanns Theorie sozialer Systeme, in: Zeitschrift für Soziologie 30, Heft 6, S. 407-428.

Koch, Karl 2005: Kommunalisierung der Sozialpolitik in Hessen, in: Störch, Klaus (Hrsg.): Soziale Arbeit in der Krise. Perspektiven fortschrittlicher Sozialarbeit, Hamburg, 129-141.

Koch, Karl 2006: Kommunalisierung der Sozialpolitik in Hessen und der Aufbau einer Sozialberichterstattung, Limburg.

Kohler-Koch, Beate/Rittberger, Berthold 2006: The „Governance Turn" in EU studies, in: Journal of Common Markes Studies 44, S. 27-49.

Köhling, Karola/Pamme, Hildegard/ Wißing, Sandra 2007: Governance, Lernen und Verbindlichkeit am Beispiel der Kommunalisierung sozialer Hilfen in Hessen, in: Deutsches Jugendinstitut (Hrsg.): Governance-Strategien und lokale Sozialpolitik. Dokumentation zum Workshop am 23. Mai 2006 in Halle, München.

Köhling, Karola 2009: "Wissen und Vertrauen in Governance-Prozessen", Dissertation noch in Arbeit.

Kooiman, Jan 2005: Governing as governance, in: Schuppert, Gunnar F. (Hrsg.): Governance Forschung, Baden-Baden, S. 149-172.

Krause, Detlef 2001: Luhmann Lexikon, 3. Auflage, Stuttgart.

Kuckartz, Udo 2005: Einführung in die computergestützte Analyse qualitativer Daten, Wiesbaden.

Lange, Stefan/Schiemank, Uwe 2004: Governance und gesellschaftliche Integration, Wiesbaden.

Laßleben, Hermann 2002: Das Management der lernenden Organisation. Eine systemtheoretische Interpretation, Wiesbaden.

Lehmbruch, Gerhard/Czada, Roland/Schmidt, Manfred G. 2002: Verhandlungsdemokratie, Interessensvermittlung, Regierbarkeit, Wiesbaden.

Luhmann, Niklas 1969: Legitimation durch Verfahren, Neuwied am Rhein.

Luhmann, Niklas 2000a: Die Gesellschaft der Politik, Frankfurt am Main.

Luhmann, Niklas 2000: Vertrauen. Ein Mechanismus der Reduktion sozialer Komplexität, 4. Auflage, Stuttgart.

Luhmann, Niklas 2004: Einführung in die Systemtheorie, Heidelberg.

Mahoney, James 2000: Path dependence in historical sociology. Theory and society, Volume 29, Number 4, S. 507-548.

Malek, Tanja/Hilkermeier, Lena 2003: Überlegungen zur Bedeutung organisationaler Lernansätze in der und für die Politikwissenschaft, in Maier, Matthias/Nullmaier, Frank/Wiesner, Achim (Hrsg.): Politik als Lernprozess. Wissenszentrierte Ansätze der Politikanalyse, Opladen, S. 78-98.

Mayring, Philipp 2000: Qualitative Inhaltsanalyse. Grundlagen und Techniken. 7. Auflage, Weinheim.

Meuser, Michael/Nage, Ulrikel 1991: Experteninterviews – vielfach erprobt, wenig bedacht, in: Garz, Detlef/ Kreimer, Klaus (Hrsg.): Qualitativ-empirische Sozialforschung: Konzepte, Methoden, Analysen, Opladen, S. 441-471.

Mitchell, Sandra/Vogel, Sebastian 2008: Komplexität: warum wir erst anfangen, die Welt zu verstehen, Frankfurt am Main.

North, Douglas 1998: Economic performance through time, in: Brinton, Mary C/Nee, Victor (Hrsg.): The New Insitutionalism in Sociology, Stanford, S. 247-257.

North, Douglas 1993: Institutions and Credible Commitment. Journal of Institutional and Theoretical Economics 149, S. 11-23.

Nullmeier, Frank 1997: Interpretative Ansätze in der Politikwissenschaft, in: Benz, Arthur/Seibel, Wolfgang (Hrsg.): Theorieentwicklung in der Politikwissenschaft. Eine Zwischenbilanz, Baden-Baden, S. 101-144.

Offe, Claus 1973: Krisen des Krisenmanagements, in: Jähnicke, Martin (Hrsg.): Herrschaft und Krise, Opladen, S. 197-223.

Offe, Claus 2008: Governance: „Empty Signifier" oder sozialwissenschaftliches Forschungsprogramm?, Hertie School of Governance Working Papers 12/2008, Berlin.

Paul, Axel T. 2004: Die Gesellschaft des Geldes: Entwurf einer monetären Theorie der Moderne, Wiesbaden.

Pierre, Jan/Peters, Guy B. 2000: Governance, politics and the state, New York.

Pierson, Paul 2000: Increasing Returns, Path Dependence and the Study of Politics, American Politica Science Review 94, S. 251-267.

Pierson, Paul 2004: Politics in Time: History, Institutions, and Social Analysis, Princeton.

Pfeiffer, Riccarda 1998: Philosophie und Systemtheorie, Wiesbaden.

Ronge, Volker/Schmieg, Günter 1973: Restriktionen politischer Planung, Frankfurt am Main.

Sabatier, Paul 1991: Two decades of implementation research: from control to guidance and learning, in: Kaufmann, Franz Xaver (ed.): The public sector, Berlin, S. 257-270.

Rahmenvereinbarung über die Grundsätze der Neustrukturierung und Kommunalisierung der Förderung sozialer Hilfen in Hessen, Wiesbaden 2004, Verfügbar unter: http://www.dwkw.de/download/Sozialhilfe-Rahmenvereinbarung_SozHilf_Hessen.pdf, Stand: 5.08.2009

Scharpf, Fritz W. 1999: Regieren in Europa, Frankfurt/New York

Scharpf, Fritz W. 2000: Interaktionsformen, Opladen.

Scharpf, Fritz W. 2007: Reflections on Multilevel Legitimacy, in: EUSA Review, Bd. 20, Nr. 3, S. 2-11.

Stegarescu, Dan 2008: Decentralized Goverment in an Integrating Word. Quantitativ Studies für OECD Contries, Mannheim.

Scheufele, Bertram 2003: Frames – Framing – Framing-Effekte, 1. Auflage, Wiesbaden.

Schuppert, Gunnar Folke (Hrsg.) 2005: Der Gewährleistungsstaat – ein Leitbild auf dem Prüfstand, Baden-Baden.

Thompson, James D. 1967: Organizations in action, New York.

Wagener, Frido 1969: Neubau der Verwaltung, Berlin.

Wiesenthal, Helmut 1995: Konventionelles und unkonventionelles Organisationslernen, in: ZfS 24/2, S. 137-155.

Wilkesmann, Uwe 1999: Lernen in Organisationen, Frankfurt am Main.

Wohlfahrt, Norbert 2000: Netzwerke als Instrument politisch-administrativer Kontextsteuerung? Zur Aufwertung von Vermittlungsstrukturen im Prozess der Verwaltungsmodernisierung, in: Dahme, Heinz-Jürgen/ders. (Hg.): Netzwerkökonomie im Wohlfahrtsstaat. Wettbewerb und Kooperation im Gesundheitssektor, Berlin, S. 69-87.

9 Abbildungsverzeichnis

10 Glossar

Die folgende Liste fasst Begriffe zusammen, die jeweils den gleichen Gegenstand der Forschung bezeichnen, aber auf Grund verschiedener Bezugspunkte der Beobachtung und Rekonstruktion unterschiedlich ausfallen.

Abbildung 27: Glossar

Praxisbezug (Selbstbeobachtung)	Wissenschaftlicher Bezug (Beobachtung 2. Ordnung = wissenschaftliche beobachtung der Selbstbeobachtung)	Systemtheoretischer Bezug (Beobachtung 2. und 3. Ordnung = systemtheoretisch angeleitete wissenschaftliche Beobachtung wissenschaftlicher Beobachtung)
Ämter, Einrichtungen	Organisation	Organisierte Sozialsysteme
Bedarfe: Soziale Hilfen (z.B. Drogenberatung, Aidshilfe, Frauenhäuser)	Bedarf	Fremdbeobachtung physischer Systeme
Bedürfnisse	Bedürfnisse; Differenz zwischen Ist und Sollzustand von individuellen Lebenslagen	Elemente physischer Systeme
Entscheidungen (bezogen auf Bedarfe und Arbeitsroutinen)	Entscheidungen	Entscheidungen (Kommunikation in Organisationen)
„Freie Spitze", Restmittel	Ressourcen	Gegenstand der Umweltbeobachtung; Thema von Entscheidungen
Gespräche/Beratung	Verhalten, Kommunikation	Kommunikation durch Information, Mitteilung und Verstehen
Kontinuität von Arbeits- und Entscheidungsroutinen	Pfadabhängigkeit	Systemerhaltung; kommunikative Anschlussfähigkeit
Lernen	Anpassungslernen; Veränderungslernen; reflexives Lernen	Lernen, Vorbereitung auf unbekannte Systemzustände
Netzwerke, Arbeits-Gemeinschaft; lokale Steuerungsgruppppe u.ä.	Basale Netzwerke; Issue-Netzwerke; Interorganisationssysteme	Interaktionssysteme; einfache Sozialsysteme; strukturelle Kopplung von organisierten Funktionssystemen
Zentrale Steuerungsgruppe	Policy-Netzwerke	Interaktionssysteme; einfache Sozialsysteme; strukturelle Kopplung von organisierten Funktionssystemen

Praxisbezug	Wissenschaftlicher Bezug	Systemtheoretischer Bezug
(Selbstbeobachtung)	(Beobachtung 2. Ordnung = wissenschaftliche beobachtung der Selbstbeobachtung)	(Beobachtung 2. und 3. Ordnung = systemtheoretisch angeleitete wissenschaftliche Beobachtung wissenschaftlicher Beobachtung)
Personen, Beteiligte	Akteure (individuell, korporiert); Stakeholders	Adressen für Kommunikation (und Entscheidungen)
Planungs- und Entscheidungsabbläufe: z.B. Zielvereinbarung, Sozialberichterstattung, integrative Sozialplanung	Praktiken	Organisatorische Entscheidungsprämissen; Entscheidungsprogramme
Rahmenvereinbarung hinsichtlich der Kommunalisierung	Politisches Programm	(politisch-administratives) Zweckprogramm; Entscheidungsprogramm
Sozialpolitik	Politikfeld	Subsystem des politischen Systems
Umsetzung(svarianten)	Implementation; Akzeptanz; Compliance	Herstellung von Verbindlichkeit; funktionale Äquivalente
Vertrauen	Vertrauen	Personales Vertrauen; Systemvertrauen (Mechanismen zur Reduktion von Systemkomplexität)
Wissen (Begriffswissen, Handlungswissen)	Cognitive Map; Cognitve Frame	Elemente psychischer Systeme (Umwelt von Kommunikationssystemen)

11 Anhang

11.1 Leitfaden Interviewphase I - VertreterInnen der Kreisverwaltung -

I. Bedeutung der Kommunalisierung für die Befragten/die Organisation

1. Wie sieht Ihr persönlicher Aufgabenbereich aus?

2. Auf welche Weise sind Sie über die Kommunalisierung sozialer Hilfen und die damit einhergehenden Veränderungen informiert worden?

3. Was halten Sie von der Kommunalisierung? Was finden Sie positiv? Was finden Sie negativ?

4. Haben sich mit Beginn der Kommunalisierung Veränderungen in Ihrem Arbeitsbereich ergeben?

5. Welche Aufgaben hat die Kreisverwaltung im Rahmen der Kommunalisierung?

6. Welchen Stellenwert hat die Kommunalisierung sozialer Hilfen für die Kreisverwaltung?

II. Zusammenarbeit im Kommunalisierungsprozess vor Ort

7. Gab es bereits vor der Kommunalisierung Vernetzungen in der Sozialpolitik vor Ort?

8. Beschreiben Sie die Zusammenarbeit im Kommunalisierungsprozess vor Ort!

9. Gibt es eine Zusammenarbeit zwischen den Mitarbeitern in der Kreisverwaltung, die mit Sozialen Hilfen befasst sind?
    9.1.   Wenn ja, wie sieht sie aus?
    9.2.   Wird sich die Zusammenarbeit nach Ihrer Einschätzung durch die Kommunalisierung verändern?

10. Wie laufen generell Entscheidungen zu Fragen der Kommunalisierung bei Ihnen ab?

11. Gibt es im Rahmen der Kommunalisierung eine Zusammenarbeit mit anderen Beteiligten außerhalb der Kreisverwaltung?
    11.1.   Wenn ja, wie sieht die Zusammenarbeit aus?

    Ggf. als Nachfrage, wenn über Zusammenarbeit berichtet wird: Gibt es eine Arbeitsgruppe, in der die beteiligten Gruppierungen zusammen arbeiten?

12. Wie schätzen sie die Zusammensetzung der Arbeitsgruppe ein?

13. Gibt es in der Arbeitsgruppe kontroverse Standpunkte? Wenn ja, welche?
14. Wie werden die Ergebnisse der Arbeitsgruppe in die Kreisverwaltung hereingetragen?

15. Hat die Arbeitsgruppe ausschließlich **Beratungsfunktionen oder Entscheidungsbe- fugnisse**?

    Wenn Entscheidungsbefugnisse ja:
    15.1. Wie wird entschieden und wie gehen Sie mit den Entscheidungen im Ar- beitsalltag um?

    Keine Entscheidungsbefugnisse:
    15.2. Wer trifft Entscheidungen, die im Zusammenhang mit der Kommunalisie- rung stehen?

    Wenn nur Beratungsfunktionen:
    15.3. Wie sehen diese aus?

16. Beurteilen Sie insgesamt, inwieweit die Arbeitsgruppe für den Umsetzungsprozess der Kommunalisierung **hilfreich oder weniger hilfreich** ist. Dazu steht eine **Skala** von 1 – gar nicht hilfreich – bis 5 – sehr hilfreich zur Verfügung.

	1 gar nicht hilfreich	2 kaum hilfreich	3 hilfreich	4 ziemlich hilfreich	5 sehr hilfreich
Arbeitsgruppe ist ...					

III. Maßnahmen, mit denen die Kommunalisierung eingeführt wird

17. Wie schätzen Sie die Rahmenvereinbarung als Grundlage für die landesweite Ein- führung der Kommunalisierung ein?
    Ggf. Nachfrage: Worin sehen Sie Chancen, worin sehen Sie Risiken?
    17.1. Geben Sie eine Einschätzung bzgl. der Rahmenvereinbarung auf der Skala von gar nicht geeignet bis sehr geeignet an.

	1 gar nicht geeignet	2 kaum geeignet	3 geeignet	4 ziemlich geeignet	5 sehr geeignet
Die Rahmen-verei ist ...					

Es sind eine Reihe von **Festlegungen** getroffen worden, welche **Maßnahmen zur Umset- zung der Kommunalisierung** eingesetzt werden sollen. Dazu gehören u.a. die

▪   die Zielvereinbarungen

- die Sozialberichterstattung
- Berichtspflichten
- die Zuwendungsverträge

Zielvereinbarung

18.   Wie sieht es mit der Zielvereinbarung aus? Ist sie bereits abgeschlossen?
       18.1. Wer war an der Erarbeitung beteiligt?
       18.2. Was kann nach Ihrer Einschätzung durch die Zielvereinbarungen erreicht werden?

Zuwendungsverträge:

19.   Haben Sie bereits vor der Kommunalisierung mit Zuwendungsverträgen gearbeitet?
       19.1. Wie weit ist die Arbeit an den **Zuwendungsverträgen** im Rahmen der Kommunalisierung fortgeschritten und wer arbeitet daran mit?
       19.2. Sind Zuwendungsverträge hilfreich für eine effektive Planung und Durchführung der sozialen Hilfen?

Berichtswesen:

20.   Gab es bisher im Verhältnis Kreisverwaltung und Maßnahmeträger Berichte jenseits von Verwendungsnachweisen?

21.   Es sind Berichtspflichten in der Rahmenvereinbarung thematisiert. Sind bereits Vereinbarungen über Berichte mit der Kreisverwaltung abgeschlossen worden? Wenn ja, wie sehen die aus?
       21.1. Wer war bzw. ist an der Erarbeitung beteiligt?
       21.2. Sind Berichte hilfreich für eine effektive Planung und Durchführung der sozialen Hilfen?

Sozialberichterstattung:

22.   In der Rahmenvereinbarung wird die Sozialberichterstattung angesprochen. Was verstehen Sie unter Sozialberichterstattung?
       22.1. Gibt es bereits Überlegungen zur Ausgestaltung der Sozialberichterstattung? Hat die Landesverwaltung Vorgaben formuliert?
       22.2. Was kann nach Ihrer Einschätzung durch die Sozialberichterstattung erreicht werden?

Sozialplanung:

23.   Auch die Sozialplanung wird in der Rahmenvereinbarung thematisiert. Gab oder gibt es vor Ort Ansätze zur Sozialplanung? Sind Sie daran beteiligt?
       23.1. Werden sich durch die Kommunalisierung Veränderungen ergeben?

24. Gibt es weitere Maßnahmen, die zur Umsetzung der Kommunalisierung eingeführt worden sind bzw. eingeführt werden sollen25. Geben Sie bitte abschließend eine Einschätzung ab, ob Sie die aufgeführten Maßnahmen als sinnvoll ansehen für eine effektive Umsetzung der Kommunalisierung oder nicht?
Geben Sie bitte zu jeder Maßnahme eine Einschätzung ab.

	1 gar nicht sinnvoll	2 kaum sinnvoll	3 sinnvoll	4 ziemlich sinnvoll	5 sehr sinnvoll
Zielver-einbarungen					
Zuwendungs-verträge					
Berichte					
Sozialbericht-erstattung					
Sozialplanung					

25. Wie haben Sie vor dem Kommunalisierungsprozess mit den Maßnahmeträgern zu-sammen-gearbeitet?

26. Wird sich darüber hinaus für die einzelnen Einrichtungen vor Ort etwas ändern?

27. Wird sich für die Empfänger sozialer Hilfen etwas ändern?

IV. Landesweite Zusammenarbeit im Kommunalisierungsprozess

29. Wie sieht aktuell die Zusammenarbeit mit dem **Sozialministerium** aus?

30. Wie sieht aktuell die Zusammenarbeit mit dem **Landkreistag/Städtetag** aus?

31. Wie sieht die Zusammenarbeit mit dem **Landeswohlfahrtsverband** aus?

32. Gibt es eine Zusammenarbeit oder Kontakte zu **Landespolitikern oder zur Kommunalpolitik**?

33. Kennen Sie die landesweit agierende Projektsteuerungsgruppe?
   Wenn Ja:
   33.1. Wie beeinflusst die Projektsteuerungsgruppe ihre Arbeit vor Ort?
      Ggf. Nachfrage: Kennen Sie die Handreichungen der Projektsteuerungsgruppe?

34. Gibt es **andere Gremien**, mit denen Sie in Kommunalisierungsfragen zusammenar-beiten? (vor Ort und landesweit)

35. Geben Sie bitte eine Einschätzung ab, inwieweit die Zusammenarbeit hilfreich für Ihre Arbeit ist. Dazu steht eine Skala von 1 (nicht hilfreich) bis 5 (sehr hilfreich) zur Verfügung!

	0 keine stützung	1 nicht hilfreich	2 wenig hilfreich	3 hilfreich	4 ziemlich hilfreich	5 sehr hilfreich
Sozial-ministerium						
Landkreistag/ Städtetag						
Landes-wohlfahrts-verband						
Kommunal-politik/er						
Landespolitik/er						
Projekt-steuerungs-gruppe						

V. Blick in die Zukunft

36. Welche Bedingungen sind Ihres Erachtens **förderlich** oder **hinderlich** für die Umsetzung der Kommunalisierung?

37. Wie wird sich das Kommunalisierungsprojekt aus Ihrer Sicht und mit Blick auf Ihren Arbeits-bereich in Zukunft entwickel

11.2 Leitfaden Interviewphase II - VertreterInnen der Kreisverwaltung -

1. Die Zielvereinbarungen sind inzwischen abgeschlossen. Was ist Ihrer Einschätzung nach durch die Zielvereinbarungen erreicht worden?

    Geben Sie bitte eine Einschätzung ab, ob Sie die Zielvereinbarung als sinnvoll ansehen für eine effektive Umsetzung der Kommunalisierung oder nicht?

	1 gar nicht sinnvoll	2 kaum sinnvoll	3 teils/ teils	4 sinnvoll	5 sehr sinnvoll
Zielvereinbarungen					

2. Die Zuwendungsverträge sind inzwischen ebenfalls abgeschlossen. Entspricht der Inhalt der Verträge Ihren Erwartungen und Bedürfnissen?

    Geben Sie bitte eine Einschätzung ab, ob Sie die Zuwendungsverträge als sinnvoll ansehen für eine effektive Umsetzung der Kommunalisierung oder nicht?

	1 gar nicht sinnvoll	2 kaum sinnvoll	3 teils/ teils	4 sinnvoll	5 sehr sinnvoll
Zuwendungs- verträge					

3. Wie zufrieden sind Sie mit dem aktuellen Stand bei der Erarbeitung des Berichtswesens?

4. Was halten Sie grundsätzlich vom Berichtswesen?

    Geben Sie bitte eine Einschätzung ab, ob Sie das Berichtswesen als sinnvoll ansehen für eine effektive Umsetzung der Kommunalisierung oder nicht?

	1 gar nicht sinnvoll	2 kaum sinnvoll	3 teils/ teils	4 sinnvoll	5 sehr sinnvoll
Berichte					

5. Wie weit sind die Überlegungen und Vorarbeiten zur Sozialberichterstattung voran geschritten?

6. Was halten Sie grundsätzlich von der Sozialberichterstattung?

    Geben Sie bitte eine Einschätzung ab, ob Sie die aufgeführten Maßnahmen als sinnvoll ansehen für eine effektive Umsetzung der Kommunalisierung oder nicht?

	1 gar nicht sinnvoll	2 kaum sinnvoll	3 teils/ teils	4 sinnvoll	5 sehr sinn- voll
Sozialbericht-erstattung					

7. Ist Sozialplanung im Rahmen des Kommunalisierungsprozesses eingeführt bzw. weiterentwickelt worden?

8. Was halten Sie von Sozialplanung?

Geben Sie bitte eine Einschätzung ab, ob Sie die Sozialplanung als sinnvoll ansehen für eine effektive Umsetzung der Kommunalisierung oder nicht?

	1 gar nicht sinnvoll	2 kaum sinnvoll	3 teils/ teils	4 sinnvoll	5 sehr sinnvoll
Sozialplanung					

9. Welche Aufgaben hat Ihrer Meinung nach die Landesebene im Kommunalisierungs-prozess?

10. Wie bewerten Sie die Zusammenarbeit in der Steuerungsgruppe?

Beurteilen Sie insgesamt, inwieweit die Arbeitsgruppe für den Umsetzungsprozess der Kommunalisierung **hilfreich oder weniger hilfreich** ist. Dazu steht eine **Skala** von 1 – gar nicht hilfreich – bis 5 – sehr hilfreich zur Verfügung.

	1 gar nicht hilfreich	2 kaum hilfreich	3 teils/ teils	4 hilfreich	5 sehr hilfreich
Arbeitsgruppe ist ..					

11. Welche Arbeitskontakte sind für Sie jenseits der Steuerungsgruppe auf lokaler Ebene besonders wichtig?

12. Mit welchen Stellen arbeiten Sie auf überregionaler Ebene zusammen? Wie bewerten Sie die Zusammenarbeit?

13. Wenn Sie eine Zwischenbilanz ziehen: Wie bewerten Sie zusammenfassend den Stand der Dinge beim Kommunalisierungsprozess vor Ort?

14. Welche Erwartungen und Wünsche haben Sie in Bezug auf die Weiterentwicklung des Kommunalisierungsprojektes?

11.3 Beobachtungsleitfaden; Issue-Netzwerken

1.   Inhaltliche Fragen
Thema:

1.	**Aspekt/Unterthema:** Welcher Aspekt des Themas wurde behandelt?	
2.	**Arbeitspapiere, bestehende Regelungen usw.:** Gab es in der Diskussion Hinweise, auf welche Dokumente in der Diskussion Rückgriff genommen wurde?	
3.	**Bestehende Strukturen/Status quo:**	
5.	**Wortbeiträge:** Wer hat in der Diskussion welche Standpunkte vertreten? Wie wurde diskutiert? Dominierte eine Organisation die Diskussion? Oder waren alle beteiligt?	
6.	**Beschlüsse:** Welche Beschlüsse wurden zu diesem Thema in der Diskussion gefasst? Welche Maßnahmen wurden vereinbart? Oder: Wurde die Problemlösung zu dem behandelten Aspekt vertagt?	
7.	**Problemlösung:** Woran orientiert sich die Problemlösung? An Fachgesichtspunkten? Am bestehenden Recht? An Wirtschaftlichkeit? An den Bedürfnissen der Klientel?	
8.	**Schnittstellen/Weiterver-mittlung:** Welche anderen Stellen müssen in die beschlossenen Maßnahmen einbezogen werden? Wie soll das geschehen? Warum muss diese Stelle einbezogen werden?	
9.	**Entscheidungsmodus:**	

2. Auswertung der Diskussion im Netzwerk

	1	2	3	4	5		0 keine Angabe
Die Diskussion verlief unsachlich.						Die Diskussion verlief sachlich.	
Die Arbeitsatmosphäre machte einen sachlichen Austausch schwierig.						Die Arbeits-atmosphäre war produktiv.	
Die Diskussion verläuft unstrukturiert.						Die Diskussion verläuft strukturiert.	
Problemlösungen geraten aus dem Blick, da keine Einigung über einen Aushandlungs-modus erreicht werden kann.						Die Diskussion ist problem-lösungs-orientiert.	
Die Unterschiedlichkeit der Standpunkte konte kommunikativ nicht ausgetauscht werden.						Ein Gespräch über unterschiedliche Standpunkte war möglich.	
Die Teilnehmer beharrten auf ihren jeweiligen Standpunkten.						Die unterschiedlichen Standpunkte der Teilnehmer gleichen sich im Laufe der Diskussion an.	
Einzelne Wortführer bestimmen den Diskussionsprozess (Person/Organisation) _____						Die überwiegende Anzahl der Mitglieder ist in den Diskussions-prozess eingebunden	
Der Verhandlungsstil war durch „Verhandeln" geprägt.						Der Verhandlungsstil war durch „Argumentieren" geprägt.	
Eine Organisation setzte ihre Interessen durch.						Es fand eine Interessenabwägung statt.	

11.4 Rahmenvereinbarung über die Grundsätze der Neustrukturierung und Kommunalisierung der Förderung sozialer Hilfen in Hessen

Rahmenvereinbarung

zwischen dem Land
Hessen
vertreten durch die Hessische Sozialministerin,

und dem Hessischen Landkreistag, dem Hessischen Städtetag, dem Landeswohlfahrtsverband Hessen und der Liga der Freien Wohlfahrtspflege in Hessen über die Grundsätze der Neustrukturierung und Kommunalisierung der Förderung sozialer Hilfen in Hessen

Geleitet von dem Grundsatz, eine auf gemeinsamen Grundlagen basierende Neustrukturierung und Kommunalisierung der Förderung sozialer Hilfen zu entwickeln, kommen die Vertragspartner wie folgt überein:

Bürgernahe, niedrigschwellige und kompetente Hilfe in sozialen Problemlagen und Konfliktsituationen sowie Prävention sind grundlegende Beiträge zum Erhalt einer sozialen Infrastruktur in Hessen. Durch die Umstellung der Förderung sollen die Voraussetzungen für wirksamere und konsequentere, an den Bedürfnissen der Menschen ausgerichtete Angebote geschaffen werden. Künftig soll es möglich sein, die sozialen Hilfen vor Ort noch stärker orientiert an den jeweiligen Lebenslagen der Menschen zu gestalten. Gleichzeitig wird eine effektivere Steuerung des Einsatzes der vorhandenen Mittel angestrebt. Die kommunale Planungs- und Handlungsfähigkeit sollen durch die Konzentration der Förderung auf die kommunale Ebene gestärkt und die Grundlagen für eine zukunftsichernde Infrastruktur geschaffen werden.

Die bedarfsgerechte Planung und Sicherstellung der örtlichen sozialen Infrastruktur obliegt – unbeschadet der Verantwortung von Land und Bund – in erster Linie den Kommunen. Diese haben sowohl für die lokale Steuerung als auch für die bedarfsgerechte Versorgung bzw. Aufgabenlösung jeweils spezifische partizipative Sozialplanungsgremien. In diesen Gremien werden die fachlichen Beratungen zwischen den Trägern, den Nutzern, der Sozialverwaltung und den politisch Verantwortlichen geführt.

Unabhängig davon sind die Sicherung der bedarfsgerechten und fachlichen Weiterentwicklung, die Gewährleistung landesweit vergleichbarer Versorgungs- und Lebenssituationen sowie die Organisation der Aufgaben und Angebote, die überregional effektiver realisiert werden können, nach wie vor genuine Aufgaben des Landes.

Die kontinuierliche, fachliche und partnerschaftliche Zusammenarbeit zwischen dem Sozialministerium, den Vertretern der kommunalen Spitzenverbände, dem Landeswohlfahrtsverband Hessen und der Liga der Freien Wohlfahrtspflege ist tragendes Element der Neustrukturierung und Kommunalisierung des Förderwesens.
Entsprechendes gilt für die fachliche Kooperation zwischen den Fachämtern, den Maßnahmeträgern und den eingerichteten Ortsligen vor Ort.

Protokollnotiz: Die Vereinbarungspartner sind sich darüber einig, dass die generelle sozialpolitische Gestaltungsfunktion und Verantwortung des Landes Hessen im Rahmen seiner Zuständigkeit durch diese Vereinbarung nicht berührt werden.

§ 1
Geltungsbereich

(1) Gegenstand dieser Rahmenvereinbarung sind örtlich organisierte soziale Hilfen zum / zur

a)   Schutz vor Gewalt

b)   Suchtprävention und Suchthilfe

c)   ambulanten Versorgung von Menschen mit Behinderungen und ihren Familien

d)   Stärkung des Gemeinwesens

e)   Prävention und Beratung im Gesundheitswesen

sowie weitere nach § 2 bestimmte Bereiche.

(2) Die im Geltungsbereich dieser Rahmenvereinbarung bisher geltenden Richtlinien des Landes gemäß Anlage 1 werden aufgehoben; gleichzeitig soll die kommunale Planung in Abstimmung mit den fachlichen Zielen des Landes gestärkt werden.
Für die in § 1 Abs. 1 benannten Gegenstände des Geltungsbereichs gelten die in der Anlage 2 aufgeführten sozialpolitischen Rahmen- und Qualitätsziele des Landes Hessen, soweit Mittel des Landes gemäß Anlage 2 eingesetzt werden.

Anstelle der bisherigen Zuwendungen an einzelne Maßnahmeträger stellt das Sozialministerium die im Landeshaushaltsplan vorgesehenen Haushaltsmittel den Gebietskörperschaften, die örtliche Träger der Sozialhilfe, Jugendhilfe und der Gesundheitsversorgung sind (im folgenden Gebietskörperschaften genannt), in Form eines Gesamtbudgets zur Verfügung. Das Gesamtbudget beträgt mindestens 13 Mio. Euro pro Jahr für die Jahre 2005 bis 2008.

(3) Die zu Beginn der landesweiten Neustrukturierung und Kommunalisierung im Jahre 2005 jeder Gebietskörperschaft für die Maßnahmen nach Abs. 1 zustehenden Mittel

werden auf der Grundlage der im Vorjahr vom Land erhaltenen Zuwendungen aus den Landesprogrammen gemäß Anlage 3 zu dem örtlichen Budget zusammengefasst. Das Gesamtbudget wird den Gebietskörperschaften als örtliches Budget gemäß Anlage 4 zur Verfügung gestellt.

(4) Um Kostensteigerungen aufzufangen und Bedarfsänderungen Rechnung zu tragen, wächst das Gesamtbudget um jährlich 2% bis einschließlich 2008. Die Verteilung des Zuwachsbetrages auf die örtlichen Gesamtbudgets wird jährlich von den Vertragspartnern auf Grundlage der gemeinsam zu entwickelnden einheitlichen Sozialberichterstattung vorgenommen.
Die überregionale Vernetzung und die gemeinsame Planung und Förderung von sozialen Hilfen für das Gebiet mehrerer Gebietskörperschaften als Basis für die Bildung von Regionalbudgets ist anzustreben, wenn es aus fachlichen Gesichtspunkten angemessen und notwendig erscheint.

(5) Das Budget für jede Gebietskörperschaft wird auf der Grundlage dieser Rahmenvereinbarung, deren Regelungen durch die Anfügung an den jeweiligen Zuwendungsbescheid als besondere Nebenbestimmungen verbindlich werden, durch die zuständige Stelle des Landes ausgezahlt.
Die Mittel im Rahmen der örtlichen Budgets werden in Raten jeweils vierteljährlich zum 15. Februar, 15. Mai, 15. August und 15. November ausgezahlt.

(6) Die nicht in einem Haushaltsjahr verwendeten Landesmittel verbleiben bei der Gebietskörperschaft und können im Folgejahr zusätzlich für den Förderbereich nach Abs. 1 eingesetzt werden.

(7) Bei Festlegung eines neuen Gesamtbudgets nach Ablauf der Festschreibungsperiode des Gesamtbudgets nehmen die Vertragspartner die Verteilung auf örtliche Budgets gemeinsam auf der Grundlage der Sozialberichterstattung nach § 4 vor.

Protokollnotiz: Die Vertragspartner sind sich darüber einig, dass die Mittel gemäß §1 Abs. 2 der Vereinbarung dauerhaft als originäre Landesmittel eingestellt bleiben und auch künftig nicht über den Kommunalen Finanzausgleich oder zu Lasten des Kommunalen Finanzausgleichs abgewickelt werden (Die Rechte des Hessischen Landtags bleiben hiervon unberührt.). Die Vereinbarung tritt außer Kraft, wenn die finanziellen Voraussetzungen nicht mehr gegeben sind.

§ 2
Fortentwicklung des Geltungsbereiches

Die Vertragspartner sind sich einig, dass der Geltungsbereich der Vereinbarung sukzessive ausgeweitet werden soll. Dabei können sowohl bestehende Landesprogramme in das Verfahren einbezogen werden, als auch die Zielsetzungen und Mittelausstattung nach § 1 erweitert werden. Die Erarbeitung entsprechender Vorschläge obliegt den Vereinbarungspartnern. Für zusätzliche Mittel, die während der Festschreibungsperiode des Gesamtbudgets in das Budget aufgenommen werden, werden einheitlich geltende am regionalen Bedarf orientierte Verteilungskriterien für die Ermittlung der jeweiligen örtlichen Gesamtbudgets zwischen dem Land, den kommunalen Spitzenverbänden, dem Landeswohlfahrtsverband Hessen und der Liga der Freien Wohlfahrtspflege einvernehmlich erarbeitet.

§ 3
Zielvereinbarung und Steuerung der Mittelverwendung

(1) Das Land schließt mit jeder Gebietskörperschaft regelmäßig dem Bedarf entsprechend, mindestens jedoch alle 2 Jahre, eine Zielvereinbarung über die Verwendung des örtlichen Budgets ab. Die Zielvereinbarungen enthalten für den in § 1 und gemäß § 2 dieser Vereinbarung festgelegten Geltungsbereich
- Ausgangslage (bestehende Strukturen)
- konkretisierende Aufgaben im Sinne der §§ 4, 5
- aufgabenspezifische Kennziffern zur Analyse der Wirksamkeit der eingesetzten Mittel
- Qualitätsziele
- die Höhe der Landesmittel
- die Höhe der kommunalen Kofinanzierung

(2) Die Gebietskörperschaften berichten dem Sozialministerium jährlich über die Erfüllung der Zielvereinbarung.

(3) Landesmittel, die ohne Einverständnis des Sozialministeriums für andere als die in der Zielvereinbarung festgelegten Zwecke verwendet wurden, werden in voller Höhe an das Land Hessen zurückerstattet.

§ 4
Qualitätsentwicklung und -sicherung, landesweite Sozialberichterstattung

(1) Zwischen den Vertragspartnern besteht Einvernehmen, dass die Umsetzung des neuen Förderverfahrens ein Prozess ist, der der kontinuierlichen fachlichen Reflexion im Sinne der Zielerreichung und der Optimierung und Weiterentwicklung bedarf.
Für diese gemeinsame fachliche Reflexion entwickeln die Partner Verfahren, die sowohl die gemeinsame fachliche Reflexion auf der Ebene der Gebietskörperschaften sichern als auch die landesweite Auswertung und ggf. Anpassung.
Gegenstand und Grundlage dieser Reflexion sind die Zielvereinbarungen mit den Gebietskörperschaften und die Berichterstattung.

(2) Die vom Land in Zusammenarbeit mit den Vertragsparteien entwickelte Sozialberichterstattung dient dem Ziel, die soziale Infrastruktur, Bedarfe und deren Veränderung zu erkennen und die Wirksamkeit und Zielgenauigkeit sozialer Hilfen anhand dessen zu überprüfen. Ergebnisse der Sozialberichterstattung werden allen Vertragspartnern zur Verfügung gestellt und gemeinsam ausgewertet. Sie dienen als eine Basis für die kontinuierliche Sozialplanung des Landes und der Kommunen.

(3) Die Entwicklung einer landesweit einheitlichen Sozialberichterstattung wird von den Verhandlungspartnern als dauerhafter Prozess verstanden und im Rahmen der Vereinbarung ständig weiterentwickelt. Die Entwicklung der Sozialberichterstattung wird von den Vertragsparteien gemeinsam gestaltet. Die Liga der Freien Wohlfahrtspflege in Hessen bringt ihre Kenntnisse in Rückkopplung mit den Ortsligen kontinuierlich ein.

Protokollnotiz: Die Vertragspartner sind sich darüber einig, dass enge Standards und umfangreiche Berichtspflichten zu vermeiden sind.

§ 5
Kommunale Planung

(1) Die Gebietskörperschaften führen in den zuständigen Gremien unter Beteiligung der Ortsligen eine kontinuierliche kommunale Sozialplanung durch.

(2) Die kommunale Sozialplanung erfolgt bedarfs-, beteiligungs- und ressourcenorientiert. Der Bedarf soll sich an den lokal oder regional feststellbaren Bedürfnissen der Menschen orientieren. Das Sozialministerium bietet den Gebietskörperschaften fachliche Beratung bei deren kommunalen Planungsprozessen an.

(3) Die Trägerpluralität und Subsidiarität der Angebote und Maßnahmen im sozialen Bereich sowie Wunsch- und Wahlrecht der Betroffenen sind von den Gebietskörperschaften zu wahren und zu fördern. Eine Bevorzugung einzelner Träger oder ihrer Verbände in Bezug auf die Gesamtheit der Förderschwerpunkte nach § 1 widerspricht dem Grundprinzip der offenen und partnerschaftlichen Zusammenarbeit mit allen Trägern sozialer Dienste.

§ 6
Verträge mit Anbietern sozialer Hilfen; Öffentlichkeitsarbeit

(1) Die Gebietskörperschaften schließen mit den Anbietern sozialer Hilfen in ihrem Zuständigkeitsbereich Zuwendungsverträge ab.

(2) Die Vereinbarungen sollen folgende Verpflichtungen der Anbieter beinhalten:
   a) Regelungen zur regionalen und inhaltlichen Aufgabenwahrnehmung,
   b) Durchführung von Maßnahmen der Qualitätsentwicklung und -sicherung,
   c) Übernahme von Versorgungsverantwortlichkeit für einen definierten Bereich im Rahmen der Kapazitäten des Trägers,
   d) Minimierung von Wartezeiten, klientelorientierte Mindestöffnungszeiten, Einhaltung einer telefonischen Erreichbarkeit und Beteiligung an Notfalldiensten in Kooperation mit anderen Anbieter,
   e) Optimierung der Erreichbarkeit der Angebote durch niedrigschwellige Gestaltung der Zugangsvoraussetzungen (z.B. auch aufsuchende Arbeit),
   f) Höhe der Overheadkosten,
   g) aktive Beteiligung an einheitlicher Dokumentation und Evaluation,

h)   aktive Beteiligung an Controlling / Berichtswesen,
i)   Einhaltung fachlicher Standards und Empfehlungen,
j)   Kooperation mit anderen Anbietern,
k)   Aufbewahrung der Originalbelege für die Dauer von 5 Jahren.

(3) Über die Inhalte des Zuwendungsvertrages vereinbaren die Vertragsparteien einen Mustervertrag.

(4) Der jeweilige Förderanteil des Landes ist in den Verträgen nach Abs. 1 entsprechend auszuweisen.

(5) Das Land ist bei entsprechenden Veröffentlichungen der Gebietskörperschaften und Maßnahmeträger in angemessener Form als Förderer zu erwähnen. Über Öffentlichkeitstermine im Rahmen der Förderung einer sozialen Maßnahme ist das Land von der Gebietskörperschaft entsprechend vorab zu unterrichten.

§ 7
Prüfungsrechte des Hessischen Rechnungshofes

(1) Die Prüfungsrechte des Hessischen Rechnungshofes gegenüber den Gebietskörperschaften bestimmen sich nach § 91 LHO.

(2) Die Gebietskörperschaften sind verpflichtet, in jede Vereinbarung mit Anbietern nach § 6, die auch Mittel des Landes zum Gegenstand hat, die Bestimmung aufzunehmen, dass der Hessische Rechnungshof berechtigt ist, auch bei dem jeweiligen Anbieter sozialer Hilfen nach § 91 LHO zu prüfen.

§ 8
Einführungsphase

(1) Die Einführungsphase beginnt am 1. Januar 2005 und endet am 31. Dezember 2005. Die Grundlagen der Förderung für die Landesprogramme nach Anlage 3 sowie die Richtlinien nach Anlage 1 finden in dieser Zeit weiterhin Anwendung mit folgenden Besonderheiten:
1.   Anträge mit Finanzierungsplänen werden der zuständigen Bewilligungsbehörde über den Landkreis / die kreisfreie Stadt oder direkt zugeleitet.
2.   Die Zuwendungsbescheide werden über den Landkreis / die kreisfreie Stadt an die Zuwendungsempfänger weiter geleitet.
3.   Der Abruf der Landesmittel bei den zuständigen Bewilligungsbehörden erfolgt durch die Träger über den Landkreis / die kreisfreie Stadt. Dabei sind die Einverständniserklärungen beizufügen.
4.   Die Auszahlung der Zuwendungen des Landes wird direkt an den Zuwendungsempfänger vorgenommen.
5.   Der Verwendungsnachweis wird von dem Landkreis / der kreisfreien Stadt vorgeprüft und an die zuständige Landesdienststelle übersandt. Diese prüft den Verwendungsnachweis endgültig.

6. Die Zuwendungsempfänger sind in den Zuwendungsbescheiden auf die Umstellung der Förderung ab dem Jahr 2006 und auf diese Vereinbarung hinzuweisen. Die Zuwendungsempfänger sind darauf aufmerksam zu machen, dass keine Ansprüche auf die Höhe der Förderung im Jahr 2006 und folgende wie im laufenden Jahr bestehen.

(2) Das Land erklärt sich bereit, die vorgenannten Übergangsregelungen in den Förderbescheid aufzunehmen.

(3) Abweichend von Abs. 1 bis 3 gelten für die am Modellversuch zur Neustrukturierung der Förderung sozialer Hilfen teilnehmenden Gebietskörperschaften die Bedingungen der Vereinbarung über den Modellversuch zur Neustrukturierung der Förderung sozialer Hilfen im Landkreis Groß-Gerau / in der Stadt Kassel vom März / April 2000 für die Dauer der Einführungsphase weiter.

(4) Land und Gebietskörperschaften schließen bis zum 31. Oktober 2005 die Zielvereinbarungen nach § 3 ab.

(5) Die Vertragspartner nutzen die Einführungsphase für die Entwicklung der Sozialberichterstattung nach § 4.

§ 9
Mittel des Landeswohlfahrtsverbandes Hessen

(1) Die Regelungen dieses Paragrafen beziehen sich auf den Einsatz von Mitteln des Landeswohlfahrtsverbandes Hessen (LWV). Soweit hier keine abweichenden Regelungen getroffen sind, gelten die übrigen Paragrafen dieser Rahmenvereinbarung.

(2) Anstelle der gegenwärtigen Zuwendungen für örtlich organisierte soziale Hilfen an einzelne Maßnahmeträger leistet der LWV Hessen im Rahmen verfügbarer Haushaltsmittel ab 2006 Zuwendungen an die örtlichen Träger der Sozialhilfe für die in ihrem Bereich angebotenen Leistungen zur „ allgemeinen Frühförderung behinderter und von Behinderung bedrohter Kinder im Vorschulalter" sowie „Offene Hilfen zur Eingliederung von Menschen mit Behinderungen und ihren Familien".

(3) Die vom LWV Hessen eingesetzten Mittel betreffen die ambulante Versorgung von Menschen mit Behinderungen und ihren Familien gemäß § 1 Abs. 1 Ziffer c) dieser Rahmenvereinbarung. Sie unterstützen den örtlichen Träger der Sozialhilfe gezielt in derUmsetzung des gesetzlichen Auftrags und der Zielsetzung der Leistungen zur Teilhabe am Leben in der Gemeinschaft nach dem SGB IX und SGB XII (§§ 53 ff), insbesondere um

- eine drohende Behinderung zu verhüten oder eine Behinderung bzw. deren Folgen zu beseitigen und den Menschen mit Behinderung in die Gesellschaft einzugliedern,
- die Leistungen soweit wie möglich außerhalb von stationären Einrichtungen zu erbringen.

Das Nähere wird in Zielvereinbarungen geregelt. Die Zielvereinbarungen werden für die hier genannten Bereiche gemeinsam zwischen dem Land, den Kommunen und dem LWV Hessen abgeschlossen. Die Berichterstattung über die Erfüllung der Zielvereinbarung erfolgt für diese Bereiche sowohl an das Land als auch an den LWV Hessen.

(4) Die Aufteilung der Zuwendungen für die im Abs. 2 Satz 1 genannten Förderbereiche auf die örtlichen Träger der Sozialhilfe erfolgt gemäß den tatsächlichen Bewilligungen in 2005. Die Höhe der Gesamtzuwendung stellt der LWV Hessen nach Maßgabe der im Haushalt des LWV Hessen verfügbaren Mittel ab 2006 jährlich neu fest: Die Anpassung der örtlichen Budgets an die Höhe der Gesamtzuwendung erfolgt anteilsmäßig. Die Höhe der Zuwendungen des LWV und deren Aufteilung auf die Kommunen werden vom LWV mitgeteilt und per Zuwendungsbescheid zur Verfügung gestellt. Die jeweiligen Teilbudgets für die beiden Förderbereiche sind nicht gegenseitig deckungsfähig. Eine Bindung für die Folgejahre und eine Dynamisierung entfällt.

(5) Die Auszahlung durch den LWV Hessen erfolgt in drei Raten. Zum 15. Mai und 15. August erfolgt jeweils eine Abschlagszahlung auf das vorläufige Jahresbudget. Zum 15. November erfolgt die Restzahlung mit Bewilligung des örtlichen Budgets, sofern der Träger der Sozialhilfe fristgerecht seinen Verpflichtungen aus der Bewilligung des Vorjahres nachgekommen ist. Die nicht in einem Haushaltsjahr verwendeten Mittel des LWV Hessen verbleiben bei dem örtlichen Träger der Sozialhilfe und können im Folgejahr zusätzlich für den jeweiligen Förderbereich eingesetzt werden. Der örtliche Träger der Sozialhilfe zeigt für das Haushaltsjahr den nicht verwendeten Betrag und den Förderbereich dem LWV Hessen mit Vorlage des Nachweises über die Verwendung der Mittel an.

(6) Mittel des LWV Hessen, die für andere als die in der Zielvereinbarung für diese Mittel festgelegten Zwecke eingesetzt werden, werden in voller Höhe an den LWV Hessen zurückerstattet. Analog § 7 ist das Prüfungsrecht durch das Rechnungsprüfungsamt des LWV Hessen bei Weiterleitung der Mittel des LWV Hessen durch den örtlichen Träger der Sozialhilfe zu beachten.

(7) Für die Dauer der Einführungsphase nach § 8 dieser Rahmenvereinbarung (01.01. bis 31.12.2005) werden Anträge zu den beiden Förderprogrammen nach Abs. 2 Satz 1 für die Mittel des LWV Hessen einschließlich der vom Land Hessen für diese Förderbereiche bereitgestellten Mittel nach dem bisherigen Verfahren direkt beim LWV Hessen gestellt und abgewickelt. § 8 Abs. 3 gilt für die Mittel des LWV Hessen analog.

§ 10
Beitrittsverfahren

Die örtlichen Träger der Sozialhilfe erklären ihren Beitritt zu dieser Vereinbarung gegenüber ihrem kommunalen Spitzenverband. Dieser leitet die Beitrittserklärung an das Hessische Sozialministerium weiter. Die Kommunalen Spitzenverbände Hessischer Landkreistag und Hessischer Städtetag leiten das Beitrittsverfahren umgehend nach Unterzeichnung des Vertrages ein.

§11
ln-Kraft-Treten, Kündigung

(1) Diese Vereinbarung tritt am 1. Januar 2005, vorbehaltlich der haushaltsrechtlichen Zustimmung des Hessischen Landtags, in Kraft.

(2) Die Rahmenvereinbarung kann mit einer Frist von sechs Monaten zum Jahresende durch einen Vertragspartner gekündigt werden, frühestens jedoch zum 31. Dezember 2008.

Wiesbaden, den 14. Dezember 2004

Silke Lautenschläger
Hessische Sozialministerin

Dr. Hejo Manderscheid
Vorsitzender
Liga der Freien
Wohlfahrtspflege in Hessen

Dr. Hans-Peter Röther
Direktor Hessischer
Landkreistag

Dieter Schlempp
Geschäftsführender Direktor
Hessischer Städtetag

Lutz Bauer
Landesdirektor
Landeswohlfahrstverband
Hessen

Uwe Brückmann
Erster Beigeordneter
Landeswohlfahrtsverband
Hessen

Anlage 1 zur Rahmenvereinbarung über die Grundsätze der Neustrukturierung und Kommunalisierung der Förderung sozialer Hilfen in Hessen

Fach- und Fördergrundsätze, die zum 1. Januar 2006 außer Kraft treten:

1. Fach- und Fördergrundsätze für die Förderung von Suchthilfemaßnahmen vom 11. Februar 2002 (StAnz. 8/2002 S. 872)

2. Fach- und Fördergrundsätze für die Förderung von Sozialen Einrichtungen für Frauen vom 28. Januar 2002 (StAnz. 7/2002 S. 774)

3. Fach- und Fördergrundsätze für die Förderung von Maßnahmen der Aids-Beratung und Aids-Prävention vom 28. Januar 2002 (StAnz. 7/2002 S. 776), soweit sich die-

se nicht auf die Zuwendung an die Aids-Hilfe - Landesverband Hessen – beziehen.

4.   Fachliche Empfehlungen für Mütterzentren in Hessen vom November 2001

5.   „Gesonderte Hinweise" für „Offene Hilfen zur Eingliederung für Menschen mit Behinderung" vom 18.01.1994, soweit sie sich nicht auf überregional organisierte Hilfen beziehen.

6.   Fachliche Handlungsanweisungen für die Frühförderung behinderter und von Behinderung bedrohter sowie entwicklungsgefährdeter oder entwicklungsverzögerter Kinder vom 15. Februar 1995 (StAnz. 11/1995 S. 883), soweit diese die allgemeine Frühförderung betreffen.

Anlage 2 zur Rahmenvereinbarung über die Grundsätze der Neustrukturierung und Kommunalisierung der Förderung sozialer Hilfen in Hessen

Sozialpolitische Rahmen- und Qualitätsziele des Landes Hessen

Die nachfolgenden sozialpolitischen Rahmen- und Qualitätsziele sind Grundlage

* für abgestimmte ziel- und wirkungsorientierte Sozialplanungsprozesse zwischen Land, Kommune und Trägerverbänden
* für die fachliche Konkretisierung der jeweiligen Politikfelder und für die Berichterstattung der Kommunen

A. Sozialpolitische Rahmenziele

1.   Bedarfsgerechte Strukturentwicklung sicherstellen
2.   Vernetzte Angebotsstrukturen herstellen
3.   Hilfe zur Selbsthilfe gewährleisten
4.   Soziale und ökonomische Integration durchsetzen/sicherstellen
5.   Vereinbarkeit von Familie und Beruf verbessern
6.   Stärkung des sozialen Miteinanders fördern
7.   Beteiligung/Partizipation sicherstellen/gewährleisten

B. Qualitätsziele

1.   Nutzung vorhandener Ressourcen
2.   Lebenswelt – Orientierung
3.   Fachprofessionelle Leitung und Durchführung

4. Auch bei ehrenamtlichem Engagement fachliche Unterstützung hauptamtlich
5. Geschlechtsspezifische (Gender) Ausrichtung
6. Niederschwelligkeit

C. Merkmale zur Überprüfung der Rahmenziele

1. Konnte eine bedarfsgerechte Versorgung erreicht werden? Wenn ja, wie? Was hat sich zum Ausgangspunkt verändert?
2. Welche fachlichen Beobachtungen wurden gemacht?
3. Welche Empfehlungen für die Weiterentwicklung ergeben sich?
4. Wie wird die Kooperation zwischen Land, LWV, Kommune/Kreis und Trägern von den Vertragspartnern eingeschätzt?

Die 3 Kategorien (A, B, C) der Rahmen- und Qualitätsziele sind ein allgemeiner Orientierungsrahmen, der sich sowohl in den fachlichen Schwerpunkten/Ziele des Landes als auch in den Zielvereinbarungen der Kreise/Kommunen wieder finden muss.

In den nachfolgenden fachlichen Schwerpunktzielen des Landes werden die Rahmenvorgaben zum Zeitpunkt des Vertragsabschlusses benannt. Insofern stellen sie den Status Quo zum Start der Umsetzung aus Landessicht dar.

Durch die Veränderung des Förderverfahrens im Sinne einer stärkeren Ziel- und Wirkungsorientie- rung und im Hinblick auf abgestimmte und vernetzte Versorgung wird aber sowohl auf der Landesene als auch auf der Kreis- und kommunalen Ebene zu neuen Erkenntnissen und möglicherweise zu veränderten Vorgaben kommen.

Um diesen Weg eines lernenden Systems gemeinsam zu gestalten, entwickeln die Vertragspartner ein Verfahren, das die regelmäßige gemeinsame fachliche Reflexion sowohl auf Kreis- und kommunaler Ebene und darauf aufbauend auf Landesebene sicherstellt.

Fachliche Schwerpunktziele des Landes Hessen zu Beginn des Kommunalisierungsprozesses

- Stärkung des bürgerschaftlichen Engagements im Betreuungswesen.
- Stärkung des bürgerschaftlichen Engagements im Bereich der Familienselbsthilfe.
- Stärkung des örtlichen Gemeinwesens mit dem Ziel der sozialen Stabilisation und integrativen Wirkung.
- Beseitigung von sprachlichen Integrationshemmnissen.
- Stärkung der Selbsthilfe, insbesondere im Gesundheitswesen.
- Erhöhung der Transparenz im Selbsthilfebereich.

- Abbau gewaltgeprägter Familienverhältnisse und Vermeidung von Unterbringungsfällen.
- Bedarfsdeckendes Angebot an Notfallunterbringung in Fällen von häuslicher Gewalt.
- Schutz von Kindern vor Gewalt und Missbrauch.
- Schaffung eines flächendeckenden Hilfesystems für missbrauchte Mädchen und Jungen.
- Vermeidung von HIV-Übertragung.
- Hilfe für Menschen mit HIV und AIDS und Verbesserung der sozialen Stabilisation und Integration.
- Schaffung eines flächendeckenden multiprofessionellen und niedrigschwelligen Beratungsangebots für Familien behinderter und von Behinderung bedrohter Kinder.
- Aufstellung interdisziplinär abgestimmter Förder- und Behandlungspläne für jedes behinderte oder von Behinderung bedrohte Kind in Hessen unter Einbeziehung aller Fachprofessionen.
- Stärkung der Rolle von Kinderbetreuungseinrichtungen in der Erkennung und von Beeinträchtigungen in der frühkindlichen Entwicklung und als Interventionsfeld.
- Bereitstellung eines möglichst flächendeckenden Angebots an Beratung und Hilfen zur Bewältigung des Lebensalltags für Menschen mit Behinderungen und ihre Angehörigen.
- Verhinderung und Verringerung von Drogenmissbrauch sowie stoffgebundener und nichtstoffgebundener Abhängigkeiten.
- Rehabilitation und soziale Integration Abhängiger.

Anlage 3 zur Rahmenvereinbarung über die Grundsätze der Neustrukturierung und Kommunalisierung der Förderung sozialer Hilfen in Hessen

Folgende 13 Landesprogramme fließen in die Kommunalisierung ein:

1. Zuschüsse an Betreuungsvereine und -verbände

2. Schutz von Frauen

3. Förderung von Frauenhäusern

4. Zuwendungen für Maßnahmen der allgemeinen Frühförderung Behinderter

5. Zuschüsse für familienentlastende Maßnahmen im Behindertenbereich

6. Zuschüsse für Mütterzentren

7. Zuschüsse zur Förderung von Projekten „Gegen Gewalt an Mädchen und Jungen"

8. Zuschüsse an Verbände der freien Wohlfahrtspflege und andere gemeinnützige Orga-

nisationen für laufende Zwecke der Selbsthilfe (nimmt außerhalb des im Modellversuch zur Neustrukturierung der Förderung sozialer Hilfen im Landkreis Groß-Gerau/Kassel festgelegten Rahmens nicht an der Kommunalisierung teil)

9.   Vorbeugung von Sucht und Drogenabhängigkeit

10. Förderung der ambulanten Hilfe für Drogenabhängige und Suchtkranke

11. Zuschüsse für Maßnahmen der AIDS-Beratung und AIDS-Prävention

12. Förderung von Selbsthilfegruppen und Kontakt- und Beratungsstellen für Selbsthilfegruppen

13. Integrationshilfen für Kinder und Jugendliche ausländischer Mitbürger und von Aussiedlerfamilien

Anlage 4 zur Rahmenvereinbarung über die Grundsätze der Neustrukturierung und Kommunalisierung der Förderung sozialer Hilfen in Hessen

Gebietskörperschaften	Örtliches Budget €
Stadt Frankfurt	3.093.105
Stadt Darmstadt	434.717
Stadt Offenbach	397.754
Stadt Wiesbaden	461.558
Stadt Kassel	810.178
Hochtaunuskreis	451.721
Lahn-Dill-Kreis	414.545
Landkreis Bergstraße	324.640
Landkreis Darmstadt-Dieburg	208.603
Landkreis Fulda	335.191
Landkreis Gießen	537.174
Landkreis Groß-Gerau	462.227
Landkreis Hersfeld-Rotenburg	279.929

Landkreis Kassel	124.945
Landkreis Limburg-Weilburg	455.423
Landkreis Marburg-Biedenkopf	668.453
Landkreis Offenbach	409.800
Landkreis Waldeck-Frankenberg	461.145
Main-Kinzig-Kreis	431.025
Main-Taunus-Kreis	310.735
Odenwaldkreis	239.033
Rheingau-Taunus-Kreis	206.213
Schwalm-Eder-Kreis	181.616
Vogelsbergkreis	240.376
Werra-Meißner-Kreis	225.032
Wetteraukreis	332.804
Gesamt:	12.497.942

Der Unterschiezum Gesamtbudget in Höhe von 13 Mio. € (§ 1 Abs. 2) resultiert aus den unterschiedlichen Ansätzen in den Haushaltsjahren 2004 und 2005. Darüber hinaus enthalten die örtlichen Budgets den Gesamtbetrag der Bewilligungen an die Träger (Stand 05.10.2004). Der im Jahr 2005 übersteigende Betrag an Landesmitteln (ca. 500.000 €) wird im Einvernehmen mit den Vertragspartnern auf die örtlichen Budgets verteilt.

11.5 Zuwendungsvertrage zwischen Kommunal-/Kreisverwaltung und den kommunalen Trägern sozialer Hilfen

**Zuwendungsvertrag
über die Förderung sozialer Hilfen in der Gebietskörperschaft........
Endversion 01.03.2006**

zwischen der

Gebietskörperschaft   ....
    vertreten durch ....
    - nachfolgend Zuwendungsgeber genannt -

    und der/dem   ....
    vertreten durch . ...
    - nachfolgend Zuwendungsempfänger genannt -

Präambel

Zur Erbringung sozialer Hilfen und zum Wohle der Hilfesuchenden kooperieren öffentlich-hoheitliche, kirchliche sowie nicht konfessionelle Zuwendungsempfänger der Freien Wohlfahrtspflege in vielfältiger Weise. Auf dieser Grundlage und unter Achtung der jeweiligen Selbständigkeit in Zielsetzung und Aufgabenerfüllung sind die Partner dieser Vereinbarung bestrebt, soziale Hilfsangebote zu fördern, mit anderen Angeboten abzustimmen und damit eine leistungsfähige soziale Infrastruktur im Raum .... zu sichern.

Der Zuwendungsempfänger ist gemäß seiner Satzung bzw. des für ihn geltenden Gesellschaftsvertrages im Bereich der/des .... tätig. (Hier wäre Platz für die Verankerung des Selbstverständnisses des jeweiligen Zuwendungsempfängers.)

§ 1 Vertragsgegenstand[198]

Mit der „Rahmenvereinbarung über die Grundsätze der Neustrukturierung und Kommunalisierung der Förderung sozialer Hilfen in Hessen" (im folgenden „Rahmenvereinbarung Kommunalisierung") vom 14.12.2004 haben das Land Hessen, der Hess. Landkreistag, der Hess. Städtetag, der Landeswohlfahrtsverband Hessen und die Liga der Freien Wohlfahrtspflege in Hessen) die Strukturierung und Kommunalisierung sozialer Hilfen in Hessen

---

[198] **Bitte beachten:** Sofern das Muster für rein kommunale Zuwendungen (also **außerhalb der Kommunalisierung**) eingesetzt wird, wäre der Vorabsatz zur Rahmenvereinbarung wegzulassen und es wäre Platz für die Einfügung gemeinsam getroffener Verabredungen und Ziele.

vereinbart. Der Zuwendungsgeber ...... ist der „Rahmenvereinbarung Kommunalisierung" mit Erklärung vom .... beigetreten. Darauf beruhend wurde zwischen dem Land Hessen, dem Landeswohlfahrtsverband Hessen (LWV) und dem Zuwendungsgeber........ eine Zielvereinbarung über die Verwendung des örtlichen Budgets gemäß § 3 und über die Verwendung der Mittel des LWV Hessen gemäß § 9 der oben genannten Rahmenvereinbarung mit Datum vom ...... vereinbart.

(1) Gegenstand des Zuwendungsvertrags ist die Förderung .... (bitte einfügen) des Zuwendungsempfängers gemäß

- § 17 Abs. 1 Satz 2 in Verbindung mit § 16 Abs. 2 Satz 2 SGB II
- § 74 SGB VIII,
- §§ SGB XII
- ....   **(Unzutreffendes bitte streichen)**

(Aufführung des Vertragszweckes, wie Betrieb eines Frauenhauses oder Zuschuss für die Finanzierung der Querschnittstätigkeit in Betreuungsvereinen).

(2) Die Leistungsbeschreibung und das Kalkulationsblatt sind als *Anlage 1* und *Anlage 2* Bestandteile des Zuwendungsvertrags.[199]

(3) Durch die Zuwendung werden keine Leistungen abgegolten, die zugleich Gegenstand von Vereinbarungen nach § 17 Abs. 2 in Verbindung mit § 16 Abs. 2 Satz 2 SGB II, §§ 78a ff SGB VIII oder §§ 75 ff SGB XII darstellen.

§ 2 Art und Umfang der Zuwendung

(1) Der Zuwendungsgeber fördert die in § 1 genannten Hilfeangebote des Zuwendungsempfängers im Rahmen der
  a) Projektförderung
  b) institutionellen Förderung.

(2) Die oben genannte Förderung erfolgt als
  a) Teilfinanzierung als
       aa) Anteilsfinanzierung
       bb) Festbetragsfinanzierung
       cc) Fehlbedarfsfinanzierung
  b) Vollfinanzierung .   **(Unzutreffendes bitte streichen)**

§ 3 Personelle und sächliche Ausstattung

Die Anforderungen an die personelle und sächliche Ausstattung der von § 1 umfassten Tätigkeiten richten sich nach der Leistungsbeschreibung und dem Kalkulationsblatt.

---

[199] Empfehlung: Ein Kalkulationsblatt empfiehlt sich erst ab einer bestimmten Fördersummenhöhe. Als Beispiel wird das Kalkulationsblatt der Stadt Kassel beigefügt, das ab einer Zuwendungshöhe von über 2.500 € die Anwendung eines Kalkulationsblattes vorsieht.

§ 4 Finanzierung

(1) Der Zuwendungsempfänger erhält für den in § 1 vereinbarten Vertragsgegenstand eine jährliche Zuwendung in Höhe von   Euro.

(2) Die genannte Gesamtsumme der Zuwendung setzt sich derzeit wie folgt zusammen:

Land Hessen: *Euro (nur sofern Gebietskörperschaft Mittel aus RV Komm weiterleitet)*

LWV Hessen   *Euro (nur sofern Gebietskörperschaft Mittel aus RV Komm weiterleitet)*

Gebietskörperschaft: Euro

(3) Der Zuwendungsempfänger setzt für den Vertragsgegenstand Eigenmittel ein (nicht für den Fall der Vollfinanzierung).

(4) Die Zuwendung dient dem Ausgleich von:

a) Personalkosten für Mitarbeiter/innen gemäß § 3 in Verbindung mit der Leistungsbeschreibung
b) Sachkosten
c) Overheadkosten

(5) Personalkosten und Sachkosten sind bis zu einer Höhe von .....[200] gegenseitig deckungsfähig. Diese Abweichung ist dem Zuwendungsgeber anzuzeigen. Eine darüber hinaus gehende Deckungsfähigkeit bedarf der vorherigen schriftlichen Abstimmung mit der Gebietskörperschaft. Soweit Mittel des LWV Hessen weitergeleitet werden, gilt die Einschränkung, dass diese ausschließlich für die ergänzende Förderung von Frühförderangeboten bzw. Offenen Hilfen / Familienentlastenden Diensten eingesetzt werden.

(6) Der Zuwendungsempfänger erhält seitens des Zuwendungsgebers bis zum Ende der Vertragslaufzeit eine jährliche Erhöhung der Vorjahreszuwendung nach § 4 Abs. 1 in Höhe der Tarifsteigerungen im Öffentlichen Dienst, gemäß des Tarifvertrages des Öffentlichen Dienstes Kommunal (TVöD VKA)[201].

Alternativ:

(6) Der Zuwendungsempfänger erhält seitens des Zuwendungsgebers bis zum Ende der Vertragslaufzeit eine jährliche Erhöhung der Vorjahreszuwendung in Höhe des „Verbrau-

---

[200] Betrag einsetzbar.
[201] Hier besteht eine Wahlmöglichkeit für die Vertragsparteien.

cherindex Deutschland" (VPI) des Statistischen Bundesamtes für das jeweils zurückliegende Jahr.[202]

§ 5 Auszahlung

Der Zuwendungsempfänger erhält den jährlichen Zuwendungsbetrag in vier gleichen Teilbeträgen, jeweils am 15.2., 15.5., 15.8. und 15.11. des Jahres. Abweichende Auszahlungstermine sind möglich.

§ 6 Berichtspflichten und Prüfungsrechte

(1) Jeweils zum 30.04. des Jahres legt der Zuwendungsempfänger für das abgelaufene Jahr einen Verwendungsnachweis über die nach § 4 verwendeten Mittel vor. Der Zuwendungsgeber prüft spätestens bis zum 30.09. des Jahres den Verwendungsnachweis und teilt das Ergebnis dem Zuwendungsempfänger mit.

(2) Die nicht in einem Haushaltsjahr verbrauchten Zuwendungen können - nach vorheriger schriftlicher Anzeige - an den Zuwendungsgeber auf das Folgejahr übertragen werden, ohne dass dies Auswirkungen auf die Förderung des folgenden Jahres hat.

(3) Der Zuwendungsgeber hat das Recht, die zweckentsprechende Verwendung der Fördermittel durch Einsichtnahme in die diesbezüglichen Geschäftsunterlagen des Zuwendungsempfängers zu prüfen. Dieses Prüfungsrecht steht bezüglich der Prüfung der Zuwendungsmittel seitens des Landeswohlfahrtsverbandes Hessen dem Revisionsamt desselben zu. Das Prüfungsrecht des Hessischen Rechnungshofes bestimmt sich nach § 91 LHO.

(4) Der Zuwendungsempfänger hat die Originalbelege für die Dauer von fünf (5) Jahren aufzuheben.

§ 7 Informationspflicht/Vertragsanpassung

(1) Die Vertragsparteien verpflichten sich zur gegenseitigen Information über alle Veränderungen, die von grundsätzlicher Bedeutung sind. Sie besteht insbesondere, wenn wesentliche personelle oder eine wesentliche inhaltliche Veränderung des Arbeitsfeldes angezeigt sind oder sich wesentliche Veränderungen gegenüber dem vorgelegten Kostenplan abzeichnen.

(2) Sofern im Laufe der Vertragslaufzeit Entwicklungen eintreten, in deren Folge die Zuwendung nach § 5 zur Abdeckung der anteiligen / vollständigen Personal- und Sachkosten im geförderten Bereich nicht ausreichen, ist der Zuwendungsempfänger berechtigt, die in § 2 umfassten Tätigkeiten entsprechend anzupassen. Dies ist unter anderem der Fall, sofern die bei einer Teilfinanzierung zur Finanzierung des Vertragsgegenstandes eingesetzten

---

[202] Hier besteht eine Wahlmöglichkeit für die Vertragsparteien.

Eigen- oder Drittmittel zur Finanzierung nicht ausreichen. Der Zuwendungsempfänger hat vor der Anpassung unverzüglich Gespräche mit dem Zuwendungsgeber einzuleiten.

§ 8 Kommunale Planung

(1) Der unter § 1 vereinbarte Vertragsgegenstand ist Bestandteil der im Rahmen der kommunalen Sozialplanung verabredeten Hilfeangebote.

(2) Die Vertragsparteien verpflichten sich[203], im Rahmen der kommunalen Sozialplanung nach § 5 der „Rahmenvereinbarung über die Grundsätze der Neustrukturierung und Kommunalisierung der Förderung sozialer Hilfen in Hessen" über den Stand der Entwicklung ihrer geförderten Arbeit zu informieren, sich auszutauschen und zur Weiterentwicklung beizutragen.

(3) Die Vertragsparteien entwickeln unter Berücksichtigung der aktuellen Zielvereinbarung[204] eine einheitliche Dokumentation, Evaluation und ein einheitliches Berichtswesen.

§ 9 Vertragsdauer und Kündigung

(1) Die Vereinbarung tritt ab 01.01.2006 in Kraft.

(2) Sie kann mit einer Frist von 12 Monaten zum 31.12. des darauf folgenden Jahres ordentlich gekündigt werden; erstmals jedoch erst zum 31.12.2008.

(3) Das Recht der Vertragsparteien zur Kündigung aus wichtigem Grund bleibt unberührt.

(4) Vor Ausspruch einer ordentlichen oder außerordentlichen Kündigung sind zwischen den Vertragsparteien Gespräche zu führen und die Möglichkeiten einer Vertragsfortführung oder -anpassung zu erörtern.

§ 10 Sonstiges und Schlussbestimmungen

(1) Der Zuwendungsempfänger weist bei seiner Öffentlichkeitsarbeit, die im Rahmen des Zuwendungszweckes erfolgt, auf die Förderung durch das Land Hessen bzw. den

(1) Landeswohlfahrtsverband und die Kommune in entsprechender Form hin. Über Öffentlichkeitstermine im Rahmen des Förderungszweckes nach § 1 informiert der Zuwendungsempfänger vorab die Kommune.

---

[203] Bitte beachten: sofern nur kommunale Zuwendungen (außerhalb der Kommunalisierung) eingesetzt werden, entfällt die Formulierung des Abs. 2 und an dessen Stelle tritt: Die Vertragsparteien verpflichten sich im Rahmen der kommunalen Sozialplanung über den Stand der Entwicklung ihrer geförderten Arbeit zu informieren, sich auszutauschen und zur Weiterentwicklung beizutragen.

[204] Bitte beachten: sofern nur kommunale Zuwendungen (außerhalb der Kommunalisierung) eingesetzt werden, folgende Formulierung anstelle des Abs. 3: Die Vertragsparteien entwickeln eine einheitliche Dokumentation, Evaluation und ein einheitliches Berichtswesen.

(2) Änderungen dieses Vertrages, insbesondere ergänzende Vereinbarungen bedürfen der Schriftform.

(3) Auf diesen Vertrag finden ergänzend die Vorschriften der §§ 53 ff SGB X Anwendung.

(4) Eine etwaige Unwirksamkeit einzelner Bestimmungen dieses Vertrages berührt seine Rechtswirksamkeit im Übrigen nicht.

....
Ort, Datum   Ort, Datum

....
Zuwendungsempfänger   Zuwendungsgeber

Anlagen:
Anlage 1: Leistungsvereinbarung
Anlage 2: Kalkulationsblatt (Beispiel)

Kalkulationsblatt (Empfehlung) zum Zuwendungsvertrag zwischen der Gebietskörperschaft ... und dem Zuwendungsempfänger ...... vom ....

Name und Anschrift der Einrichtung des Dienstes	
Träger der Einrichtung/des Dienstes	

Rechtsform:	4	Trägergruppe:
Leistungsart:	6	Betreuungsform:
Kalkulationszeitraum:	8	Platzzahl:
Basistage je Platz und Jahr:	10	Auslastung:

Kostenarten	12 kalkulatorischer Aufwand in €	

Personalaufwand

päd. Betreuung	0	
Hauswirtschaft	0	
Leitung	0	
Verwaltung	0	
Technische Dienste	0	
Sonstige Dienste	0	

Personalnebenkosten	0	
Summe Personalaufwand (14) bis (20)	**0**	

Sachaufwand Betreuung

Nahrungsmittel	0	
Betriebsaufwendungen (incl. Wartung)	0	
Verwaltungsaufwand	0	
Betreuungsaufwand	0	
Aufwand für Ausbildungsbetriebe, Hilfs-betriebe	0	
Sonstiger Aufwand	0	
Summe Sachaufwand Betreuung (22) bis (27)	**0**	

Kostenarten	Kalkulatorischer Aufwand in €	

-

Erlösabzüge Betreuung

Sachbezüge für Personal	0	
Rückvergütung/Erstattung	0	
Erträge aus Arbeitsleistung für Dritte, Erlöse Hilfsbetriebe	0	
Betriebskostenzuschüsse	0	
sonstige Erlösabzüge	0	
Summe Erlösabzüge Betreuung (29) bis (34)	**0**	
Bereinigter Sachaufwand Betreuung (28) abzügl. (34)	**0**	
Bereinigter Aufwand Betreuung (35) zuzügl. (21)	**0**	

228

Gebäude und Inventar

Instandhaltung: Gebäu-de/Einrichtungen/Außenanlagen (ohne Wartung)	0	
Zinsen	0	
Mieten/Pachten incl. Maklergebühren	0	
Leasing	0	
Abschreibungen Gebäude	0	
Abschreibungen bewegliche Anlagegüter	0	
Abschreibungen GWG bis 400,-- € zu-zügl. MwSt.	0	
Summe Gebäude und Inventar (37) bis (43)	0	

-

Erlösabzüge Gebäude und Inventar

Mieten und Pachten	0	
Auflösung von Investitionszuschüssen	0	
Summe Erlösabzüge Gebäude und Inventar (45) und (46)	0	
Bereinigter Sachaufwand Gebäude und Inventar (44) abzügl. (47)	0	
Bereinigter Sachaufwand (35) zuzüg-lich (48)	0	

Kalkulatorischer Aufwand (21)zuzügl. (49)	0	

-------------------------------   -------------------------------
                                                         Unterschrift

11.6 Berichtsvorlage von den kommunalen Trägern sozialer Hilfen an die Kommunal-/Kreisverwaltung

Fragen an die Träger für das Jahr 2008
Im Rahmen der einheitlichen Berichterstattung
zur Kommunalisierung sozialer Hilfen in Hessen
im Bereich
Schutz vor Gewalt

Anschrift des Trägers:	
Anschrift des Dienstes:	
Name des Ansprechpartners:	
Telefon:	
Telefax:	
E-Mail:	

Angaben des Trägers

1. Beschäftigungsstruktur zum 31.12. des Berichtsjahres

Anzahl der in der Einrichtung tätigen Personen	In der vorrangig an Erwachsene gerichteten Opferschutz und -beratungsarbeit	In der vorrangig an Kinder- und Jugendliche gerichteten Opferschutz und -beratungsarbeit	In der Täter- und Täterinnen-arbeit
1.1 Fest angestellte Fachkräfte, Vollzeitäquivalente (VZÄ)	_____ VZÄ	_____ VZÄ	_____ VZÄ
1.2 Praktikanten und Praktikantinnen, Personen (P)	_____ P	_____ P	_____ P
1.3 Honorarkräfte, (P)	_____ P	_____ P	_____ P
1.4 Ehrenamtlich tätige Personen, (P)	_____ P	_____ P	_____ P

Die Einrichtung beschäftigt sich mit :	
An Erwachsene gerichteter Opferschutz in Form von Beratungsarbeit für Gewaltbetroffene, Männerberatung und Täterarbeit	Teile 1,2 und 6 ausfüllen
Schutz vor und Beratung gegen Gewalt an Mädchen und Jungen	Teile 1,3 und 6 ausfüllen
Frauenhäuser und andere Zufluchtsorte für Frauen	Teile 1,4 und 6 ausfüllen
Täter- und Täterinnenarbeit in den Bereichen häusliche Gewalt und sexualisierte Gewalt	Teile 1,5 und 6 ausfüllen

2. An Erwachsene gerichteter Opferschutz in Form von Beratungsarbeit für Gewaltbetroffene, Männerberatung und Täterarbeit*

2.1. Anzahl der von Gewalt Betroffenen

	weiblich	davon mit Migrations-hintergrund*	männlich	davon mit Migrations-hintergrund*
Unter 18 Jahre				
18 – 19 Jahre				
20 – 29 Jahre				
30 - 39 Jahre				
40 – 49 Jahre				
50 – 59 Jahre				
60 – 69 Jahre				
70 und älter				
Keine Angabe				

* Dies schließt die ambulante Beratungsstellen außerhalb von Frauhäusern mit ein, d.h. die sog. Externen Beratungsstellen, die von Frauenhausträgern eingerichtet wurden.
** Für die Angabe eines Migrationshintergrundes ist die Einschätzung der Beratungsperson maßgeblich

2.2. Herkunft der von Gewalt Betroffenen

	Anzahl weiblich	Anzahl männlich
Kreis / Stadt		
Übriges Hessen		
Andere Bundesländer		
Keine Angabe		

2.3. Kontaktweg

Wer hat an die Beratungsstelle verwiesen? (Mehrfachnennung möglich)	Anzahl
Selbst	
Angehörige	
Nachbarn, Freund/innen, Kolleg/innen	
Andere freie Träger	
Beratungsstelle mit pro-aktivem Ansatz	
Rechtsanwältinnen/Rechtsanwälte	
Ärzte, Ärztinnen / Therapeuten, Therapeutinnen	

Kommunale Einrichtungen/Behörden	
Polizei/Staatsanwaltschaft/Gerichte	
Sonstige	
Keine Angabe	

2.4 Anzahl der Beratungen pro Gewalt betroffener Person

	persönlich		telefonisch		Internet	
	m	w	m	w	m	w
1						
2-5						
6 und mehr						

2.5 Anzahl der Beratungen für nicht selbst betroffene Hilfesuchende: ____

2.6 Anzahl der Begleitung zum Gericht: ____

2.7 Vermittlungen (Mehrfachnennung möglich)

Wie vielen von Gewalt Betroffenen wurde eine Kontaktaufnahme emp-fohlen an:	Anzahl
Frauenhäuser	
ambulante / stationäre Gesundheitseinrichtungen	
Selbsthilfegruppen	
Rechtsanwältinnen/Rechtsanwälte	
Polizei/Gericht	
Einrichtungen der Jugendhilfe	
Ämter/Behörden	
Andere Beratungsstellen	
Männerberatungsstellen/Täterarbeit	
Täterinnenarbeit	
Sonstiges	
Summe	

2.8 Präventionsangebote für Frauen, Männer und Kinder

Anzahl öffentlichen Informations- und Fachveranstaltungen: ____

Anzahl der erreichten Personen: ____

Anzahl Fachgespräche mit Institutionen/Fachkräften*: ____

Anzahl der erreichten Personen: ____

232

* (Hier werden Kontakte/Gespräche der Mitarbeiterinnen und Mitarbeiter der Beratungsstellen sowohl innerhalb und außerhalb bereits etablierter Vernetzungen erfasst – Teilnahme an regelmäßigen Treffen der Runden Tische u.ä. wie auch zusätzliche Präventionsarbeit in Form von Fachgesprächen

3. Schutz vor und Beratung gegen Gewalt an Mädchen und Jungen

3.1 Anzahl der von Gewalt Betroffenen **

	weiblich	davon mit Migrations-hintergrund*	männlich	davon mit Migrations-hintergrund*
0 – 3 Jahre				
4 – 6 Jahre				
7 – 10 Jahre				
11 – 14 Jahre				
15 – 18 Jahre				
19 – 27 Jahre				
28 Jahre und älter***				
Keine Angabe				

* Für die Angabe eines Migrationshintergrundes ist die Einschätzung der Beratungsperson maßgebend
** Die Altersgruppen in diesem Abschnitt entsprechen der Jugendhilfestatistik
*** Personen, die im Kindesalter von sexueller Gewalt betroffen waren und explizit deshalb die Beratung beanspruchen

3.2 Herkunft der Opfer

	Anzahl weiblich	Anzahl männlich
Kreis / Stadt		
Übriges Hessen		
Andere Bundesländer		
Keine Angabe		

3.3 Kontaktweg

Wer hat den Erst-Kontakt hergestellt?	Alter des Kindes/der Jugendlichen/des Jugendlichen							
Kontaktweg	0 – 3 Jahre	4 – 6 Jahre	7 – 10 Jahre	11 – 14 Jahre	15 – 18 Jahre	19 – 27 Jahre	28 Jahre und älter	Keine Angabe
Selbst								
Mutter								
Vater								
Andere Angehörige								
Nachbarn/Freundinnen/ Freunde								
Kindertagesbetreuung								
Schule								
Jugendamt								
Gesundheitsamt								
Beratungsstelle								
Polizei								
Gericht								
Ärzte, Ärztinnen / Therapeuten, Therapeutinnen								
Sport-/Freizeitverein								
Sonstige								

3.4 Anzahl der Beratungen pro von Gewalt betroffener Fallkonstellation (Familienverband)

	persönlich		telefonisch		Internet	
	m	w	m	w	m	w
1						
2-5						
6 und mehr						

3.5 Anzahl der Beratungen für Dritte
    (z.B. päd. Fachkräfte, andere Institutionen, Nachbarn):   ___

3.6 Anzahl Begleitung zu Gericht: ___

3.7 Anzahl der Begleitungen zu Behörden, anderen Institutionen: ___

3.8 Vermittlungen (Mehrfachnennungen möglich)

Wie vielen von Gewalt Betroffenen wurde eine Kontakt-aufnahme empfohlen an:	Anzahl
Frauenhäuser	
ambulante / stationäre Gesundheitseinrichtungen	
Selbsthilfegruppen	
Rechtsanwältinnen/Rechtsanwälte	
Polizei/Gericht	
Einrichtungen der Jugendhilfe	
Ämter/Behörden	
Andere Beratungsstellen	
Männerberatungsstellen/Täterarbeit	
Täterinnenarbeit	
Sonstiges	
Summe	

3.9 Präventionsangebote für Kinder, Eltern, Fachkräfte

Anzahl Informations- und Fachverwaltungen: ____

Anzahl der erreichten Personen:

Kinder	Erwachsene (Laien)	Fachleute

Anzahl Fachgespräche mit Institutionen/Fachkräften*: ____

Anzahl der erreichten Personen:

Kinder		Fachleute

* Hier werden Kontakte/Gespräche der Mitarbeiterinnen und Mitarbeiter der Beratungsstellen sowohl innerhalb und außerhalb bereits etablierter Vernetzungen erfasst – d.h. die Teilnahme an regelmäßigen Treffen der Runden Tische u.a. wie auch zusätzliche Präventionsarbeit in Form von Fachgesprächen

4. Frauenhäuser und andere Zufluchtsorte für Frauen

4.1 Anzahl und Herkunft der Frauen in Frauenhäusern

Herkunft (Land- kreis/ Kreisfreie Stadt)	Bergstraße	Darmstadt-Dieburg	Darmstadt Stadt	Frankfurt	Fulda	Gießen	Groß-Gerau	Hersf.-Rotenbg.	Hochtaunuskreis	Kassel, Land-kreis	Kassel Stadt	Lahn-Dill-Kreis	Limburg-Weilburg	Main-Kinzig-Kreis	Main-Taunus-Kreis
Anzahl															

Herkunft (Land- kreis/ Kreisfreie Stadt)	Marburg-Biedenk.	Odenwaldkreis	Offenbach Land-kreis	Offenbach Stadt	Rheingau-Taunus-Kr.	Schwalm-Eder-Kreis	Vogelsbergkreis	Waldeck-Frankenb.	Werra-Meißner-Kr.	Wetteraukreis	Wiesbaden	Andere Bundes-länder	Ausland	unbekannt	Summe .d Einze-lang.
Anzahl															

4.2 Anzahl und Alter der Kinder:

Alter der mit den Frauen untergeb-rachten	0 – 3 Jahre		4-6 Jahre		7 - 10 Jahre		11 – 14 Jahre		15 Jahre und älter	
Kinder	m	w	m	w	m	w	m	w	m	w
Anzahl Kinder										

4.3 Anzahl von an anderen Zufluchtsorten untergebrachten Frauen: ___

4.4 Aufenthalts-/Unterbringungsdauer

Aufenthaltsdauer von Frau-en, deren Unterbringung im Berichtszeitraum beendet wurde	1 – 7 Tage	Bis 3 Monate	Bis 6 Monate	Bis 12 Mo-nate	Über 1 Jahr
Anzahl Frauen					

4.5 Anzahl der Plätze im Frauenhaus: ___

4.6 Anzahl der Übernachtungen im Berichtsjahr: ___

4.7 Durch wie viele Frauenhäuser wird ambulante nachgehende Beratung für Erwachsene angeboten? ___

4.8 Durch wie viele Frauenhäuser wird ambulante
nachgehende Beratung für Kinder und Jugendliche angeboten? ____

5. Täter- und Täterinnenarbeit in den Bereichen häusliche Gewalt und sexualisierte Gewalt

5.1 Anzahl der Täter / Täterinnen

	weiblich	davon mit Migrations-hintergrund*	männlich	davon mit Migrations-hintergrund*
Unter 18 Jahre				
18 – 19 Jahre				
20 – 29 Jahre				
30 - 39 Jahre				
40 – 49 Jahre				
50 – 59 Jahre				
60 – 69 Jahre				
70 und älter				
Keine Angabe				

* Für die Angabe eines Migrationshintergrundes ist die Einschätzung der Beratungsperson maßgeblich

5.2 Herkunft der Täter /Täterinnen

	Anzahl weiblich	Anzahl männlich
Kreis / Stadt		
Übriges Hessen		
Andere Bundesländer		
Keine Angabe		

5.3 Grund/Gründe für die Beratungssuche/Teilnahme an Angeboten der Täterarbeitsstellen
(Mehrfachnennung möglich)

	Anzahl weiblich	Anzahl männlich
eigene Motivation		
gerichtliche Auflage		
Vermittlung durch Dritte		
sonstige Anlässe		
keine Angabe		
Summe		

5.4 Anzahl der Beratungen/sozialen Trainingseinheiten pro Täter / Täterin

	Anzahl weiblich	Anzahl männlich
1		
2 - 5		
6 und mehr		

5.5 Anzahl der Beratungen für nicht selbst betroffene Hilfesuchende: ___

5.6 Beratungsende/Ende der Täterarbeit

Die Beratung der Täter / Täterinnen wurde beendet mit…	Anzahl weiblich	Anzahl männlich
…vorzeitigem Abbruch der Beratung		
…planmäßigem Abschluss ohne Weitervermittlung		
…Weitervermittlung in ambulante Therapie		
…Weitervermittlung in stationäre Therapie		
…Sonstigem		

6. Gibt es erwähnenswerte Trend, Entwicklungen oder Ergänzungen?

Nein ☐
Falls ja, bitte erläutern:

Elemente der Politik

Hrsg. von Bernhard Frevel / Klaus Schubert / Suzanne S. Schüttemeyer / Hans-Georg Ehrhart

Aden, Umweltpolitik
2011. ca. 120 S. Br. ca. EUR 12,95
ISBN 978-3-531-14765-9

Blum / Schubert, Politikfeldanalyse
2., akt. Aufl. 2011. 195 S. Br. ca. EUR 16,95
ISBN 978-3-531-17276-7

Dehling / Schubert,
Ökonomische Theorien der Politik
2011. ca. 120 S. Br. ca. EUR 12,95
ISBN 978-3-531-17113-5

Dittberner, Liberalismus
2011. ca. 120 S. Br. ca. EUR 14,95
ISBN 978-3-531-14771-0

Dobner, Neue Soziale Frage und Sozialpolitik
2007. 158 S. Br. EUR 12,90
ISBN 978-3-531-15241-7

Frantz / Martens, Nichtregierungs-
organisationen (NGOs)
2006. 159 S. Br. EUR 14,90
ISBN 978-3-531-15191-5

Frevel, Demokratie
Entwicklung - Gestaltung - Problematisierung
2., überarb. Aufl. 2009. 177 S. Br. EUR 12,90
ISBN 978-3-531-16402-1

Fuchs, Kulturpolitik
2007. 133 S. Br. EUR 14,90
ISBN 978-3-531-15448-0

Gareis, Internationaler Menschenrechtsschutz
2011. ca. 150 S. Br. ca. EUR 13,95
ISBN 978-3-531-15474-9

Gawrich, Das politische System der BRD
2011. ca. 120 S. Br. ca. EUR 12,95
ISBN 978-3-531-16407-6

Holtmann / Reiser, Kommunalpolitik
2011. ca. 120 S. Br. ca. EUR 12,95
ISBN 978-3-531-14799-4

Jahn, Vergleichende Politikwissenschaft
2011. ca. 120 S. Br. ca. EUR 12,95
ISBN 978-3-531-15209-7

Jahn, Frieden und Konflikt
2011. ca. 120 S. Br. ca. EUR 14,95
ISBN 978-3-531-16490-8

Jaschke, Politischer Extremismus
2006. 147 S. Br. EUR 14,95
ISBN 978-3-531-14747-5

Johannsen, Der Nahost-Konflikt
2., akt. Aufl. 2009. 167 S. Br. EUR 16,95
ISBN 978-3-531-16690-2

Kevenhörster / v.d. Boom, Entwicklungspolitik
2009. 112 S. Br. EUR 12,90
ISBN 978-3-531-15239-4

Kost, Direkte Demokratie
2008. 116 S. Br. EUR 12,90
ISBN 978-3-531-15190-8

Meyer, Sozialismus
2008. 153 S. Br. EUR 12,90
ISBN 978-3-531-15445-9

Piazolo, Die Europäische Union
2011. ca. 120 S. Br. ca. EUR 12,95
ISBN 978-3-531-15446-6

Schmitz, Konservativismus
2009. 170 S. Br. EUR 16,90
ISBN 978-3-531-15303-2

Schröter, Verwaltung
2011. ca. 120 S. Br. ca. EUR 14,95
ISBN 978-3-531-16474-8

Erhältlich im Buchhandel oder beim Verlag.
Änderungen vorbehalten. Stand: Juli 2010.

www.vs-verlag.de

VS VERLAG

Abraham-Lincoln-Straße 46
65189 Wiesbaden
Tel. 0611.7878 - 722
Fax 0611.7878 - 400